金牌导游培养项目丛书

U0685113

走向金牌导游的阶梯
铸就导游大师的基石

金牌导游
的成功之道

熊剑平 卢丽蓉 蒋永业◎编著

中国旅游出版社

序

　　百余年来的中外旅游业发展史充分证明，导游是旅游业中最具代表性、最富魅力的职业。他们不仅带领旅游者参加旅游活动并提供相关服务，更是文化的传播者、文明旅游的引导者、安全旅游的守护者，是旅游业发展不可或缺的重要力量。

　　我国导游队伍初创于中华人民共和国成立，与国家对外交往的需要相伴。1959年1月，国家召开了第一次全国翻译导游工作会议，通过了《中国国际旅行社翻译导游工作守则》《陪同全程译员注意事项》和《翻译导游人员的八项条件》，第一次以正式文件的形式对翻译导游的工作职责和条件做出规范。当时，翻译导游工作者具有国家干部的身份，享有较高的政治待遇和相对丰厚的收入，成为社会上令人羡慕和向往的职业。他们在周恩来总理"三过硬"（思想过硬、外语过硬、业务过硬）的指示下，较好地承担起"宣传员、调研员、服务员、安全员和翻译员"的职责，为我国对外交往和经济社会发展做出了积极贡献。

　　改革开放以来，伴随着大众旅游的迅速增长，我国导游管理体制机制、导游服务对象和内容等均发生了较大的改变，导游队伍也在不断发展壮大。国家据此出台了一系列相关法律、法规和政策，并不断加以完善。尤其是近年来，旅游日益成为解决经济社会发展不平衡、不充分矛盾的有力手段，成为满足人民群众获得感、幸福感的一种重要消费方式，而建设一支政治素质好、服务水平高、业务技能精的导游队伍，已经成为摆在旅游业面前亟待解决的重要任务。随着改革开放的深化、经济结构的调整，特别是旅游业前所未有的发展，新时代导游队伍的建设正日益受到国家的高度重视。根据《"十三五"旅游人才发展规划纲要》，原国家旅游局、文化和旅游部先后开展了"名导进课堂""最美导游评选""金牌导游大赛"等活动，着力打造一支优秀的导游队伍，凸显优秀导游的示范带动效应，同时，还在导游管理机制体制方面尝试开展多项试点，积极探索新时代导游群体的发展路径。在全国范围实施的"金牌导游"培养项目，就是其中备受关注、成效显著的措施之一，截至2020年年底，先后已有600余名导游入选其中。这批活跃在一线的入选导游，不仅是各地导游队伍的领头羊、全国导游学习的标杆和榜样。而且，已经逐渐成长为导游队伍的中流砥柱。

导游队伍建设是篇大文章，需要各方齐心协力去推动和扶持，特别需要一些兢兢业业的有识之士富有创新的工作，方能做好。熊剑平教授就是这样一位勤奋的耕耘者。熊教授是在我国本科院校中开设《导游学》课程的为数不多的教授，也是入选"金牌导游"培训项目的知名培训教师之一。他对于导游学科以及中国导游群体的现状有着独到的见解；他洒脱、充满激情和个性化的授课总是吸引着大批学子，他理论联系实际且很接地气的讲解，使大批培训学员成为"铁粉"。《金牌导游的成功之道》一书是熊教授集30余年导游教育与研究成果的结晶，甚至可以称得上是他关于导游队伍建设和发展的收官之作。书中的看点很多，如对导游队伍的发展现状和执业环境的分析；对于近些年来导游屡遭"污名化"的现象的剖析；特别是，书中结合中国旅游业的发展与展望，总结和提炼了金牌导游应具备的素质体系、核心知识和实践修为，既注重金牌导游成长的理论性架构，又强调金牌导游成功的实践性指导，其中不乏一些独到的观点，读后令人耳目一新。

有鉴于此，我愿意向关心导游队伍建设的朋友们，特别是全国导游朋友们推荐此书。期待能为大家提升导游专业素质，找到个人职业生涯发展的成长路径提供帮助，为最终成为全国金牌导游打下坚实的基础。

韩玉灵

2021年6月

目 录

CONTENTS

第一章　洞悉导游行业现状

　　导游是一种职业、一门技术，也是一门艺术、一门科学。导游素有"旅游业灵魂""旅游业形象大使"等美誉。随着我国旅游业的高速发展，导游队伍不断壮大。据统计，目前全国取得导游资格证的人数约有 100 万，而 2019 年报考导游资格考试的人数已达到 33 万。报考人员的背景差异也非常大，既有年满 18 周岁的学生、参加工作的社会人士，也有高校的硕士、博士，还有为数不少的退休人士。改革开放以来，40 多年的中国导游实践表明，导游已经从原来旅行社内部的一个岗位，逐渐发展成长为一个行业，具备了区别于其他行业的诸如生产经营领域、方式、技术标准等特征，契合了行业的定义：从事国民经济中同性质的生产、服务或其他经济社会的经营单位或者个体的组织结构体系。根据国家统计局《三次产业划分规定》中"行业"名称及简称的规则，本书将导游行业简称为导游业。

　　同时，随着城乡居民消费水平的提升、消费观念的转变，旅游业的转型升级，对导游工作的要求也越来越高，广博的知识面兼具一定的知识深度、高科技手段与实地口语讲解的有机结合、多才多艺与丰富的活动策划成为区别金牌导游与一般导游的显性标志。作为一名金牌导游，除了精通导游必备的知识和技能之外，还应了解导游业的相关知识、开展专题研究，熟悉导游业的发展历程和前沿动态，把握发展机遇、谋划未来发展、推动行业前行。

第一节 导游业的概念诠释

一、导游业的相关概念

（一）"业"的概念

"业"本指古代乐器架子横木上的大板。刻有锯齿状，用来悬挂钟、磬等打击乐器。《说文》："业，大版也。所以饰县（悬）钟鼓，捷业如锯齿，以白画之……"后引申为书籍的夹板，再引申为学习内容及职业等。

（二）职业和事业的概念

职业即职场上的专门行业，是对劳动的分类。职业是社会分工的产物，在西方商品经济发达的社会，通常指具有一定专长的社会性工作。中文词汇"职业"作为术语，有时指工作（集合名词），其概念与时代、社会经济水平有关。一定时期有时包含社会地位的成分。如仆人、佣人在经济落后时代代表地位和社会阶层，在中国大陆被称为保姆。职业作为一种概念，与经济发展水平、社会政治制度有很大的关系，如词汇"农民"，20世纪80年代以前的计划经济时代多指个人身份，而且除非"农转非"、大学升学可以改变；在现代西方社会，农民是一种职业，多指农场工人。

事业，是指人们所从事的具有一定目标、规模和系统的对社会发展有影响的经常性活动，有时事业也可以指个人的成就。事业并不是所有的人都乐意去努力或者所有的人都能实现的。事业是一个人可以一辈子为之奋斗的，终其一生去为实现自己的目标而坚持不懈的努力。它是解决人类最高层次的需求、社会认可和自我价值的真正实现。按照马斯洛需求层次理论，是由职业人自己确定的人生目标和理想，并不惜一切个人资源和努力为之奋斗，包括自己的人生。

（三）行业和产业的概念

行业一般是指按生产同类产品或具有相同工艺过程或提供同类劳动服务划分的经济活动类别，如饮食行业、服装行业、机械行业等。国家统计局 2003 年 5 月 14 日印发的《三次产业划分规定》中，将国民经济划分为 20 个产业、98 个行业。导游业一般划分在第三产业中"居民服务和其他服务业"所属的"其他服务业"。

产业是指由利益相互联系的、具有不同分工的、由各个相关行业所组成的业态总称，尽管它们的经营方式、经营形态、企业模式和流通环节有所不同，但是，它们的经营对象和经营范围是围绕着共同产品而展开的，并且可以在构成业态的各个行业内部完成各自的循环。

二、导游业概念的内涵

（一）导游业的概念

导游首先是一项可作为导游主要生活来源的工作，因此可以理解为"职业"；同时很多导游将导游工作作为自己毕生的事业，因此也可以作为"事业"来理解；导游服务隶属于旅游服务业，是工商业中的一个类别，所以导游业也可以作为"行业"来理解。导游业目前只是隶属于旅游服务业和国民经济中第三产业部门，因此尚不能理解为"产业"和"部门"。

综上所述，本书认为导游业是指利用相关的知识、技能、工具和场所为导游服务消费者提供所需各种相关服务的行业。

（二）导游业概念的辨析

1. 导游业是行业，不是产业

对于导游业概念的理解，首先应明确导游业不是一项产业。关于"产业"的概念，除了上述解释外，许多专家学者也从不同角度给予了界定。

Kotler（1976）认为：产业是一群提供类似且可相互代替的产品或服务之公司的总称。Porter（1985）认为：产业就是一群生产相同或类似的产品，而且具有高度替代性产品来销售给顾客的厂商。吴思华（1988）认为：产业通常指从事制造的行业，也就是指从事经济活动的独立部门单位，而且是以场所为单位以作为行业分类的基础。林建山（1991）认为：如依需求面而言，产业是指一群从事生产且具有相互密切竞争关系的企业群；若依供给面而言，凡是采用类似生产技术之厂商群就是产业。余朝权（1994）认为：产业是指正在从事类似经营活动的一群企业总称。

上述表述分别从不同角度对产业给予了界定，从中可以总结出产业的一些具有代表性的特征。首先，产业应当是一系列从事经营活动的企业或厂商群体的总称。而导游作为一项工作和职业，必须依托一定的旅游企业而存在，导游从事业务工作必须接受某一旅行社的委派，所以导游业至少在现阶段不能理解为一项产业。其次，产业的构成需要必要的产业链，必须有与该项产业相关的上、下游企业群共同构成完整的产业体系，而导游业目前不具备上述特征，因此不能理解为一项产业。

关于"行业"的概念，除了上述解释外，社会各界对其内涵的界定也有不同的表述，如行业一般是指按生产同类产品或具有相同工艺过程或提供同类劳动服务划分的经济活动类别，如饮食行业、服装行业、机械行业等，还有人认为行业就是一个职业的范围。因此不难看出，行业是一项职业的总称，是同类的经济活动类别。导游既是一项工作、一种职业，又是一类依靠提供导游服务获得报酬的经济活动。因此可以把导游业理解为一个行业。

2. 导游业有广义和狭义之分

对导游业的理解也有广义和狭义之分。广义的导游业囊括了导游行业、导游职业以及导游事业等含义。导游业首先是一项工作，是从事导游服务的工作人员的重要生活来源，因此导游业可以理解为导游职业；同时，导游业又是一项事业，对于大多数导游而言，导游工作是他们毕生追求的一项事业，关于导游职业生涯构建的众多研究也是基于导游业是一项事业的基本观点进行的。

狭义的导游业单指导游行业，包括以提供导游服务为主的各种经济、文化、社会活动。本书中涉及的导游业均是指导游行业。

三、导游业的服务对象

在行业实践活动中，对于导游业服务的对象，一般有旅行者、旅游者、游客等称谓。从产业经济学的相关理论出发，如果对导游业进行严谨的研究和分析的话，将导游业服务对象界定为实践活动中的旅行者、游客、旅游者，甚至旅客都是不够全面、不够科学的。本书认为，从产业经济学的角度，用导游服务消费者这一概念来界定导游业的服务对象更合适一些。

（一）旅行者、游客、旅游者和导游服务消费者

1. 旅行者

旅行者（Traveller）是指在两个或两个以上地理区域间，包括在其居住国境内（国内旅行者）和在国家之间（国际旅行者）旅行的人。旅行者包括游客和其他旅行者，其中，游客是所有参与旅游活动的旅行者；其他旅行者则指那些在惯常环境中旅行的人，包括边境工人、上班族、长期移民、谋职者和无固定居住地者等（图1-1）。

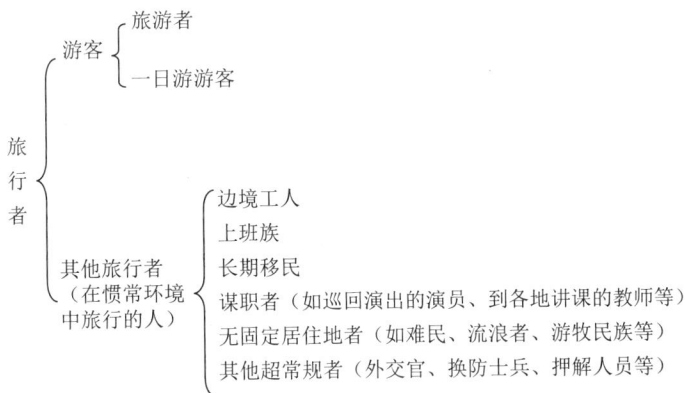

图 1-1　旅行者、游客与旅游者之间的关系

2. 游客

1963年，在意大利罗马召开的联合国国际旅游大会提出了游客（Visitor）的概念，并将其定义为：离开其惯常居住地所在国到其他国家去，且主要目的不是在所访问的国家内获取收入的旅行者。或者说，游客是指任何到其惯常环境之外的地方旅行，停留时间在12个月之内，且主要旅行目的不是通过其活动从被访问地获取报酬的人。游客包括旅游者（Tourist）和短期旅游者（Excursionist）。其中，短期旅游者（Excursionist）或称一日游游客（Same-day visitor）是指在所访问的目的地

停留时间在 24 小时以内，且不过夜的临时性游客。

3. 旅游者

对旅游者的界定存在着不同的看法，1963 年的罗马会议将旅游者（Tourist）定义为：在所访问的国家逗留时间超过 24 小时且以休闲、商务、家事、使命或会议为目的的临时性游客。虽然并非所有的国家都采用此定义，但世界各国对旅游者内涵的认识却是趋同的：一是异地性，即离开居住地（国），来到另一地（国）；二是目的性，即旅行的目的是观光、度假、探亲等休闲性目的，或商务、学术及其他公务性目的；三是暂时性，即一般不打算迁居或永久性离开原居住地（国）。

4. 导游服务消费者

导游服务消费者是指接受导游服务的人。他们出于更好地进行旅游活动的需要产生了对导游服务的需求。导游服务消费者既不同于旅行者，也不同于游客、旅游者，因为无论是旅行者、游客还是旅游者，他们既有可能需要导游服务而成为导游服务消费者，也有可能根本不需要导游服务。譬如某些自驾车旅游者、探险旅游者可能完全不需要导游服务，因而不属于导游服务消费者。

导游服务消费者存在狭义和广义之别。狭义的导游服务消费者是指对导游服务产生实际购买行为并接受相应导游服务的人；而广义的导游服务消费者除此以外还包括在出游过程中甚至出游决策中无须购买就接受了某种形式的导游服务的人，如通过网络传播、图文声像传播、书面传播和景区景点的导游示意图等途径接受导游服务的人。

（二）导游服务对象辨析

对于导游服务对象的认识，学术界存在不同的观点：

一种观点认为导游服务对象是"旅游者"。这一观点认为导游服务主要是针对那些除了谋职原因外，离开常住地到异国他乡达 24 小时以上的人。该观点立论依据在于导游服务内容中包括为旅游者提供旅途生活服务，但一日游游客对此并不需要，因此认为导游服务对象只是旅游者。

另一种观点认为导游服务对象是"游客"。该观点立论依据在于不仅旅游者需要导游服务，一日游游客也需要导游服务，所以导游服务对象应该是包含了旅游者和一日游的游客。

本书认为，辨别导游服务的对象，应主要看其是否需要并接受导游服务，而不在于其是否需要全部的导游服务或有无购买导游服务的行为。像"其他旅行者"显然不需要导游服务，所以不应作为导游服务的对象；某些"一日游游客"可能只需要导游讲解服务，但同样是导游服务的对象。譬如武汉市民到黄鹤楼参观游览，停留时间不超过一天，且只需要导游提供讲解服务，他们当然是导游服务的对象；而自助游旅游者在一些旅游目的地可以免费索取导游图、画册，并在游客中心查询信息、观看有关景点的录像片、DVD等，他们虽无购买导游服务的行为，但需要并接受了图文声像导游服务，所以也是导游服务的对象。

至于旅游者和游客，他们可能需要导游服务，也可能完全不需要导游服务，所以都不宜作为导游服务的对象。因此，导游服务的对象应当且只能是"导游服务消费者"。本书因照顾读者习惯，仍较多沿用了传统"游客"的提法，指代"导游服务消费者"。

第二节　导游业的现状特点

一、旅游发展的聚焦点

导游是旅游业发展中的一支重要力量，也是提升旅游服务质量的关键因素。回顾近几年来的旅游热点事件，凡是导游服务质量出现严重缺失时，往往就造成重大投诉和社会广泛关注的热点事件（表1-1）。

表1-1　近年来导游引发的旅游热点事件

年度	热点事件
2016	1.国家公务员面试热点：导游变导购究竟谁的错 2.北京德胜门公交车站一带黑导游当街揽客
2017	雪乡导游打人事件
2018	1.张家界游客与导游纠纷引发的群体事件，多人现场打砸 2.网友反映"在前往云南丽江的旅游车上被导游斥责不购物"
2019	1.厦门一导游威胁游客"到了鼓浪屿还这么嚣张？在岛上信不信让你走不出去？" 2.桂林一导游对游客发飙："下车，1小时消费2万！"

还有时间较远，但人们依旧印象深刻的香港导游阿珍辱骂游客事件、海南导游车内"训话"事件、珠海导游拒绝游客上车事件、吉林导游丽江砍人事件等，都引发了社会舆论对导游业的强烈聚焦。

客观而言，中华人民共和国成立之初导游是中国旅游事业的中坚力量，大量的国际友人、港澳台同胞和海外侨胞通过导游的介绍亲身体会并认同了社会主义新中国的建设成就。旅游事业全面转向旅游产业后，导游更是旅行社市场化进程的见证者和推动者，在民间外交、品质保障和产业创新等方面做出了卓越的贡献。旅游业进入大众旅游时代之后，市场经历了一个从精英到大众的快速发展过程。在这个过程中，导游群体承载旅游产业乃至整个社会的转型之重，也受了不少委屈。各地无论是打击"非法一日游""黑车黑导""某某行动"的旅游市场治理，还是社会舆论，导游往往是焦点和靶点。应该看到，除了上述导游负面新闻之外，绝大多数的导游在一线兢兢业业、勤恳辛劳，让导游服务越来越专业，也越来越有温度，也涌现出像义化枝、韩滨、何永杰等维护游客生命安全而牺牲自己的导游模范。

（一）旅游产业发展的亮点

在旅游行业中，导游服务是最具有代表性的，是整个旅游业中"最活跃的因素"，被称为"旅游业的灵魂"和"旅游业最具代表性的工作人员"。在旅游过程中，由导游服务将旅游接待过程中各个环节串接起来形成整个旅游接待链条。

旅游活动的一个重要特点是异地性，也就是游客要离开他们惯常的环境，前往一个陌生或不太熟悉的地方。环境的改变，使游客产生了与在惯常居住地时不同的需求。在生活上，游客需要建立起一套适应新的生活环境的生活方式；在心理上，游客需要摆脱心理中自我保护感的束缚；在求知上，游客需要在短时间内掌握尽可能多的有关陌生环境的信息；在审美上，游客需要调整在客源国（地）形成的固有审美眼光。这些需要只有经过专业训练的导游才能使游客——得以满足，所以游客迫切地需要专业的导游服务。

而旅游经营者提供的旅游产品是一种综合性的服务产品，是一种预售服务产品。为了保证产品得以实现消费，旅游企业需要专门的人员来引导游客逐步落实各项预订导游服务，即通过导游服务来逐步实现销售。在当今世界，旅游业的竞争十分激烈，旅游经营者保持、提高竞争力和信誉的最有效的办法是充分发挥旅游工作者（尤其是导游）的主观能动性，向游客提供高质量的旅游服务，以吸引回头客并对潜在隐性旅游客源产生吸引力。所以旅游经营者需要高质量的导游服务。

从游客和旅游经营者两个方面来看，导游的重要性不言而喻，导游服务质量直接决定着旅游服务质量的高低和游客满意度。

（二）管理体制改革的难点

导游队伍的建设，不同于旅游行业的其他部门，一直都是管理体制改革的难点。

旅游事业时期，导游服务主要是做好外事接待工作，因此，从事导游服务的工作人员均称为翻译导游。在周恩来总理提出的"三过硬"（思想过硬、业务过硬、外语过硬）原则指导下，他们逐渐成为国际导游队伍的一支后起之秀，为我国旅游事业的发展起到了重要作用。时至今日，依旧活跃在导游工作一线的资深导游，大多数属于这一阶段成长起来的。改革开放后，旅游事业向旅游经济产业全面转型，全国导游队伍迅速由几百人的规模扩大到两万多人。由于增长速度过快，出现了鱼龙混杂的现象，导游水平和整体素质出现了较大幅度的滑坡，个别导游甚至走上违法犯罪的道路。因此，从 1989 年开始，国家不断强化导游的管理，着力加强导游队伍的建设：

1989 年 3 月，国家旅游局在全国范围内进行了一次规模空前的导游资格考试（此后每年举行一次）；同年，《中国旅游报》等单位发起了"春花杯导游大奖赛"。

1994 年，国家旅游局对全国持证导游进行分等定级，划分为初级、中级、高级、特级四个级别。同年，国家旅游局联合国家技术监督局发布了《导游职业等级标准（试行）》。

1995 年发布《中华人民共和国国家标准——导游服务质量》。当年 5 月，国务院颁发《导游管理条例》。

2001 年，国家旅游局颁发《导游管理实施办法》，决定启用 IC 卡导游证，实行导游计分制管理，并运用现代科学技术手段建立导游数据库，在全国范围内推行导游电子信息网络化管理。

2002 年，国家旅游局开展整顿和规范旅游市场秩序活动，把全面清理整顿导游队伍作为三个重点环节之一来抓。明确提出严厉查处乱拿、私收回扣，打击非法从事导游活动，坚决清理一批政治、道德、业务素质不合格的导游，建立和完善"专职导游"和"社会导游"两套组织体系和教育管理体系，全面推行导游计分制管理和 IC 卡管理等举措，促进了导游工作的规范化，加强了导游队伍的建设。

2003 年起，为了支持西部地区导游队伍的建设，国家旅游局开展了"百名导游援藏"行动。

2013 年 10 月 1 日，《中华人民共和国旅游法》正式施行。该法对导游准入条件做出了重大修改，从源头保证各类导游都有固定的收入渠道、规范了导游与旅行社之间的利益分配关系，并且进一步明确了导游执业行为应该承担的法律责任。

2014 年国家旅游局下发了《关于促进导游行业组织建设的指导意见》。

2015 年国家旅游局、人力资源和社会保障部和中华全国总工会三部门联合印发《关于进一步加强导游劳动权益保障的指导意见》。

2016 年 8 月，国家旅游局下发《关于深化导游体制改革加强导游队伍建设的意见》，提出：取消导游资格证三年有效的规定，明确导游资格证终身有效，规范导游证使用时限，建设全国导游公共服务监管平台，启用电子导游证书取代原有 IC 卡导游证，再造导游注册流程，便利导游注册、领证执业。该意见还拟选择部分区域作为试点，开展导游自由执业改革，使导游执业渠道由单一旅行社委派转型为旅行社、互联网平台以及其他旅行服务机构等多元选择。同年 12 月，国家旅游局、人力资源和社会保障部、中华全国总工会联合在宜昌市召开全国导游劳动报酬集体协商试点工作交流会。《导游管理实施办法》废止。

2018 年，《导游管理办法》颁布，着力推进"社会化、扁平化、实时化、常态化"的导游管理体制的形成。

但从现状来看，游客抱怨导游像"导购"，导游抱怨收入没有保障、强制消费、中途甩团、讲解胡编乱造、导游与游客之间发生暴力冲突、无证导游横行等现象还屡见不鲜，受到媒体曝光的负面现象比较常见。

究其原因，在于导游职业准入门槛较低、导游薪酬体系倒挂、行业恶性竞争加剧等多方面因素交织而成。同时，200 余万人的导游队伍与景区、旅行社、协会、政府形成复杂的利益关联体，历史惯性很大也决定了导游管理体制改革是一块"难啃的骨头"和"深水区"。

二、文化传播的联结点

旅游活动归根结底是人类的文化活动，在这项文化活动中，导游处于中心地位，起着导演的作用。配备有导游与否，很多时候成为旅游活动成功与否的重要因素。

（一）导游是旅游文化知识的传播者 ①

大多游客的旅游收获之一就是在旅游实践活动中获取更多的旅游文化知识，而取得知识的主要来源之一就是导游。导游与游客交流与沟通中，在讲解游览景点过程中，在讲解其他内容中，都是在传授旅游文化知识。比如，在游览长城时，游客获得了更多的历史知识与建筑知识，甚至是军事战争方面的信息；在观赏泰山日出时，游客知道了更详细的天象与气候知识；在欣赏壶口瀑布的时候，游客懂得了更广泛的地质与物理领域的知识等。总之，导游是旅游文化知识的传授者，游客是接收者。这就要求导游要不断积累和丰富自己的旅游文化知识，随时充实自己的文化素养，来尽力满足不同的游客对旅游文化知识的需求。如此导游才能广博而正确地传授旅游文化知识，提高传播旅游文化的内涵。

（二）导游是旅游文化信息的梳理者

在具体的旅游实践活动中，文化素材很多，涉及社会生活的方方面面。那么在有限的时间与空间里，导游如何有效地向游客传递有价值的旅游文化信息，这就需要精选、审核。一般旅游文化信息的形成过程是：挖掘文化素材—整理素材—挑选素材—再次甄选素材。最终形成有价值的旅游文化信息。在挑选文化素材的时候，要针对不同类型的游客，挑选适合其个体特点的文化材料，然后经过导游的再三斟酌、审核，把旅游文化信息传递给目标游客。提升旅游文化传播的效果。

（三）导游是游客审美信息的传递者

在旅游审美活动中，由于游客的个体差别——民族、宗教信仰、职业、所受教育程度、来自的地区各不相同，文化素养不同，心理素质不同，对语言的接受与理

---

① 赵丽.导游人员在传播旅游文化中的地位和作用［J］.人力资源管理，2016（2）.

解能力各不相同等，对同一旅游景观的审美程度、在旅游审美感受上会有很大的不同。一个来自他乡异地的游客，当他一踏上离乡的土地，便不由自主地进入一场与异地区域文化的撞击中，所看到的、听到的都是陌生的。人们到了非惯常居住地环境中，既会感到好奇，也可能会没有安全感，心理不踏实，就害怕遇到自己解决不了的问题，担心自己会遇到这样或那样的困难。所以，游客在异域文化中，要尽快进入旅游景观的审美中，取得旅游审美信息就需要借助中介的力量进行更加行之有效的传递，而导游便是旅游景观与游客之间的桥梁，游客审美信息的传送者。在旅游实践活动中，导游必须通过提供审美服务，为游客带来各区域景观、社会行为、风俗民情等的审美信息，帮助游客感受异域事物的美学价值。大家通常所说的"没有导游的旅游活动，就是没有灵魂的旅游活动"正是指明了这一寓意。

（四）导游是游客审美行为的引导者

在整体旅游实践活动中，旅游审美活动发生在游客与旅游景观之间，游客到异域他乡进行旅游活动，在异域的景观事物中，可能发生审美行为的情况很多。但由于游客个体之间的差异，在异地的停留时间很短暂，所以游客很难在有限的时间内发现值得进行审美的旅游景物，无法接收到有价值的旅游文化信息。这个重要时刻就需要导游结合游客的特点和当地景点内容进行行之有效的重新组合，精心细致地为游客做出游览行程安排，并且在游客实际的旅游审美实践活动中，引导协调游客的具体行为，使游客在限定的时间里，取得最大的审美满足。

三、专家学者的困惑点

著名导游专家王连义曾指出导游队伍存在以下五个方面的问题：

（1）报考导游资格的人多，报考导游等级的人少；

（2）以导游为职业的人多，真正敬业的人少；

（3）拿导游当饭碗的人多，当学问的人少；

（4）研究回扣小费的人多，钻研业务的人少；

（5）管理导游的人多，真正懂导游的人少。

实际上，对于旅游学者和导游管理者而言，在实际工作中，由以上五个方面的问题带来了很多的困惑。

对于很多从事旅游研究的学者而言，从事导游方面的研究可能是一件难度很大的工作，在其他领域积累的经验往往失灵，引发很多困惑，导致研究工作不得不中断，然后对前期工作做一些补充研究。比如，从个人职业生涯发展的规律而言，既然保有数量庞大的初级导游群体，那应该会有很多晋升中级、高级的刚需，而实际情况却是每年报考中级、高级导游的人员少之又少；再如，很多学者对于导游职业的核心技能进行了大量的研究，也总结了导游职业素质的组成要素，但实际情况却是大众广为诟病的"导游变导购"。

管理者则一直对导游队伍的自身素质深感忧虑：根据管理机构的统计数据显示，我国导游队伍比例严重失调：从性别上看，男少女多；从级别上看，初级导游占比大，中高级导游少，特级导游奇缺；从语种分布上看，外语导游少，普通话导游多，小语种导游极少；从学历上看，高学历导游较少，而低学历导游偏多。同时，管理部门耗费大量精力和资源出台了一系列导游队伍改革制度，却存在着落实度不高、精准性不强等窘境。部分导游长期受不良风气的影响，利用信息不对称，牟取非法收入，甚至还总结成文，扬扬自得地向新入门的后辈兜售，常见的手法有：增加自费景点、进店购物的回扣、"逃票"、降低餐标，诱导年轻导游不去钻研琢磨如何提高导游服务水平，扩充导游知识面，而是不断提升演技、玩心理战的技巧，导致管理难度和管理成本一直居高不下。

这些问题的形成，究其原因主要是我国导游管理体制和机制不健全，对导游的管理服务跟不上，致使部分导游的服务水准下降。再者，我国导游的薪酬机制、激励机制特别是劳动保障机制不健全、不完善，部分导游甚至没有劳动合同、没有固定薪酬、没有劳动保险，致使导游队伍职业稳定性下降，并导致部分导游在带团过程中降低服务水平或减少服务提供，以获取收入。这种情况已经影响我国导游队伍的整体发展。

四、社会公众的疑虑点

导游，曾经是一个令人羡慕的职业。在社会公众的印象中，他们谈吐文雅，知识渊博，见多识广，收入不菲，而且工作相对比较自由。人们一般觉得导游可以游山玩水，是一份轻松又很容易赚钱的职业。事实上导游是一种复杂的、高智能、高技能的服务工作。在游客心目中，导游是一个国家（或地区）的代表、是人民的友好使者。大多数导游以其广博的知识、精湛的导游技巧、热情的服务为游客提供了良好的旅游享受，是当之无愧的"民间大使"。

而现阶段，社会公众对于导游整体队伍还是存在着一些负面的评价。比如，极少数导游只顾赚钱，不问服务，甚至"勾结"旅游景点一起"骗取"游客的钱，成了游客心目中的一群黑心的骗子；一些导游职业道德低下，个人修养差、法律意识淡薄，在成为旅游活动核心时，不惜以身试法，出现欺骗、胁迫游客消费、侵害游客合法利益的现象。所以，公众在选择导游服务时，总是心怀疑虑，无法做到对酒店服务、餐饮服务、交通服务等方面同等的坦然和放心。

同时，由于社会公众对导游职业认同感的降低，导致导游队伍建设有陷入恶性循环的风险：一方面是人才需求缺口很大，而现有人员却在加速脱离；另一方面，现有导游队伍素质已不能适应旅游业发展的需要，而高素质的人才却不愿意加入。每年就读导游类专业的学生很多，毕业后从事导游工作的占比却很小。

实际上，随着社会发展的大潮，跟过去打字员、物资员、驾驶员、供销社营业员等"金饭碗"的消失一样，导游职业也发生了巨大的变化，从而引发公众对导游职业的疑虑，具体有以下几点：

（1）从业主体由专职导游转变成社会导游，尤其是兼职导游，而培育、使用机制还是建立在专职导游队伍上，符合行业发展需要的社会导游培育、管理机制体制还在探索中。

（2）职业身份由国家干部转变为自由职业者，原有的职业认同感与荣耀感消失，新的职业形象还未树立，社会地位再认定还需要时间。过去，导游作为国家干部，可以申报翻译系列或经济系列的专业技术职务，福利和待遇随之增长。转变为自由职业者之后，导游等级并未得到人事部门的认可，导致整个导游队伍缺乏提升职业素质的内生动力。有导游曾心酸地说道："高级教师、高级工程师深受行业和社会的尊重，而是不是高级导游，有人在乎吗？"

（3）收入特征由合法高收入转变为收入不稳定、灰色收入为主等，原有的国家干部身份所享有的工资、津贴、小费等多元化高收入结构被打破，自由职业者普遍存在的无固定收入、无社会保障等特征影响到导游队伍。

因此，社会舆论才会有诸如"'恶'导游还是'饿'导游""导游还是导购""一面打人，一面被打"等疑惑。

第三节　导游业的执业环境

一、导游执业环境优化

随着我国旅游业从"景点旅游"向"全域旅游"转变，发展速度越来越快，导游体制建设滞后于旅游业的快速发展，导游服务供给与不断丰富的市场需求不相适应。导游普遍存在的"四无"问题，即无底薪、无保障、无尊严、无身份，成为突出的矛盾，传统的行政化、非流动、封闭式导游管理模式，越来越不能适应大众旅游时代的发展要求，越来越暴露出执业的体制性障碍、流通的政策性壁垒、管理的封闭式行政化、人才结构的不合理。导游面临着工资待遇无保障、升职加薪无望、获得感、荣誉感缺乏等问题。社会对导游的认可度和信任度不高。从 2016 年开始，导游执业环境在国家层面不断得到优化，具体有：

（一）改革准入培训注册制度

优化准入制度是建设高素质、专业化导游队伍的首要任务，健全培训体系是提升导游专业技能与综合素质的重要途径，是划出人才"高线"，守住职业"底线"的门槛。紧贴旅游市场需求，改革导游准入制度，实施统一考试与特殊聘用相结合的导游准入制度。顺应信息化发展要求，改革导游注册领证制度。遵循职业发展规律，改革导游教育培训制度，构建"强制性培训与自愿性培训相结合、岗前培训与在岗培训"相衔接、"课堂培训、实操培训、网络培训"相统一的复合型培训体系。

（二）改革导游执业制度

打破导游异地执业的地区壁垒，才能真正把导游选聘管理权限放归市场。市场调节和企业自主选择，使导游资源在不同地区、不同时间的合理分配，促进导游流动更加开放化、导游资源配置更加市场化。

（三）健全导游保险保障体系

保障体系是优化导游队伍建设的重要支柱，积极破除导游参与分享发展成果的各种障碍，破除阻碍旅游市场健康持续发展的不合理的导游用工管理模式，促进导游安全和体面执业，分享旅游业改革发展的红利。依法保障导游合法权益，加快构建法律关系清晰、管理责任明确、权利义务对等、收入与服务质量挂钩、基本保障健全的导游劳动权益保障体系。鼓励有条件的地方采取多种形式，解决导游社会保险、执业保险费用问题；鼓励有实力、负责任的企业建立导游诚信基金、导游伤残基金等。探索实施自由执业导游强制责任保险制度，鼓励自由执业导游投保执业综合保险；推进协商确定劳动报酬试点工作，探索建立公开、公平、合理的导游薪酬制度。清理各种不合理收费项目，减轻导游执业负担。

（四）健全事中事后监管机制

目前对导游不是管得太多，而是管得不够，管得不科学，原因之一是长期以来管理部门只注重对导游的事前考试准入，轻视对导游行为的事中事后监管。要开发电子导游证书，建立全国导游公共服务监管平台，建立导游常态化审核制度，对导游执业的全过程信息进行收集、统计、分析，更加准确地反映市场需求的变化。要改革考核计分规则，构建社会化评价体系。构建真实科学的用户评价体系和诚信机制，用游客选择来甄别导游服务的优劣，使导游在游客的选择竞争中优化服务品质、提升服务价值。健全旅游纠纷综合处理机制，推动建立以当事人和解、人民调解、行政调解、仲裁调解、司法调解相互衔接的大调解机制，并促进与仲裁、行政执法、司法诉讼的有效对接，使导游执业产生的纠纷在法制框架下高效解决。

（五）健全导游协会组织

导游协会组织作为旅游市场体系的重要组成部分，可以有效发挥行业自律、沟通协调、服务监督等职能。四川、重庆、西藏、新疆、新疆生产建设兵团5个建立独立法人资格的社团组织，河北、辽宁、黑龙江、上海、安徽、山东、湖南、广东、甘肃 9 个省级单位在省级旅游协会设立了导游分会或导游工作部门。一些城市也开展了相应探索，如厦门成立了市导游协会，宣传树立导游形象、加强导游培训、维护导游权益。

依法推进导游行业组织体系建设，充分发挥导游行业组织自律作用，鼓励所有导游积极加入导游行业组织，切实把行业组织打造成"导游之家"。支持导游行业组织可持续发展。树立市场化、社会化的改革导向，清晰界定职能边界，支持导游行业组织依法开展导游注册工作，深入挖掘社会服务空间，促进和引导行业协会自主运行、有序发展。

（六）创新导游激励机制

科学健全的激励机制是提升行业自信、推动行业发展的"永动力"。建立星级导游品牌制度，打造导游职业服务品牌，以游客评价、执业情况、培训学习和考核奖惩为依据，构建一套去行政化、高度市场化和智能化的评价机制。完善导游等级评定制度，打造导游职业技能品牌，建立健全第三方参与的导游等级评定办法和机制。加强导游正面宣传引导，树立一批文明旅游引导标兵，激励和引导广大导游忠于职守、爱岗敬业，诚实守信、乐于奉献。增强行业荣誉的"含金量"，努力争取提高导游在各级人大代表、政协委员及劳模中的名额，推动有关部门在积分落户等方面考虑导游等级、星级及所获的行业荣誉。

可以看到，在这些举措的不断推行下，导游执业环境得到不断优化，久违的荣誉感、幸福感、成就感也在不断回归。

二、导游自由执业试点

2016 年 5 月 5 日，国家旅游局下发通知，选择苏、浙、沪、粤四省市以及吉林长白山、湖南长沙和张家界、广西桂林、海南三亚、四川成都，正式开展导游自由执业试点工作。本书作者受邀参与了随后的试点工作中期评估。

（一）试点工作的基本情况

1. 试点工作简述

本次试点工作是着眼于贯彻 2016 年全国旅游工作会议精神，落实《国务院关于促进旅游业改革发展的若干意见》（国发〔2014〕31 号）、《国务院办公厅关于进一步促进旅游投资和消费的若干意见》（国办发〔2015〕62 号）的要求。是为全面推进旅游服务"供给侧改革"，适应人民群众不断发展的旅游需求，营造公平有序的旅游市场环境而做出的。

试点工作分为两个部分：苏浙沪三省市、广东省开展线上导游自由执业试点工作，吉林长白山、湖南长沙和张家界、广西桂林、海南三亚、四川成都的线上线下导游自由执业试点工作。

2. 试点的目的

通过开展导游自由执业试点工作，建立健全导游自由执业管理制度和服务规范，搭建全国导游公共服务监管平台，推动企业建立安全有序、优质便利的网络预约导游服务平台，建立导游自由执业管理与保障体系，建立健全导游执业记录、以游客满意度为导向的社会评价体系，为下一步扩大试点或全面推进提供支撑。

3. 试点效果综合评述

从试点工作中期评估所得到的反馈来看，试点工作启动后，有关导游执业体制改革等话题迅速成为舆论焦点。舆情分析表明，舆论对于导游自由执业以进行正面舆论引导为主（基于探宝舆情监测平台消息性质分析结果，正负面声量比为243：25，正面舆情是负面舆情的 9.72 倍），普遍认可导游自由执业是大势所趋，期盼这一改革举措能够真正落实到位，形成长效机制，引导导游行业在改革中走上健康发展轨道。

各试点地区旅游行政部门较为重视试点工作，大多在国家旅游局通知下达后建立了工作领导小组，安排专人负责试点工作的组织、协调、联络，并对相关工作进行部署。成都市还组成了由市旅游局导游自由执业试点小组成员、行业专家、行业组织、旅行社代表、导游代表、技术公司、媒体、法律顾问等组成的工作专班，多次召开会议，研究推进过程中出现的问题。同时，各地区旅游行政部门在充分学习和领会（旅发〔2016〕59 号）文件精神的基础上，结合本地情况，制定了试点工作实施方案。例如，成都市的《成都市导游创新管理实施方案》，张家界市的《导游自由执业试点工作总体方案》和6个实施细则，江苏省的《导游自由执业试点工作推进实施方案》等。方案进一步明确了开展试点工作的主要依据、实施目的、推进原则、主要内容、推进措施、时间节点、责任划分。

试点地区的行业组织在开展试点工作中发挥了重要的作用。例如，成都导游协会、成都旅游导游协会、成都旅行社协会参与成立"成都市导游等级划分与评定委员会""导游信息化管理服务中心""导游调处奖惩委员会"，承担制度建设、平台构建、运营管控、调处纠纷等多个方面的具体工作。桂林导游协会承担着导游维权、注册、培训等作用。除民政部门认可的行业组织外，各试点地充分利用众多的商业性导游服务公司，对导游进行培训和业务管理，并为旅行社和导游提供供需信息。例如，南京国际翻译导游服务公司，作为中国国旅（江苏）国际旅行社的全资子公司，是南京市导游管理挂靠机构之一，为约5400名导游提供服务。相对于协会而言，导游服务公司规模小、企业属性保证了其经营方式更加灵活，能为导游提供各种个性化的服务。

同时，中期评估工作还对导游队伍发放了问卷进行调研，结果显示81%的导游认可并愿意参与试点工作，73%的导游对试点工作持支持态度。调查结果还表明：首先，实行自由执业后的薪资水平仍是导游关注的热点，且多数导游对自由执业后的薪资情况持乐观态度；其次，认为实行自由执业将会形成优质的导游服务得到更多执业机会、获得更高报酬的职业导向，将近一半受访导游对自由执业之后的职业规划充满信心；最后，导游自由执业作为依法治旅、优化导游执业保障的重要举措，部分导游认为其将对保障导游权益、优化导游职业生态起到积极的保护作用。导游对自由执业的担忧主要集中在：72%的认为个人风险责任加大，63%的认为保险问题得不到保障，60%的认为劳动权益得不到保护，59%的认为薪酬得不到保障，22%的认为无法参加职业培训等方面。座谈中，导游也表现出对自由执业中的个人安全、意外风险承担、责任保险购买、游客恶意差评、培训管理等问题存在较多顾虑。

（二）试点工作的后续思考

1.导游管理体制改革是导游自由执业的基础

从现状来看，导游体制建设滞后于旅游业的快速发展，导游服务供给与不断丰富的市场需求不相适应；导游封闭式管理与开放型市场、综合型产业不相适应；存在导游服务结构性矛盾、导游流通政策性壁垒、导游保障系统不健全等问题。导游体制改革，将使导游管理体制更加科学高效，导游监管、评价、流动、激励机制更加完善，以营造消费者、导游、市场共赢局面。重点任务包括：改革导游考试培训注册制度、改革导游执业制度、健全执业保障体系、建立综合监管体制、建立健全导游协会组织、创新导游激励机制。推动导游从行政化、非流动、封闭式管理向法制化、市场化、自由化管理转变，构建"进出、监管、保障、奖惩"四位一体的管理体系。很明显，只有深化导游管理体制改革，为导游职业彻底松绑，才能使导游具备自由执业的最基本自由。

2. 导游公共服务监管平台构建是自由执业的前提

导游自由执业并非完全的自由化，对于导游服务质量控制方面，过去有旅行社的管理、有旅行社责任险、质保金做保障，相对而言容易把控。而实行导游自由执业后，对于导游服务质量控制方面存在缺乏有效手段、导游自身风险承受能力弱、服务质量无法有效统一等不足，而且要破除过去推行改革时面临的"一放就乱、一收就死"的尴尬。因此，在"互联网＋"思维影响下诞生的导游公共服务监管平台应运而生，它是在大数据、移动互联网等先进技术指导下形成的导游监管、服务平台，该平台的五大创新包括：一是导游证从 IC 卡升级为电子化，方便在线打印纸质导游身份标志，节约行政成本、提高行政效率；二是导游执业从"跨区域受限"到"自由流动"，平台整合资源加强了信息传导，使导游在全国范围能自由择业、合理分配、有序流动；三是游客对导游从"被动配给"到"自主选择"，满足游客多元化、个性化旅游需求，倒逼导游根据市场需求提升服务；四是从过去"样本式抽查"到现在"全过程监管"，有利于破解市场监管人手不够、手段有限等难题；五是通过导游执业大数据分析，更加准确地了解市场变化，有针对性地制定政策和实施监管。导游自由执业并不意味着放任导游自由、野蛮成长，而是在有效的行政手段下，引导其健康、科学发展，实现导游职业最大限度的松绑，激发导游队伍活力和创造力。

3. 导游执业方式自由化是导游自由执业的核心

导游自由执业的核心是执业方式自由化，即从导游必须由旅行社委派的封闭式管理体制向导游自由有序流动的开放式管理转变，实现导游执业的自由化和法制化。所谓导游自由执业，主要包括线上导游自由执业和线下导游自由执业两种方式。

线上导游自由执业是指导游向通过网络平台预约其服务的消费者提供单项讲解或向导服务，并通过第三方支付平台收取导游服务费的执业方式。

线下导游自由执业是指导游向通过旅游集散中心、旅游咨询中心、A级景区游客服务中心等机构预约其服务的消费者提供单项讲解或向导服务，并通过第三方支付平台收取导游服务费的执业方式。

导游执业方式自由化后，可能存在以下几种模式：

（1）"旅行社委派"模式。指导游接受旅行社委派，为游客提供服务的模式，是现有旅行社委派导游经营模式的延续。

（2）"旅行社预订"模式。指游客通过旅行社预订导游服务的模式。旅行社保留的与部分优秀导游的劳动关系或雇佣关系，在导游自由执业后依然存在。

（3）"协会预订"模式。指游客通过旅游行业协会，如导游协会预订导游服务的模式。只要旅游行业协会能够真正成为"导游之家"，维护导游的合法权益，旅游行业协会必然会成为导游的聚集地。游客通过旅游行业协会预订导游服务，必定会成为导游自由执业后的趋势之一，如张家界"导游协会"、四川"导游之家"等。

（4）"导服公司"模式。指导游服务公司、导游经纪公司为游客提供导游服务的模式。这里所指的导游服务公司，与目前正在营运的一些导服公司不是一个概念。现在的导服公司多为半官方性质，能按照市场化模式运转的少之又少。只要导游自由执业全面实施，导游服务公司等经济实体必将应运而生，专职从事预订和提供导游服务。

（5）"游客直联"模式。指游客直接与导游本人联系，预订其导游服务。这种模式为那些业务素质精湛、服务质量高的导游提供了施展才华的天地，目前只适用于试点省市（地区）。

4. 导游收入第三方支付是导游自由执业的关键

推行导游自由执业的重要目的在于优化导游从业环境，重新构建导游职业社会认同感。过去导游乱象中，最令人诟病的便是少数导游为牟取不当利益而罔顾廉耻、践踏法律，进而影响到整个导游队伍的形象。导游作为一种职业，获取与其付出对等的经济报酬是其合法权利的重要体现。合理合法的经济报酬也是构建导游职业幸福感、推动导游从业人员提高岗位忠诚度、提升自我素养的重要激励手段。传统的导游薪酬支付体系上捆绑了太多的利益相关方，造成了名义收入与实际收入差距悬殊的局面，也掩盖了少数导游的不当得利。因此，只有公开透明、完全没有利益相关的第三方支付平台才能推动导游从业人员"君子爱财、取之有道"，引导导游通过自身优质服务来获得更高的报酬。

（三）法律法规修订和补充是导游自由执业的保证

导游自由执业是对传统导游管理体制的一次根本性变革，现行的导游管理体制，还是计划经济时代的模式。在不断完善的市场经济体制下，尽管主管部门采取了很多办法，包括改革导游薪酬机制、探索支付导游服务费等，但仍然很难改变目前的低价游现状，反过来，低价游又影响到导游的薪酬。因此，对于导游全新执业环境的建设、创新执业方式的实施方面，需要通过出台配套法律法规来进行保驾护航，从而避免"一放了之"的局面，带来"不如不放"的结果。目前，《导游自由执业试点管理办法》《导游自由执业服务规范》已经出台，《旅游法》《导游管理条例》《旅行社管理条例》也做出了相应修订，难点在于导游自由执业的职业保险制度、导游个人的基本社保制度还未出台，而互联网执业平台的法律责任界定，自由执业导游与游客之间责权利的划分还有待深化。只有完善了相应的法律法规，才能推动导游自由执业平稳、健康地发展，促进导游队伍成长。

第二章　明晰金牌导游定位

导游是一次旅游成败的关键。正如华盛顿业内人士旅游公司（Washington Insider Tours）总裁约翰·斯坦因（John Stein）所说："你可以在一年中选择较好的时节出去旅游，做好细致的预算，入住最高档的饭店，享受最美味的饮食，但如果没有一个好的导游，这一切都是白搭。"

第一节　角色定位

Pond（1990）通过非正式调查[①]，分析得出导游的角色认识存在一定差异：不同角色的人（导游者、雇用者、游客等）对导游的角色认识不一样，主要包括"管理团队""传递信息""组织最有效旅游线路""传播知识""形象代表"等；不同年龄段游客对导游角色认识也存在差异，老年人多从社交方面把导游看作是"同伴""领导"或"处理琐事、应付紧急、照顾他人的人"，年轻学生则把导游看成是"传授知识的智者"。但普遍认为：导游的角色是多种多样的，要视当时的情景、游客情况、旅游目的、导游自身情况而定；职业导游的特点就是有能力同时履行众多职责。J.Christopher Holloway（1981）对英国导游进行调查研究也得出类似结论，导游的主要角色是受人尊重的信息传递者，并且伴随其他控制团队旅游节奏、调节

---

① 通过邮件与面对面（一对一）提问对美国各地 50 名导游员、30 名领队、125 名华盛顿游客进行开放式问卷调查，回收 42 名导游员、29 名领队、113 名游客问卷结果。

游客情绪、融合他人社交能力等次要角色。

一、导游角色的基本定位

（一）"导"："导亦有道"

"导亦有道，有道不倒；导亦有寸，有寸不过。"

"导"的繁体字为"導"，是由"道"和"寸"组成的上下结构。由这个中国古代的会意文字，可以对金牌导游进行角色定位：

1."道"，古汉语字典中的解释之一为规律、道理

导亦有道，导游应熟练掌握导游业务的内在规律，即必须熟悉旅游活动中服务流程和各个环节，并应具备扎实的导游技能。导游技能所涉及面较广，诸如人际交往、组织协调、宣传、安全保卫、器材运用、带团等，它是实现产品价值的关键环节，必须引起高度重视，切实提高自身能力，最大限度地使游客在轻松愉快中游览，消除身心疲劳，得到精神享受。讲解、语言等技能，均应学习并掌握，确保旅游活动安全、顺利地进行。尤其是带团技能，因为它是实现产品价值的关键环节，贯穿于旅游活动的全过程之中，其高低直接影响到导游服务的效果。

"道"，又指道德，导游要有良好的职业道德。1996年11月20日，国家旅游局制定了《关于加强旅游行业精神文明的意见》，其中提出了旅游工作人员的职业道德规范，即爱国爱企、自尊自强、遵纪守法、敬业爱岗、公私分明、诚实善良、克勤克俭、宾客至上、热情大度、清洁端庄、一视同仁、不卑不亢、耐心细致、文明礼貌、团结服从、不忘大局、优质服务、好学向上。金牌导游不仅要严格遵循此职业道德规范，而且要有高尚的职业道德修养。拥有高尚的职业道德修养是成为金牌导游的重要前提。导游常年直接接触各方游客，直接面对各式各样的意识形态、政治经济、文化观点、价值观念和生活方式，有时还会面临金钱、色情、利益、地位的不断诱惑，耳濡目染，直接面对精神污染的机会大大多于常人。"近朱者赤，近墨者黑"，导游如果缺乏高度的自觉性和抵抗力，往往容易受其影响。身处这种环境中的导游需要有较高的职业道德修养，坚强的意志和高度的政治警惕性，始终保持清醒头脑，防微杜渐，自觉抵制"精神污染"。

2. "寸"，指分寸、尺度

导游在导游服务过程中应善于把握"分寸"，尤其是在处理具体问题时要掌控好"度"。导游在旅游活动中要全心全意为游客服务，但这并不意味着其可以不顾分寸，不讲原则。首先，导游必须遵守国家的各项法律法规和旅游行业规定，在法律允许的范围内为游客提供服务。对于游客提出的违反法律的要求，要坚决加以抵制并及时耐心劝阻。其次，导游必须以社会主义道德规范为准则，不能为游客提供有悖于社会主义道德和精神文明的服务。

也就是说，"合理而可能"的原则应该成为导游处理问题、满足游客要求的依据和准绳。满足游客的需要，使游客旅游生活顺利愉快是导游服务工作的出发点。因此，对于游客在旅途中提出的个别要求，只要是合理的，又是可能办到的，即使有一定困难，导游也应该设法予以满足。但是，有些游客在出游时常出于求全的心理，或完全出于个人利益，提出一些虽然合理但无法办到，或看似合理但实际不可能办到的，或完全就是不合理的要求。导游在面对此类情况时，一要认真倾听，二要微笑对待，三要耐心解释，动之以情，晓之以理，切不可断然拒绝。对于某些并非出于真正需要而无理取闹的个别游客，导游也应该待之有礼，做到有礼、有理、有节，不卑不亢，不损害游客的尊严。若这种游客的无理取闹影响到整个旅游团的正常活动，导游可请领队协助出面解决，或直接请全体游客主持公道。

此外，在对待属于特殊人群的游客时，导游应特别注意把握好分寸，掌握好度。例如，在面对有身体残疾的游客时，导游一方面要给予特别的关注与关怀，对其旅游活动中的生活细节进行细心周到的照料，方便游客的各项活动，用自己的真心来为残障游客服务，感动和温暖残障游客。另一方面导游又要注意照顾残障游客的自尊心，对其能够自理的事情不要提供过多的帮助，不要予以过度的关怀，不要让残障游客与旅游团队脱离开来，让其意识到自己与正常健康人的不同，伤害残障游客的自尊心和自信心。

因此，金牌导游的角色定位可以概括为：熟练掌握导游工作规律与技能，具备高尚道德情操，并能在导游工作中灵活处事、把握分寸的导游。

（二）"遊"："游走四方"

导游服务是高实践性工作。如果说"实践是检验真理的唯一标准"，那么实践更是衡量一个金牌导游的标准。导游在旅游活动中所涉及的全部是具体的实践工作，这就需要其在实践活动中积累经验，培养技能，提升自己为游客服务的能力。但导游工作也是脑力劳动，它是体力劳动与脑力劳动的高度结合。旅游活动涉及范围广泛，所以导游要具有丰富而广博的知识，才能使导游服务工作做到尽善尽美，精益求精。导游除了要掌握导游工作程序外，还必须具有一定的政治、经济、历史、地理、天文、宗教、民俗、建筑、心理学、美学等方面的基本知识，了解我国当前的大政方针和旅游业的发展状况及其有关的政策法规，掌握旅游目的地主要游览点、旅游线路的基本知识。同时，还要了解客源国（或地区）的政治倾向、社会经济、风土民情、宗教信仰、民俗禁忌等。导游在进行导游讲解、回答问题时，都需要运用所掌握的知识和智慧来应对，这是一种艰苦而复杂的脑力劳动。但"纸上得来终觉浅"，导游除了要具备一定的理论知识外，还要在实践中学，在带团游览中扩大知识视野，丰富历史文化积累，使自己成为"万事通"，并尽力掌握一两门专业知识（如建筑、周文化、楚文化、陶瓷器等），做某一方面的专家，成为游客敬佩的导游艺术家。要多进行实践锻炼，针对不同的游客，使用不同的导游服务方式，并且在实际带团时灵活运用理论知识，不断积累技能经验。

（三）导游角色的发展演变

社会学家和人类学家埃里克·科恩（Erik Cohen）全面系统研究了导游的角色起源与职能发展，他认为导游角色发展经历"最初的导游"到"职业导游"的阶段。

1. 导游角色的原型

导游的角色源两个不同原型："探路人"与"谋士"。其中探路人主要是指地理导游，是"领路的人"，即当地人，对当地情况相当了解，但没有经过特别的导游职业训练的向导。谋士角色表现更复杂、更综合，主要是大众化旅游时代旅游的教育者与策划者。

探路人与谋士分别对应导游角色的领导作用与调解作用，每个作用都有"对内与对外"两个方面，从而推导出导游角色由四个主要部分组成，即帮助、社交、相互作用与互相交流，其发展水平构成导游职能水平的评价准则（图2-1）。

	对外方面	对内方面
A. 领导层面	（1）帮助	（2）社交
B. 调解层面	（3）相互作用	（4）相互交流

图 2-1　导游角色的职能构成

领导层面对应为探路人角色，其"对外方面"称为帮助部分，主要是"引路"，为旅游团、旅游车司机指引方向，并有能力实现团队的通行及行程安排，确保旅途安全与舒适。"对内方面"是指社交部分，目的是增进团队的凝聚力与士气，主要包括四大要素：控制团队的情绪；融合或鼓舞他人的社交能力；通过幽默诙谐手段提升士气、活跃气氛、缓和矛盾；引导团队成员参加旅游各项活动。

调解层面对应的是教师、谋士等角色。对外方面主要为相互作用部分，包括两大因素：①双重代表，作为一个地区和游客的中介，在旅游地与游客交往中，既要代表团队，满足其旅游需求，又要代表旅游目的地，保护当地发展利益；②组织协作，需要与当地人合作，利用当地相关设施为游客提供优质服务。对内方面确认为互相交流部分，加强游客间、游客与导游自身间、游客与当地居民间的信息交流与共享，常被认为是导游角色的核心部分，主要包括四个要素：①挑选，为游客选择最适合其旅游需求的旅游产品与服务，为其节选提供最愿意听的导游讲解；②传播信息；③解说[①]，是导游扮演"文化经纪人"的精髓，是把异域文化与风土人情解释成游客熟悉的文化的过程；④伪造或欺骗，如导游为了获得既得利益，协助商家促销假冒伪劣产品的欺诈行为。

2. 导游角色的演变

探路人与谋士两种角色职能不断融合，相互促进，最终推动导游角色不断从"最初的导游"到"职业导游"的发展演变[②]：导游角色从领导层面向调解层面转变，从对外方面向对内方面转变（图 2-2）。

---

① Cohen 认为训练有素的导游最与众不同的交流能力不是传播信息，而是解说。
② Cohen 认为最初的导游角色主要是提供帮助的探路人，而职业导游员角色则是以交流要素占主导地位的复杂综合角色。

	对外方面	对内方面
A. 领导层面	（1）最初的导游 （帮助为主）	（2）鼓舞士气 （社交为主）
B. 调解层面	（3）领队职能 （相互作用为主）	（4）职业导游 （相互交流为主）

图 2-2　导游角色的发展转变

目前，大多数导游是科恩所说的最初导游与职业导游的结合体，在所有层面上发挥着一定的作用。导游究竟扮演哪种角色，在何种程度上角色占主导地位，在很大程度上取决于特别的旅游环境、旅游企业要求及游客的需求。因此，导游不仅需要具备科恩所说所有层面的素质，还要随着情况的变化而做出角色的转变。而就游客的需要来说，他们需要的是旅途中的"好伙伴"，导游既是"探路人"，也是旅游的"谋士"，亦即"探路人" + "谋士" = "好伙伴"。

二、金牌导游角色定位

金牌导游产生于导游之中，是导游队伍中的佼佼者，是导游行业的领军人，是一个国家和地区的代言人，从角色定位来讲，应高于一般导游，他应该是游客的领导者、优秀文化的传播者、分享知识的教育者、文化自信的践行者、智慧旅游的示范者和旅游企业的公关者。

（一）领导者

在西方，相关旅游企业经营决策者把导游领导才能视为其职责的最重要方面，许多旅游经销商更是强调导游与人交往的能力及其领导团队的能力，而不是导游的知识与阅历，金牌导游尤其如此。

根据《韦氏新国际词典》的定义，领导者是"领导他人"或"排在第一位"的人，是"凭着榜样的力量、天赋、领导的素质扮演着指导角色的人、运用影响力支配他人的人或是在任何活动及思想范围内都有追随者的人"。

但"新领导者"哲学认为，领导不一定是按以上严格定义的人，而是与众不同的，具有独特管理方式的人，他们会动手寻找自己的路，按照自己的特点来发展，培养自己的领导风格。领导必须有自己的追随者，如果一个领导想获得成功，就必须得到下属的认同。

领导者的角色无疑居导游职能的第一位。旅行社通常把领导才能视为导游职责中最重要的方面。实际上，许多旅行社招聘录用导游时更强调的是导游与人交往的能力和领导团队的能力。尽管人们总爱把导游与说空话的人联系在一起，但是实际上导游除了要在生活上照管一个团队外，还要做很多别的事情。可以说导游最大的责任是让游客了解并欣赏一个地方。管理是要把事情做正确，而领导是要做正确的事情。在实践中，导游作为领导者和管理者有许多工作要做。主要包括两个层面：帮助部分，其中的工作有指路、进入特别的地方、带领团队和控制团队；社交部分，包括缓解压力、团结成员、保持幽默和士气、让团队成员高兴。由"新领导者"哲学可知，领导没有统一模式的风格，导游也没有固定的领导模式，只要其有全团游客作为追随者，能得到游客的认同与肯定，就是成功的领导者，即金牌导游。

（二）教育者

导游服务起着沟通和传播精神文明、为人类创造精神财富的作用，直接或间接地起到传播一个国家（或地区）及其民族的传统文化和现代文化的作用。

我国千百年来沉淀的传统文化是中华民族生生不息、发展壮大的肥沃土壤。近年来，随着我国综合实力的不断增强，现代文化蓬勃发展。导游作为国家形象的宣传大使，应成为中华优秀文化的传播者，大力弘扬我国传统文化和现代文化，积极传播正能量，推动文化软实力建设，成为讲好中国故事的重要一环。

（三）践行者

导游要做文化自信的践行者！要努力提升导游讲解的思想内涵和文化品质，让旅游活动成为难忘的精神之旅、文化之旅，成为感悟中华文化、增强文化自信的重要载体；导游要积极创新交流方式，成为国际交流的纽带和桥梁，要让世界各国人民更好地了解真实、立体、全面的中国，同时也让中国人民更好地了解世界。

（四）示范者

导游要抓住科技发展的契机，加快新科技在导游工作中的应用，做智慧旅游的示范者。要善于积聚各类创新元素，推进以数字化、智能化为支撑的产品创新。

（五）公关者

旅游活动是当今世界最大规模的民间外交活动。在游客心目中，导游是一个国家或地区的代表，是人民的友好使者，是"民间大使"。导游可利用旅游活动的群众性、广泛性的特点广交朋友，可利用接触游客面广、机会多、时间长、无语言障碍又比较熟悉外国和游客等有利条件，与游客进行广泛接触，进行思想感情上的交流。在旅游过程中，与游客接触最多的是导游，给游客留下最深印象的人也通常是导游。实质上，导游还扮演着公关者的角色。

以地陪为例，游客从地陪身上可以看到很多东西，在他们眼中，地陪的服饰一定程度上反映着旅游地的经济发展水平，地陪的谈吐内容透露出旅游地的文化积淀，地陪的举止是否文雅则是旅游地居民素质的一面镜子。而地陪对游客的态度，诸如是否热情友好，在游客心目中则代表着旅游地居民对他们的态度。所有这些最后都会在游客脑海中形成一个对旅游地的基本印象。因此，地陪在有意无意中扮演了一个旅游地宣传者的角色，成为旅游地的公关者，对旅游地起着宣传营销的作用。

而全陪、领队则代表着雇用他们的旅行社或旅游公司，他们是旅行社或旅游公司的代言人，树立着其旅行社或旅游公司的形象。他们的表现是否令游客满意很大程度上决定了游客下次出游是否还会再次选择该旅行社或旅游公司。所以，全陪和领队也是公关者，是其所在旅行社或旅游公司的公关者。

从以上可看出，扮好公关者是导游的一个重要职责，要成为一名金牌导游，就必须重视和扮演好这个角色，在工作中注意个人细节，热忱为游客服务，尽可能地树立起正面的旅游地形象和旅行社或旅游公司的形象。

第二节　服务定位

一、导游服务的基本定位

"服务"的英文单词 SERVICE 每个字母都代表导游所提供服务的要求。

（一）S——Smile 微笑

美国心理学家艾伯特·梅拉比安研究发现："信息的总效果 =7% 言词 +38% 语调 +55% 面部表情"，可见面部表情在旅游交际中具有重要作用。[①] 一般面部表情以灵活、鲜明、真诚与合理为主要标准。面部表情中又以微笑最具吸引力，因为微笑很好地体现了面部表情的灵活、鲜明、真诚与合适原则，往往给人提供一种愉悦的心理感受。

微笑服务对导游心理服务而言尤为重要。这是因为，导游服务过程在某种意义上是导游与游客间进行思想沟通与情感交流的过程，渴望借助旅游消费形式，来满足社会尊重和审美需求的游客，往往对导游服务态度极为敏感。"宾客至上，服务第一"的服务价值观已经成为衡量导游服务工作优劣的直接尺度。

微笑是热情友好的表示，是真诚欢迎的象征，微笑也可谓导游的基本功。导游的微笑能给游客留下良好的第一印象，能使游客感到亲切，促进与游客的交流。

1. 微笑：态度的感性显现

微笑在人与人间相互交往中具有一定审美心理学意义。中国有句俗语"出门观天色，进门看脸色"，说的其实就是这个意思。在导游服务中，导游脸上自然而柔和的微笑往往在游客眼里具有特殊的内涵。因为，游客总习惯于透过导游的面部表情，来探知对方是否欢迎自己。可见，微笑同服务态度与热情、礼貌等接待原则密

---

① 彭淑清.景点导游［M］.北京：旅游教育出版社，2006:53.

切相关。如果套用黑格尔的名言——"美是理念的感性显现"，我们不妨把微笑这一直观可感的愉悦性表情形式，界定为服务态度美的"感性显现"。

● 案例

希尔顿饭店总公司董事长康纳·希尔顿深谙微笑服务的妙用，并将其奉为治店的法宝。每次巡查下属工作时，见面首先便问："你今天对游客微笑了没有？"他数年来一直向员工呼吁："我请各位记住：万万不可把我们心里的愁云摆在脸上。无论饭店本身所遇到的困难如何，希尔顿饭店服务员脸上的微笑永远是属于旅客的阳光。"无独有偶，举世闻名的泰国曼谷东方饭店，曾两次被列入"世界十佳饭店"之首，其成功的秘诀就在于把笑容可掬作为一项迎宾待客之道，从而给光临该店的八方游客留下美好的印象与回忆。而这种美好的回忆，正是美国康奈尔大学旅游学界权威人士所说的那种"旅游业最关心的最终产品"。

2. 微笑：情绪的扩散效应

面部表情通常是人的内在情感的一种反映或流露。一定的情绪往往是一定外物的刺激结果。从心理学的有关知识可知，情绪具有外扩散与内扩散的双重性质。外扩散，是指情绪对他人的感染力，而内扩散则指情绪对自身心境的影响力。

世界犹如一面镜子。当你照镜自观时，必然得到对应的感受。你对它笑，它也对你笑；你对它哭，它也对你哭；你对它做鬼脸，它也对你做鬼脸……凡此种种，不一而足。在旅游接待服务中，明朗、甜美和自然的微笑（其外显形式相当于芭蕾舞演员的二度微笑）似乎也具有镜子的功能。微笑作为一种特殊的体语形式，对游客起着积极的情绪诱导作用。一方面，它会使服务对象感受到服务人员愉快明净的心绪和热情欢迎的态度；另一方面，它会有助于创造出温暖如春的友好气氛，削减游客初到异地的紧张感与陌生感，进而使游客产生心理上的亲近感和愉悦感。这样，来宾才会食而有味，寝则能安，心平气和地观赏与审视周围的环境或人物，有益于积累或形成旅游业的最终产品——"美好的回忆"。反之，冷漠、生硬或愁闷的面孔，则会给游客一种初交不善的消极情绪感染，令其望而却步，心灰意冷，给整个游览活动投下阴影。这种面孔还有可能导致游客的逆反心理，使他们变得百般挑剔，对美好的事物视而不见，听而不闻，结果是"良辰美景虚设"，造成难以弥补的损失。正如康纳·希尔顿所告诫的那样："如果饭店缺少服务员美好的微笑，就好比花园里失去了春日的太阳和熏风。假如我是顾客，我宁愿住进那虽然只有残旧的地毯，但处处能见到微笑的旅馆，也不愿住进只有一流设备而不见微笑的饭店。"

自旅游业兴起以来，微笑服务一直受到广泛的重视，并被当作一种卓有成效的经营手段和优质服务的衡量标准。希尔顿饭店集团的振兴、曼谷东方饭店的崛起，无一不是提倡和推行"微笑服务"的结果。当今，在法国服务业中，有关微笑的功用还流传着这样一首赞美诗："微微一笑不费力，可产生无穷魅力。受惠者变得富有，给予者不会致穷。微笑转瞬即逝，却留下永久的回忆。富者虽富，但无人肯将微笑抛弃。穷者虽穷，但都能把微笑给予。微笑带来家庭欢乐，是友谊的绝妙表示。微笑可以消除疲劳，给绝望者灌注勇气。如果有人未给你应得的微笑，请你慷慨地以微笑回报。因为，没有人会比这吝啬鬼更需要！"

无论从该诗的描绘中，还是在具体的接待服务中，微笑的情绪感染力是不容忽视的，它给人的心理慰藉以及审美体验也是异常明显的。

● 案例

一位北京故宫的导游在接待一个教师旅游团时，由于故宫正在进行大规模维修，许多宫殿不能参观，全团游客十分不悦，冲导游大发肝火，这位导游始终面带着歉意的笑容，诚恳地向游客解释原因，并告诉游客故宫的主体建筑都能参观到。俗话说："伸手不打笑脸人。"游客们见到导游如此态度诚恳，火气很快就消了。导游甜美的微笑让许多游客的情绪迅速稳定起来，团队行程即将结束时，许多游客拉着导游的手，诚挚地说："刚才实在是对不起，大老远来北京旅游，一听许多景点看不成，有些激动，但你甜美的笑容就像一缕春风，让我们感到无比的温暖。"

3. 微笑：独有的线条魅力 ①

从形式美感角度分析，微笑的魅力主要表现在面部的线条上。经验告诉我们，人在微笑时，眼与口会构成柔和而轻灵的曲线（图2-3甲），这与板着面孔时所呈现出的那种冷漠僵硬的直线（图2-3乙）形成鲜明的对比和反差。

图 2-3 微笑的线条魅力

根据英国艺术理论家威廉·荷加斯（W. Hoganh）的分析，曲线是一种富有装饰性的美的线条，比直线更能创造美。实际上，人在微笑时，面部肌肉相对松弛，线条比较自然，容易给人一种亲切动人的美感。但要看到，微笑因情绪的复杂波动（情绪则受外物的不同刺激）往往会呈现出不同的样态。譬如，神秘的微笑、妩媚的微笑、轻蔑的微笑、忧郁的微笑、醉人的微笑、呆痴的微笑、难以捉摸的微笑、明朗甜美的微笑等。不言而喻，不同样态的微笑会给人以不同的情绪感染或心理体验。从旅游接待服务的实际工作出发，明朗甜美的微笑是最值得推崇的。因为，这种微笑一方面最富有人情味和积极的感染力，另一方面会在嘴角构成优美的曲线，能给人以妙不可言的审美体验。当然，这种讲究一定"度"（二度微笑为宜）的微笑，如果失去分寸，变成哈哈大笑，"会比任何其他表情更使聪慧的面孔显出愚蠢或难看的样子，因为由于笑，嘴的周围会形成规则的、简单的线条（好像括弧），有时候这会像哭"。

值得指出的是，在旅游接待服务中，微笑只有作为优质与规范化服务的辅助手段才具有意义。所以，微笑应当始终伴随着有效而周到的服务过程。如果与具体工作脱节，微笑就会蜕变为一种内容苍白的呆傻表情了（即人们常说的"傻笑"）。另外，微笑应当以主动、热情和真诚为游客服务的工作意愿为基础，应当是某种良好的情态志趣的自然流露。要知道，任何强作欢颜式的表情，常常会弄巧成拙，产生适得其反的效果，而只有真诚的微笑，才有强烈的感染力。这一点务必引起旅游管理人员与服务人员的重视。

---

① 王柯平.旅游美学新编［M］.北京：旅游教育出版社，2000:267–271.

> ● 案例
>
> 小张每次带团都十分认真，但游客的反应却不理想，她一直感到纳闷。一天，一位游客发给她一段视频，当她打开视频时，才惊诧地发现自己带团时的那张脸。噢！毫无表情，难怪游客不满，究其原因就是总给游客一张没有表情的脸。从那以后，她经常练习微笑，对着镜子练，和同事朋友练，处处提醒自己注意，经过一段时间的练习，终于受到游客的好评。

（二）E——Excellent 卓越的

不想当将军的士兵不是好士兵。导游应将成为卓越的、杰出的导游（亦即金牌导游）作为自己奋斗的目标。从行动上来说，就是导游要将每一件细小的事情也做得十分出色，不忽视每一个细小的环节。从游客的角度出发，为游客提供细致周到的服务。细节服务是成为金牌导游的关键。在服务过程中，想要游客认可我们的服务、做到卓越，必不可少的、也是我们最容易忽略的就是细节。其实，游客的具体需求从表面上看来，虽然形形色色、不一而足，要求似乎也很高，但细究起来，其实可能要求并不高，也很简单：一个温馨的笑容，或是一声亲切的问候，一个关切的动作，一句诚恳的道歉，这些都会感动游客。细节服务的关键在于用心。用心渗透于每一个环节，渗透于和游客接触的每一瞬间，而用心的关键在于换位思考。站在对方的立场来审视自己的行为，往往能够捕捉到细节所反映的问题。游客的一颦一笑，一言一语，往往是某种潜在的表现或者暗示，如果能够用心捕捉，就能够提供让游客惊喜的服务。用心观察并满足游客的需求，就能达到卓越的目标。用心，是每一个金牌导游的必备条件。

> ● 案例
>
> 一家旅行社送游客去一个大峡谷游览。到了峡谷的入口处，大巴停了下来。峡谷共有两个入口，彼此隔开。导游安排游客按男女分两辆车重新入座，

分头进入峡谷口。开始，游客们很是不解。导游说带他们去领略独特的风景。游客们又都高兴起来。可是出了峡谷，游客们谁也没看到什么"奇特的风景"，然而，谁也没有太多的抱怨。后来，有一位游客终于忍不住投诉导游，说导游欺骗了顾客。导游沉默了许久才说出了真相。原来，这是旅行社的特殊关怀，游客乘了很久的车来到峡谷，很多人不免内急。为了避免尴尬，导游才让男女游客分别乘车进入峡谷，并说有"奇特的风景"。自然，男女游客在路上就可"大行方便"了。那位游客听罢，感动不已，连声夸奖导游心细如发。

（三）R——Ready 准备好

做好准备工作是导游提供良好服务的重要前提。其关键是要首先熟悉接待计划（组团旅行社委托各地方接待社组织落实旅游团活动的契约性文件），了解团队基本信息（包括名称、联络人及联系方式、团队等级与人数、住房、交通、餐饮规格与结算方式、旅游线路与特殊要求等），落实任务派遣与接待事宜，准备好必要票证，熟悉相关讲解知识，做好各方联络，树立良好个人形象等。

金牌导游除了熟悉相应接待准备工作外，还应具有良好的主动服务意识，提前做好物质、心理各方面的准备，提供"时刻准备着"的服务。服务的主动性在于在游客想之前，为游客提供无微不至、无处不在的个性化服务。在现代社会中，企业提倡的口号是：客户没想到的，我们已经替您想到。这样做，就是主动把自己的产品做到客户最希望的或者更确切地说是对客户最方便的，甚至连客户自己都没有想到的产品生产或服务的盲区。金牌导游也应该做到这一点，在游客想之前，导游已经为其提供所需的服务；游客没想到的，导游已经想到。这要求导游要从游客的角度出发，为游客考虑，时刻关注游客，注意游客有何需求。更重要的是导游要有"察言观色"的能力，懂得怎样去了解游客，从游客的一言一行，甚至游客的一个眼神，察觉出游客情绪与心理的变化，来了解游客需求，为其提供有针对性的服务。当然导游的这种本事并不是一朝一夕能练就的，它需要导游在工作中随时对游客保持热情认真的态度，在工作中不断学习摸索，学会如何捕捉游客的需求信息并为其提供所需要的服务。

（四）V——Viewing 看待

1.导游要做到真诚对待每一位游客，用真心、真情为游客服务

在整个旅游过程中，真诚对待游客是每个导游的职业道德和基本要求。没有真诚对待游客的感情，哪怕他水平再高、技巧再好也是无济于事的。古人曰"不精不诚，不能感人""精诚所至，金石为开"。应该明白，一个旅游团中的游客需求是五花八门的，但其中有一个共同点就是满足愉快圆满的旅游生活。而这种愉快圆满的旅游生活的基本点出自于导游的真诚待人。

要做到真诚对待游客，导游必须做好以下几点：

（1）真诚待人的最本质的灵魂是"真诚"。只要是真诚，那么就"心诚则灵"，无论游客多么诡谲和刁钻，都会在内心诚恳的导游热情服务下转变态度，化消极因素为积极因素，化不满意为比较满意。这也许是众多优秀导游取得成功的秘诀。要待人以诚，导游不仅要言行一致，而且要以心换心。即使每位导游的"导技"各有千秋，但是只要精诚所至，游客心里自然会清楚和明白的。相反，有些导游表面功夫极佳，而内心深处却老是想着其他"诱人的香饵"，其结果只能招来游客的反感和蔑视，其最后的结果也是可想而知的。

（2）真诚待人不要怕"碰钉子"。导游在整个带团过程中碰钉子也是难免的。在某种程度上讲，导游就是生活在钉子中，那种委屈和不是滋味的感觉时常在心中萦绕。但是应该明白，带好团是导游的神圣职责，要真诚待人就要不怕挫折，要具备不达目的誓不罢休的坚强意志。

（3）真诚待人要建筑在实事求是的基础上，才能获得真正的好评。导游要勇于在游客面前承认自己工作的不足和失误，要虚心听取游客的意见和评头论足，不要怕丢面子，更不要怕投诉。因为，一名真正以诚心对待游客的导游是能够取得游客信赖的。古人曰："知之为知之，不知为不知，是知也。"因此，导游实事求是的态度是真诚待人的灵魂。

（4）真诚待人最需要导游自身的感受。从心理角度讲，人的感情来自客观事物的刺激。换言之，游客内心感受到导游的真诚，是靠导游平时的所作所为和一言一行，是靠导游用真诚的感情去影响去感化游客的。有相当一批导游，他们带团从不叫苦，再累的活也能坚持到底，但就是经受不了半点委屈，有许多旅游团带不好就是这种自身感受所造成的后果。为此，真诚待人就要经受住这种委屈。做导游工作就是要拿出一颗真心来，就是要用自身的行动感化游客，这样就会以情动人。

● 案例

一位导游在迎接一个韩国旅游团时，迟到15分钟，游客等了很久，怨气很大。为了调谐关系，导游态度诚恳地说："各位先生们、女士们，辛苦了，实在对不起，因为城市交通拥挤，加上我们出发提前量少了点，路上堵车，让大家久等了，我代表我和我们这座城市向各位致歉。"然后深深的一个鞠躬，导游真诚的言语行为，立刻赢得了游客的谅解。

2.对待不同国籍、不同阶层、不同消费水平的游客要一视同仁，平等相待

在游客与导游服务的关系中，游客是第一位因素，没有游客，导游服务便没有了服务对象；没有游客的购买，旅游服务行业的产品价值就不能实现，旅游服务人员的劳动就失去了对象，失去了存在的意义。同样，导游服务也是如此，没有游客，导游服务的价值就无从体现，旅游产品销售不出去，旅行社的收益更无从谈起，导游也无法在社会生存。因此，每一位游客对导游而言都同等重要，导游要以一视同仁的平等态度来对待每一位游客，而不能由于游客国籍、阶层、身份、地位、消费水平的差异而有所偏向。也就是说，导游应该遵循"为全体宾客服务"的原则。"为全体宾客服务"原则是导游工作的出发点和必须遵循的基本原则。旅游团队是一个整体，是一个和睦的大家庭，没有高低贵贱之分，也无亲疏之别。"来的都是客"，每位游客都是导游服务的对象，导游在带团过程中应公平对待每一位游客，让大家都享受到自己提供的服务。如果厚此薄彼，偏爱一部分冷落一部分游客或厚待一部分怠慢一部分游客，必然会造成旅游团队的内部关系紧张，也为自己的工作人为制造了障碍和困难。这样的话，要带好一个团是绝对不可能的。

"为全体宾客服务"原则的基本点是：导游必须对旅游团的每一位成员都保持同等距离，一视同仁，对每位游客都同样热情、友好、礼貌，提供同样的服务。

这种态度表现在导游与游客关系上，就是要尊重游客，全心全意地为每一位游

客服务。游客是买方，是我们的"衣食父母"；导游是卖方，卖方要为买方服务好。导游提供的不是有形的商品，而是劳务，如果导游陪同游客走了一圈，不进行导游服务或导游服务做得不好，使游客没有享受到应得到的服务，这就是对游客不尊重。

"宾客至上"表现在导游处理某些问题时要以游客利益为重，不能过多地强调自身的困难，更不能以个人的情绪来对待或左右游客，而应尽可能地满足游客的合理要求。

● 案例

　　著名导游专家王连义先生曾经接待一瑞典访华团，因想了解瑞典宪法修改活动与政局动态，所以经常同团内几位社会学教授接触，交谈很多，旅行结束时，王先生征求团内成员的接待工作意见，得到大家从不同角度的交口称赞。不料临行机场握别时，一位女性制陶工人小声对王先生说道："会上，我不敢给你提批评，现在我要说：'您的缺点是太喜欢教授了！'"王先生也不自觉中犯了不"一视同仁"的错误，可见，导游要在旅游接待与服务过程中真正做到一视同仁是很难的。①

（五）I——Inviting 有魅力的

在必要的共性因素上融合个性因素，为游客提供"分外"服务，创造标准化基础之上的充满魅力的服务。根据旅游心理学的研究内容，使游客满意的因素分为必要因素和魅力因素。其中必要因素就是按标准提供的服务，即规范化、标准化的服务。而魅力因素是指为游客提供的额外的、个性化的服务。必要因素没有做好当然不会让游客满意，但魅力因素更是影响游客满意度的关键因素。要想使游客十分满意，就必须在魅力因素上多下功夫。也就要求导游要能够融个性化服务与标准化服务于一体，针对不同的游客，提供个性化的、充满魅力的服务，因为只有这种超常

---

① 王连义.怎样做好导游工作［M］.北京：中国旅游出版社，2005:48-49.

的额外服务才是富有人情味的服务，才是有魅力的服务。

● 案例

一位导游陪团在北京游览。有一天，已是晚上 9 点多钟，团内一位老太太找到导游，要导游陪她到天安门散步。老太太贫苦多病，来华一次不容易，全团都很同情她。导游白天陪团虽然很累，但还是陪她去了，并认真地为她讲解天安门的历史和首都的风土人情。第二天，她在旅游车上非常自豪地告诉大家，她享受了一次特殊的待遇，引起了全团人的羡慕。大家对导游也更加钦佩。

（六）C——Creating 创造

要成为金牌导游，就应该以为游客创造尽可能美好的旅游经历为最终目标。因此，导游的创造力也十分重要。金牌导游的创造力主要体现在以下两个方面：

（1）能够为游客营造舒适的气氛环境，使游客能时时感到轻松和愉快。一方面导游要善于把握游客情绪和心理的变化，能适时转变话题或换另一个活动，并且必须清楚游客的需要，在游客需要的时候给予游客帮助。另一方面，导游要有一定的幽默感。导游在与游客的交往中，要重视幽默感，在接待服务中，遇到不愉快的情况，幽默可以缓解窘态；当情况危急，人心浮动时，幽默可以稳定情绪；当人际关系产生龃龉，幽默有一笑泯恩仇的效果；遇沮丧之事，幽默有破涕为笑之功。在人际交往中，幽默是调味品、润滑剂，能使交往关系和谐、自然、轻松、有趣。幽默感能把游客拉得更近，让游客觉得自在，并能让旅游中不可避免的小故障变得好笑，而不会让游客觉得烦心或不悦。由于人喜欢笑，所以人们通常都欣赏那些为旅游带来欢笑的导游。但是幽默要恰当，还要对别人的反应敏感，因为能让一个人大笑的笑话可能会冒犯另一个人。

● 案例

昆明的早晨，景色显得格外秀丽。导游小王兴致勃勃地带领着一批游客在滇池边游览。谁知，湖边的走道上沾着许多海鸥的粪便和杂毛，有位游客不小心滑倒，弄脏了衣服，游客显得非常狼狈。小王灵机一动计上心来。她赶紧上前对那位游客说道："真棒耶！看来您被我们昆明滇池的美景陶醉了，是不是想留在这儿了，就像这些远方来的海鸥一样。现在您沾上海鸥的羽毛，可以像他们一样，年年都可以飞到昆明来了。"一句话，说得大家都笑了，那位摔倒的游客也高兴地说："看来连海鸥都看上我了，希望我沾点它们的光。"

（2）导游服务面对诸多不确定和未知因素，因此导游要具有较好的创造力，迅速妥善处理随时可能出现的意外。即导游要有较强的应变能力，领导者是导游在旅游过程中扮演的一个角色，而真正领导者的标志就是相信自己能够影响事态的变化，并愿意承担变化带来的后果。同时，他还总能想出各种解决办法并有一种感染人的乐观精神。这种天性对导游能否出色地工作非常重要。因为导游经常碰到事先毫无征兆的让人棘手的问题。这时他们必须能够迅速分析各种突发事件，根据当时的情况做出快速反应，采取最为有效的措施来为游客解决问题，减少对游客的不良影响。

● 案例

某台湾旅游团到上海旅游，原定中午十二点飞机送团，但由于是旅游旺季，怕机场拥挤，耽误了时间，导游小李带着二十几个人的台湾团乘一辆大巴提前两小时就往机场赶去。巴士走了半小时，离机场还有二十几分钟路时突然停住了，司机说："前面堵车了。"小李一望窗外，只见一眼望不到头的车挤满了道路上。他大吃一惊，怎么办？小李跳下车一路跑去查看路况一边想，一个半小时以后飞机就要起飞，如果乘不上飞机，二十几张飞上海的机票，几万元的损失，还有酒店的住宿费，耽误了行程，还有游客明天飞台湾的机票，算起来那可是一个天文数字啊！

　　导游小李听路边的司机说前面三百米的地方撞了车，把两边都堵住了，急得是满头大汗。突然他灵机一动：两边三百米就是六百米，可以带游客跑六百米到那边去乘的士到机场啊。游客走六百米到乘上的士半小时，乘车半小时，抓紧一点还可以赶上。于是他马上就给旅行社的经理打了电话把出现的紧急堵车情况和目前想出的对策给经理详细地说明，经理同意了他的办法并马上给民航打电话，请求飞机等待小李的旅游团到达。

　　打完电话小李跑回巴士，把跟旅行社协商的办法说了，领队表示赞同。于是小李带着游客一路急走，四十分钟后终于走出了堵车的路段。在十分钟内，小李挥手拦了一堆的士，以比平常高一倍的价钱要司机以最快的速度把游客送到机场，在车上小李打电话给机场的行李员，告诉他游客还有二十几分钟就到机场了，让行李员先帮游客办行李托运和打出登机牌，待游客一到检查了证件就可以马上进去。

　　离飞机起飞还有十几分钟的时候，游客赶到了机场，机场也接到了旅行社的请求电话，办票，值机，安检大力配合，几分钟后，游客就通过了安检，这时全体游客都转过身来冲小李挥手。小李也挥着手大声喊道，希望你们旅途愉快！这时小李才发现自己已是大汗淋漓，但心里却轻松无比。据后来所知当日由于堵车，别的旅行社共有三个小团没赶上飞机。而小李因为应变能力强，他的二十几个人大团却赶上了飞机。小李的应变能力在这次突发事件中起了重要作用。

（七）E——Eye 眼光

　　要着眼大局，从游客的利益和旅游业的可持续发展出发，以长远眼光、整体视角处理带团过程中出现的种种矛盾和问题。导游要意识到自身表现对整个旅游业的重大影响和作用，懂得个人利益服从整体旅游业利益的道理，认识到整个旅游业发展将会为自身带来的机遇和发展及身为旅游业的从业人员，就必须为旅游业发展和繁荣做贡献的责任。

但在实际情况中，有一部分导游并未做到这一点。"黑导、黑社"，导游欺客宰客，强迫和变相强迫游客消费的情况时有发生。不少导游在旅游活动中未经游客同意而擅自增加购物点，延长购物时间，更有甚者强迫游客购物以获取回扣，或与购物点联合起来欺骗游客以获取利益。他们想方设法延长在购物点的停留时间，热心导购，却不重视游览活动，将其视为一项不情愿却又不得不完成的任务，带游客走马观花地逛一圈，有气无力，草草了事。讲解工作也不甚认真，以敷衍游客的态度三言两语，一带而过，并没有真正起到导游的作用。"导游不卖力，导购却相当卖力"，完全不顾导游的职业道德和自己身为导游的责任，严重损害了游客的旅游公平交易权、旅游服务自主选择权和旅游服务内容知悉权等权益。所有这些都是导游没有长远眼光、没有着眼于整个旅游业的发展大局的结果，这极大程度地破坏了旅游业在人们心目中的形象，造成了极其恶劣的社会影响，阻碍了旅游业持续、健康的发展。为了维持旅游业的健康发展，避免此类现象的发生，导游应该树立起整体观，从旅游业的全局考虑问题，而不是仅仅看中个人的一点"蝇头小利"，要为旅游业的发展做出应有的贡献。

● 案例

23 岁的文花枝是湖南湘潭新天地旅行社的导游。2005 年 8 月 28 日，文花枝带一个 25 人的旅游团去延安参观。中午 2 时 35 分，在 210 国道陕西洛川县境内，一辆满载 40 吨煤炭的大卡车在超车时占道行驶，迎面撞上了文花枝一行所乘的旅游车。顷刻，一场 6 人死亡、15 人重伤、7 人轻伤的惨剧发生了。这是洛川县 20 年来发生的最大一起交通事故。

当时，坐在右边第一排的文花枝正侧着头与靠窗同排的罗先生说话，当一个巨大的车头突现在眼前时，她来不及叫一声，就什么也不知道了。当她苏醒过来时，才发现前面翻转的座凳和后面斜扭的椅子将自己紧紧夹住，动弹不得，腿也断了，正在出血……

文花枝本能地感到恐慌，但求生的欲望使她振作，导游的责任使她冷静。她摸出手机打出报警求救电话，又向新天地旅行社报告了事故消息后，用尽全身力气大喊："大家不要怕，有人来救我们的。"然后又昏了过去。

文花枝再次醒来的时候，发现游客们个个浑身血污，人人满脸痛苦，车上乱成一团。她想，如果不尽快稳定大家的情绪，组织大家迅速开展自救，一些原本可以抢救过来的游客就会因绝望而加速死亡。因此，她努力睁开沉重的眼帘，拼尽力气大声地对大家说："警察和医生就到了。我们一定要挺住啊！"她听见后面有人问导游怎么样了，就忍着剧痛高声应答说"没事，只是被卡住了动弹不得"，并要后面的人赶快从车窗口爬出去。

当救援人员赶到，把文花枝身边的罗先生从车窗中抬出去后又来抢救她时，她听见后面还有哭叫声，就吃力地说："我是导游，请先救游客。"救援人员拿来撬棍想撬开卡住文花枝的椅背，她再次吃力地请求："拜托你们先救他们，我年轻，我挺得住。"为了让大家相信她没多大事，她强打精神，尽力把头扭向后面，对后面的乘客喊："大家不要怕，我们有救了，我们一定有救的。"

伤员一个个被救走后，救援人员又一次来到她面前对她施救时，文花枝担心车上还有乘客，就说："麻烦你们再仔细看看还有没有其他人在车上。"果然，在汽车的中部，救援人员找到了被撞晕过去的方先生。原来，方先生被撞晕后又被行李压住，因此没被及时发现。方先生被救出来后，此时已是下午4时多，离出事已有近2小时了。救援人员锯断紧紧夹住文花枝的几把椅子，把她这个最后一位伤者抬出被撞烂的汽车。

下午5时左右，文花枝被送进洛川县人民医院。经检查，她的两条腿均严重骨折，其中左腿折成9段；右胸第4至第7根肋骨断裂；盆骨3处骨折。由于时间拖得太久，又被污油浊水和灰尘污染，伤口已严重感染，随时有生命危险。洛川县人民医院在对其伤口紧急清创、止血后，建议送上级医院救治。29日清晨6时许，在经受了4个多小时的汽车颠簸后，文花枝被转到了解放军第四军医大学附属西京医院。由于耽误了宝贵的抢救时间，文花枝的左腿不得不截肢。主治医生李军教授惋惜地说："太可惜了，若早点做清创处理，不耽误宝贵的抢救时间，她这条腿是能够保住的。"这个美丽的年轻姑娘，一条左腿从膝盖上被截掉。劫难之后，对于未来的憧憬和设想都被打乱。记者问她："你后悔吗？"文花枝笑着说："我只是做了自己应该做的。"

据众多游客反映，文花枝带团时处处为游客着想，把游客真心实意当上帝，因此很受游客们的欢迎。2005年7月由文花枝带团到郴州旅游的湘潭市岳塘区建设局乐前勋说："以前出去旅游也不少，接触过不少导游，小文是其中很不错的导游。她能时时为我们着想，不是带我们去商店购物，而是让我们尽量多地欣赏风景。出现一点小问题，她也会过来耐心地帮大家解决。"

而在这次交通事故发生的危难时刻，文花枝首先想到的不是个人的安危，而是游客，是事故可能对整个旅游业发展造成的不良影响。她喊出的是："我是导游，请先救游客。"文花枝的事迹引起了社会各界的关注，在社会上引起了极大的反响。国家旅游局在2006年1月专门做出了在全行业开展向文花枝同志学习活动的决定。她着眼于旅游业发展的大局，以游客为中心，用自己的行动向全行业交出了一份出色的答卷。[①]

二、金牌导游的服务定位

金牌导游提供的导游服务是在提供有序标准的规范化服务的基础上，根据游客需求、个性特征提供不同于其他游客且能满足其个性需求的服务，做到规范化服务和个性化服务的有机结合。

（一）基础：规范化服务

规范化服务亦即标准化服务，是指按照行业或企业所制定的标准和程序提供服务。规范化服务是一项系统化的工程，它由各个环节环环相扣而构成。规范化服务注重的是操作规范和程序，其目的是保证整个服务过程如行云流水般的顺畅，给游客以赏心悦目的感受，提高游客的满意度。由于导游服务是一种特殊的商品，它具

---

① 案例引自 http://www.17u.net/news/special/20060403whz/，稍有改动。

有无形性和不稳定性，受到导游的性格、情绪、服务能力和意识等多方面因素的影响，不同的导游在相同的旅游活动中为游客提供的服务质量不同，而同一导游在同一旅游活动中为不同游客提供的服务质量又有所差异。因此，为了确保大多数游客对导游服务质量基本满意，导游必须按《导游服务规范》（GB/T 15971—2010）、《旅行社国内旅游服务质量要求》《旅行社出境旅游服务规范》和《中华人民共和国旅游法》的行业标准中的规定与要求为游客提供规范化的服务，把良好的服务技能、技巧不折不扣地体现在整个导游服务的全过程、各环节。

● 案例

地陪小安在陪同一对老年夫妇浏览故宫时工作认真负责，在两个半小时内向游客详细讲解了午门、三大殿、乾清宫和珍宝馆。老人提出了一些有关故宫的问题，小安说："时间很紧，现在先游览，回饭店后，我一定详细回答您的问题。"游客建议她休息，她都谢绝了。虽然很累，但她很高兴，认为自己出色地完成了导游讲解任务。然而，出乎意料的是那对老年夫妇不仅没有表扬她，而且写信给旅行社领导批评了她。她很委屈，但领导了解情况后，说老年游客批评得对。[①]

由上述案例可见，在导游服务过程中，给游客提供优质的标准化与规范化的服务是不够的，要真正体现优质服务，还得为游客提供一些个性化服务。

（二）升华：个性化服务

个性化服务是指在企业的经营战略和利润计划的框架内，企业授予员工一定的灵活处置权，允许他们在服务实践中独立思考、自主判断、灵活应变，尽可能发挥主观能动性，按照游客的特殊需要，提供相应的特色服务，使游客在接受服务的同时，产生愉悦的精神心理效应。从服务人员的角度讲，个性化服务就是服务人员针

---

① 杜炜，张建梅.导游业务［M］.北京：高等教育出版社，2002:198.

对服务对象（游客）的不同个性特点和心理需要、结合具体情境、发挥自己的资源优势所采取的有针对性、灵活性的服务。

个性化服务是规范化服务的升华，是导游充分发挥自身主观能动性的成果，是其智慧的结晶。当今世界，旅游需求个性化是一个普遍的发展趋势。面对多样化和个性化的旅游市场，面对性格迥异、需求不一的游客，导游必须推行个性化服务。

个性化服务是一门富有灵活性、创造性的高超艺术。灵活性在于不照抄照搬导游服务的条条框框，因人而异，因时而变；创造性则在于给游客的服务超过导游服务规范中的内容。它表现在导游在服务过程中时时处处站在游客的位置上，想游客之所想，急游客之所急，自觉淡化自我而强化服务意识，从而毫不迟疑地站在游客的立场进行换位思考。这样面对既有中外之分、南北之别，更有性格差异、禀赋不同的各种各样的游客，面对不同时间、不同场合发生的瞬息万变的情况，可以因时、因地、因主客观条件，细心地观察游客的言行举止，掌握每个游客的特殊性，采取灵活的服务技巧，提供针对性的个性服务。

个性化服务提倡的是细节的服务，中国有句古话"于细微处见精神"，而金牌导游要讲究"于细微处见个性"，用周到的细节服务去感动游客；追求的是锦上添花，要求有超常的个性服务，所谓超常的服务，就是用超出常规方式满足游客偶然的、个别的、特殊的需求，这一点最容易打动游客的心，最容易给游客留下美好的印象，也理所当然最容易提高游客的满意度。

● 案例

　　导游小王在旅游服务中非常注重个性化服务。他每次在带团以前都会先仔细浏览一下旅游团成员的资料，了解他们的兴趣爱好，并且会注意一下是否恰好有旅游团成员在旅游期间过生日。一次，他所带的团中有一位年轻姑娘恰巧在旅游期间过生日。于是小王在订餐时即订好生日蛋糕准备小型生日派对，并为此做了精心的准备，在姑娘过生日那天代表旅行社给她送上一个生日蛋糕，还带领全桌游客拍手齐唱"祝你生日快乐"，烛光闪烁中，姑娘激动得热泪盈眶。所有的游客都为此而深受感动。大家对小王的个性化、人情化服务赞不绝口，而小王所在的旅行社从此也备受游客的青睐。

（三）定位：优质化服务

金牌导游提供的是优质导游服务，优质服务是规范化服务与个性化服务的结合。规范化服务好比是躯壳，而个性化服务则是灵魂，两者之间存在着相互补充、相互促进的关系。所以金牌导游一方面要严格按照《导游服务规范》（GB/T 15971—2010）、《旅行社国内旅游服务质量要求》《旅行社出境旅游服务规范》和《中华人民共和国旅游法》中的要求，养成自觉遵循规范的良好习惯，为游客提供规范化的服务；另一方面又要灵活运用规范与标准，使日常操作升华为个性服务。以规范化服务为基础，又富有个性化，忠于规范，又高于规范，这才构成了金牌导游的优质服务。

1. 夯实规范化服务

俗语说"万丈高楼平地起"，基础不牢的大楼，不管建得多高，都危如累卵。导游服务质量的提升，很大程度上依赖于规范化服务的开展。冯涛、何登菊[①]用"60＋40理论"来形容规范化服务和个性化服务的关系，60分代表规范和基础，40分代表个性和补充，合计是100分，也说明了个性化必须是在规范化基础上的延伸。因此，金牌导游牢固掌握规范服务，提高自身素质和能力，首先把规范化服务的基础工作做到实处，才能保障个性化服务的灵活运用。

2. 推进个性化服务

导游如果只按标准提供服务还不等于优质服务，而只是导游服务必须达到的起码要求。因为导游服务实质上是一种无法具体标准化的服务，其服务质量既受到导游服务生产体验的影响，又受到游客服务消费体验的影响，它在很大程度上是服务人员与游客双方相互作用、相互影响的结果。更为重要的是，规范化服务可能会使导游拘泥于各种条条框框的限制，阻碍其主观能动性的发挥。如当有些游客提出一

---

① 冯涛，何登菊.正确运用规范化服务与个性化服务［J］.饭店世界，2008（4）:17-18.

些特别的要求时，导游明知游客的要求是合情合理的，自己也有能力满足游客的需求，但他们却囿于导游服务具体标准而无法照游客的要求为其提供服务。导游如果只是刻板地遵守导游服务规范，而不能根据不同游客的需要进行针对性的服务，尤其是超常服务，不仅会扼杀自己的创新精神和工作积极性，最终也必将导致导游服务质量的下降。因此，为了更好地满足游客的需要，使游客在旅游活动中感到舒适愉快，金牌导游应该按照"合理而可能"的原则，在规范化服务的基础上，根据游客的个性差异和不同的旅游需求向游客提供优质的个性化服务，并根据自己的优势或特长、爱好，形成自己独特的导游风格。

3. 实现优质化服务

无论是规范化服务还是个性化服务，都是为了满足游客的需求，都是为游客的利益服务。金牌导游所提供的个性化服务是规范化服务的升华与延伸，是在提供规范化导游服务的基础之上，不断提供个性化服务，并将个性化服务中的细节服务、个性服务变成流程，继而又内化成为其自身规范化服务的一部分。即真正将个性化服务与规范化服务相结合，并且掌握好个性化服务与规范化服务之间的平衡点，形成一个统一的整体，体现出规范且"锦上添花"或"雪中送炭"的服务效果。

金牌导游秉持旅游领域的工匠精神，不仅应提供细致、周到、及时和流程规范的服务，更要及时发现游客的需要，适时提供服务。导游应留意游客流露的情绪，如游客有不满情绪，则及时给予调剂和修正，给游客制造哪怕小小欣喜，也能留下深刻印象。同时导游应重视对游客信息的收集和整理，建立某些重点游客的档案。只有善于搜集信息，建立起同质化游客个性化信息档案，对收集到的信息经过筛选、处理后，在此基础上形成超凡服务的技巧和方法，最终实现"尽可能满足游客的一切合理而可能的需求"，只有这样不断循环提升，导游的服务水平和质量才会不断提高，实现优质化服务，成为真正的金牌导游。

● 案例

　　一美国旅行团一行 17 人按计划乘豪华旅游船抵达 W 市，在接团前，导游小高认真地阅读了接待计划，并按照计划里的细节，为该团制定了详尽的日程安排。该团赴饭店的途中，小高向游客致了热情洋溢的欢迎词，并介绍了沿途风光及活动日程安排，游客们对小高的服务报以热烈的掌声。

　　抵达饭店后，小高按导游服务规范的要求将客人安排妥当，告诉游客说半个小时之后在饭店大堂集合，将去参观博物馆。

　　集合时间快到的时候，大部分客人已经来到饭店大堂。这时，一对老年夫妇走到小高面前，激动得含着眼泪，向小高连声道谢。不明就里的其他游客纷纷询问是怎么回事，这对老年夫妇说，他们是美籍犹太人，第二天是他们犹太人的节日，小高在安排住房时将他们的住房安排在朝着耶路撒冷的方向，并在书桌上放置了贺卡，这使他们非常感动。其他游客听后都对小高的服务称赞不已，同时为他们 W 市之行遇到一位好导游感到非常高兴。

第三章　铸就金牌导游素质

第一节　国内学术界相关研究概述

导游工作是一项综合性的复合劳动，既要求导游具有良好的知识储备，优秀的口语表达技巧，同时也需要导游具备良好的身体素质、心理素质和思想道德素质。因此研究一名合格的导游应当具备哪些素质对于提升导游实践工作水平以及导游自身素质的修炼都有着指导意义。

关于一名合格导游应当具备的各方面素质，社会各界也有各种不同的表述。相关的评论很多，足见导游应该具备什么样的综合素质是社会各方关注的热点。[①]学术界同样对一名合格导游应当具有的素质以及提升导游素质的机制进行了大量的研究。

一、导游素质基础研究

罗蜀渝[②]从美学角度认为新时期导游应当具备下列素质：①较高的专业素养。导游知识包罗万象，无论人文景观、自然风光，还是风俗民情、饮食文化等，都要具备一定的专业知识水平，这就要求导游不仅要具备相当扎实的基础知识，还要掌握相关的拓展知识。②良好的体质和特定的语言表达能力。要做到言之有理、言之

---

① 熊剑平，石洁.导游学［M］.北京：北京大学出版社，2014:67.
② 罗蜀渝.试论导游队伍的建设与审美素质的提高［J］.美与时代，2005（12）:94–95.

有物、言之有趣、言之有神。③优良的心理素质。要做到善于控制情绪，反应迅速敏捷，性格活泼、开朗，并且要有顽强的敬业精神。④综合的审美功能。作为导游，必须在长期的导游实践中不断丰富、发展、完善自身的审美意识。其中包括审美观念、审美趣味、审美理想、审美知觉和审美情感，才能作为美的向导为游客创造一个美的境界，完成最后一个旅游产品——游客最美好的回忆。

许树辉[①]认为导游作为旅游行业的代表，在可持续发展作为主要发展战略的新时代背景下，应当具备环境保护意识，这是导游应具备的基本素质之一。导游的生态素质可从法、德、识、能、技、体等方面进行表征。"法"即导游带头遵守国家法律法规和旅游地方性法规，言行符合各级法律法规和旅游社区常规性惯例的要求；"德"即导游的道德素养，有强烈的爱国热情和高尚的道德风范，能做到认可文化和风俗差异，恪守职业道德，有崇高的敬业精神；"识"即广博的知识，能广泛吸取历史、地理、文学、政治、宗教、经济、心理学、美学和行为学等方面的基础知识，尤其是应获取扎实的生态学、林学、环境保护学、自然地理学等相关学科知识，能较科学地对游客进行讲解，回答游客的质疑；"能"即导游的组织管理能力、交际能力、独立工作能力、语言表达能力、自控能力和创新能力等；"技"即导游必备的熟练服务技能、处理旅游活动过程中各种的非生态行为的技巧；"体"即指导游的强健身体素质和得体的仪容仪表。文章还分析了导游生态素质的效益，其正面效益主要表现在四个方面：有利于规范导游人才市场和维护导游形象；能促进旅游企业利益的持续长期增长；有利于旅游景区社区和生态环境的改善；对游客的生态环境教育，可有效提升国民素质。文章最后对导游的生态素质培养机制进行了探究，总结出导游的生态素质培育机制（图3-1）。

翟辅东等[②]从导游的知识构建着手研究导游的素质构建问题。其研究认为导游是针对景观客体为游客提供文化服务的职业，而不是巨细皆能精通的万能专家，因此，导游工作的重中之重是掌握旅游过程中游客眼球触及景观及其兴奋点并能做出令游客折服的讲解，游客因此能得到扩展知识的精神文明享受。基于此，按照导游讲解旅游景观能力将导游划分为四种类型（表3-1）。经过总结认为现有的部分导

① 许树辉.生态素质：导游环保责任的基石[J].经济论坛，2006（10）:54-56.
② 翟辅东，黄英，付钢业.导游知识构架的完善与旅游景观学的构建[J].湖南师范大学学报（社会科学版），2004（4）:89-92.

游缺乏完整的知识体系。原因在于：导游教育培训内容与从业应具备的知识构架错位；游客不断增长的文化需求与导游的可供能力错位；导游的服务目标与激励机制错位。在此基础之上，翟辅东等认为应当构建旅游景观学，成为导游培训中必须涉及的部分，旅游景观学的构建和导游知识构架的完善将有利于旅游生产力水平的提高和导游综合素质的提升。

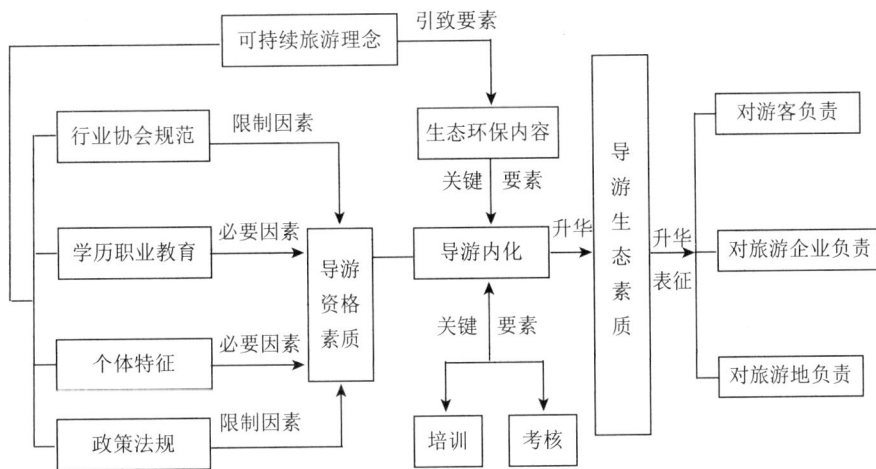

图 3-1　导游的生态素质培育机制

表 3-1　导游类型 [①]

导游类型	核心景区讲解	沿途景观讲解	游客满意程度	导游知识结构
带路型	无能力讲解	无能力讲解	不满意	严重欠缺
普通型	讲解能力较差	无能力讲解	反应平淡	比较欠缺
解释型	能进行科普层次解释	能部分讲解	较满意	粗浅完善
研究型	能进行学术层次解释	能全面讲解	满意	基本完善

陈静 [②] 研究了导游应当具备的基本素质，援引了张践 [③] 的表述，认为导游应当具备赤心爱国、勇于奉献，厚积广发、执着追求，深钻细研、讲究技巧三项基本素质。陈静还认为导游的素质修炼中最重要的是道德修炼，要提高导游的综合素质和

---

① 翟辅东，黄英，付钢业.导游知识构架的完善与旅游景观学的构建［J］.湖南师范大学学报（社会科学版），2004（4）:89-92.

② 陈静.如何提高导游的综合素质［J］.重庆教育学院学报，2002（1）:209.

③ 张践.导游艺术［M］.上海：同济大学出版社，1990.

修养，必须加强必要的培训和考核制度。

二、导游素质提升研究

在研究导游基本素质的同时，一部分专家学者认为需要通过必要的管理、考核制度和合适的激励机制来促使导游综合素质的提升。

卢东山[①]基于我国目前的导游管理现状，提出分级定价与积分晋级的设想：①严格规定各旅行社必须采用持证导游。②规定导游服务费用必须在旅游合同里写明，游客可以灵活指定导游服务级别。③各地区根据本地消费水平，定出导游服务费用标准，导游服务进行分级，导游出团费用按每天每人计费。④导游获取导游资格证，经过一定培训后即可带团，B 级、C 级导游服务由各旅行社根据导游历史表现自行定级，灵活调整，其中 A 级导游必须持有中级以上导游证。⑤导游带团实行积分制，建立相应的积分记录与查询系统，每带一次 C 级团记 1 分，B 级团记 2 分，A 级团记 3 分。B 级积分到达一定程度后可以报考中级导游。⑥相应改革导游晋级制度。导游分初级、中级和高级，初级保留原有导游资格考试形式，中级报考条件增加带团积分，B 级积分到达一定程度后方有报考资格，报考高级则需要 A 级积分到达一定程度后方有资格。认为通过改革现有的导游管理和分级制度可以一定程度上激励导游素质的全面提升。

欧阳莉[②]认为导游应当具备 7 项最基本的素质：职业道德素质、文化知识素质、较高的语言表达能力、良好的个人修养、优秀的心理品质、突出的应变能力和较强的法制意识。基于此，欧阳莉认为提升导游综合素质须从管理上着手，可以采取下列措施：提高导游准入门槛，改革导游资格考试制度，建立健全导游年审制度，加强导游管理部门作用，行政管理部门加强监管力度。

侯伟红[③]认为要改善导游素质现状应着重关注四个方面：加强以服务意识为核心的职业道德教育；把住导游文化素质关，加强管理及基本功训练；加强导游心理素质教育与训练；健全激励机制，激发导游内在动力。在此基础上全面提升导游的

---

① 卢东山.分级定价与积分晋级——导游服务体制改革初探 [J].商业视角，2005（07Z）：109–111.
② 欧阳莉.导游素质论及管理对策 [J].湖南社会科学，2005（6）:179–181.
③ 侯伟红.导游素质现状及对策研究 [J].产业与科技论坛，2008（5）:231–232.

综合素质。

仲召红[①]认为新时期导游职业素质提升的路径包括：提高准入门槛，强化业务技能；优化人才结构，改善市场竞争环境；健全工资机制，提高福利待遇；导游自身加强学习，进行自我提高；营造良好外部环境，创新导游人才培养模式。

蒋秀碧，邬明辉[②]则认为在文化与旅游融合的前提下，在推动产业和城市双转型、发展创意经济、提升文化软实力的大背景下，文化创意和旅游的融合被赋予了全新的内涵。文化创意旅游倡导以人为本，在传统的食、住、行、游、购、娱旅游六要素的基础上，挖掘社会发展中的文化、资源、环境、科教、制度和综合多样化的产品六要素，创设出更具"新、奇、特"等特征的旅游产品，使游客从中深刻体验到文化之意蕴，从而达到身心愉悦和精神共鸣，获得最大的旅游满足。导游在文化创意旅游活动中居于中心地位，起着主导作用，因此导游更需着重提升文化素质，主要应：不断加强自身学习，涉猎广泛的知识；刻苦训练导游讲解技巧；着力提高导游旅游审美能力；积极培养导游超前服务意识；努力构建专家型导游队伍；充分发挥社会相关部门的重要作用。

赵一波[③]认为为了更好地提升导游素质，需要落实行业准入制度，积极优化激励体系，完善导游队伍监管机制，营造良好的人力资源管理氛围。尤为难得的是提出了在进行导游队伍建设和发展过程当中，将以人为本作为重要的发展思路，明确导游从业人员的个性化差异，在管理的思想和理念方面进一步进行明确，搭建良好的职业发展平台，实现导游自我水平的综合提升。导游从业者自身也应该从终身学习的理念出发，不断根据岗位以及工作的需要进行相关素质的提升。例如，在新媒体时代，导游从业者的媒体意识以及媒体素养也需要进行系统的提升，只有这样，才能更好地满足和适应行业的发展需要。

另有专家学者从较为宏观的视角研究了提升导游综合素质的措施。张明英、杨青山[④]认为需要通过构建导游服务质量的综合评价体系，通过对导游服务质量的考核来找出导游在工作中的不足，全面提升导游综合素质。研究认为构建导游服务质

① 仲召红.新时期导游人员职业素质提升路径研究［J］.池州学院学报，2018（3）:96-98.
② 蒋秀碧，邬明辉.旅游产业发展应大力提升导游文化素质［J］.乐山师范学院学报，2011（11）:67-69.
③ 赵波.旅行社导游素质发展研究［J］.传媒观察，2019（20）:63.
④ 张明英，杨青山.构建科学的评价体系 全面提高导游素质［J］.产业经济，2006（9）:209.

量的综合评价指标体系需把握科学性原则、全面性原则、可操作性原则以及发展原则。在此基础上提出导游服务质量综合评价指标体系（图3-2）。

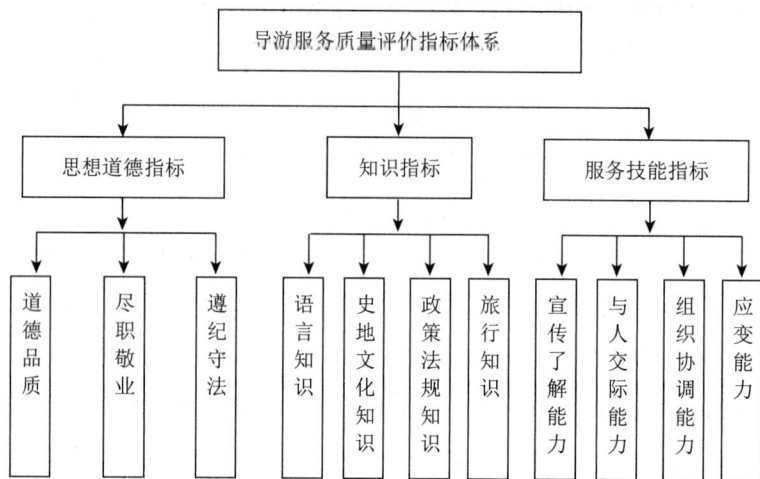

图 3-2　导游服务质量综合评价指标体系 [①]

第二节　金牌导游的三维素质体系

导游需要拥有多角度、全方位的素质，这些素质包括很多方面，可以归纳为态度、情商、有效性，这三个宏观维度共同构建了金牌导游的素质，也形成了金牌导游应该具有的完整的三维空间（图3-3）。

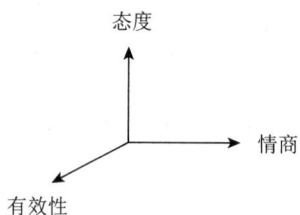

图 3-3　金牌导游的素质体系三维空间

---

①　张明英，杨青山. 构建科学的评价体系　全面提高导游素质［J］. 产业经济，2006（9）:209.

这个三维空间的每个维度都是由许多分支所构成（图3-4）：

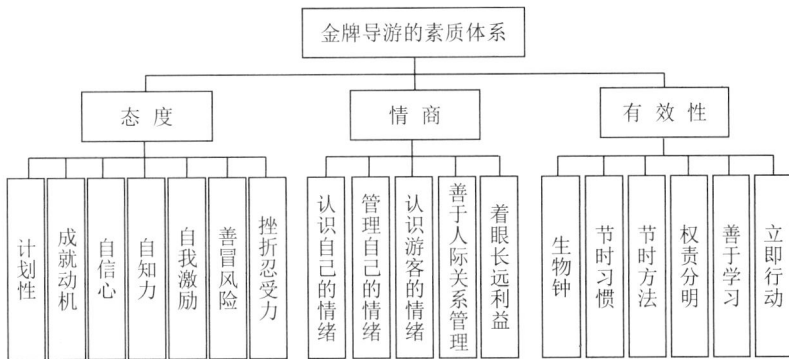

图 3-4　金牌导游的三维素质体系

一、态度维度

态度是一种复杂的心理现象，是个人人格的重要组成部分。某种态度一旦形成，就会对人的行为产生极大的影响。导游的态度属于态度的一种，是影响导游行为、导游服务的重要因素。

对于态度，几乎每个人都有一种直觉性的理解。人们问："你有什么看法？""你觉得怎么样？"这一类问题，实际上就是试图探求"态度"。"态度"一词最早是指个人身体姿势或身体位置，是一个人对客观事物的物理准备状态。但是，在被引入心理学后，态度演变成了一个专指心理状态的术语。早在19世纪末，丹麦心理学家朗格（Lange）通过对反应时间的实验研究得出，态度是一个人对外界对象反应的准备状态，影响一个人将看到什么、听到什么、想些什么和做些什么。[①]现在，态度已经是社会心理学中一个定义最多的概念。它是个体对外界对象一贯的、稳定的心理准备状态或一定的行为倾向，它的对象包括人、事物、思想和观念等。[②]

克雷奇、弗里德曼等人认为，态度是个体对外界某一特定对象稳固的由认知、情感和行为三个方面的因素组成的心理倾向。态度是外界刺激与个体反应的中介

---

①② 李昕，李晴.旅游心理学基础［M］.北京：清华大学出版社，2006:76.

因素，个体对外界刺激做出的反应受到自己态度的调控。①1960 年，心理学家卡茨（Katz）提出了态度的三个构成因素：情感因素、认知因素和行为因素。情感因素是个体对态度对象的情绪性或情感性体验，是对态度对象所做出的情感判断，反映出个人对态度对象的好恶情感。②例如，有的导游比较喜欢讲解自然景观，而不是太喜欢讲解人文景观；有的导游喜欢带老年旅游团队，而不太喜欢中年旅游团队等。这些喜欢或厌恶的内心体验，就构成了旅游态度的情感因素。

情感因素能够长久地影响态度，有时还可能非常强烈，是态度的核心因素。态度并不总是以事实为依据，其评价的尺度主要以个人对某种对象的情感程度为中心。例如，喜欢海滨度假的游客之所以获得这种情感上的评估，其理由也许相当不合情理。他可能出生或生活在海边，也许他在海滨沙滩上有一段难忘的经历，这些因素使其对海滨和沙滩持有特别的感情。他可能并不那么喜欢度假旅游，但是让他表示对海滨度假旅游的态度时，情感的作用就会使他做出积极肯定的评价。而另一位游客的情况可能正好相反，在 2004 年印度洋海啸中他的一位在泰国普吉岛度假的至亲不幸遇难。正由于这样一个突发事件，使他认为海滨不安全，因而全面反对海滨度假旅游。由此可见，游客的态度也不全是以事实为依据的，情感方面的因素起核心作用。

认知因素是个体对态度对象的认识和评价，是人的思想、信念及知识的总和。这个对象可以是具体的事物也可以是抽象的概念。态度的形成建立在对特定对象认知的基础上，没有认知因素就没有态度的形成。旅游态度的认知因素为游客提供了对旅游目的地和旅游产品的印象。由认知因素形成的游客对旅游刺激物的知觉印象及观点，是游客了解和判断旅游活动的依据。同时游客所形成的旅游动机和旅游体验也都建立在对旅游活动和旅游对象了解和判断的基础上。

行为因素是个体对态度对象的反应倾向，它反映个人对态度对象的行动意向，是行为的直接准备状态。在旅游活动中，导游态度的行为因素通常表现为导游想怎么样、希望怎么样、计划怎么样等。

态度对于导游成功与否起着关键作用。国外不少旅游专家在考核导游时，坚持 A·S·K 的原则，考核的第一位"A"（Attitude）即导游的工作态度。当今社

①② 李昕，李晴 . 旅游心理学基础［M］. 北京：清华大学出版社，2006:76.

会，态度已经成为竞争的决胜武器。身在职场，每一名员工都要以认真、负责的态度对待工作和人生，只有这样才能登上成功的顶峰，才能拥有与众不同的人生。没有一个优秀的态度，就不可能成就一个完美的人生，人生不是没有态度的敷衍塞责，而是一个优秀态度的完美执行。面对坏事的态度，决定了你心情的高度；做人的态度，决定了你名声的高度；做事的态度，决定了你成就的高度；对生活的态度，决定了你活着的品质；对信仰的态度，决定了你生命的高度。态度是一种激发自己的力量，在挑战的态度中战胜自我弱点，正确的态度营造成功的因素，失败是成功的态度起点。没有一个优秀的态度就不会成就一个完美的人生。优秀态度的执行，能激发出自己的积极力量。可见态度的重要性。态度维度又包括以下七个要素：

（一）计划性

凡事预则立。无论是对于整个旅游接待活动还是对于单项的景点讲解，金牌导游应能"未雨绸缪"，做好事先计划，以使各项活动按计划有条不紊地进行。心理学研究认为，目标是引起行为的最直接动机，设置合适的目标会使人产生想达到该目标的成就动机，因而对人具有强烈的激励作用。[①]

1. 确立憧憬

憧憬是指金牌导游十年后要达到的目标，从个人的战略角度对未来做出有关设想和规划，是相对宏观的蓝图。

合理地确立憧憬并为之努力，能够让导游逐渐取得和保持竞争优势。随着竞争的加剧，只有采用创新性的概念和方法才能在导游领域取得他人难以超越的优势。然而，人们在组织中可能已经习惯干某种工作方式，而对新事物带来的变化和风险心存畏惧。为了克服这种心态，导游确立憧憬的过程应该是实验性的，可通过对旅游行业未来走势的预估研判和自身能力的判定来确立憧憬。明确可行的目标是一切成功的起点，同时目标的确定要注意以下几点：

（1）目标的具体性。目标的具体性即指目标能精确观察和可以进行测量。因为目标越具体越能使人明确努力的方向。

---

① 甘朝有.旅游心理学［M］.天津：南开大学出版社，2000:180.

（2）目标的难度。目标的难度，即实现的难易程度。较困难的目标能带给人以成就感。

（3）目标的可接受性。目标的可接受性是指人们接受和承诺目标或任务指标的程度。

2. 制定战略目标

战略目标一般指金牌导游三五年要达到的目标，要相对具体化。实现个人目标与旅行社战略有机统一。

3. 制定战术目标

战术目标一般指金牌导游一年要达到的目标，每个目标尽量用数字表示，如为了进一步的提高自己各方面的综合能力，导游要有清晰的目标，要知道知道要望哪方面努力以提高讲解技能、带团技能、语言技能等，以及销售数量目标……

4. 制订行动计划

行动计划一般是指金牌导游如何完成战术目标的步骤安排，其中包括谁去干、怎么干、何时完成、谁监督等具体事项。在带团前要有充分的行动计划与步骤以及各种物质、体力、精神准备。在导游活动中导游要按游客需求、时间、地点等有计划性地进行导游讲解。

四个步骤的关系如图 3-5 所示：

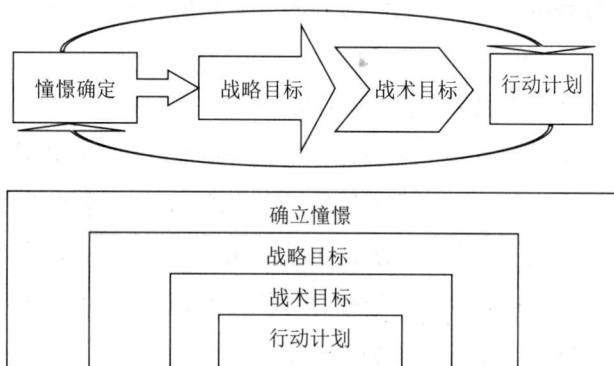

图 3-5　四个步骤的关系

（二）成就动机

根据美国心理学家弗雷德里克·赫兹伯格（Frederick Herzberg）的"双因素理论"（Motivation-hygiene theory），成就感是影响人的行为需要的重要激励因素之一，能够有效调动人的积极性[①]。金牌导游首先要有金牌意识，要将成为真正的金牌导游作为自己的奋斗目标。

1. 不满足于现状

"逆水行舟，不进则退"，这告诫导游不能满足于现状，如日本直销大王岛熏说："我向来认为自己最大的敌人就是满足，成功永远只是起点，而不是终点。"如果一个人满足于已有的成绩，那就意味着倒退的开始。成绩靠保是保不住的，只有不断拼搏，才能巩固。

2. 不断提高目标

不断提高自己的奋斗目标是以长远的目标为基础，在提前完成了原计划之后，不要"心满意足"，而是要完成更多的可行的目标，而不影响下个原定计划的完成。

3. 以成功者为榜样

"近朱者赤"，要想成为什么样的人，你要选择跟什么样的人在一起，你要变得积极，你要与比你更积极的人在一起，你要永远寻找比你本身更好的环境。向他们学习可贵之处，并且以成功者为榜样，有一句名言脍炙人口，叫"榜样的力量是无穷的"。金牌导游要善于发现，乐于视成功者为榜样。

4. 不与失败者为伍

这里所指的失败者并不是失败过的人，而是指怕困难的、消极的人，他们不但自己消极怕困难，而且会影响周围人积极向上的情绪，正所谓"近墨者黑"。所有的成功者都是积极者。被誉为"发明大王"的爱迪生的故事众人皆知；小品演员潘长江说，浓缩的是精华；喜剧演员葛优自嘲道，热闹的马路不长草，聪明的脑袋不长毛。同样的，消极者是不会成功的，与失败者为伍的也不会是积极者。

5. 以推动社会发展为己任

就全球而言，旅游业已经成为世界上最大的产业之一，也是第三产业中的支柱

---

① 甘朝有. 旅游心理学 [M]. 天津：南开大学出版社，2000:153.

产业，可见旅游业的重要性，它涵盖"食、住、行、游、购、娱"等方方面面，涉及交通业、商业、餐饮业、旅馆业、旅行社、娱乐服务业、邮电业、银行、保险、房地产业、文化艺术等70多个行业，而正是有着"民间大使"美誉的导游是它们之间的纽带和桥梁，因而金牌导游应该树立起正确的价值观，要以推动社会发展为己任，要以天下为己任。

（三）自信心

金牌导游应相信自己有掌握各种知识、技能的能力，并且能够将所掌握的知识和技能有效地服务于游客。有人说："成功 = 想法 + 信心"可见自信的重要性。自信包括：能力自信——自己能做的事，就相信自己能做，勇于将自己的能力体现出来，该"出手时就出手"，不畏人言；非能力自信——自己不能做的事情，就是不能做，坦然处之，不要觉得自己不能做就低人一等，不影响自己对有能力事情的自信；潜能力自信——人的能力是有很大潜力的，本身所具备的能力可能不是没有，而是没有被自己所认识。

1. 不迷信崇拜

不迷信崇拜，要从两个方面去理解，一方面是"迷信"，另一方面是"崇拜"。

迷信是指分辨不清，看不清问题的本质，失去判断能力而又认为某种说法可靠。不分青红皂白，盲目地相信、盲目地信仰和崇拜，人云亦云。"迷信"的含义更多地倾向于"盲目的相信、不理解的相信"，所以作为金牌导游不能迷信，要有理智和清晰地去相信。

崇拜是指所追求的榜样，金牌导游不能盲目地崇拜他人，不要认为自己所崇拜的对象是万能的，都是对的。

2. 相信自己可学会一切有用的知识、技能

要相信自己和其他人的智力水平差不多，因为爱因斯坦、爱迪生等只是少数人。实际上如果把自己的注意力集中在想获取什么样的结果上，就会识别出好的想法。大脑犹如过滤器，而这又触发你去学习更多东西。W. Clement Stone 曾经说过："理想有多大，就能取得多大的成就。"这在获取目标上是个惊人的现象。准备好所有必需的方法，以及所有需要跨越的障碍。积极思维，如果不相信自己有能力学习，那么为自己设置学习目标就毫无意义，所以，不要担心，开心地学习。

广西阳朔月亮山的农村妇女"月亮妈妈"徐秀珍，如今算得上当地年纪最大（75岁）、最受外国游客喜爱的知名导游。22年前，阳朔旅游兴起，大量外国游客前来，徐秀珍开始转型卖矿泉水，为了方便做生意，她请当专业外语导游的儿媳教她英语。因为零基础，一开始并不顺利，而且年纪大了，学起东西来总比别人慢，但徐秀珍用不同的记忆方法努力学习，慢慢能与游客交流，并给外籍游客当起了导游。1998年，徐秀珍获得当地旅游部门颁发的导游证，成为一名专业导游。渐渐地，面对来自世界各地的游客，徐秀珍觉得自己学的那点英语不够用了。她又学起了德语、法语、意大利语等，如今她已能用11种语言跟外国游客交流。注册了"月亮妈妈"商标的徐秀珍，还坚持在阳朔月亮山卖矿泉水，做导游。

3. 昂首挺胸、目光远大、不卑不亢

作为一名金牌导游，应该高瞻远瞩，视野开阔。站得高，望得远，目光远大的导游往往才会事业成功。"不卑不亢"出自明朝朱之瑜的《答小宅生顺书十九首》："圣贤自有中正之道，不亢不卑，不骄不谄，何得如此也！"这个词出现在外交场合的频率颇高，通常用来形容一个出色的外交家在友邦人事面前特有的风骨。当然，也指平常人的品格。形容人说话办事有恰当的分寸，既不低声下气，也不傲慢自大。金牌导游为人处世要不卑不亢。不妄自菲薄，也不要有傲气，但是要有傲骨，要有自信。这表面上的风平浪静，须是要心间承受住些波澜的。胸怀小了不行，心气高了也不行；目光短了不行，手太长了更不行。

4. 相信金无足赤，人无完人，自己的长处明显多于短处

俗话说得好："金无赤金，人无完人。"世界上没有十全十美的东西，任何事物总有它的长处和短处。每一个人都有自己认识的局限，谁都不敢保证自己的所知是最多的；每一个人都有自己失误的时候，谁都不敢保证自己是永远的成功者；每一个人都有自己缺陷的一面，谁也不敢保证自己是最完美的。因此，认识自我，不仅要认识到自己的优势和潜力所在，还要认识到自己的不足和错误，并且能善用自己

拥有的长处去改正自己的不足，学会扬长避短，平凡的自己也就可以创造出让人自豪的成就。

（四）自知力

金牌导游应对自身的优势与劣势有清晰的客观的认识，以便发挥长处，克服短处。在游客面前不卖弄，讲解时要以谦逊的态度向游客传递信息。

1. 在未知领域当好一名聆听者、学习者

古人早就明白了"闻道有先后，术业有专攻"的道理，金牌导游也应该明白这个道理，要虚心学习，在未知领域当好一名聆听者、学习者。

2. 清楚地知道自己的优势和劣势领域

常言道："当局者迷，旁观者清。"人是很难看到自己的"背后"，很难观察到自己性格中缺陷的一面。学会观摩别人，使自己能借鉴其长，得以提高。我们得用他人的眼光审视自己，以此认识自己的短处。孔子曰："三人行，必有我师焉。择其善者而从之，其不善者而改之。"观摩别人，是审视自我、完善自我的途径。

3. 尽量发挥自己的长处、克服短处

经营自己的长处，是许多成功人士的经验之谈。经营长处，犹如投资业绩优秀的大公司，是稳赚不赔的。然而，无论做任何事，我们都不能只看到自己的优点，更要找出自己的不足，同时尽量扬长避短，完善自我。"尺有所短，寸有所长。"善于发现自己的长处并勇于经营，将会使自己的人生增值，所以常对自己说："我不是弱者，我有成功的希望，我要看清自己的位置，敢于进取。如果能当人前花，绝不当人后草。"①

4. 不卖弄自己的特长、大智若愚

有句古训："步步占先者，必有人以挤之。事事争胜者，必有人以挫之。"它讲述的意思就是"枪打出头鸟"，不要事事都卖弄自己。喜欢"王婆卖瓜，自卖自夸"的人，必定容易得罪人；喜欢批评他人短处的人，必定容易招人怨，这是智者所不为的。所以真正的智者是不显露其"智"，表面看似愚钝，其实则非愚，谁都不识其智。所以学智不难，只要专心精研而修，则可得到其智，但学愚则难，因为世人

---

① 资料来源：百度知道（http://zhidao.baidu.com/question/11825799.html），2020-03-02.

均有好名之心理，均有好夸之行为，故"愚"难学。孔夫子曰："其智可及也，其愚不可及也。"

（五）自我激励

金牌导游应以成为一名真正的金牌导游作为目标，并将目标以及完成目标的过程作为一种激励。对于来自游客的赞扬、旅行社的表彰、行业协会的荣誉等外部激励要学会放大效果，作为自己实现目标的有效的驱动力。保持高度的热忱是一切成就的动力。能够自我激励的导游做任何事情都有较高的效率。内心涌动着激情，才能坚持不懈并高效地成就自己的事业。

1. 把完成目标的过程当作一种激励

心理学研究认为，目标是引起行为的最直接动机，设置合适的目标会使人产生想达到该目标的成就动机，因而对人具有强烈的激励作用。

譬如：一位鸭妈妈带着一群小鸭子上台阶，小鸭子们拍打着翅膀，奋力地向台阶上跳着，很多小鸭子们一开始跳不上来，摔得"鸭"仰马翻，失败多次，鸭妈妈也并不急躁，而是带着小鸭子们左右尝试，鼓励小鸭子们尝试不同的跳跃地点。最终，通过努力，小鸭子们都跳上了台阶，全部跑到了鸭妈妈的身边……

小鸭子们屡败屡战，却一直坚持的精神感动了不少人，所以金牌导游要把目标完成的过程当作一种激励。

2. 把要完成的目标也当作一种激励

有付出就有回报，目标的完成也是个人价值与能力的体现，同时它也是自我成长与成就的证明。金牌导游应该为自己完成的目标感到骄傲，应该用来鼓励自己，把它当成激励。

3. 10 倍、20 倍地放大外部激励效果

金牌导游应该积极强化（也是正强化）激励，要 10 倍、20 倍地放大外部激励效果。

（六）善冒风险

任何行业都面临着不同程度的风险，即可能发生的危险和灾祸。而且冒险是一切成功的前提，没有冒险就没有成功。金牌导游对风险应采取现实主义态度，既敢

于负责，不逃避，又要多积累与冒风险事项相关的知识和经验，尽量减少风险带来的负面影响。

1. 相信"风险与收益成正比"的观念

唯物辩证法告诉人们：冒险与收获常常是结伴而行的。风险和收益是成正比的。人们面临风险的时候常常失去冒险的勇气，这使人们错过了许多机会。如果没有马云的冒险，中国的普通百姓就不会那么早地享受到电子商务和移动支付的便捷生活；如果没有比尔·盖茨的冒险，我们今天就不可能用上人性化的 Windows 10 操作系统。

我们不应该逃避风险，我们应该学会如何去驾驭风险，承担风险。只有勇于冒险的金牌导游才能"导"出精彩的活动。

2. 不冒无谓的风险

风险不能是无所谓地去冒，而是在目标明确和有准确把握的基础上进行的。导游对风险应采取现实主义态度，不能贸然冒风险。

3. 对冒风险事项有相当多的知识和经验

冒风险毕竟是有"风险"的事情，故金牌导游要对冒风险事项有相当多的知识和经验，也要多从其他的地方多学习这方面的知识，以确保规避风险所带来的危害。如应该掌握应付旅游常见疾病的技能和知识，以降低这种潜在的风险。

4. 有一种直觉，知道该不该去冒风险

"幸运喜欢光临勇敢的人"，冒险是人的向上的一种勇气和魄力。险中有夷，危中有机，要想有卓越的结果，就当冒风险。马云说："我相信这个新时代的最大风险是错失机会的风险。"[1] 既有成功的欲望，又不敢冒险，是不能够实现自己既定的目标。希望成功又怕担风险，往往就会在关键时刻失去良机，因为风险总是与机遇联系在一起的。从某种意义上说，风险有多大，成功的概率就有多大。所以金牌导游要对合适的机会有高度敏感的嗅觉，有该不该去冒风险的直觉。

---

[1] 资料来源：马云.数字时代是我们面临的最大机遇，最大风险是错失机会的风险.人民日报海外网，2019-06-11.

（七）挫折容忍力

挫折是指事情进行中遇到困难和阻碍，或是失败、失利。[①] 心理学认为，挫折是指个体在从事有目的的活动中，遇到了障碍或干扰，导致其动机不能实现，需要不能满足时产生的情绪反应。[②] 亚当斯的"挫折理论"认为，人的行为是在动机的引导下指向一定目标的。但在导向一定目标的过程中，并非总是一帆风顺，有时会受到阻碍。有些阻碍经过努力可以克服，有些阻碍人们努力后仍然不能克服，此时，由于目标无法实现，动机或需要不能满足就会产生一种情绪状态，这就是"挫折"。[③]

导游心理挫折的表现形式：①情绪低落。一些导游在工作中，会出现不想继续从事导游职业的想法。尤其是他们积极进取，努力提高自身能力，但依然受挫后，便丧失自信心，消极悲观，特别是得不到游客的支持或被游客误解时，有些导游便"看破红尘"，对导游带团活动不感兴趣，甚至产生对工作不负责任，敷衍了事等消极表现。②牢骚发泄。有的导游在受到挫折后，觉得不能用自己的行动表示不满，便通过自己的语言来发泄埋怨情绪。埋怨游客不配合工作，埋怨地陪不好好协助工作，埋怨当导游要权没权，要钱没钱；埋怨工作难开展，吃力不讨好。③行为攻击。人在受挫时，难免生气、愤怒。如果失控，往往在行动上表现出攻击性，就可能产生挖苦，讽刺他人，骂人甚至打人等攻击行为。当然，多数导游具有较强的自制力，一般较少发生失去理智的攻击行为，但也不排除个别导游受到严重挫折后可能发生这种行为。

挫折概念包括三方面的内容：其一是指存在着的动机不能实现、需要不能满足的干扰情境，如工作考核不合格、干部没选上等；其二是指对挫折情境的认知与评价，这种认知与评价的过程存在着很大的个体差异；其三是指在对挫折认知评价的基础上，产生情绪或行为反应，如愤怒、攻击、紧张、焦虑、退缩、逃避等。

以上三方面内容的关系如下：挫折情境（真实或想象），引起挫折认知进而产生挫折反应。可见，挫折认知起着十分重要的中介作用。假如两个人遇到同样的挫折情境，如工作考核成绩不理想，一个人认为问题很严重，另一个人认为无所谓，

① 商务印书馆辞书研究中心.新华词典［M］.北京：商务印书馆，2000:158.
② 资料来源.百度百科（https.//baike.baidu.com/item），2019.
③ 甘朝有.旅游心理学［M］.天津：南开大学出版社，2000:177.

那么两人所产生的反应明显不同，前者可能引起强烈的情绪反应，而后者则可能反应很微弱，这主要是由于认知的不同。所以导游要正确面对挫折。

通往成功的道路从来就不是一帆风顺的。导游服务对象复杂、游客需求多样，这都增加了工作中出现差错的可能，容易造成挫折感。导游无法决定将要发生什么，但是可以选择用什么样的心态去面对。所以金牌导游要正确看待挫折，要勇敢地接受失败并向失败挑战，提高自己的挫折忍受力。

1. 能从不同的角度去看待挫折

需要不是任何时候都能够满足的，在环境中遇到阻碍，动机和行为也不一定实现。不能实现，就会产生挫折现象，带来消极心理（通常表现为焦虑、紧张、不安、愤怒、失望等情绪状态），影响后续目标的产生和实现。挫折的本质是动机不能满足。

一个人是否体验到挫折，与他的抱负水平密切相关，即与他对自己所要达到的目标所规定的标准密切相关。标准越高，越容易产生挫折。如果行为结果落于两个标准之间，那么高于标准会产生成就感或满足，低于标准则造成心理挫折，不管这两个标准是由两个人还是同一个人在不同时期中做出。

挫折会给自己带来一些打击，但是面对挫折，既不文过饰非，也不诿过于人。只要认真分析，了解挫折产生的原因，正确地采取应付挫折的办法，同样可以变逆境为顺境，化失败为成功。古人云："人生逆境十有八九。"要知道著名的科学家居里夫人在发现镭元素之前，她经历成百上千次的失败和挫折，但始终没有放弃希望，放弃努力，最后终于取得了名垂千古的成就。

2. 相信挫折是人生的良师益友

当一个人身处顺境时，尤其是在春风得意时，一般很难看到自身的不足和弱点。唯有当遇到挫折后，才会反省自身，弄清自己的弱点和不足，以及自己的理想、需要同现实的距离，这就为其克服自身的弱点和不足、调整自己的理想和需要提供了最基本的条件。因此，挫折是人生的催熟剂，经历挫折、忍受挫折是人生修养的一门必修课程，是人生的良师益友。

3. 从每次挫折中获益

对待挫折的态度是面对、接纳、消化、成长。这个过程也是我们的心理素质不断提高的过程。挫折可以帮助人们驱走惰性，促使人奋进。挫折又是一种挑战和考验。英国哲学家培根说过："超越自然的奇迹多是在对逆境的征服中出现的。"首先，挫折帮助你成长，提高认识水平；其次，挫折增强你的意志力，可以为下一次应付挫折提供"精神力量"，为成功打下坚固的基础。

4. 有远大的理想与抱负

个人的重要动机受到阻碍时，其所感受的挫折较大；而较不重要的动机受到阻碍时，则易被克服或被别的动机的满足所取代，因此只构成一种丧失的心理感受，对个人的挫折不大。而动机的重要性又因人而异，因时境而异。所以挫折可以说是一种主观的感受。

挫折感还与期望程度和努力程度有重要关系。如果真的很用心，认为自己能成功，又花了大量心血，即使是短暂的受阻，也会产生强烈的挫折感。

所以，金牌导游要有适当的目标、理性的期望值和不懈地努力才不会使挫折的负面影响占据上风，从而把一时的挫折当成通往成功的必经之路，把挫折转化为动力。

5. 有良好的心理承受能力

要能理智地应对挫折，就必须得拥有良好的心理承受能力，即挫折的容忍力。挫折的容忍力是指人适应挫折的能力，即遇到挫折时能免于行为失常的能力。容忍力实际上反映了人对待挫折的态度。人的一生不知要遇到多少挫折。有的轻微、短暂，容易克服；有的严重、长期，难于克服。能否战胜它，很大程度取决于各人的态度。有的人心胸开阔，性格乐观，充满自信，能向挫折挑战，百折不挠，直至取得最后胜利。另一些人心胸狭窄，性格悲观，忧心忡忡，一遇挫折便一蹶不振，甚至行为错乱，失去应付能力。

容忍力受多方因素影响：①生理因素。身体健康、发育正常的人，对生理上需要的容忍力，一般说高于体弱多病的人。精力充沛的人也比较能够胜任各种工作。②过去受挫折的经验。挫折的容忍力是可以通过学习获得的。过去经受挫折而善于积累经验，就能提高容忍力。如果从小娇生惯养，很少遇到挫折，或一遇挫折便逃避、失去学习处理挫折的机会，必然挫折的容忍力低。③对挫折的知觉判断。同一挫折的客观情况相同，而因人、因时、因地会出现感受和判断不同，因此构成的压力和打击也就不同。一个人认为是严重挫折，另一个人或他以后会认为无所谓。④预见性高低。对未能预见的挫折，其容忍力相对较低。⑤其他个人素质，包括价值观、世界观、性格、兴趣、意志、耐心等，都与容忍力密切相关。

可见，身心健康的导游能拥有良好的心理承受能力。

6. 有乐观豁达的性格特征

性格是指一个人表现在态度和行为方面的较稳定的心理特征，如刚强、懦弱、乐观、自信等，它是个性的重要组成部分。依据心理倾向来划分，可以把性格分为内倾型和外倾型。内倾型的心理活动倾向于内心世界，自己的感情和思想很少向他人倾诉，他们通常谨慎、安静。外倾型的人正好相反，他们对自身以外的世界非常感兴趣，表现为开朗、活泼。心理学研究表明，在人际交往中短时间相遇留下的印象，大多数是外显的性格特征起主要作用；在人际交往中长期相处所留下的印象，则是内在的性格特点居主导地位。一般来说，导游和游客之间的人际交往都是短时间的、暂时的接触。因此，在旅游过程中，一个性格乐观开朗、风趣幽默的导游往往比较容易获得游客的认同，也容易与游客建立良好的人际关系。而性格内向不善言谈、对人对事冷漠而缺乏热情的人是不适合做导游工作的。作为一名优秀的导游，要求具有爱他人、善于和各种类型的人打交道的热情性格。导游不仅要保持精力充沛、情绪饱满、性情温和，还要善于交际并能节制热情。在导游服务过程中，导游应该努力克服性格结构中的消极因子，向游客展现乐观、开朗、自信的健康性格，使游客一与其接触就感到心情愉快。

一个乐观开朗的导游，对游客的鼓舞和感染力量是很大的，有时候能够发挥出意想不到的作用。例如，导游不仅要为游客进行讲解，还要安排游客的食宿、为游客排忧解难、帮体弱者拿物品、搀扶老弱病残。这样，一个游程结束后，导游通常比一般游客更疲惫。但如果导游保持乐观的心态、充沛的精力外表，就会使游客对整个游程报以肯定和欣赏的看法，并在精神上受到感染和鼓舞，克服自己旅行中的困难，顺利完成旅游活动。另外，当游客遇到了不愉快、不高兴的事情时，乐观开朗的导游也容易通过自己幽默的语言化解游客的这种情绪。

7. 有坚强的意志品质

导游服务工作实际上是一项服务性的工作。在面临着复杂的社会环境时，要和各种各样的人打交道，具有涉及面广、事情杂、时间长、单调重复等特点。在大多数的旅游活动过程中，都只有导游一人陪同游客，导游的个体因素和游客的群体因素常常引起导游心理上的冲突。要正确地解决各种心理上的矛盾和冲突，服从导游服务的目标，需要导游具有坚强的意志品质。

导游在带团时，其体力和精力都处于高度紧张状态。游客在游览活动中随时都可能出现一些无法预料的突发事件，如游客在爬山的途中受伤、在划船的时候落水或者预订的航班被取消等，因此导游要不断克服困难、不断地解决各种问题。在出现突发事件后，如果导游胆小怕事，不敢承担责任或处理不当，就会在游客中引起极大恐慌，导致局面失控，后果将变得无法收拾。如果导游能够临危不惧、沉着、冷静，迅速、果断地处理好问题，就会比较容易控制住局面，稳定客人的情绪。

● **案例**

重庆某旅行社在某年8月份组织了一个旅行团前往丽江游览，安排了一名全程陪同导游，整个行程都比较顺利。但在返回的那天，由于突降暴雨，路面不佳，堵车很厉害，全部游客要求推迟返回重庆，当时全陪却坚决要求当日返回重庆。

结果回来后，就听说由于连降暴雨导致泥石流，几万游客滞留在丽江不能出来，因此游客们都非常感激全陪的当机立断。因为在7月、8月，南方地区普遍多雨，云南地形又以高山和谷地为主，如果突降暴雨和可能的泥石流与塌方发生，就会给整个旅游团的行程造成诸多不便，严重的还可能给游客和旅行社造成经济损失。假如全陪不能当机立断，采纳了游客的意见，就很可能会几天甚至一星期滞留于丽江，接下来的麻烦和要做的事情可能会更多。[①]

二、情商维度

情商维度又可称作人际关系维度。20世纪90年代初期，美国耶鲁大学的心理学家彼得·萨洛韦和新罕布什尔大学的约翰·迈耶提出了情绪智能、情绪商数概

---

① 李昕，李晴. 旅游心理学基础［M］. 北京：清华大学出版社，2006:209.

念。在他们看来，一个人在社会上要获得成功，其最重要的不是智力因素，而是他们所说的情绪智能，前者占有 20%，后者占有 80%。[①]

智商是用以表示智力水平的工具，也是测量智力水平常用的方法，智商的高低反映着智力水平的高低。情商是表示认识、控制和调节自身情感的能力。情商的高低反映着情感品质的差异。情商对于人的成功起着比智商更加重要的作用。智商和情商，都是人的重要的心理品质，都是事业成功的重要基础。正确认识这两种心理品质之间的差异和联系，有利于更好地认识人自身，有利于克服智力第一和智力唯一的错误倾向，有利于培养更健康、更优秀的人才。

情商与智商是两种不同的心理品质，它们有如下区别。

首先，智商和情商反映着两种性质不同的心理品质。智商主要反映人的认知能力、思维能力、语言能力、观察能力、计算能力、律动的能力等。也就是说，它主要表现人的理性的能力。它可能是大脑皮层特别是主管抽象思维和分析思维的左半球大脑的功能。情商主要反映一个人感受、理解、运用、表达、控制和调节自己情感的能力，以及处理自己与他人之间的情感关系的能力。情商主要反映个体把握与处理情感问题的能力，情感常常走在理智的前面，它是非理性的，其物质基础主要与脑干系统相联系，大脑额叶对情感有控制作用。

其次，智商和情商的形成基础有所不同。情商和智商虽然都与遗传因素、环境因素有关，但是，它们与遗传、环境因素的关系是有所区别的。智商与遗传因素的关系远大于社会环境因素。据英国《简明不列颠百科全书·智力商数》词条载："根据调查结果，70%~80% 智力差异源于遗传基因，20%~30% 的智力差异系受到不同的环境影响所致。"情商的形成和发展，先天的因素也是存在的。例如，"人类的基本表情通见于全人类，具有跨文化的一致性"。美国心理学家艾克曼的研究表明，从未与外界接触过的新几内亚人能够正确地判断其他民族照片上的表情。但是，情感又有很大的文化差异。民俗学研究表明，不同的民族的情感表达方式有显著差异。儿童心理学研究表明，先天盲童由于社会交流的障碍导致的社会化程度的影响，其情感能力相对薄弱。人类学研究表明，原始人类的情感与文明人的情感有极大差异。他们易怒易喜，喜怒无常，自控能力很差。美国有的人类学研究者认为，

① 吴维库. 情商与影响力［M］. 北京：机械工业出版社，2004:11.

人类童年时代的情感控制能力很弱，以今天的眼光看，很像是患有集体精神病。从近代史研究中也可以看到，人的情感容易受到社会环境的影响，人总是有着根深蒂固的从众心理。"二战"时代德国的社会情感，充分说明了这一点。

最后，智商和情商的作用不同。智商的作用主要在于更好地认识事物。智商高的人，思维品质优良，学习能力强，认识程度深，容易在某个专业领域做出杰出成就，成为某个领域的专家。调查表明，许多高智商的人成为专家、学者、教授、法官、律师、记者等，在自己的领域有较高造诣。情商主要与非理性因素有关，它影响着认识和实践活动的动力。它通过影响人的兴趣、意志、毅力，加强或弱化认识事物的驱动力。智商不高而情商较高的人，学习效率虽然不如高智商者，但是，有时能比高智商者学得更好，成就更大。因为锲而不舍的精神使其勤能补拙。另外，情商是自我和他人情感把握和调节的一种能力，因此，对人际关系的处理有较大关系。其作用与社会生活、人际关系、健康状况、婚姻状况有密切关联。情商低的人人际关系紧张，婚姻容易破裂，领导水平不高。而情商较高的人，通常有较健康的情绪，有较完满的婚姻和家庭，有良好的人际关系，容易成为某个部门的领导人，具有较高的领导管理能力。

1995 年，美国哈佛大学心理学教授丹尼尔·戈尔曼出版了《情商：为什么情商比智商更重要》一书，提出了"情商"（emotional quotient，EQ）的概念，认为"情商"是一个人重要的生存能力，是一种发觉情感潜能、运用情感能力影响生活各个层面和人生未来的关键因素。戈尔曼认为，在成功的要素中，智力因素是重要的，但是更为重要的是情感因素。情商是指人对自己的情感、情绪的控制管理能力和在社会人际关系中的交往、调节能力，相对于智商而言，它更决定人的成功和命运。

一个高情商的人往往社交能力极强，有良好而广泛的人际关系。导游工作与人接触广泛，高情商是金牌导游必备的素质，它包括以下五个要素。

（一）认识自己的情绪

在导游服务过程中随时随地都清楚地知道自己的情绪处在什么状态，并了解情绪产生的原因，而且及时地做出调整。认识情绪的本质是情商的基石，这种随时随地地认识感觉的能力，对了解自己非常重要。不了解自身真实感受的人势必沦为情绪的奴隶，反之，掌握情绪才能成为生活的主宰，面对各种抉择才可以妥善地处理。

1. 了解情绪与工作效率

情绪状态与人的工作积极性有密切关系。这对旅游企业管理者来说，如何利用适当的刺激，来激活企业职工积极的情绪状态，以满足职工适应性活动的需要，从而提高管理效能和工作效率，是一个非常重要的问题。心理学研究认为，工作中的情绪状态与活动效率之间关系是很复杂的。由于情绪状态有不同程度的兴奋水平，工作任务也有简单与复杂之分，因此，很难说清楚情绪状态与活动效率之间关系的一般模式。

心理学研究指出，人们要完成一项工作任务，必须有一个适当的情绪激活水平为背景。心理学家赫布（Hebb）研究了情绪激活水平与工作效率之间关系，提出了两者之间假设关系曲线（图3-6）。

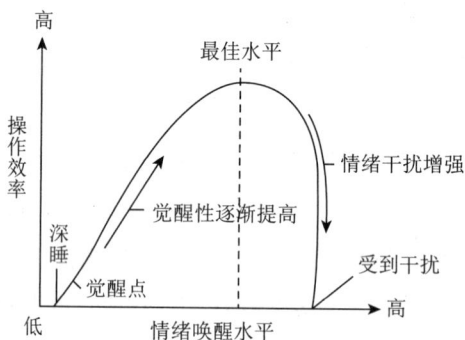

图3-6 赫布曲线

该曲线告诉我们：①情绪激活水平很低（深睡、昏睡），工作效率极低或等于零；②觉醒性逐渐提高，工作效率随之提高；③情绪唤醒到一定程度（最佳水平），工作效率达到最高水平；④情绪激活水平继续提高，情绪开始干扰，工作效率则开始下降，直至情绪紧张，使工作效率降低至最低水平。[①]

2. 了解情绪产生的原因

长期奋战在导游工作岗位上，带团中的烦心事，难免会让导游产生不良情绪，如果不及时释放或是转移自然就会出现职业高原症状——厌烦、应付、不思进取

---

① 甘朝有.旅游心理学［M］.天津：南开大学出版社，2000:187.

等。此症是"小患不治而成大疾"的综合反映。试想当年蔡桓公若病在腠理、肌肤、肠胃之时及时调治，也不至于病入骨髓。应对导游有可能出现的职业高原，要及时了解情绪产生的原因并且及时调整。人的情绪是多种多样的，复杂多变的，情绪产生的原因有：人接受的刺激不同；人面对的情境不同；人的需要是否得到满足；人所处的地位不同。

3. 明晰自身的情绪状态

情绪对我们起着很重要的作用。研究表明，情绪自产生之日起便成为适应生存的心理工具。情绪的适应功能从根本上说是服务于改善和完善人的生存和生活条件的。一个人控制情绪的水平影响其发挥智力开发能力。擅长控制自我情感的人往往在各方面都很优秀，易取得成功，而缺少控制力的人则易有某些不良情绪，影响其自身的发展。著名的微软公司全球副总裁李开复先生在网上给中国大学生写了《我的人才观》和《给中国学生的一封信》，阐述了情商对一个人成才影响的重要性，也对情商做了充分的描述："情商是什么？情商是要有足够的勇气面对可以克服的挑战，有足够的度量接受不可克服的挑战，有足够的智慧来分辨两者的不同。高情商的人对自己富有自觉心：即人贵有自知之明，这样的人，不妄自尊大，也不轻易妄自菲薄，对自己在社会中可能扮演的角色有一个明确的定位，对自身所具有的素质、潜能、特长、缺陷、经验都会有一个清醒的认识。他们对别人富有同理心：能将心比心，在正确地看待自己的同时，也能正确地对待他人，不盲目攀比，也不会因为嫉妒和不服气迷失了自己的奋斗目标，在日常的学习和生活中始终能保持平常心，并客观地评价看待自己，有意识地改造自己。高情商的人由于具有良好的心理素质，在遇到困难时，还能冷静对待，不骄不躁坚持到底，同时愉快地接受各种挑战，并勇于创新。"由此看出，情商对一个人生活和事业的影响是直接的，也是巨大的。故导游认识和随时随地清楚地知道自己的情绪，即明晰自身情绪状态是很有必要性的。

4. 常做一些产生积极情绪的事

人都不可能永远处在好情绪之中，生活中既然有挫折、有烦恼，就会有消极的情绪。一个心理成熟的人，不是没有消极情绪的人，而是善于调节和控制自己情绪的人。这并不是说要压抑自己的消极情绪。心理学研究表明，"压抑"并不能改变消极的情绪，反而使它们在内心深处沉积下来。当它们积累到一定程度时，往往会以破坏性的方式爆发出来，给自己和他人造成伤害。比如，我们常会看到一些"好脾气"的人，有时会突然发火，做出一些使人吃惊，或者让他自己也后悔的事来，这往往就是平时压抑的结果。同时压抑还会造成更深的内心冲突，导致心理疾病。①

所以金牌导游要善于调节和控制自己情绪，经常做一些产生积极情绪的事。在认识和了解自己情绪的基础上，要有效地调节和控制自己情绪。例如，做几个深呼吸，或是站起来，活动活动筋骨。这些简单的小动作使吸氧更加充分，大脑轻松，小烦恼很快就烟消云散。还可以经常出去散散步，听听音乐，打打球，或是逛逛商店。也可以写日记，或打个心理咨询热线，让自己的坏情绪宣泄出来。除了宣泄以外，如果能够为改变自己的处境而去做些事情，或者以逆境为人生的动力去努力奋斗，就会更好地帮助自身从消极的情绪中摆脱出来，因为：一方面做事的过程需要集中注意力，让自己没时间去自怨自艾；另一方面，在你的处境得到改善的过程中，眼界会变得更开阔，从而可能使自己对生活和工作产生新的看法。②

（二）管理自己的情绪

导游服务的过程是一个相互影响的过程，导游的积极情绪能够感染游客，使旅游活动更顺利地进行下去，因此导游要保持积极的情绪状态，及时发现产生消极情绪的原因，及时中止消极情绪带来的负面影响，善于把消极情绪转化为积极情绪。情绪管理必须是建立在自我认知的基础之上。如何自我安慰，摆脱焦虑、灰暗或是不安，而这方面能力匮乏的人常常与低落的情绪交战。控制自如的人，则能很快走出命运的低潮，重整旗鼓。妥善管理情绪，要努力做到操之在我，自己把握并且影响情绪的变化，这样才可以始终保持理智，避免感情用事。

1.长久地保持自己积极的情绪状态

导游应该要长久地保持自己积极的情绪状态，特别是在整个旅游活动前、中、后期要有良好的情绪状态。在带团前要有充分的情绪准备，以更好地保持良好的情绪，如在出团前想一件最开心的事情，然后带着良好的情绪投入到带团工作中，带给他人快乐的同时自己也开心，而且这也是以后情绪良好的保证。

---

①② 资料来源：百度知道（http：//zhidao.baidu.com/question/6289527.html），2020-03-02.

要学会扫除一切浪费精力的事物，因为一切浪费精力的事物影响导游长久地保持自己积极的情绪状态。分散精力的事物——每次接触之后都会感到精力被分散了。扫除浪费精力的事物的方法如下：

（1）经常列出消耗你精力的事情。

（2）系统地分析一下名单，并分成两部分：A.可以有所作为的；B.不可改变的。

（3）逐一解决 A 单中的问题。比如对我来说，把汽车钥匙挂在一个固定的钩子上，这样就不用到处找了。

（4）再看一下 B 单中的问题，你是否有把握？有没有把其中一些移到 A 单加以解决的可能？

（5）放弃 B 单中的问题。

2. 能发现产生消极情绪的原因

情绪，是客观事物触发人脑的心理反应，在通常的情况下，人的情绪处于稳定状态，成熟的人尤为如此。但是不可能永远不变，也会出现消极的情绪，导游要能发现消极情绪产生的原因，防止消极情绪占主导地位，影响整个旅游活动。产生消极情绪的原因可能会有如下：

（1）个人的生活、家庭发生变故；

（2）工作中的挫折与失败；

（3）受到不公正的批评、责怪；

（4）导游相互间损伤自尊心。

3. 能及时中止消极情绪带来的负面影响

旅游业是一个服务型的行业，导游是服务人员，其情绪会很容易影响到旅游消费者的情绪，所以导游不要把消极的情绪带到工作中来，以免造成不好的影响。导游要及时中止消极情绪，并且做出调整。

找一个适合自己的方法，在感觉快要失去理智时使自己平静下来，从而使血液留在大脑里，做出理智的行动。

美国人曾开玩笑地说：当遇到事情时，理智的孩子让血液进入大脑，能聪明地思考问题；野蛮的孩子让血液进入四肢，大脑空虚，疯狂冲动。当血液充满大脑的，你头脑清醒，举止得当，反之，当血液都流向你的四肢和舌头的时候，你就会做蠢事，冲动暴躁，口不择言。事实上，科学实验证明，当我们在压力之下变得过度紧张时，血液的确会离开大脑皮层，于是我们就会举止失常。此时，大脑中动物的本性起了主导作用，使我们像最原始的动物那样行事。控制情绪爆发有很多策略，其中一个方法就是注意自己的心律，它是衡量情绪的精确尺子。当你的心跳快至每分钟 100 次以上时，整顿一下情绪至关重要。在这种心率下，身体分泌出比平时多得多的肾上腺素。我们会失去理智，变成好斗的蟋蟀。当血液又开始涌向四肢时，你可以选用以下的方法来平静心情：

（1）深呼吸，直至冷静下来。慢慢地、深深地吸气，让气充满整个肺部。把一只手放在腹部，确保你的呼吸方法正确。

（2）自言自语。比如对自己说："我正在冷静。"或者说："一切都会过去的。"

（3）有些人采用水疗法。洗个热水盆浴，可能会让你的怒气和焦虑随浴液的泡沫一起消失。

（4）也可以尝试美国心理学家唐纳·艾登的方法：想着不愉快的事，同时把你的指尖放在眉毛上方的额头上，大拇指按着太阳穴，深吸气。据艾登说，这样做只要几分钟，血液就会重回大脑皮层，你就能更冷静地思考了。

4. 善于把消极情绪转化为积极情绪

要做到心情舒畅、天天好心情，除了要保持积极的情绪，同时还要善于把消极情绪转化为积极情绪。过度的紧张和压力将超出常态，而快乐对紧张起重要的调节作用，愉快状态使人从紧张中得到间歇，是使人感到轻松的自然调节剂。紧张的释放，可以采取人为的手段，如放松训练、气功入静等，而保持生活愉快是维持心理健康的天然机制，故愉快的生活和愉悦的心情是消极情绪转化为积极的情绪的动力，所以，在消极情绪下要避免想不好的事物，而是多回忆和设想好的事情。帮助别人有利健康，帮助别人就增加了社会交往，同时体会到自我价值，从而使人感到快乐，逐渐从低落情绪中解脱出来；热爱音乐可改变心情，经常聆听美妙的音乐可使人情绪愉快；如果情绪极度低落时可先听缓慢轻柔的曲子，逐渐改变乐曲的节奏，不要一开始就听欢快热烈的音乐；投入自然加强运动，只要身处大自然中，散步、行走、跑步或骑自行车都可以改善情绪，增强自信；每周坚持 2 ~ 3 次，不仅有利身体健康，也有利心理健康。接触色彩，振奋精神，穿着色彩明快的服饰可改善情绪，多在阳光灿烂的日子里进行户外活动，室内工作要保证光线充足，有利振奋精神。这都是把消极情绪转化为积极情绪的方法。

5. 调节导游讲解中的不良情绪

讲解中引起导游不良情绪的客观事物有多种。例如，旅行中的不顺利、生疏的环境、游客的不理解、临时性遗忘以及出现言语错误等，甚至领导或重要人物的到场、日程的临时改变等也会引起情绪不稳定。出现不良情绪的主观体验是：烦躁，心慌意乱，难以控制自己，记忆混乱。出现不良情绪的外部表现最突出的是表情，如面部涨红，显得高度紧张或拘谨，声音异常，目光或游移不定或呆滞等。解决不良情绪的根本途径是客观事物发生有利于导游需要的转变。但是客观存在往往不以人的意志为转移，即使可以解决的问题也需要时间。因此，出现不良情绪后最主要的应是导游进行自我调节。由于情绪是一种主观体验，因此进行意志的努力，不良情绪也是完全可以控制的。现介绍几种方法，仅供参考。

（1）转移注意。客观刺激物体引起不良情绪，并对言语表达产生影响，其心理上的主要原因之一是导游的心理活动或意识在事过境迁后，仍然选择或集中指向于那件事，俗话说，就是仍然耿耿于怀。而现实是不允许也不可能去解决。因此，做意志上的努力，迫使自己的注意力转移到现实中来，或去做某件事，并努力迫使自己不去思考这件事。这种做法往往十分奏效，它可以在很短的时间内减轻刺激物体对自己心理上造成的压力。

（2）自我安慰。真正的情绪只有自己心里清楚。因此，适时进行自我安慰十分必要。例如，给领导人或重要人物讲解或上课，可以不断鼓励自己；同时，把所有的人都当作实实在在的自然的人，他们会出错，也要不断学习；我的讲解是正确的，对他们来说，是可以增长知识的。这样做以达到使自己镇静，克服紧张情绪的目的。新导游或年轻导游这样做往往是十分有效的。

（3）有效地使用目光。在面部表情中，眼睛最能传神，即人们通常所说的，眼睛是"心灵的窗口"。导游可以通过观察眼神探索游客的内心世界，同样，导游的情绪也会通过眼神暴露给游客。有效地使用目光的目的在于抑制自己的不良情绪，同时在游客中造成假象，以掩盖自己的不良情绪。例如，在讲解中，导游需要不断用目光环视游客，目的是观察游客的情绪反应。但是，当不良情绪出现后，导游可放弃这种做法，而采取虚视法，即貌似在观察，实际并没有看；或采取回避目光法，即不和前排的游客以及领导和熟悉的人的目光对接。这样不仅可以抑制自己不良情绪的发展，而且可以回避游客对自己内心的探索。

（4）排除刺激。排除客观刺激物体对情绪的影响，如尽快熟悉环境和游客；再如，夏天因天气炎热而出汗，导游可以多来回走动，并适当增加动作言语的频率，排除热量；再如，个别游客对讲解不感兴趣走开或小声讲话，可考虑这只是个体兴趣的差异，可不必在意，同时还应排除同周围群众及其他噪声对情绪的影响。排除无关刺激的影响，可以最大限度使自己心理与客观外界达到和谐与平衡。[①]

（三）认识游客的情绪

从游客的言行举止和表情变化判断游客情绪状态，帮助游客维持积极情绪，发现游客出现消极情绪后应及时找出原因并采取措施消除或进行调整。对游客的感受熟视无睹，必然要付出代价。具有同情心的人能从细微的信息察觉游客的需求，进而根据他人的需求行事，就能得到游客的认可和欢迎。在人际交往中，认知他人的情绪并且顺应他人的情绪，对于调剂游客情绪起着很重要的作用。换位思考、感情移入是认知游客情绪的常用技巧。

1.影响游客情绪情感的因素

游客在旅游活动中所接触到的一切，都会引起情绪和情感的变化。具体说来，影响游客情绪情感的因素主要有以下几个方面：

（1）需要是否得到满足。人们外出旅游就是为了满足某种需要。比如，为了身体健康的需要、为了获得知识的需要、为了得到别人的尊重等。需要是情绪产生的主观前提。人的需要能否得到满足，决定着情绪的性质。如果旅游能够满足人们的需要，游客就会产生积极肯定的情绪，如高兴、喜欢、满意等。如果游客的需要得不到满足，就会产生否定的、消极的情绪，如不满、失望等。

譬如：某团队刚入境两天，全陪就发现团里的王先生火气越来越大。在刚入境的时候，全陪觉得这位王先生比较豪爽，待人接物都十分通情达理，可是到了晚上，王先生的脸就有点阴沉了。第二天，王先生的火气就上来了，莫名其妙地对人发脾气。全陪仔细分析了王先生的职业等基本情况，又发现他不是针对某个人发脾气，于是全陪每天都抽时间和王先生聊天，聊的大都是让王先生获得成功的经历，像个"小妹妹"，听得非常认真，果然王先生的火气越来越小。本案例的王先生的

---

① 王明波.导游心理学［M］.北京：中国旅游出版社，1996:237–239.

"火气"正是由"社会尊重严重不足"引起的，导致旅游中的不愉快。

（2）活动是否顺利。需要是动机的基础，为了满足需要，人们在动机的支配下产生行动，不仅行动的结果产生情绪，而且在行动过程中是否顺利也会引起不同的心理体验。在整个旅游过程中如果一切活动顺利，游客就会产生愉快、满意、轻松等情绪体验；如果活动不顺利，旅途或游览过程中出现这样或那样的差错，游客就会产生不愉快、紧张、焦虑等情绪。游客在旅游过程中的情绪表现，我们应当特别加以注意。因为旅游活动进程本身就是一个很好的激励因素，其中就有情绪的产生，并反过来对旅游活动的继续产生积极或消极作用。

（3）客观条件。客观条件是一种外在刺激，它引起人的知觉从而产生情绪、情感体验。旅游活动中的客观条件包括游览地的旅游资源、活动项目、接待设施、社会环境、交通、通信等状况。此外，地理位置、气候条件等也是影响游客情绪的客观条件。比如，优美的自然景色使人产生美的情感体验，整洁的环境使人赏心悦目，脏乱的环境、刺耳的噪声，让人反感、不愉快。

（4）团体状况和人际关系。游客所在的旅游团队的团体状况和团体内部的人际关系也能对游客的情绪产生影响。一个团体中成员之间心理相融，互相信任，团结和谐，就会使人心情舒畅，情绪积极；如果互不信任，互相戒备，则会随时都处在不安全的情绪之中。在人际交往中，尊重别人，欢迎别人，同时也受到别人的尊重和欢迎，就会产生亲密感、友谊感。

（5）身体状况。旅游活动需要一定的体力和精力作保证。身体健康、精力旺盛，是产生愉快情绪的原因之一。身体健康欠佳或过度疲劳，容易产生不良情绪。因此，导游应该随时注意游客的身心状态，使其保持积极愉悦的情绪，以保证旅游活动的正常进行。

2. 了解游客情绪的特征

游客在旅游活动过程中的情绪具有以下几个方面的特征：

（1）兴奋性。从某种意义上说，旅游是人们离开自己所居住的地方，到别处去过一段不同于日常生活的生活。因此，外出旅游就给游客带来了一系列的改变：改变环境、改变人际关系、改变生活习惯、改变社会角色等。这种改变在给游客带来新奇的同时，还给他们带来情绪上的兴奋。这种兴奋性常常表现为"解放感和紧张感两种完全相反的心理状态的同时高涨"。外出旅游使人们暂时摆脱了单调紧张的日常生活，现实生活中的对人的监督控制，在某种程度上也有所减轻，这给人们带来了强烈的解放感。另外到异地旅游可能接触到新的人和事物，对未知事物和经历的心理预期使人感到缺乏把握感和控制感，人们难免会感到紧张。无论"解放感"或"紧张感"，其共同特征是兴奋性增强，外在表现为兴高采烈和忐忑不安。

（2）感染性。旅游活动是一种高密度、高频率的人际交往活动。在这种交往活动中，既有信息的交流和对象的相互作用，同时还伴有情绪状态的交换。旅游服务的情绪情感含量极高，以至被称为"情绪行业"。在旅游活动中，游客和导游的情绪都能够影响到别人，使别人也产生相同的情绪。一个人的情绪或心境，在与别人的交往过程中，通过语言、动作、表情影响到别人，引起情绪上的共鸣。比如，旅游中导游讲解时的情绪如果表现出激动、兴奋、惊奇等，游客就会对导游的讲解对象表现出极大的兴趣；如果导游表现得厌烦、无精打采，游客肯定会觉得索然无味。反过来也是一样，游客的情绪也会影响导游的情绪。

（3）易变性。在旅游活动中，游客随时会接触到各种各样的刺激源，而人的需要又具有复杂多变的特点，因而游客的情绪容易处于一种不稳定的易变状态。比如，游客对某个景物在开始的时候，可能感到新奇，情绪处于积极状态，兴致很高。当到达顶点之后，接着便可能由激动趋向平静，兴致会逐渐减退。再后来如果感到疲劳的话，他甚至会感到厌倦。因此，导游工作为了尽可能地满足每个人的需要，使个人的情绪能保持积极的状态，就必须随时观察游客的情绪反应。

3. 熟悉情绪情感对游客行为的影响

人的任何活动都需要一定程度的情绪和情感的激发，才能顺利进行。情绪情感对游客行为的影响，主要表现在以下几个方面：

（1）对游客动机的影响。动机是激励人们从事某种活动的内在动力。人的任何行为都是在动机的支配下产生的。因此，要促使人们产生旅游行为，首先要激发人们的旅游动机。而喜欢、愉快等情绪可以增加人们活动的动机，增加做出选择决定的可能；消极的情绪会削弱人们从事活动的动机。

（2）对活动效率的影响。人的一切活动，都需要积极、适宜的情绪状态，才能取得最大的活动效率。从情绪的性质来讲，积极的情绪，如热情、愉快，可以激发人的能力，助长动机性行为，提高活动效率；而消极的情绪，如烦恼、悲哀、恐惧等，则会降低人的活动能力，导致较低的活动效率。从情绪的强度讲，过高或过低的情绪水平都不会产生最佳的活动效率。因为过低的情绪不能激发人的能力，而过高的情绪会对活动产生干扰作用。

（3）对人际关系和心理气氛的影响。人在良好的情绪状态下，会增加对人际关系的需要，对人际交往表现出更大的主动性，并且容易使别人接纳，愿意与之交往。因此，在旅游活动中，导游应该细心观察游客的情绪变化，主动引导他们的情绪向积极方向发展，并利用情绪对游客行为的影响作用，协调游客与各方面的人际关系，创设良好的心理气氛，达到旅游服务的最佳境界。

4.通过观察，能了解游客真实的情绪状态

"察言观色"是金牌导游的必修课程之一，俗话说，"知己知彼，百战不殆"，导游服务也是一样，导游通过观察，了解到游客真实的情绪状态，就可以有针对性地服务，可以更好地提高服务效果。在游览的过程中，游客的情绪随时会产生变化。当游客的需要得到满足时，就会表现出愉快、满意、高兴、喜悦等积极、肯定的情绪；当需要不能得到满足时，则会表现出烦恼、不悦、懊恼甚至愤怒等消极、否定的情绪。如果导游不能及时感受到游客的情绪变化，及时调整自己的导游策略，就无法真正与游客沟通交流，圆满地完成导游服务工作。而游客也会认为导游没有真正关心他们，满足他们的需求。因此，导游应该具备敏锐的感知和观察能力，通过观察游客言谈举止、面部表情、神态变化来掌握游客的心理活动，准确判断游客的需求和意图，了解游客的兴趣爱好和性格特点，从中找出游客心理变化的线索，然后根据游客的心理特征，采取不同的导游措施。导游敏锐的感知能力表现在以下两个方面。

（1）感知游客的生理因素，及时改变导游策略。生理差异对个体游客的心理和行为的差异起着重要作用。因此，在旅游活动中，导游要注意观察游客的生理因素，提供适当的服务。例如，导游组织活动的节奏与导游语言的强弱、快慢一定要和游客的生理条件相适应。如果节奏太快，体力比较弱的人就会吃不消，就会因为得不到照顾而产生情绪波动，甚至影响继续旅游的意志。此时应该注意活动的节奏不要太快，做到张弛有度。如果节奏太慢，精力充沛的人又得不到满足，也会因为行程的拖沓而心生埋怨。此时应该及时调整行程计划，加快节奏。如果导游声音太小，听力不好的人会感到很吃力，就有可能造成种种误会，因此导游应该尽量靠近这样的游客并提高音量。如果导游的声音太大，对声音敏感的人又会觉得刺激过大，难以接受，因此导游应该稍微远离这样的游客并适当降低音量。总之，导游作为旅游活动的组织者，必须注意观察游客的生理因素，以便有针对性地提供导游服务。

（2）感知游客的兴趣爱好，随时调整导游策略。游客对自己喜欢的事物，总会表现出高度的注意及浓厚的兴趣，对自己不喜欢的事物，则可能随时转移注意力。所以，导游在游览过程中要注意观察游客的行为举止、神态变化，从中了解他们感兴趣的事物，并顺应游客的需求随时改变导游策略。[①]

5. 能根据游客的情绪状态采取相应的行为

金牌导游需要根据游客的情绪状态采取相应的行为。导游在讲解时，如果游客目不转睛、注意力集中，就表明游客对这件事物很感兴趣，导游就可以顺着话题继续讲下去。如果游客东张西望、窃窃私语并心情烦躁，导游就应该转换思路，顺着游客的心思和意愿加以引导。总之，导游要时时刻刻用敏锐的感知力去观察游客的心态，从游客的体态语言所发出的信息中掌握游客的需要和动机，灵活及时地满足游客的心理需要。[②]

譬如：导游在讲解故宫博物院时滔滔不绝地讲解故宫的面积和历史地位，而游客都似听非听，各顾各的，这时候导游应该根据游客的情绪状态采取相应的行为，要即刻把话题一转，换成大家都感兴趣的内容。

同时，在导游活动中导游要尊重游客、微笑服务、多使用柔性语言。

6. 在适当的时机，帮助游客维持积极的情绪状态

导游服务要取得良好的效果，需要导游在游览过程中激发游客的游兴，使游客自始至终沉浸在兴奋、愉悦的氛围之中维持积极的情绪状态。兴趣是人们力求认识某种事物或某种活动的倾向，这种倾向一经产生，就会出现积极主动、专注投入、聚精会神等心理状态，形成良好的游览心境。

7. 运用适当的方法，帮助游客转化消极的情绪状态

游客出游是为了得到身心上的愉悦和享受服务的，他们是导游的"上帝"，故导游应该使之满意度达到最大化，不能让"上帝"有长时间的消极情绪，要及时地

---

①② 李昕，李晴．旅游心理学基础［M］．北京：清华大学出版社，2006.

转化游客的消极情绪状态。

游客在旅游过程中，会随着自己的需要是否得到满足而产生不同的情感体验。如果他们的需要得到满足，就会产生愉快、满意、欢喜等肯定的、积极的情感；反之则会产生烦恼、不满、懊恼甚至愤怒等否定的、消极的情感。导游要善于从游客的言行举止和表情变化去了解他们的情绪，在发现游客出现消极或否定情绪后，应及时找出原因并采取相应措施来消除或进行调整。

（1）补偿法。是指导游从物质上或精神上给游客以补偿，从而消除或弱化游客不满情绪的一种方法。譬如，如果没有按协议书上注明的标准提供相应的服务，应给游客以补偿，而且替代物一般应高于原先的标准；如果因故无法满足游客的合理要求而导致其不满时，导游应实事求是地说明困难，诚恳地道歉，以求得游客的谅解，从而消除游客的消极情绪。

（2）分析法。是指导游将造成游客消极情绪的原委向游客讲清楚，并一分为二地分析事物的两面性及其与游客的得失关系的一种方法。譬如，由于交通原因不得不改变日程，游客要多花时间于旅途之中，常常会引起他们的不满，甚至愤怒抗议。导游应耐心地向游客解释造成日程变更的客观原因，诚恳地表示歉意；并分析改变日程的利弊，强调其有利的一面或着重介绍新增加的游览内容的特色和趣味，这样往往能收到较好的效果。

（3）转移注意法。是指在游客产生烦闷或不快情绪时，导游有意识地调节游客的注意力，使其从不愉快、不顺心的事而转移到愉快、顺心的事情上去。譬如，有的游客因对参观什么内容有不同意见而不快；有的游客因爬山时不慎划破了衣服而懊恼；有的游客因看到不愉快的现象产生联想而伤感等。导游除了说服或安慰游客以外，还可以通过讲笑话、唱山歌、学说木地方言或讲些民间故事等形式来活跃气氛，使游客的注意力转移到有趣的文娱活动上来。①

以下是针对不同类型的游客所使用的不同待客方法的总结（表3-2），以及处理冲突的方式及应用（表3-3）。

———————————
① 熊剑平，石洁.导游学［M］.北京：北京大学出版社，2014：244.

表 3-2　不同类型的游客的不同待客方法

游客类型	特征	待客方法
老好人型	经常用温和语气讲话	要礼貌相待
猜疑型	没有根据和证据就不相信	讲话要有根据，不用模棱两可的语言
傲慢型	瞧不起人	让其充分亮相后，以谦虚的态度耐心说服
腼腆型	性格内向，说话声音小	亲切相待，忌用粗俗的语言
难伺候型	喜欢挑毛病，爱板着脸	避免陷入争论
唠叨型	说话啰唆，不得要领	在不伤害游客感情的前提下，耐心说服
急性型	不稳重，稍许不如意就发脾气	要以沉着和温和的态度相待
嘲弄型	不认真听讲，爱开玩笑	不要被缠住，不要理睬
沉默寡言型	不健谈	主动打招呼搭话
散漫型	不遵守时间，自由散漫	难以伺候，但要有礼貌地耐心说服

表 3-3　处理冲突的五种方式及应用

冲突的处理方式	适 合 的 情 况
强制（竞争）	①当情况紧急，要采取决定性行动时 ②在与企业的利益关系重大的问题上 ③在重要的纪律性问题上 ④当对方可以从非强制手段中获益时
解决问题 （开诚合作）	①当与双方利益都有重大关系时 ②当你的目标是向他人学习时 ③需要集思广益时 ④需要依赖他人时 ⑤出于感情关系的考虑时
妥协	①目标很重要，但不值得和对方闹翻时 ②当对方权力与自己相当时 ③使复杂的问题得到暂时的平息时 ④由于时间有限需取权宜之计时 ⑤当合作或竞争都无法成功时
回避	①在小事情上或面临更加重要的事情时 ②当认识到自己无法获益时 ③当付出的代价大于得到的报偿时 ④当其他人可以更有效地解决冲突时 ⑤当问题已经离题时

冲突的处理方式	适合的情况
克制	①当发现自己错了时 ②当问题对于别人比自己更重要时，去满足他人，维持合作 ③为了树立好的声誉时 ④当友好相处更重要时

8. 客观理智地对待游客的投诉

旅游投诉是指游客为维护自身合法权益，对损害其合法权益的旅游经营者和有关单位以书面或口头形式向旅游行政管理部门提出投诉，请求其处理的行为。旅游投诉有的是针对导游，有的是针对旅游经营者或其他单位。无论是哪种情况，当游客向导游表达时，导游都应认真对待，及时、妥善地处理。对游客投诉的处理一般要经过耐心倾听、弄清真相、以诚恳的态度向游客道歉，然后在征得游客的同意后做出恰当的处理。

（1）耐心倾听，弄清真相。对于客人的投诉，认真地倾听是首要的。只有听清了情况和关键点，才能对问题做出正确的判断。匆忙地打断客人的陈述是不明智的。为了弄清游客投诉的真相，导游倾听时一般要做到少讲多听，不要打断对方的讲话，并设法使交谈轻松，使投诉者感到舒适。另外，导游要尽量排除外界干扰，站在游客立场上考虑问题，对投诉者表示同情，千万不要计较投诉者口气的轻重和意见是否合理。

（2）以诚恳的态度向游客道歉。一旦明确了问题的所在，导游就应代表企业承担相应的责任。无论投诉者态度和动机如何，客观上是有利于旅游企业做好工作的。因此，都应向投诉者以诚恳的态度表示歉意，以满足投诉者的心愿，为更完满地处理他们的投诉铺平道路。

（3）依据企业有关政策做出恰当的处理。对于那些明显属于服务工作的过错，道歉后应征得投诉客人的同意，马上做出补偿性的处理。但对那些较复杂的问题，真相还没有弄清之前，不应急于表达处理意见，应有礼、有理地在客人同意的基础上处理。对于一时处理不了的问题，应及时向投诉的游客通报事情的进展情况，以示企业的重视，避免客人的误会，造成投诉者更为愤怒的"二次投诉"。

总之，旅游服务是主客双方都满意的服务。现代社会分工的高度分化决定了服务是社会中人与人之间相互依存的关系。因此，在旅游服务过程中，导游的服务态度、服务语言、服务技术、服务策略、服务时机、服务中的人际交往、对旅客的尊重及对旅客投诉的处理是实现优质服务的重要心理因素和条件。①

法国非利普·布洛克在其所著的《西方企业的服务革命》一书中提出了处理客人投诉的 50 条建议：

表3-4 处理客人投诉的 50 条建议

①对待任何一个新接触的人和对待客人一个样。	⑱让客人说话。
②没有无关紧要的接触和不重要的客人。	⑲要做记录，可能时使用一份印制的表格。
③投诉不总是容易辨认清楚的。	⑳告诉客人他的问题由你负责处理，并切实去办理。
④没有可以忽视的投诉。	㉑要答应采取行动，还要设法使人相信你的许诺。
⑤一份投诉是一次机遇。	㉒要证明投诉登记在案后，你即开始行动。
⑥发牢骚的客人并不是在打扰我们，他在行使他的最高权力。	㉓告诉客人他的投诉是特殊的。
⑦处理投诉的人一定被认为是企业中最重要的人。	㉔不谈与客人无关的私事。
⑧迅速判明投诉的实质。	㉕防止露出羡慕、烦躁或偏执等情绪。
⑨用关键词限定投诉内容。	㉖既要让人说话，又要善于收场。
⑩每当无理投诉出现高峰时，应当设法查明原因。	㉗学会有效地发挥电话的功用。
⑪在采取纠正行动之前，应立即对每份投诉做一礼节性的答复。	㉘要像对待你的老主顾那样，对待不是你的客人的人。
⑫要为客人投诉提供方便。	㉙绝不要在地位高的客人和棘手的问题面前胆怯。
⑬使用提问调查表以方便对话。	㉚要核实别人向你传递的消息。
⑭组织并检查答复投诉后的善后安排。	㉛要让别人听你的话，但扯着嗓门叫喊是徒劳的。
⑮接待不满的客人时，要称他的姓，握他的手。	㉜复述事实莫带偏见。
⑯处理投诉应因人制宜。	㉝切忌轻率地做出判断。
⑰请保持轻松、友好和自信。	㉞想一想有否立即答复的可能，问一问客人希望你做些什么。

① 甘朝有.旅游心理学［M］.天津：南开大学出版社，2000:148–149.

㉟别急于在电话中商讨解决问题的方案。	㊸要结识那些多次不满的客人。
㊱请留下您向客人所做的任何诺言或保证的书面记录。	㊹除非万不得已,不用电话答复书信。
㊲如您当场爱莫能助,不妨先宽宽他的心。	㊺尽快索取你可能需要的补充信息。
㊳在对话时,对方未说完之前,切莫打断。	㊻若情况允许,就用幽默致歉。
㊴一旦对话完毕,立即采取行动。	㊼受过你服务的客人,可能成为你的朋友。
㊵写一份意见书,投给你作为顾客的某个企业。试探一下别人对待你的方式。	㊽总是由客人说了算。
㊶千万别对客人说:"您应该……"	㊾用典型模式提高速度。
㊷凡是收到和寄出的一切都得签注日期。	㊿时刻为客人着想,为客人工作,如同你是客人一样。

(四)善于人际关系管理

1. 充分认识人际关系

人际关系是人与人之间心理上的关系、心理上的距离。这种关系是在人与人之间发生社会性交往和协同活动的条件下产生的。人际关系的形成包含认知、情感和行为三方面的心理因素,其中情感因素起主导作用,制约着人际关系的亲疏、深浅和稳定程度。

人际关系一般可分为积极关系、消极关系、中性关系。不同类型的关系伴随着不同的情感体验,具有不同的功能。如积极的关系使当事双方在发生交往时会产生愉快的体验,而消极关系会带给双方痛苦。

人际关系是人际交往的结果。通过人际交往,使人们认识社会,了解自己和他人,并协调相互之间的关系,以便更好地适应环境。人际关系的功能主要表现在以下几个方面:①信息沟通功能。在文字发明以前,人与人面对面的直接交往构成了人类相互交流信息的最主要形式。今天由于大众传播媒介和现代通信技术的迅猛发展,人们交流信息的方式方法和获得信息的途径增加了许多,使得人际关系的信息功能正在逐渐减弱。但无论社会怎样发展变化,人际关系的信息功能是不会最终消失的。②心理保健功能。人际关系对人的心理健康至关重要。著名心理学家马斯洛在其需要层次论中把交往需要列入第三层次。按照他的观点，有顺序地满足人的五种需要是保证一个人心理健康的条件，其中任何一种需要的不满足都对人的心理健康构成不利影响，越是低级的需要其影响越大。现代社会中人际关系信息沟通功能的弱化使得心理保健功能日益成为人际关系的主要功能。③相互作用功能。发生人际交往时，就会产生彼此之间的相互影响和相互作用。通常情况下，一方的行为会引起另一方的相应反应。这种链式关系不是无序的，而是有一定规律性的，它构成了社会环境因素的一部分，对人的行为产生影响。

2. 善于处理人际关系

导游在旅游业中是处于核心枢纽的地位（图 3-7）。

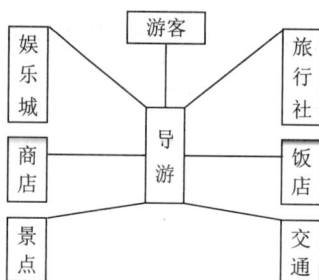

图 3-7　导游核心纽带示意

导游在整个导游活动前、中以及后期都会与各个部门以及群体打交道，所以金牌导游应该具备良好的处理人际关系的能力。要学会与领队、司机全陪（或者地陪）、旅游接待单位协作，同时还应该学会与服务对象——游客处理好关系。人际关系的管理是管理他人情绪的艺术。它要求导游能在认知他人情绪的基础上，采取相应措施，与他人建立并维系良好关系。

（1）导游与领队的协作。

尊重领队，遇事与领队多磋商。 带团到中国来旅游的领队，多数是职业领队，在海外旅行社任职多年并受过专业训练，对我国的情况尤其是我国旅游业的情况相当熟悉。他们服务周到细致，十分注意维护组团社的信誉和游客的权益，深受游客的信赖。此类领队是中方旅行社长期合作的海外客户代表，也是旅游团中的"重点客人"，对他们一定要尊重。尊重领队就是遇事要与他们多磋商。旅游团抵达后，地陪要尽快与领队商定日程，如无原则问题应尽量考虑采纳领队的建议和要求。在遇到问题处理故障时，全陪、地陪更要与领队磋商，争取领队理解和支持。

关心领队，支持领队的工作。职业领队常年在异国他乡履行自己的使命，进行着重复性的工作，十分辛苦。由于他的"特殊的身份"，游客只能要求他如何关心自己而很少去主动关心领队。因此，导游如果在生活上对领队表示关心、在工作上给予领队支持，他会很感动。当领队的工作不顺利或游客不理解时，导游应主动助其一臂之力，能办到的事情尽量给予帮助，办不到的多向游客作解释，为领队解围，如说明原因不在领队而是本方条件所限或是不可抗拒的原因造成的等。但要注意，支持领队的工作并不是取代领队，导游应把握好尺度。此外，作为旅游团中的"重点人物"，导游要适当给领队以照顾或提供方便，但应掌握分寸，不要引起游客的误会和心理上的不平衡。

多给领队荣誉，调动领队的积极性。要处理好与领队的关系，导游还要随时注意给领队面子，遇到一些显示权威的场合，应多让领队尤其是职业领队出头露面，使其博得游客们的好评，如游览日程商定后，地陪不妨请领队向全团游客宣布。只要导游真诚地对待领队，多给领队荣誉，领队一般也会领悟到导游的良苦用心，从而采取合作的态度。

灵活应变，掌握工作主动权。由于旅游团成员对领队工作的评价会直接影响到领队的得失进退，所以有的领队为讨好游客而对导游工作指手画脚，当着全团游客的面"抢话筒"，一再提"新主意"，给导游出难题，使地陪的工作比较被动。遇到类似情况，地陪应采取措施变被动为主动，对于"抢话筒"的领队，地陪既不能马上反抢话筒，也不能听之任之，而应灵活应变，选择适当的时机给予纠正。让游客感到"还是地陪讲得好"。这样，导游既表明了自己的态度又不失风范，工作上也更为主动了。

争取游客支持，避免与领队正面冲突。在导游服务中，接待方导游与领队在某些问题上有分歧是正常现象。一旦出现此类情况，接待方导游要主动与领队沟通，力求及早消除误解，避免分歧扩大发展。一般情况下，接待社导游要尽量避免与领队发生正面冲突。

在入境旅游团中也不乏工作不熟练、个性突出且难以合作的领队。对此，导游要沉着冷静，坚持原则，分清是非，对违反合同内容、不合理的要求不能迁就；对于某些带侮辱性的或"过火"的言辞不能置之不理，要根据"有理、有利、有节"

的原则讲清道理，使其主动道歉，但要注意避免与领队发生正面冲突。

有时领队提出的做法行不通，导游无论怎样解释说明，领队仍固执地坚持己见。这时导游就要向全团游客讲明情况，争取大多数游客的理解和支持。但要注意，即使领队的意见被证明不对也不能把领队"逼到绝路"，要设法给领队台阶下，以维护领队的自尊和威信，争取以后的合作。①

（2）导游与司机的协作。

及时向司机通报相关信息。旅游线路有变化时，导游应提前告诉司机；如果接待的是外国游客，在旅游车到达景点时，导游用外语向游客宣布集合时间、地点后，要记住用中文告诉司机。

协助司机做好安全行车工作。大部分旅游车的司机具有丰富的驾驶经验，可以胜任旅游团的安全驾驶任务。但有些时候，导游适当给予协助能够减轻司机的工作压力，便于工作更好地开展。可经常性地为司机做一些小的事情：帮助司机更换轮胎，安装或卸下防滑链，或帮助司机进行小修理；保持旅游车挡风玻璃、后视镜和车窗的清洁；不要与司机在行车途中闲聊，影响驾驶安全；遇到险情，由司机保护车辆和游客，导游去求援；不要过多干涉司机的驾驶工作，尤其不应对其指手画脚，以免司机感到被轻视。

征求司机对日程安排的意见。导游应注意倾听司机的意见，从而使司机产生团队观和被信任感，积极参与导游服务工作，帮助导游顺利完成带团工作任务。②

（3）导游与全陪或地陪的协作③。无论是做全陪或地陪，都有一个与对方配合的问题。协作成功的关键便是各自应把握好自身的角色或位置，找准个人的定位。要充分认识到虽然受不同旅行社的委派，但都是旅游服务的提供者，都在执行同一个协议。彼此间是相互平等的关系。

全陪或地陪正确的做法应该是：首先要尊重对方，努力与合作者建立良好的人际关系；其次，要善于向对方学习，有事多请教；最后，要坚持原则，平等协商。如果对方"打个人小算盘"，提出改变活动日程、减少参观游览时间、增加购物等不正确的做法，全陪或地陪应向其讲清道理，尽量说服并按计划执行，如对方仍坚持已见、一意孤行，应采取必要的措施并及时向接待社反映。

---

①②③ 熊剑平，石洁.导游学［M］.北京：北京大学出版社，2014.

（4）导游与旅游接待单位的协作。作为旅行社的代表，导游应处理好与旅游接待单位的协作。[①] 首先，导游需及时协调，衔接好各环节的工作。导游在服务过程中，要与饭店、车队、机场（车站、码头）、景点、商店等许多部门和单位打交道，其中任何一个接待单位或服务工作中的某一环节出现失误和差错，都可能导致"一招不慎，满盘皆输"的不良后果。导游在服务工作中要善于发现或预见各项旅游服务中可能出现的差错和失误，通过各种手段及时予以协调，使各个接待单位的供给正常有序。譬如，旅游团活动日程变更涉及用餐、用房、用车时，地陪要及时通知相关的旅游接待单位并进行协调，以保证旅游团的食、住、行能有序地衔接。其次，导游应主动配合，争取协作单位的帮助。导游服务工作的特点之一是独立性强，导游一人在外独立带团，常常会有意外或紧急情况发生，仅靠导游一己之力，问题往往难以解决，因此导游要善于利用与各地旅游接待单位的协作关系，主动与协助单位有关人员配合，争取得到他们的帮助。譬如，迎接散客时，为避免漏接，地陪可请司机站在另一个出口处举牌帮助迎接；旅游团离站时，个别游客到达机场后发现自己的贵重物品遗忘在饭店客房内，导游可请求饭店协助查找，找到后将物品立即送到机场或快递给游客。

（5）导游与游客交往。与游客交往时，应努力给游客以良好的印象，注意一视同仁，避免突出某些游客而造成其他游客的不满；与游客交往时，要摆正自身的位置，尊重、关心对方，平等协商。与游客交往时，金牌导游应具有以下素质特质：

- 具有较强的同情心；
- 喜欢与人打交道；
- 有选择地交朋友；
- 尽力帮助游客；
- 善于处理人际关系。

（五）着眼长远利益

要有自我控制能力，能够为了实现预定目标抵抗诱惑、放弃眼前利益。

譬如：一个老人在高速行驶的火车上，不小心把刚买的新鞋从窗口掉了一只，

---

① 熊剑平，石洁. 导游学［M］. 北京：北京大学出版社，2014:265–266.

周围的人倍感惋惜。不料老人立即把第二只鞋也从窗口扔了下去。这举动更让人大吃一惊。老人解释说："这一只鞋无论多么昂贵，对我而言已经没有用了；如果有谁能捡到一双鞋子，说不定他还能穿呢！"

这告诉我们成功者善于保持很乐观的心态去放弃一些无用或意义不大的事物。金牌导游应着眼长远利益，具有以下素质特质。

1. 有很强的自控能力

导游要"拿得起，放得下"，应该以工作为重，要会自控。从另一个方面要考虑好机会成本，从经济利益，服务质量上要有全面的分析，能立即放下十分吸引自己的娱乐活动，投入到工作中。

2. 能承受误解和委屈

导游要有能屈能伸的精神。出现委屈可能是自己没有得到别人理解；可能是自己的期望过高，与别人对自己的评价不符；还有可能是有人故意曲解。不过承受委屈是一种考验，考验一个人能否承受挫折，能否沉得住气、耐得住烦；是一种能力，是平衡内心的能力，是化解误解、曲解的能力；是一种气度，纵然有太多的委屈，依旧保持坦然和从容。但是，受委屈并不是要持久地默默承受误解、曲解；并不是要一味接受一切不实之词、忍受不公正的待遇。而是要利用适当时机进行说服、解释、证明。

3. 能控制娱乐活动的"度"

人的心理状态不能长时间维持在一个高的觉醒水平，导游有的时候就要主动地、适当地降低自己的觉醒水平，为下一次高潮做好准备。这就像在连续的、高强度的大型比赛中，要把运动员的最佳状态调整到最重要的比赛中出现。导游在工作之余和工作过程中也会参与一些健康、有趣的娱乐活动，但一定要适度，需保证不影响正常的工作，且有更充沛的精力去迎接新的工作挑战，故导游需控制娱乐活动的"度"。

三、有效性维度

有效性是指一个人迅速地、正确地完成任务的一种能力，也就是平时所讲的效率。导游服务涉及面广、内容繁多，对工作效率提出了更高的要求。在金牌导游的三维素质体系中，有效性维度主要包括以下六个要素。

（一）生物钟

金牌导游应了解自己生物钟的运行规律，在生物钟最有效时段干最重要的工作，以提高效率；同时要了解游客生物钟运行规律，利用游客生物钟合理安排游览等各项活动，减轻游客旅游疲劳感，创造更加舒适的旅游行程。

1. 掌握自己生物钟的运行规律

科学把握人体生物钟的节律性对于人体生物钟的研究和应用，古已有之。生物钟又称生理钟。它是生物体内的一种无形的"时钟"，实际上是生物体生命活动的内在节律性，它是由生物体内的时间结构序所决定。生物时间机制对所有的生物都很重要，而且在目前对于所有被研究的生物，科学家都找到了其时间节律现象。

每个人都有自己的"生物钟"，有自己的规律。金牌导游要了解和掌握自己的生物钟，以便于更有效地学习和工作。

2. 在生物钟最有效时段干最重要的工作

如果把最重要的任务安排在一天里最有效率的时间去做，就能花较少的力气做完较多的工作。

譬如：数学家陈景润、作家姚雪垠都习惯凌晨两三点钟投入工作，效率很高；法国作家福楼拜习惯整夜写作，以致久而久之，他家彻夜不熄的灯光竟成为塞纳河上船工的航标灯；诗人艾青则在清晨和上午这两个时段文思泉涌，妙笔生花。

这些名人正是利用了生物钟。故导游要在生物钟最有效时段干最重要的工作以提高自己的工作效率。

3. 了解并利用他人的生物钟

旅游团队是一个导游的集体服务对象，为了使游客在旅游活动中更有效地接受提供的导游服务，导游应该了解并利用他们的生物钟，提高自己的工作效率。

（二）节时习惯

金牌导游应养成良好的节时习惯。带团前做好充足的准备是节约时间的有效途径。另外，做出各种行动前进行全面考虑，能够降低失误带来的时间损失。

1. 物归原处

最少的动作最终达到节约人力、提高效率、充分降低时间成本以达到提高效益的目的。不放过任何一个多余的动作和可以节省时间的机会，平时要养成良好的习惯，拿放东西都有固定的位置，以免一时疏忽而忘记存放地点，而浪费大量的时间，另外，"物归原处"也方便了其他的需求人员，别人也可以很轻松地找到所需物品。

2. 行动开始前先思考

有句话是"不思考就行动叫盲干，思考完再行动叫严谨"。金牌导游要行动前先思考，用思考来决定前进的方向，用行动来完成要达成的目标；用思考来寻找解决困难的方法，用行动来化解各种困难。还要多思考需要改良的工作，如哪些工作消耗人力与时间较多，哪些工作流程过多等（表3-5）。

表3-5　行动开始前分层次自我提问 [1]

项目	第一层次	第二层次	第三层次	第四层次
目的	要达到什么目标？	为何要达到它？	能否改为其他目标？	选什么目标更好？
地点	放在哪儿做？	为何在那儿做？	能否换个地方做？	在哪儿做更好？
次序	在何时做？	为何此时做？	能否换个时间做？	何时做更好？
人员	由谁来做？	为何由他做？	能否换别人做？	谁来做更合适？
方法	用什么方法做？	为何用此方法做？	能否换个方法做？	何种方法更简便？

3. 行动结束后总结

工作结束后，金牌导游应该对这次活动进行总结，这一阶段的工作主要是改进和完善工作方法，这也是导游提高工作效率的关键部分。因此要千方百计地寻找出更为有效、简便、合理、节约、经济的方法来。可将上面讲的5个方面分成3个部分（图3-8）：

---

① 熊剑平，刘成良，章晴.成功导游素质与修炼［M］.北京：科学出版社，2008:110.

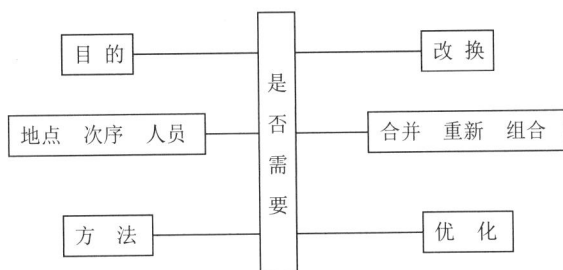

図 3-8 行动结束自我反思 [1]

4. 同时干几件事

金牌导游除了要找出不合理和无用的动作，除去不经济的动作以外还要消除无用的等待和浪费时间的动作，学会同时去干几件事情，手脚并用，两手不要同时闲着。

5. 使用有效的流程

形成良好有效的带团流程模式，可以提高工作效率，节约很多时间，避免不必要的麻烦。比如，许多旅游团的矛盾和冲突，是由于计划不当而且没有及时、灵活地调整而造成的。

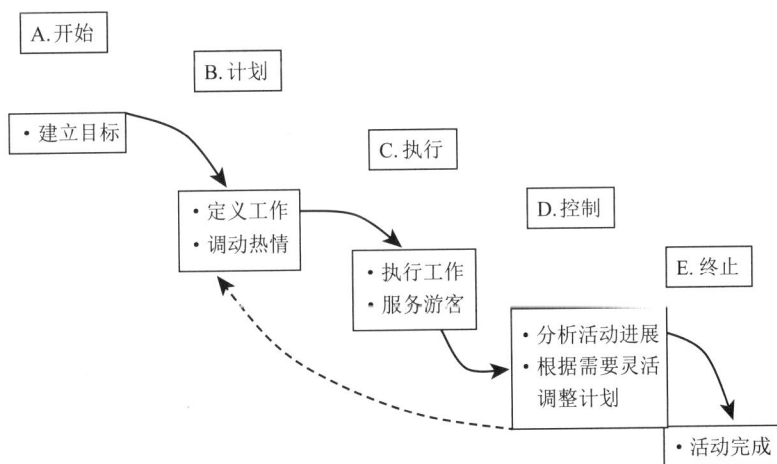

图 3-9 有效的带团流程

---

① 熊剑平，刘成良，章晴成功导游素质与修炼［M］.北京：科学出版社，2008:110.

（三）节时方法

1. ABC 工作分类法

ABC 分类法是由意大利经济学家帕雷托首创的。管理学家戴克（H. F. Dickie）将其应用于库存管理，命名为 ABC 分类法。ABC 分类法：又称重点管理法，是根据事物在技术经济方面的主要特征，进行分类排队，分清重点和一般，从而有区别地确定管理方式的一种分析方法。将被分析的对象分成 A、B、C 三类，所以称为 ABC 分析。

通过分析，对起决定性影响的 A 类事物进行重点管理。在物资库存控制中应用这一方法时，其组织方法是：

（1）按一定标准，如储备占用资金的多少，将库存物资顺序排列，计算出每种物资的资金占全部库存物资的比率，并依次逐项进行累积，相应的求出累积项数占总项数的百分比。

（2）然后，将全部库存物资分为 A、B、C 三类，A 类物资项数约为 10%，所占资金约为 70%；C 类物资项数约为 70%，所占资金约为 10%；其余为 B 类物资，其项数与所占资金均为 20%。

（3）再绘 ABC 分析图，以累积品种百分数为横坐标，累计占用资金百分比为纵坐标，按 ABC 分析列示的对应关系，在坐标图上取点，并连结各点成曲线，即绘成 ABC 分析图。

由于物资的重要性往往不只反映在物资的某一方面，如价格高低或占用资金多少，还与资源取得的难易、物资对生产的影响等因素有关。因而，其分类也可以采用其他标准或结合多种影响因素，统一分类。同时，A、B、C 三类物资所占百分比数，也需要根据所管库存物资的具体情况加以规定。

A、B、C 三类物资区分以后，再权衡管理力量与经济效果，对三类对象进行有区别的管理。对重点的 A 类物资，要严格控制，尽可能降低定购量，减少库存量，一般采用定期库存控制法进行管理。对于 B 类物资的管理可适当放宽一些，可用选择补充库存制度进行控制；对 C 类物资的管理，可适当加大定购批量、提高保险储备量、采用定量库存控制进行控制，如库存量等于或低于再定购点时，就补充定购，以减少日常的管理工作。同样，ABC 分析法还可以应用在导游工作中，即先干完最重要的 A 类工作，再干次重要的 B 类工作，依此类推。

2. 工具利用法

导游要会充分、灵活地去利用工具。如利用传真、电子邮件、移动电话、社交软件和手机应用 App 等多种通信设备预订食宿游览、与计调部联系，能够有效减少联络时间。在利用工具时要注意：

（1）在合适的场合、时机用合适的工具。如在邀请重点游客进行项目上的商谈，则不能仅仅是用微信或 QQ 信息"通知"，这对对方来说显得不够有礼貌，也难显诚意。

（2）熟悉工具。随着我国信息技术、物联网技术和移动互联网技术的飞速发展，我国旅游业的设施设备和服务技术也在不断升级。导游人才必须紧跟信息化的步伐掌握好信息技术，才能充分地利用和节约时间，提高效率。

（3）注意工具的综合利用。每个不同的工具都存在不同的欠缺，导游要综合利用各种工具，以发挥更大的效用。

3. 善借外脑法

涉及其他专业性质的工作，金牌导游可以请旅行社外部的专家代劳，如采用"头脑风暴法"和"德尔菲法"。

（1）"头脑风暴法"。头脑风暴法，是指由美国 BBDO 广告公司的奥斯本首创，该方法主要由价值工程工作小组人员在正常融洽和不受任何限制的气氛中以会议形式进行讨论、座谈，打破常规，积极思考，畅所欲言，充分发表看法。当一群人围绕一个特定的兴趣领域产生新观点的时候，这种情境就叫作头脑风暴。由于会议使用了没有拘束的规则，人们就能够更自由地思考，进入思想的新区域，从而产生很多的新观点和问题解决方法。当参加者有了新观点和想法时，他们就大声说出来，然后在他人提出的观点之上建立新观点。所有的观点被记录下但不进行批评。只有头脑风暴会议结束的时候，才对这些观点和想法进行评估。

头脑风暴对导游有很多的有利之处。能改良提供的服务而从中受益，也可以掌握不同的观点和对现存问题的解决方法而使自己的个人事业受益。

（2）"德尔菲法"。德尔菲是古希腊城名，相传城中阿波罗圣殿能预卜未来，因而命名。德尔菲法是 20 世纪 60 年代初美国兰德公司的专家们为避免集体讨论存在屈从于权威或盲目服从多数的缺陷而提出的一种定性预测方法。为消除成员间相互影响，参加的专家可以互不了解，它运用匿名方式反复多次征询意见和进行背靠背的交流，以充分发挥专家们的智慧、知识和经验，最后汇总得出一个能比较反映群体意志的预测结果。

德尔菲法的一般工作程序如下：

第一，确定调查目的，拟订调查提纲。首先必须确定目标，拟订出要求专家回答问题的详细提纲，并同时向专家提供有关背景材料，包括预测目的、期限、调查表填写方法及其他希望要求等说明。

第二，选择一批熟悉本问题的专家，一般至少为20人，包括理论和实践等各方面专家。

第三，以通信方式向各位选定专家发出调查表，征询意见。

第四，对返回的意见进行归纳综合、定量统计分析后再寄给有关专家，如此往复，经过三四轮意见比较集中后进行数据处理与综合得出结果。每一轮时间7~10天，总共一个月左右即可得到大致结果，时间过短因专家很忙难以反馈，时间过长则外界干扰因素增多，影响结果的客观性。

这种方法的优点主要是简便易行，具有一定科学性和实用性，可以避免会议讨论时产生的害怕权威随声附和，或固执己见，或因顾虑情面不愿与他人意见冲突等弊病；同时也可以使大家发表的意见较快收敛，参加者也容易接受结论，具有一定程度综合意见的客观性。

（四）权责分明

全陪、地陪和领队应当合理分工，各尽其责，协调配合，以提高工作效率。因此，金牌导游应具有以下素质特质：

1. 了解合作者的特长与能力

只有了解了合作者的特长与能力，才能更好地与之合作，顺利地完成导游活动。

2. 知道自己和合作者的权利及职责重点

导游要求知道自己和合作者的权利及职责重点。

（1）海外领队的重点职责。

提供全程服务。旅游团出行前，出境旅游领队应向全团游客介绍旅游目的地国（地）的概况及注意事项；在旅游期间，领队应全程陪同旅游团进行参观游览活动，并提供必要的旅途导游和生活服务。

落实旅游合同。出境旅游领队要监督但更要配合旅游目的地国（地）的全陪、地陪，安排好旅游计划，组织好游览活动，全面落实旅游合同。

做好组织和团结工作。出境旅游领队应积极关注并听取游客的要求和意见，做好旅游团的组织工作，维护旅游团内部的团结，调动游客的积极性，保证旅游活动顺利进行。

协调联络，解决难题。出境旅游领队应负责旅游团与接待方旅行社的联络工作，转达游客的建议、要求、意见乃至投诉，遇到麻烦和微妙问题时出面斡旋或解决。

维护游客正当权益。出境旅游领队应本着公平、优质服务的原则，积极维护游客的正当权益，争取的应得权益。

（2）全程导游的职责。

实施旅游接待计划。全程陪同导游应按旅游合同或约定实施组团旅行社的接待计划，监督各地接待单位的执行情况和接待质量。

做好联络工作。全程陪同导游负责旅游过程中同组团旅行社和各地接待旅行社的联络，做好旅行各站的衔接工作，确保旅游活动的连贯性、一致性和多样性。

做好组织协调工作。全程陪同导游应协调旅游团与地方接待旅行社及地方陪同导游之间、领队与地方陪同导游、司机等各方面接待人员之间的合作关系，协调旅游团在各地的旅游活动，听取游客的意见。

维护安全，处理问题。全程陪同导游应维护游客的人身和财物安全，处理好各类突发事件，转达游客的意见和要求，力所能及地处理游客的意见、要求乃至投诉。

宣传、调研工作。全程陪同导游应耐心解答游客的问询，介绍我国（地方）文化和旅游资源，开展市场调研，协助开发、改进旅游产品的设计和市场促销。

（3）地方导游的职责。

安排旅游活动。地方陪同导游应严格按照旅游接待计划，合理安排旅游团（游客）在当地的旅游活动。

做好接待工作。地方陪同导游的重点职责之一是要认真安排、落实旅游团（游客）在当地的接送服务和食、住、行、游、购、娱等服务，并与全陪、领队密切合作，按照旅游接待协议做好当地旅游接待工作。

进行导游讲解。负责旅游团（游客）在当地参观游览中的导游讲解是地方陪同导游的又一重点职责，地方陪同导游应积极介绍和传播我国（地方）文化和旅游资源，解答游客提出的问题。

维护游客安全。地方陪同导游要维护游客在当地旅游过程中的人身和财物安全，做好事故防范和安全提示工作。

处理相关问题。地方陪同导游应妥善处理旅游服务相关各方面的协作关系，以及游客在当地旅游过程中发生的各类问题。

（4）景点景区导游的职责。

提供导游讲解。景区导游也称讲解员，其职责重点就是负责所在景区的导游讲解，解答游客的问询。

做好安全提示。景区导游应提醒游客在参观游览过程中注意安全，并给予必要的协助。

宣讲相关知识。景区导游应结合景区的景观景物向游客宣讲环境、生态和文物保护知识。

3.相互协作，密切配合

金牌导游在与其他人员合作时，要相互协作，密切配合。例如，导游如发现有少数游客在车上吃气味比较重的食物，不宜过多地去责怪领队，也不宜直接干预，而是要体谅对方，找机会间接地提示领队。

4.相互体谅，求同存异

导游都是为游客提供服务，所以应该相互关心，相互支持，相互体谅，求同存异，以提高整体的服务质量。

（五）善于学习

知识经济时代要求导游掌握更多、更深的知识，而这些知识的掌握，都需要导游善于向书本学习，向他人学习，向自己的导游实践经验学习。

1.围绕目标进行学习

围绕目标进行学习才是有方向的学习，否则就如同在浩瀚的沙漠里，容易迷失前进的方向，失去学习的有效性与针对性了。

2. 掌握方法抓紧时间学习，抓住机会学习

心理学家们研究认为[1]，学习是由三个基本环节构成，即由定向环节（也叫"感受环节""内导系统"或者"输入系统"）、行动环节（也叫"运动环节""执行环节""输出系统"或者效应过程）、反馈环节（也叫"返回联系"或"回归内导系统"）构成一个有机统一体（图3-10）。

中国自古就有"读万卷书，行万里路"之说，自古便把读书与行路，学习与旅游联系起来。旅游，的确需要好书相伴[2]！导游应该抓紧时间，抓住机会学习，导游在出团的时候也可以带上书籍充分利用时间学习，如《旅游地图》《旅游指南》《特级导游论文点评》《中国导游十万个为什么》等。

3. 善于举一反三，使学到的知识广泛运用

学会举一反三才能省时而高效，一通百通！同时也说明导游在学习、工作时不能囫囵吞枣、不求甚解，要理解后，学以致用，触类旁通。

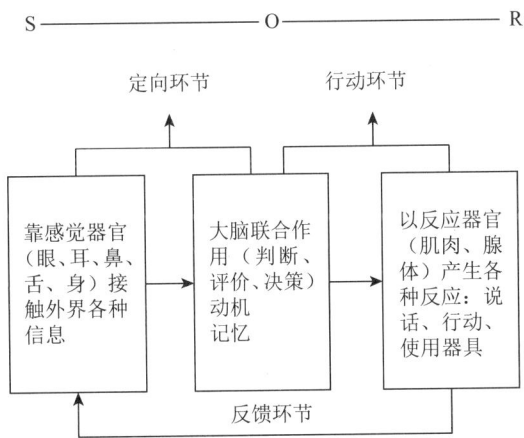

图 3-10 行为的学习过程

4. 向自己的经验学习，不犯两次同样的错误

不能在一件事情上跌倒两次，这也要求要不断地自我总结和反省。每天的自我反省是为了自我提高，让自己朝向更好的方面发展。反省自己一天来的成功、失败。因此，要养成每天反省的习惯。反省自己今天浪费时间了没；反省自己今天学

① 甘朝有．旅游心理学［M］．天津：南开大学出版社，2000:54.

② 王连义．导游技巧与艺术［M］．北京：旅游教育出版社，2002:59.

习或进步了没；反省自己今天品德进步了没；反省自己今天违背良知了没；反省自己今天计划完成了没等。想成为金牌导游，应该有这样的信念：同样的一个问题，不允许自己有两次答不出来；对同样一个接待工作，不允许有两次都忽视！惟其如此，才会日新月异，天天上进。

5. 向他人学习，尽量避免他人曾犯过的错误

金牌导游要多向他人学习。善于学习的人往往是一个十分谦虚的人，善于学习的人也往往是一个能接受批评的人，善于学习的人有自知之明，能把自己的缺点变为优点。松下幸之助之所以能成为日本的管理之神，正如他所说的那样："我有三个缺点，都被我变成了优点：第一是因为家里穷，知道奋斗才能成功；第二是没有文化，懂得要自学；第三是身体不好，懂得要依靠别人。三个弱点变成了三个优势。"总之，必须要善于向他人学习，只有这样，才会有进步，有希望，才能在错综复杂的形势下立于不败之地。

6. 向书本学习，有目的地选择优秀书籍阅读

要勤于向书本学习，有目的地选择优秀书籍阅读，重在补充知识，更新观念。要深学理论，提高各种业务的能力；广学知识，努力拓宽自己的知识面；精学技能，不断更新知识结构，使自身知识水平和工作能力始终跟上时代前进的步伐。

7. 刻苦不断，常练嘴皮

"江山之美，全靠导游之嘴""看景不如听景""只有导游一片嘴，调动游客两条腿"，这是人们对导游"嘴功能"的称道，是导游的嘴"引导游客去探索美、发现美、享受美"。"嘴"是导游的"生产工具"，是导游讲解、导游时必用的。所以导游要努力多听评书，多听相声，多看话剧……要丰富自己语言的幽默成分，还要常练嘴皮。

（六）立即行动

导游服务的独立性和时效性使得导游常常需要立即做出决定。在充分思考的基础上果断决定，立即行动，行动后克服困难坚持下去，这是金牌导游的重要素质。

1. 向着目标采取行动

目标能指导我们的行动，但是光有目标并不能使我们不断朝前迈进，还要有行动计划的配合才行。目标的树立使我们明确方向，而行动计划则告诉我们该怎么

做，做什么才能到达我们想要去的地方。行动计划将确定我们追求目标时所要投入的劳动。只有把目标和行动有机结合起来，才有可能成为一个成功的人。

2. 犹豫不决时先干起来再说

钱理群先生曾经说过，"我们不能等一切想清楚了再去研究和写作。这是一个没有完结的不断思考与不断探索又不断质疑的过程"。他是说写作不能犹豫不决，同样我们导游也不能犹豫不决，即使在犹豫不决的时候，跟着感觉也先干着再说。

3. 行动后能克服困难坚持下去

《荀子·劝学》有句名言："锲而舍之，朽木不折；锲而不舍，金石可镂。"这个比喻意在说明学习、做事情，只有坚持不懈，才能取得成就；浅尝辄止，将会一无所成。所以行动后就要能克服困难坚持下去。从某种意义上来说，人活在世上就是与困难做斗争的过程。困难像弹簧，你弱它就强，金牌导游应乐观地以顽强的意志去克服它。要使困难迎刃而解，可以从以下几个方面入手：

事多时要分清轻重缓急。在生活工作中常常会一时遇到很多事情，导游一定要分清先后，然后再去做，可以列在记事本上，看起来很费事，但磨刀不误砍柴工，会起到很好的作用。

不要把小事拖拉成为困难。歌德说过："今天所做之事，勿候明天。"这就是说，必须让今日事今日毕，以免临时抱佛脚。要想克服拖拉的毛病，可采用一个方法，即每天用一张纸在上面写出当天要做的事，或用手机记录软件记录当天要做的事，在这天按计划行事，晚上再拿出来检查一下是否完成了。如果养成了这一习惯，便克服了拖拉的毛病。

应做事先诸葛亮，见于未萌。在困难没有到来之前，要有所预料，在其萌芽状态加以解决，这样困难的解决就容易得多。

分解困难。如果一件事在短时间内不能完成，可以把它划分若干时间段来完成。如果这件事自己完成不了，要及时寻求帮助，如找自己的同事、同学、朋友等，也许他们会帮助你分担困难。天下事，不为，则易者亦难，为，则难者亦易。金牌导游要能克服困难坚持下去。

第四章　夯实金牌导游知识

第一节　金牌导游的知识体系

　　导游工作的高度关联性决定了导游学知识体系的涉及范围广泛。根据金牌导游的职业特点，其知识体系呈现出一种独特的圈层结构，包括基础层、核心层和关联层。其知识体系如图 4-1 所示。

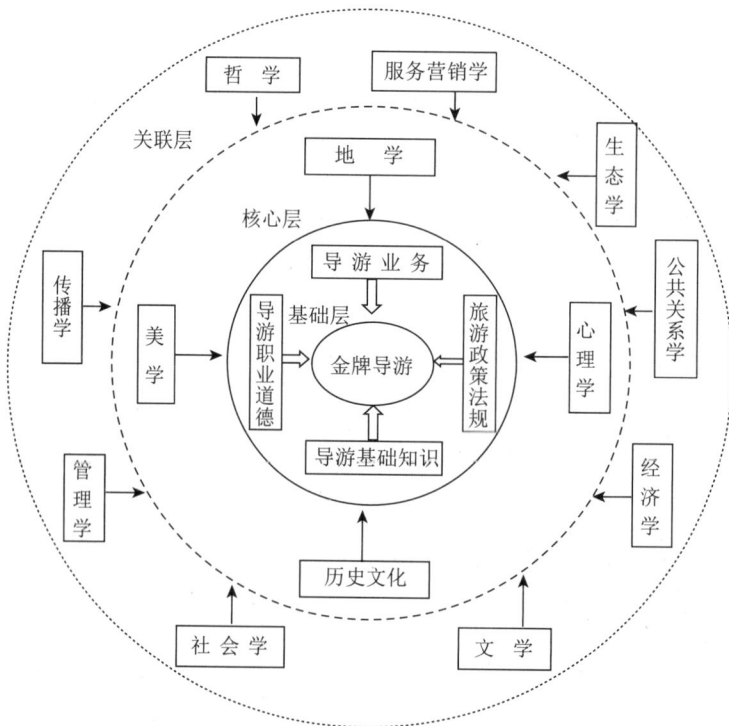

图 4-1　金牌导游知识体系

基础层是金牌导游必须掌握和具备的相关知识，由导游业务、导游基础知识、旅游政策法规和导游职业道德共同构成。导游业务作为直接指导导游工作的专业知识，是金牌导游知识体系中最为重要的组成部分；导游在引导游客进行参观游览活动时必须具备一定的相关知识，即导游基础知识，这是导游能顺利从事导游工作的必备知识，也是构成金牌导游知识体系的重要组成部分；随着导游服务由最初的一种行为、一项业务成长为一个行业，导游业已成为旅游业中最为重要的组成部分，相应的导游活动必然受到旅游政策法规的约束和引导，旅游政策法规的知识和理论是构成金牌导游知识体系的基础支撑之一；与此同时，导游作为一项职业，导游职业生涯的构建和自我价值的实现也需要职业道德方面的相关理论作为指导，导游职业道德知识和理论同样是构成金牌导游知识体系不可或缺的基础支撑之一，在金牌导游知识体系基础层中占有一席之地。

　　作为金牌导游，处于行业金字塔的塔尖，仅仅具备上述四个方面的知识是远远不够的，导游工作的顺利进行还需要大量的与之联系紧密的相关学科知识作为理论支撑。因此，在基础层外应有包括地理学、历史学、美学、心理学等学科的核心层学科，构成金牌导游知识体系的中间层；与此同时，金牌导游的知识体系的建立需要借鉴很多相关的成熟学科理论，因此，在核心层外还有涵盖服务营销学、管理学、经济学、社会学、传播学、公共关系学、文学、生态学和哲学等学科的关联层学科，作为金牌导游知识体系的外围层。

一、基础层

（一）导游业务

　　导游服务工作是一项涉及面广、操作性强的实践性工作，需要导游掌握和运用多方面的专业知识，尤其是导游业务知识。

　　导游业务是一项实务知识，操作性极强，主要用于指导导游如何规范合理地按照规范流程从事导游工作，包括导游应具备的素质、导游的职责、导游的职业道德和行为规范、导游服务程序、导游服务技能、导游服务中常见的游客个别要求、常见和特殊问题的处理等诸方面。

金牌导游，理应是从基层导游逐步成长起来的，对于执业活动中的规范性内容应当是具备了相当丰富的经验。

（二）导游基础知识

导游工作是一项知识密集型的服务工作，要求导游具备多方面的专业基础知识。尤其是在向游客提供导游讲解服务时可能会涉及各个不同的知识层面，如果没有丰富的知识储备，导游将无法胜任这项高知识含量的工作。因此，很多旅游业较为发达的国家对于导游的知识水平都有严格的要求，目的就是要求走上工作岗位的导游具有丰富的导游基础知识，以圆满完成导游工作任务。

作为金牌导游，更应该不断拓展自身的知识面，不仅向游客传递正确的知识，而且要开阔游客的知识面，使游客增知益神。

（三）旅游政策法规

政策法规是任何一项工作得以正常开展所必要的法律依据，否则没有法规的相应约束，违规行为将充斥整个市场。按照"劣币逐驱良币"理论，当市场上同时流通劣币和良币时，居民会选择成本更低的劣币作为流通工具而储藏良币，久而久之，良币将退出流通市场，即所谓的"格雷欣法则"。同样道理，如果没有相应的法律法规作约束，导游会人为降低交易成本，长此以往，劣质的导游服务将逐渐取代标准化的导游服务而充斥整个旅游市场。因此，相关的法律法规对于导游工作的约束会使得导游在一定框架下提供标准化服务。

金牌导游显然属于导游队伍中的"良币"，在执业活动中，严格地贯彻各项旅游政策法规不仅是守法的"底线"，同时也是推进金牌导游个人成长的职业"高线"。

（四）导游职业道德

作为一个导游，职业道德是其从业敬业的基础；而把自己的全部身心融进旅游事业当中，"敬其事而事其食""先劳而后禄"，是导游从业人员爱岗敬业的基本要求；同时，职业道德也是导游从业人员的兴业之本，导游职业道德素质的高低，直接关系到旅游服务质量的优劣，进而关系到旅游业的整体水平和形象，关系到旅游产业的盛衰；此外，职业道德还是导游从业人员的效益之源，导游是参观游览过程中旅游六要素的组织实施者，职能是引导游客游览，尽可能为游客提供尽善尽美的服务，只有这样，导游和企业也才可能从中赚取利润，获得效益，进而赢得丰富的客源。应当看到，导游的职业操守正越来越受到旅游市场发展变化的影响，其职场规范与职业道德也成为新的旅游经济发展时期人们所关注的问题。

导游在工作中出现的很多问题如收受回扣、欺诈游客、私自更改线路、讲解内容空泛甚至不讲解等，除了管理体制、法律制度、外部环境等原因之外，导游自身的职业道德问题作为内因影响更为深刻。导游学需要深入探讨职业道德相关理论，与现实的导游实践相结合，使导游不断提升自身的职业道德素质，正确构建合理的职业生涯，有效实现自身价值。因此，导游职业道德的研究是导游学的核心内容之一。

二、核心层

（一）美学

旅游是人类社会特有的、以自然环境和人文环境为对象的、为满足游客精神愉悦要求的欣赏美、创造美的活动，审美需求是游客最基本的旅游需求之一。向不同层次、不同审美要求的游客介绍美，满足他们的审美需求是导游工作的中心任务。因此，导游必须掌握必要的美学知识并应用到导游服务中去。

旅游活动是一项寻觅美、欣赏美、享受美的综合性审美活动。它不仅能满足人们爱美、求美之需求，而且还能起到净化情感、陶冶情操、增长知识的作用。俄国教育家乌申斯基说："……美丽的城郭，馥郁的山谷，凹凸起伏的原野，蔷薇色的春天和金黄色的秋天，难道不是我们的老师吗？……我深信，美丽的风景对青年气质发展具有的教育作用，是老师都很难与之竞争的。"因此，导游在带团旅游时，应重视旅游的美育作用，正确引导游客观景赏美。

（二）历史学

人文旅游景观中积淀了大量的历史文化内涵，这是游客体验目的地与客源地差异性的一项重要内容。对历史文化知识的掌握有助于提升导游的讲解品位，使游客在观景赏美中陶情益智，这也是旅游活动的魅力之一。

（三）心理学

心理学是研究人的心理过程发生、发展的规律，研究个性心理形成和发展的过程，研究心理过程和个性心理相互关系的规律的科学。心理过程是人们共同具有的心理活动。但是由于人们的生活条件、所受教育、经历和知识经验的不同，心理活动在不同人身上就会有不同的表现和特点，形成了每个人较稳定的、经常表现出来的个性心理特征，如能力、气质、性格等。人的心理过程和个性心理特征是密切联系着的。个性心理特征是通过心理过程形成并表现出来的，如能力主要是在认识过程中形成和表现出来，性格主要是在意志和情感过程中形成和表现出来。同时已经形成的个性心理特征又会制约心理过程的进行和发展，如能力不同的人在处理和解决同一问题时，结果也会不同。由此可见心理学所研究的人的心理现象，是包括了心理过程和个性心理在内的统一整体。人类认识世界与改造世界的一切实践活动都是在人的心理活动的参与下进行的，也都是在人的心理的调节指导下完成的。因此要做好导游工作，就必须遵循游客心理活动的规律性，提供具有针对性的服务。心理学理论在导游学中的运用可以从两方面来理解。

1. 导游服务需要导游掌握游客心理

导游服务要让游客满意，关键是要向其提供包括心理服务在内的周到细致的全方位的优质服务。心理服务也称情绪化服务，是导游为调节游客在旅游过程中的心理状态所提供的服务。当游客到达旅游目的地后，不仅会被眼前的景观景物所吸引，个人的想法和要求也会在心里产生，继而在情绪上、行动上有所反映。在旅游过程中，游客还可能遇到一些问题而形成心理障碍。这就要求导游除了要提供旅游合同中规定的游客有权享受的服务之外，还必须向游客提供心理服务。

2. 导游管理者需要掌握导游的心理状况

了解导游的心理状况，考察影响导游工作倦怠的因素，同时探讨导游的工作倦怠对身体健康、心理健康和工作满意度的影响，这对于不同层面的导游管理者采取相应的措施预防导游工作倦怠的产生、提高员工的身心健康和工作满意度、促进员工的个人成长具有重要的意义。

（四）地理学

游客对旅游目的地特色各异的自然风光的观赏已成为旅游活动中非常重要的内容。因此，导游应具备向游客介绍自然风光，尤其是诠释自然景观科学成因的能力，真正使游客做到"既知其然，又知其所以然"。这就要求导游掌握必要的地理学知识。

三、关联层

（一）服务营销学

随着旅游市场竞争的日益加剧，服务营销学将以它科学、系统的营销管理理论指导旅游业的营销实践活动，从而推动旅游业由传统向现代、由国内向国际、由自发向自觉方向发展。导游已经越来越朝着行业化的趋势去发展，导游在向游客提供导游服务的过程中也需要吸纳服务营销学的理念和技巧。

（二）管理学

导游服务是一项系统性的复杂工作，导游工作就是对食、住、行、游、购、娱六大子系统的综合管理过程。管理学知识在导游学中应用可以从两个层面来理解。

第一，导游的管理。目前导游管理体制改革正着力于由过去的行政管理向行业管理转变，导游管理的主体有政府部门、行业协会、导游服务中心、用人单位等，管理手段也在数字化经济的浪潮中出现了很多创新，因此由社会各界对导游的管理也需防止以偏概全。

第二，导游对游客的管理。导游的工作除了为游客提供导游讲解以外，很重要的一项工作是为游客提供游览过程中的生活服务。游客来自五湖四海，有着不同的教育背景、性别年龄组成、收入水平、道德修养以及意识形态，他们随时会在旅游过程中提出自己的个性化需求甚至是一些无理的要求，如何协调好旅游团（者）的共同利益，在保证提供标准化服务的同时尽量满足游客合理且可行的个性化需求，或者至少是委婉地拒绝游客的无理要求，保持整个旅游活动得以顺利进行下去，这就需要管理学相关知识提供帮助。管理学知识特别是组织行为学相关理论在导游管理游客，尤其是管理团队游客时有着广阔的应用前景。

（三）经济学

旅游活动是一项既有社会属性又有经济属性的复合型活动，导游在提供导游服务过程中不可避免地会涉及经济行为。目前我国旅游界出现的一些导游的违规行为。例如，缩短游览时间，滞留商店以获取回扣；私自变动日程，增加、取消或者变更旅游项目；故意降低服务质量；私自带自己亲属随团免费旅游；与售票人员联合减少门票购买并私分剩余费用；强制游客买景区通票等现象。究其根源，都是导游为了实现自身利益最大化而做出的，这其中是有经济学原因的，如委托—代理机制失衡，市场信息不对称，局部寡头垄断的存在以及初级导游供给过剩等。因此，经济学相关理论可以从服务供给的角度对导游学研究导游道德危险行为给予理论帮助，经济学相关知识在导游学中同样有着广阔的应用前景。

（四）传播学

导游服务是一项人际交往活动，导游通过口语、态势语以及其他形式向游客提供有关旅游景点的相关知识，这其中涉及信息的传播。因此必要的传播学知识对于导游而言是必不可少的。如果一名导游无法以适当有效的方式向游客传播出有用的信息，将在很大程度上影响其服务质量。传播学知识的欠缺一方面会加重导游自身工作的负担，使其有种"使不上劲，发不上力"的感觉，另一方面会影响受众对信息的接受。导游工作中信息传播是核心内容，这也决定了传播学相关理论和知识在导游学研究中的重要地位。

对导游而言，具备一定的传播学知识是非常重要的。导游工作的核心内容之一就是导游讲解服务，同时与游客的交流和沟通同样需要很好的口头语言表达能力。对"说"的表达要求，就是对导游的引导、讲解的要求，主要是指导游的"说"要在不同的讲解环境中根据具体游客的情况对导游词进行一些必要的调整，使"说"有针对性和技巧性。

（五）公共关系学

导游服务涉及食、住、行、游、购、娱等诸多方面，需要协调好不同层面的各种关系。因此，导游要善于运用公共关系学理论知识，掌握人际交往技巧，妥善处理各种复杂的关系，形成融洽的团队氛围。

（六）社会学

旅游活动是一项社会活动，商业性导游活动的产生和出现有其深层次的社会原因。同时导游在向游客提供导游服务时应该考虑游客的不同文化背景、社会背景以及生活方式，因人而异、有的放矢地提供有针对性的导游服务，这样才能受到游客的欢迎。因此必要的社会学知识是一名导游必须具备的。

从导游学的角度而言，社会学知识有助于研究导游活动，尤其是商业性导游活动产生的历史背景，可以用于导游学的历史溯源研究，并应用相关理论展望未来导游学发展的趋势与方向；从导游角度而言，社会学知识有助于研究导游队伍作为一个整体的社会属性，在社会活动中所扮演的角色和贡献，以及随着社会的发展，其未来的趋势；而作为导游管理部门，研究社会学相应的理论，可以帮助分析导游在实践活动中不同行为的社会环境原因，尤其是近年来围绕导游产生的一些社会热点话题，有助于建立和健全相应的政策、法规以及社会舆论环境，使导游活动在良好的社会环境下得以健康的发展。社会学相关理论和知识是导游学所必不可少的。

（七）文学

人文旅游资源通常伴随着文化符号的流传而成为重要的旅游吸引物，尤其对于我国这样一个拥有五千年光辉灿烂悠久文明的国度而言，历史上流传下来的众多文学作品无论是对外国游客还是我国游客来说都是一个巨大的吸引。如果一名导游在提供导游讲解服务时，不能确切了解与景观相关的文学知识，对于游客而言是一个巨大的损失，也是导游没有很好完成导游讲解任务的表现。因此必要的文学知识对导游而言十分重要，这也是文学成为金牌导游知识体系中关联学科之一的原因所在。

● 案例

　　导游将"原生态"的信息加工、整理、归纳，融入自己的幽默、机智和知识，使之变成富有活力的艺术语言，储于自己头脑中。这样的信息，可称为"备用态"信息，其开发价值的高低，取决于导游的知识、阅历和性格，尤其是文学知识的融入。

　　譬如，导游将西湖"断桥"的各种信息加工整理归纳，用艺术语言记载：断桥的名字最早取于唐代，宋代称保佑桥，元代又叫段家桥。它的名字和《白蛇传》联系在一起，因而成了西湖中最出名的一座桥。故事中美丽善良的白娘子，最初就是在这里遇见许仙。两人通过借伞定情后结为夫妻。后来，许仙被法海骗到金山寺当和尚，白娘子为讨回丈夫，水漫金山，被法海战败后返回杭州，不久许仙也逃出金山寺，一路追寻白娘子重返杭州，恰好又是在断桥见到了白娘子。夫妻重逢，百感交集。"断桥相会"描写的就是这一情景。

　　此外，断桥背城面山，视野开阔，是冬天观赏西湖雪景最好的地方。每当瑞雪初晴，桥的阳面冰消雪化，阴面却还是白雪皑皑，远远望去，桥身似断非断，"断桥残雪"就因此得名。

　　经过导游加工后的备用态信息，给断桥增添了许多浪漫色彩，为吸引游客创造了条件。

（八）哲学

　　哲学是世界观和方法论，是指导现实社会人们行为的科学依据，因此被誉为"科学的科学"。哲学知识对导游学的作用可以从三个方面理解：

　　第一，从学科自身的角度来看，导游学的立论需要哲学做出科学的指导。导游学的研究方法以及研究思路都需要自然辩证法和社会辩证法的有力支持，同时，导游学作为一门系统科学又需要系统论作支撑，因此，哲学知识对于导游学理论的建立以及研究方法采用具有重要的指导意义。

第二，从导游的角度而言，导游需要习得一些基本的哲学知识指导自身的工作学习。现在有很多评论指责我国导游素质修炼不够，提到了很多解决办法，唯独没有提及哲学相关理论的学习。事实上，哲学理论对于导游自身素质提升是有着巨大帮助作用的，有了正确的世界观和方法论的指导，导游才可能从更深层次认识到自身工作的意义，对自己职业生涯的构建和自身价值的实现，在认识上也会上一个新的台阶，才有可能从源头上解决造成导游道德风险行为的内因问题。

第三，从导游工作的角度来说，导游在讲解一些涉及人类社会的规律性行为时，如果没有一定的哲学基础作指导，是无法很出色地完成导游讲解工作的。例如，评价我国历史朝代更替时，常用到《三国演义》里的提法：话说天下大势，分久必合，合久必分。这其中就隐含了哲学矛盾论里"矛盾是事物发展的动力"和世界永恒发展观点里"事物发展是螺旋上升"以及系统论里"系统发展是由一个平衡走向另一个平衡"的三大思想。如果没有一定的哲学基础知识，是无法很好地解释上述事件发生的内在规律的。

（九）生态学

从理论上讲，导游是旅游服务中的核心和灵魂，当然也是以保护环境、进行环境教育为核心价值追求的生态旅游服务活动中的核心和灵魂。导游要担负起对游客进行环境教育的重任，就必须具备相应的环境知识（包括环境问题知识和生态学知识等）、环境意识（包括环境教育意识）、尊重意识、环境道德、环境美（生态美）的审美能力、对环境知识等的解说能力、对游客的环境行为进行适度干预的沟通能力和管理能力等。

第二节　金牌导游的核心知识

一、地学知识

（一）旅游景观形成的地学原理

1. 自然景观形成的地学成因

（1）内动力作用的自然景观的地学成因。[①]

构造运动与构造遗迹景观。包括断裂、褶皱、节理、构造体系、大陆裂谷等（表4-1）。

表4-1　构造形迹旅游景观形成条件

旅游景观	形成条件	景观实例
断裂	切断地层、地壳，直至上地幔的断层、大断裂、深大断裂带以及较近活动的断裂	中国的庐山深断裂、美国的圣安德列斯大断裂等
褶皱	构造运动使地层产生的褶曲和复杂褶皱	欧洲阿尔卑斯山大型推覆褶皱、中国嵩山的重力褶皱等
节理	构造运动中形成的断开面，但没有发生相对位移	黄山西海的花岗岩垂直节理
构造体系	具有成生联系的各种不同形态、不同等级、不同性质和不同序次的结构要素所组成的构造带，及其间的地块组合的综合体	大连白云山地质公园的莲花状构造、清东陵马兰峪山字形构造
大陆裂谷	由于地幔上隆，地壳上层的拉张作用，形成大陆裂谷系，纵延数千米，成为地球表面的伤疤，非常壮观	著名的东非大裂谷、莱茵河裂谷、贝加尔裂谷等

岩浆侵入与火山活动景观。在地球漫长的演变历史进程中，岩浆侵入与火山活动

---

① 陈安泽，卢云亭，等.旅游地学概论［M］.北京：北京大学出版社，1991:52-57.

时常发生。地质历史上的大量岩浆侵入体，由于其岩石致密坚硬，不易风化剥蚀而形成了一系列名山，如华山、黄山、崂山、衡山、雾灵山等。有的小型岩脉状侵入体形成非常奇异的自然旅游景观，如泰山醉心石，即为辉绿岩浆侵入过程中的旋扭运动，形成花卷状的醉心石，呈现为"地龙"状延伸，令游人醉心酩酊而神往。

当今世界各地尚有大量火山在活动，80%集中在环太平洋、喜马拉雅山—地中海、大西洋中脊三个火山带上。火山是岩浆穿过地壳喷出地表而具有特殊成因机制的地质现象。在一般概念中火山泛指火山喷出物堆成的锥形高地。火山活动常喷出大量的高温气体、热水溶液、固体碎屑和熔融的岩流。正在喷发活动中的活火山，暂时间断活动的休眠火山，以及地质时期活动以后已不再复发的死火山，都形成大量的自然奇观。火山是窥探与研究地球内部及其物质的窗口，它吸引着各学科的大量科学工作者进行考察和研究，也吸引着大量游客去探奇寻异，探索大自然的奥秘。

由火山活动而形成的湖泊、温泉和奇峰、怪石，均为游客休养与游憩创造了良好的自然条件。世界各地开辟有大量火山公园、火山自然保护区和火山旅游区。按其形成条件可分为活火山、休眠火山、死火山、火山文化遗迹四种景观类型（表4-2）。

表4-2　火山旅游景观形成条件

类型	主要景观	形成条件	实例
活火山	正在喷发的火山口、岩浆、喷气孔、温泉等	板块构造拼接带、大陆裂谷等构造—火山活动带	美国夏威夷火山公园、意大利埃特纳火山等
休眠火山	火山口湖、堰塞湖、火山地貌、温泉等	分布在构造岩浆—火山活动带上，历史上有喷发而暂时休眠，现在没有活动	中国黑龙江五大连池火山自然保护区、日本富士山
死火山	火山锥、火山口等，火山地貌及温泉等	地质历史上的火山，已长期不再喷发的死火山	中国山西大同火山群、非洲乞力马扎罗火山
火山文化遗迹	由火山喷发破坏而后又保留下来的人类文化遗迹	火山喷发掩埋了历史上的城镇和居民区	意大利维苏威火山与庞贝城

地震运动与地壳形变景观。大地发生的突然震动称地震。广义的地震包括两大类，即由于自然作用而形成的天然地震和人为原因而形成的人工地震。天然地震的成因80%为地壳构造运动所致。全世界每年发生有感地震达5万余次，强烈的破坏性地震每年多达10次以上。由于强烈地震的发生可以改变自然面貌，形成堰塞湖、

断层崖等地震遗迹风景区；由于强烈地震的发生，各类建筑物被破坏，形成地震灾害遗址景观；由于强烈地震造成地表的垂直与水平裂缝及错断、喷砂、冒水等地壳变形现象，以及人类历史时期记录地震的大量碑石雕刻等，均构成了地震与地壳形变旅游景观（表4-3）。

表4-3　地震遗迹旅游景观形成条件

类型	主要旅游景观	形成条件	实例
地震遗迹风景区	堰塞湖、断层崖、山崩遗迹等	中高山区的高山峡谷地带，经强烈地震形成	重庆黔江区小南海地震遗址风景区
震害遗址公园	各类建筑经地震破坏而扭动后的遗址等	强烈地震各类建筑物变形、破坏与倾圮等	唐山市地震遗址保护区（公园）
地壳形变遗迹	地面错断与扭动，地裂沟、喷沙、冒水孔等	多形成在发震断裂带上的震中地区	海南琼山县地面下沉的水下村庄、河北大厂地震断坝
地震碑林	记录历史地震情况的石碑	多次地震发生区，有大量碑刻记载	四川西昌市泸山光福寺

地壳运动与古生物化石景观。在漫长的地质历史时期，由于地壳运动，形成与保存在地层中的地质时期生物遗迹、遗物与遗体（表4-4）。

表4-4　古生物旅游景观形成条件

类别	旅游景观	形成条件	实例
古植物景观	化石森林、石化林、硅化木等	古代森林和树木被泥沙和火山灰掩埋在还原条件下被硅化交代而成	美国亚利桑那州、犹他州化石森林，中国北京延庆下德龙湾硅化木林、四川江安二龙乡硅化木
古动物景观	古动物化石公园、恐龙博物馆、古猿和古人类遗址博物馆	古动物骨骼或活动遗址等被沉积物掩埋而石化被保存下来	美国洛杉矶动物化石公园，中国北京周口店猿人洞、自贡大山铺恐龙博物馆
综合古生物景观	保存有大量各类古生物化石古生物遗迹的地层和地区	优越的古地理环境有大量古植物、古动物繁殖、栖息，并有较好的保存条件而被石化后保存下来	山东临朐中生代古生物化石自然保护区及博物馆

（2）外动力作用的自然景观的地学成因。外动力地质作用是指大气、水和生物在太阳能、重力能和日月引力等影响下产生的动力，对地壳表层所进行的各种作用。具体表现为风化、剥蚀、搬运、沉积和成岩作用等。该作用在缩小地表的起伏和夷平地表的高差，起着地球表面形态"雕塑师"的作用。外动力地质作用的结果

大部分表现在地貌形态上。

河流切割作用与峡谷景观。河流水流以其较大动能的不断侵蚀破坏地表，并冲走地表物质的作用称为河流的切割作用。通过长期的经济性水流冲刷作用，地表高地面被蚀，河流自上游向下游呈现为连续伸展并大致逐步拓宽的河谷，在河流的开始发展阶段，河流下蚀作用强烈，往往形成深狭的峡谷，由于谷坡的岩性强弱不一，在一些岩性比较坚硬的花岗岩地区，河流的侧蚀效果不明显，谷底比较的狭隘，往往形成谷坡直立、两岸对峙的壮观峡谷景观。

岩溶作用与岩溶景观。水流对可溶性岩石通过溶解与沉淀、侵蚀与沉积等化学、物理的破坏与改造作用称为岩溶作用。经过漫长的水流岩溶作用，地表水不断对地表可溶性石灰岩进行切割与破坏，形成石芽与溶沟、峰丛、峰林、溶斗与落水洞、溶蚀洼地与谷地等地表岩溶景观，与此同时，地表水流沿裂隙不断下蚀，集中漏入地下，遇地下含水层形成地下河，并侵蚀发育形成溶洞景观。

海蚀作用与海岸景观。海浪以波浪冲击、磨蚀与溶蚀等各种方式不断对岩石海岸进行侵蚀，称为海蚀作用。因海岸岩石的岩性差异，往往形成海蚀崖、海蚀洞、海蚀平台、海蚀柱、拱桥等形态各异的海岸景观。在海岸岩石底部岩性较软弱处，往往受海浪冲击淘蚀，形成凹槽，称为海蚀穴（洞）；海蚀穴不断受海浪侵蚀扩大，上部岩石悬空发生崩坠，形成海蚀崖；海蚀崖不断遭受侵蚀后退，形成一向海微倾的台地，称为海蚀台地；海蚀台地形成后，若因陆地上升或海面下降而高出海面，称为海蚀阶地；发育相向的海蚀洞不断受淘蚀至蚀穿而相互贯通，则形成海蚀拱桥；海蚀拱桥进一步受蚀，拱桥顶板崩塌，外侧形成脱离海岸的海蚀柱。

冰川作用与冰迹景观。在常年积雪区的上部，积雪不会完全融化，而逐年积累压实，形成冰川。当冰川内部产生塑性变形或沿冰面块休滑动时，冰川往往会对地表产生巨大的破坏与塑造作用，称为冰川作用，主要有冰蚀作用、冰运作用与冰碛作用。受温度的季节变化与昼夜变化，常年积雪区的冰雪融水渗入裂隙，冻融作用交替，致使岩块崩解破碎，碎屑物不断被冻融泥流搬运，形成凹地，称为冰斗。随着冰川刨蚀作用持续加强，冰斗不断扩大，两个冰斗间岭脊不断变窄，形成薄而陡峻、刀刃状的锯齿形山脊，称为刃脊。若是多个冰斗后壁后退，则发展成角峰。冰川经河流切割的 V 形谷地流动，形成 U 形谷。冰川流经岩石，迎冰面受冰川磨蚀，坡度平缓，形成擦痕，背冰面则接受迎冰面的压力融水，迎冰面的冰川冰因压力增长而出现暂时的融化，融水向下方流到背冰面时，因压力降低而重新冻结起来，造成冰下的冻融风化，使岩石沿节理、层面裂开，冰川越过时即把这种松动的碎块掘蚀而去，形成陡坡，这种两坡不对称的外观像羊群伏在地面的岩石，称为羊背石。冰川在侵蚀地表的同时，还通过携带冰蚀作用、崩塌作用产生的岩屑、岩块位移，至其他地方堆积，产生冰碛与堆积景观：冰碛丘陵、侧碛堤、终碛垄、鼓丘、蛇形丘、冰砾阜、冰湖三角洲等。

风沙作用与风成景观。风吹经地表，携带地表松散岩屑，形成风沙流，对地表产生破坏与塑造作用，称为风沙作用，主要有风蚀作用与风积作用两种。风沙流遇陡峭的崖壁，不断吹蚀剥落崖壁，形成许多圆形或椭圆形小洞穴和凹坑，称为石窝。水平节理发育的岩石，受长期风蚀作用，在近地面，风沙流磨蚀作用强，下部不断被磨蚀，变小，形成蘑菇状，称为风蚀蘑菇；垂直节理（裂隙）发育的岩石，则受风沙吹蚀，下部变小，上部岩石脱落，形成上下均一的柱状岩石，称为风蚀柱。基岩地表在长期风蚀作用与暂时水流冲刷作用下，原始地面不断缩小，最后残留孤立小丘，称为风蚀残丘；若不是基岩地表，而是古代河湖相的土状堆积物中形成的残留小丘，称为风蚀雅丹，如罗布泊的古楼兰。在风积作用下形成的最基本景观是沙丘。

2. 人文景观形成的地学条件

人文景观种类比较丰富，具有历史性、人为性、民族性、地方性等特征，在其形成与发育的漫长的人类历史进程中，地质构造与地理环境产生了重大影响。

（1）古人类遗址。通过对古人类遗址的考察与游览，可给游客带来许多人类起源、史前建筑、生存环境、生产与生活工具等方面的知识，是人类了解自我、认识自我、追根求源、探索历史的重要"教科书"。分析古人类遗址的选址，可以发现地理环境对人类生存与生活的重要意义：①近水。从宏观角度来看，古人类的遗址大都集中于黄河中下游与长江中下游流域，[①]创造了灿烂的黄河文明与长江文明。从微观角度来看，古人类遗址的分布环境多处于靠近水源的洞穴中，[②]洞口一般高出附近水面10~100米。②温热、干燥。从宏观角度来看，全球古人类遗址分布多集中

---

① 现今发现的中国人类早期遗址统计，旧石器时代早期，黄河流域共15处，占全国22处的68.2%；旧石器时代中期，主要集中于黄河流域与长江流域，一处分布于粤北的环江流域；旧石器时代晚期，黄河流域20多处，少数分布于长江下游与珠江中上游流域。

② 小部分分布于河流阶地与岗阜，但多靠近水源。

于温带、亚热带，气候温暖。当时相对干燥的气候环境，促使猿人从树上走下来，变成直立的智人。从微观角度来看，古人类遗址多选择在温度较高、湿度较低的溶洞，近洞口部分（如山顶洞人遗址），或稍干燥的坡地上，兴建干栏式建筑（如河姆渡遗址）。③背风。旧石器时代，气候总体偏冷，原始人类往往选择避冬季盛行风的岩洞或洞穴居住，很少朝东北和北方的，多选择沿河北岸和西岸向阳背风处，以避风寒和采光。[①]

（2）古建筑景观。通过古建筑的研究，任何一古建筑与工程都具有特定的立地条件和环境，其区位、体量、建材、色调、风格等特征与地学环境密切联系[②]：①建筑与环境协调性。一是通过巧妙的布局来制造感应气氛，如北京故宫太和殿前的空地，面积达 3 万多平方米，文武百官朝见皇上，须穿过空地，登上台阶，体现建筑的体量与形制宏伟，感到自身的渺小与卑微。二是巧妙地利用地势和其他自然条件，构筑不同体量和形制建筑物，遵循"宜藏不宜露，宜麓不宜顶"的依山取势原则。如承德外八庙依山就势，高低错落，前后相应，雄伟而庄严。②建筑与环境的适应性。古人针对恶劣生存环境，运用木结构建筑多种形制，以实现防暑祛寒，采用斗拱承托梁枋和支撑屋檐，以遮阳避雨，并创造较大的屋顶空间，以防寒隔热，以斗拱、榫卯、斜戗等咬扣柱、檩、梁、枋等构件，形成一整体，以防震防陷。针对当地地貌条件，就地取材，依山势建塔，择风水陵寝，以追求与环境的适应和谐。

（3）宗教文化景观。宗教及其文化景观由于各地政治、经济、文化等差异，其形态与发展均具有明显的地域性：①宗教分布：具有浓郁的地域性，不同地区的民族由于自身政治、历史、文化的差异，而出现以某种宗教为主的信仰对象。如佛教起源于古印度和尼泊尔，后经南传北延，两种不同的传播路线，地区环境的影响致使形成小乘和大乘佛教等多种教派。②宗教活动分布：宗教活动受地域影响也很明显，如佛教与道教活动多半出现在人口密集的城镇和风光旖旎的山岳，一方面客源市场充裕，另一方面符合教义潜心养性、远避尘嚣的规定。③宗教文化分布：宗教文化景观包括建筑、雕塑和绘画等形式，其分布往往因地制宜，追求人工与自然的和谐美。一方面，许多教址往往选地名山，追求虚幻、超自然的境界，形成"宗教

[①] 卢云亭.中国旅游地理［M］.南京：江苏人民出版社，1988:257.

[②] 陈安泽，卢云亭.旅游地学概论［M］.北京：北京大学出版社，1991:88.

因山岳而前趋，山岳因宗教而扬名"的态势。另一方面，石窟古塔、寺庙道观、摩崖佛像等选址、布局、造型、用材等都巧妙利用自然形胜，如摩崖石窟（如乐山大佛）多依崖面河，以陡峻山崖显示其雄壮，波涛河水体现其奇险，山河相映，阴阳协调。

（4）民族风俗。民族风俗是一个民族在物质文化、精神文化、家庭婚丧等社会生活各个方面的传统，是特定自然和历史条件下相沿积久而成的特有风尚、习俗，主要反映在民居、服饰、饮食、婚丧、节日、文体、待客及社会风情方面。

民居的地学特征： ①蒙古包（毡房）、帐篷：蒙古族的毡房、藏族的帐篷，便于拆迁，冬暖夏凉，适于草原、高原的冬冷夏热的游牧生活。②干栏式建筑：俗称"竹楼"，南方湿热地区的一种半巢居式房屋，多为西南壮、独龙、傈僳、拉祜、布朗、傣、哈尼等少数民族居住形式，分上下两层，用木、竹作桩柱，上架楼板，并筑木屋，下层四周无墙板，作畜厩或杂料库房。整个建筑格局具有防潮避湿、防御野兽和毒蛇、防暑通风、节约用地的优点，与当时的气候、地形与生物等生存条件高度适应。此外，还有黎族的"船形屋"①、鄂温克族的"仙人柱"②、藏族的碉房③、维吾尔族民居④、北方的"四合院"、南方的"院落式"住宅等建筑样式都是人类几千年文明进程中与自然环境协调的居住适应。

服饰的地学特征： ①生活在黑龙江流域的赫哲族，在渔猎经济生活与冬长严寒的气候条件下，男女服饰多以皮料为主。②生活在内蒙古草原上的蒙古族，为了适应冬长寒风的草原气候与骑马游牧的经济活动，男女喜穿不同颜色镶有绲边的宽大长袍。③生活在高寒环境下的藏民，常在头上扣一项很有特色的藏帽，宽大的帽檐上缝毛

---

① 是一种半地穴式房屋，仰韶文化时期的典型民居。多在靠海山坡，下挖一个坑穴，上筑房屋，墙壁用厚木板构筑，外墙用卵石堆砌，十分坚固，是黎族先民为了适应当地炎热多雨、常大风暴的气候条件与山林茂密的生物环境而建筑的。

② 以狩猎为生的鄂温克族人，生活在原始的大兴安岭中，由于经济与交通条件所限，为了适应林中狩猎生活，其住房常用30根细木搭成圆锥形房架，夏季上覆桦树皮，冬季改铺兽皮，顶留天窗以通烟，室内设火坑，就地而睡。

③ 底层较高的楼房式样，居室内呈方形，由夹墙相隔，墙厚窗少，以防风寒；土木和石木结构，房顶平顶，以晒谷物和防大风；建筑布局多背风向阳。

④ 2011年，维吾尔族建筑技艺列入第三批国家级非遗。其中，吐鲁番盆地的维吾尔族民居，是维吾尔族人民在与自然的长期斗争中，形成的营造地下生土建筑的特点。那里盛行土拱住宅，用土坯花墙、拱门等划分空间，注意院落内和室内通风，一般用筒做成门洞，这样可以形成良好的穿堂风。在筒拱顶部留天窗，利于室内透气。楼房部分带外廊，使主要房间进深变浅，门面向外廊，以利通风。

皮，既可防高山紫外线，又可防风防雪。④生活在西双版纳的傣族，为了通风防热，男子一般穿无领对襟或大襟小袖短衫，下着长管裤，妇女身着白色、绯红色或天蓝色紧身内衣，外套圆领窄袖衫，下穿花色长筒裙。

饮食的地学特征：各地独特的地方风味和饭菜，具有明显差异，往往与当地人们所从事的经济活动有关，这种经济活动受自然环境制约明显。①东北农村地区盛产稻谷、高粱，多食高粱米饭和苞米糙饭，天气寒冷而喜食高粱白酒。②淮河—秦岭以北地区主要种植小麦，居民普遍以面食为主，如太原的刀削面、天津的狗不理包子、西安的羊肉泡馍等。③淮河—秦岭以南地区饮食差别比较大，四川盆地多阴雨天气，湿度较大，居民多喜食麻辣食物；长江中下游及珠江流域，居民主食大米，喜吃鱼喝汤，副食花样繁多。④少数民族因所处环境独特性，其饮食习惯更加独特，如藏族的酥油茶、青稞酒和糌粑，傣族的甜糯米饭，黎族的香饭，苗族的酸肉和酸菜，维吾尔族的馕和羊肉串等。

（二）长江三峡与河谷地貌

1. 河谷地貌形成机制

河谷地貌主要是通过地质内部构造与河流外力作用共同作用形成的。河流作用其动能大小与水量、流速有关：E（动能）$=1/2M$（水量）V（流速）^{2}，主要包括侵蚀、搬运与沉积三种作用方式。[1]

（1）河流侵蚀。河流侵蚀是指河道水流破坏地表，并冲走地表物质的过程。根据流水对河床的侵蚀作用方向可以分为：下蚀、侧蚀与溯源侵蚀三种方式。

流水加深河床与河谷的作用称为下蚀（下切侵蚀、垂直侵蚀），其强度取决于水流的动能、含沙量以及河床组成物质的抗冲强度。通常动能越大，挟带沙量越小，河床组成物质越松散，下蚀速度越快。

流水拓宽河床与河谷的作用称为侧蚀（侧方侵蚀），主要发生在河床弯曲处，受水流环流作用，形成凹岸受蚀，凸岸堆积，进而导致河道弯曲率半径不断减小，离心力不断增大，横向环流随之增强，侧蚀作用相应增强。

下蚀与侧蚀经常同步进行，但在河流的不同地段与发育阶段，二者也有主次之分，或以下蚀为主，侧蚀为辅，或以侧蚀为主，下蚀为辅。

---

① 严钦尚，曾昭璇. 地貌学［M］. 北京：高等教育出版社，1997:471–472.

溯源侵蚀是指河流向着源头方向的后退侵蚀，也称向源侵蚀，实际是河流下蚀作用在源头或河床坡度突然转折处（瀑布、裂点）向上发展的结果。溯源侵蚀一旦遇到相邻其他河流，往往导致其水量减小甚至断流，自身水量增大，产生河流袭夺（图4-2）。

A.袭夺前的河流系统　B.袭夺后的河流系统

C.顺向河　S.次成河　E.袭夺湾

图4-2　河流袭夺（根据Davis，1912）

（2）河流搬运。河道水流携带泥沙与溶解质，并推移床底沙砾的作用称为河流的搬运作用。主要包括推移、悬移与溶解质搬运三个过程。

推移：受流水影响，泥沙颗粒沿河底滚动、滑动或跳跃的过程，往往导致河床底呈波状起伏形态。

悬移：水流中夹带较细小的泥沙以悬浮状态运动过程，悬移质多少往往与水流流速、流量及流域组成物质有关。世界大河中以我国的黄河输沙总量与平均含沙量最高。

溶解质搬运：溶于水中的溶解质被带走的过程，往往在石灰岩等可溶性岩地区，溶解质搬运过程较强烈。

（3）河流沉积。当河流能量降低，不再有足够的能量来搬运其携带的泥沙时，就会发生泥沙沉积，首先停止运动沉积下来的是推移质中的大颗粒，随着能量进一步减小，推移质按体积与重量大小依次停积，悬移质也转化成推移质在床底停积。引起河流搬运能力降低的因素主要有河床坡度降低、流量减少、人工筑坝拦水等。

2. 长江三峡的形成

人们行经三峡中，眼望汹涌奔腾的江水，高耸险峻的山峰，鬼斧神工的悬崖，不禁会想：如此壮丽神奇的三峡，到底是怎样形成的呢？

在人类还不能用科学原理解释自然现象的时代，人们只能借助于神话：有人说三峡是大禹治水开凿的，有的说是仙女瑶姬劈开的。根据地质学家的研究发现，长江三峡的形成是在数亿年的岁月中，经过了多次强烈的造山运动所引起的海陆变迁和江河发育的共同作用下而产生的结果[①]（图4-3、图4-4）。

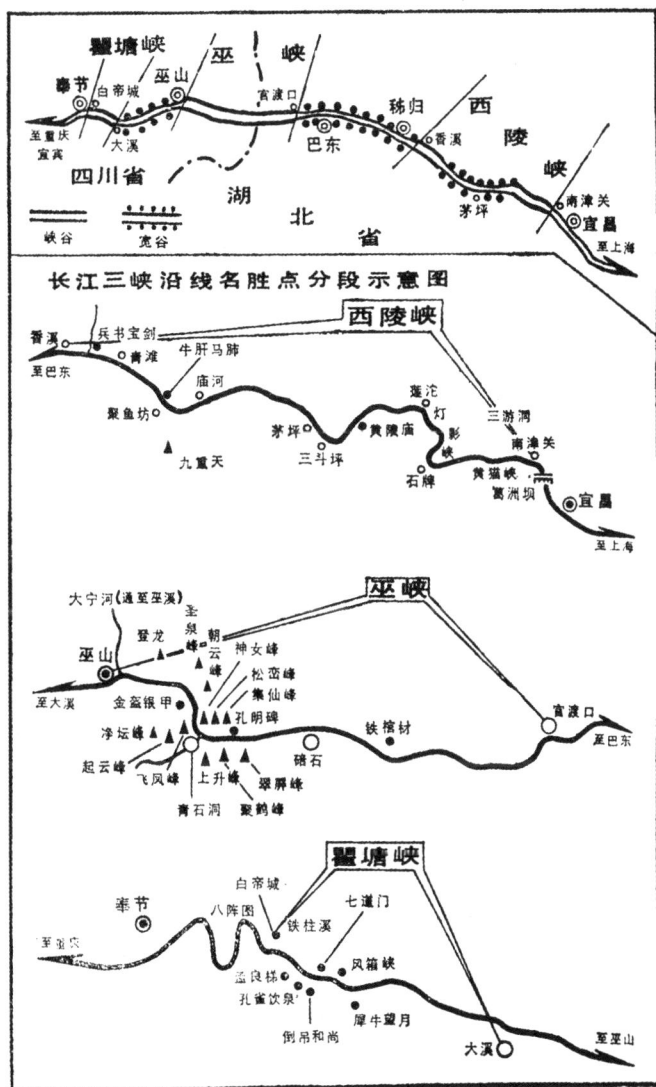

图4-3　长江三峡旅游示意

---

① 长江流域规划办公室.三峡大观［M］.北京：水利电力出版社，1983:25–27.

（1）海陆变迁，三峡成陆，形成古长江。在距今2.3亿年前的三叠纪，川东鄂西一带（古三峡地区）是一片汪洋大海（称为古地中海），与印度洋、太平洋相通。[①] 直至1.95亿年前三叠纪末期的印支运动，造成我国的古秦岭隆起，华南地区形成陆地与华北陆地联成整体，初步形成东高西低地势，古地中海逐渐后退至西南地区（即形成四川湖盆），[②] 古三峡地区迅速抬升，形成较高台地，广泛发育河流、湖泊等水系，其中西部形成古长江（由四川的古金沙江、古雅砻江等水系组成），流入古地中海，东部鄱阳湖等由另一个水系（即湖南古嘉陵江等水系组成）相连，共同构成古"长江"雏形。

（2）燕山运动，巫山隆起，形成东西古长江。侏罗纪后期（距今0.7亿年前），我国东西部发生了一次影响最大的地壳运动——燕山运动，结果导致川鄂交界区地壳发生强烈褶皱，[③] 古地中海（四川湖盆）川鄂交界地带崛起，形成巫山山脉，自北而南隆起，切断古长江，形成分水岭，把古长江分成川鄂两个水系：巫山以西的古长江即向西流（称为西部古长江），注入四川盆地的内陆湖，巫山以东的古长江向东流（称为东部古长江），东入湖北宜昌附近的湖泊。四川盆地的上升、洞庭湖盆的下降，河流比降（河流的落差）增大，加剧西部古长江向四川盆地的溯源侵蚀。

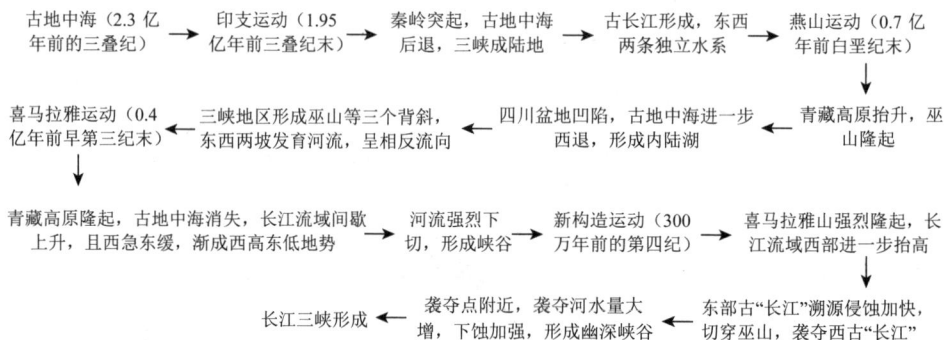

古地中海（2.3亿年前的三叠纪）→ 印支运动（1.95亿年前三叠纪末）→ 秦岭突起，古地中海后退，三峡成陆地 → 古长江形成，东西两条独立水系 → 燕山运动（0.7亿年前白垩纪末）↓

喜马拉雅运动（0.4亿年前早第三纪末）← 三峡地区形成巫山等三个背斜，东西两坡发育河流，呈相反流向 ← 四川盆地凹陷，古地中海进一步西退，形成内陆湖 ← 青藏高原抬升，巫山隆起 ↓

青藏高原隆起，古地中海消失，长江流域间歇上升，且西急东缓，渐成西高东低地势 → 河流强烈下切，形成峡谷 → 新构造运动（300万年前的第四纪）→ 喜马拉雅山强烈隆起，长江流域西部进一步抬高 ↓

长江三峡形成 ← 袭夺点附近，袭夺河水量大增，下蚀加强，形成幽深峡谷 ← 东部古"长江"溯源侵蚀加快，切穿巫山，袭夺西古"长江"

图4-4 长江三峡的形成

① 熊芳直．长江古今谈［M］．南昌：江西人民出版社，1980:2-3.
② 地壳剧烈的构造运动，致使长江流域形成许多断陷盆地，比较大的湖盆有四川盆地与洞庭盆地。
③ 即川东鄂西一带原来沉积在海洋底部厚层岩石受巨大应力作用被挤压，发生弯曲。其中向上凸起的部分叫"背斜"，而向下凹陷的部分叫"向斜"。如三峡地区的七曜、巫山和黄陵三段山地背斜，就是在距今0.7亿年前的燕山运动中形成的。

（3）喜马运动，高原隆起，形成西高东低三阶地势。距今4000万年前新生代之初，喜马拉雅造山运动气势非凡，使中国的西部地区迅速抬升，雄伟青藏高原（世界屋脊）隆起，成为世界第三极，并形成西高东低的三级阶梯地势，奠定中国大陆宏观地形格局。西部高原的抬升（幅度很大，形成丛山峻岭），长江流域间歇上升（上升幅度较小，伴随一定下沉，形成平原地区，如两湖平原），古地中海不断抬升直到消失，川鄂一带地壳发生了一次较以前更加激剧的隆起，形成一条较大断裂（裂缝），[①]迫使西部古长江沿断裂向东流，江水随裂缝不断往下切，并产生强烈向下和向两侧的侵蚀作用（下蚀与侧蚀），形成峡谷。

　　（4）河流下蚀，溯源袭夺，形成壮观长江三峡。300万年前的新构造运动，西部地势进一步抬升，奉节至宜昌一带的地壳仍在不断地向下沉降，古长江水流流速进一步增大；天长日久，背斜两侧的河流在河流的下切与溯源侵蚀下不断靠近，即西部古"长江"江水不断切割分水岭，由于地势西高东低，东部古"长江"溯源侵蚀能力强，不断溯源侵蚀，二者合力切穿了分水岭，二水复合为一，沟通四川盆地水系。二水合一以后，古长江水流流量陡然增加，不断加剧冲刷切割阻挡长江的巫山山脉。左突右冲，终于波涛汹涌劈开巫山山脉，因三峡地段主要是由七曜、巫山和黄陵三段山地背斜构成，多由坚硬的石灰岩组成，[②]因此江水下切长江三峡背斜易形成两岸高耸峻峭的峡谷对峙景观；此外，新构造运动致使长江三峡地区翘曲掀升，轴线方向与江流方向相垂直，奉节、巫山、巴东一带为拱形隆起中心，而其东西两侧上升量较小，形成众多级阶地，[③]相对高差不断加大（巫山、巴东一带阶地级数最多达到9级，图4-5），更加增添长江三峡大峡谷的壮丽雄奇。[④]

---

　　① http://www.cjyc.com/cjsx.htm.
　　② 向斜部分则是抗蚀力较弱的砂页岩组成，河水下切向斜处通常形成宽谷。
　　③ 当一个地区受到构造上升或气候剧变，往往促使河流加速向谷底下切，河床不断下降，原谷底突出于新河床之上，形成近阶梯状地形，称为河流阶地。
　　④ http://travel.sohu.com/20060522/n243352260.shtml.

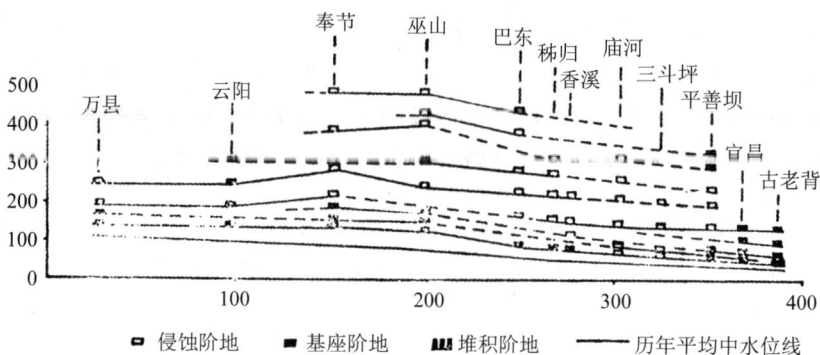

图 4-5　长江三峡及其附近河谷阶地位相

（三）桂林山水与岩溶地貌

岩溶地貌也称喀斯特（Karst）地貌，因前南斯拉夫西北部 Karst 高原（广泛发育石灰岩溶蚀而成的奇特地貌）而得名。比较著名地貌区包括我国的两广、云贵，越南北部，前南斯拉夫迪纳克山区，意大利与奥地利交界阿尔卑斯山区，美国肯塔基、印第安纳州，法国中央高原，俄罗斯乌拉尔山区，澳大利亚南部等地。

我国岩溶地貌不但分布广，面积大，而且发育典型，主要集中于我国的云贵高原。

1. 岩溶地貌形成机制

岩溶地貌主要是通过地质构造与岩溶作用内外力作用共同形成的，所谓岩溶作用是指水对可溶性岩石的化学过程（溶解、沉淀等）与机械过程（流水侵蚀与沉积，重力崩塌与堆积等）产生的破坏与改造作用，其中化学过程占主导地位，物理机械作用起辅助。

（1）岩溶作用的化学过程。

$$CaCO_3 + CO_2 + H_2O \longleftrightarrow Ca(HCO_3)_2$$

当土壤及大气中 CO_2 不断补充于地下水时，溶蚀持续进行，上式反应右行，钙质溶解流失；反之则 CO_2 减少，反应左行，$CaCO_3$ 可发生沉淀。这是石灰岩地区产生千姿百态景物的主要原理。

（2）岩溶作用的基本条件。岩溶作用是否能够进行主要取决于岩石的可溶性与水的溶解力，这是其产生的必要条件，但岩溶作用深入程度则受岩石的透水性与水的流动性影响（充分条件）。[1]

岩石的可溶性。岩石的可溶性主要取决于岩石的成分（化学与物理成分）与岩石的结构（矿物颗粒大小、形状、排列与胶结物质等）。可溶性岩石从成分上看主要分为三类：碳酸盐类岩石，如石灰岩、硅质灰岩、泥质灰岩等；硫酸盐类岩石，如硬石膏、石膏、芒硝等；卤盐类岩石，如石盐、钾盐等。

三大类岩石中溶解度最大的是卤盐类，其次是硫酸盐类，碳酸盐类最小。即使同类可溶性盐类岩石，也因其自身矿物组成差异而表现出不同的溶解度。如碳酸盐类岩石中，含方解石为主石灰岩就比含白云石为主的白云岩溶解度大。随着石灰岩中铝质（Al_2O_3）、铁质（Fe_2O_3）、硅质（SiO_2）等矿物质含量的增加，其溶解度也减小。

可溶性岩石从结构上看，一般结晶质岩石的晶粒越小，相对溶解度就越大。如白云岩微粒状（CaO/MgO=2.15）相对溶解度为 0.82，细粒（CaO/MgO=2.11）为 0.74，中粒（CaO/MgO=2.02）为 0.65。

此外，岩石的溶解度与温度密切相关。一般而言，水温在 8.7℃时，$CaCO_3$ 每升（1L）水溶解度为 10 毫克（mg）；当水温达到 16℃时，其溶解度为 13.1 毫克（mg）。另外，不同地区与地段由于气温差异，也存在较大差别岩溶率，如溶洞中温度比外界高，每下降 100 米，温度升高 3℃，因而溶洞中碳酸岩溶蚀率比洞外地面碳酸岩高。

岩石的透水性。岩石的透水性影响着水向地下的渗流，进而影响地下喀斯特作用。岩石的透水性主要取决于岩石的孔隙度与裂隙度。[2]

可溶性岩石的孔隙度一般很小，年代越久远的碳酸岩，其孔隙度越小。因此，对岩石透水性影响显著的是裂隙度，它的大小与岩石的构造、纯度与厚度有关。一般而言，张性断裂带构造的岩石其裂隙深长而密集，透水性强；质纯石灰岩刚性较强，裂隙虽稀疏但开阔深长，透水性也强；较厚碳酸岩，隔水层少，裂隙延长深，利于透水。

水的溶蚀力。水对碳酸岩的溶解主要是因为水中含有 CO_2 在起作用。水中 CO_2

①　严钦尚，曾昭璇. 地貌学［M］. 北京：高等教育出版社，1997:94–98.
②　孔隙度、裂隙度是指岩石中孔隙及裂隙体积占岩石总体积的比重，其大小直接反映了岩石构造的致密程度。

第四章　夯实金牌导游知识

主要来源于大气中 CO_2、有机成因 CO_2、无机成因 CO_2，三者提供的溶蚀力占全球溶蚀强度的 58%（表 4-5）。

表 4-5　各种溶蚀因子的溶蚀强度（据 L.Jakucs）

溶蚀因子	溶蚀强度（%）
大气中 CO_2	4.47
有机成因 CO_2	49.26
无机成因 CO_2	4.02
有机酸	37.11
无机酸	5.14

大气扩散进入水中的 CO_2 含量受温度与大气压力影响明显，温度低，压力大，水中的 CO_2 含量就高，溶蚀力就强，水中 CO_2 含量与水温成反比，与大气压力成正比（表 4-6）。

表 4-6　不同温度与压力下的 CO_2 含量

温度（℃）	CO_2 压力 P（mg/kg）	
	0.0003 个大气压	1.000 个大气压
0	1.02	3347
10	0.71	2319
20	0.52	1689
30	0.39	1250

有机成因 CO_2 主要是土壤中有机质氧化与分解形成，其含量可高达 6%，比一般大气中 CO_2 含量 0.03% 高得多。

无机成因的 CO_2 主要是岩石体内一些矿物［如黄铁矿（FeS_2）等］氧化水解出无机酸，并与碳酸岩反应生成 CO_2。

水的流动性。流动的水具有增加溶蚀力的作用，一方面可以增加溶液的 CO_2 饱和度，另一方面产生机械侵蚀作用，从而提高水的溶蚀力。与此同时，流动的水，一经沿途温度升高或气压降低，可导致水中CO_2含量减小，造成碳酸岩重新沉淀；或沿途温度降低、气压升高，引致水中CO_2含量增加，提高溶蚀力。

（3）岩溶发育的其他条件。除了强烈的岩溶作用外，岩层性状（包括岩层倾度、节理、断裂及构造线发育状况）、气候条件、生物作用也是促进岩溶地貌发育的重要力量。[1]

岩层的构造。 一般而言，岩层产状越平缓，越接近于水平，节理、裂缝越发育，石灰岩溶蚀程度越高，中国许多岩溶地貌都发生在岩层产状平缓或断层节理发育地方，如北京上方山岩洞就是沿着一水平的南北向断层发育的。[2] 同时岩溶还受到区域构造线控制，呈明显的排列方向（如桂林—阳朔地质构造线与漓江走向保持明显一致性，图4-6）[3]。

湿热气候条件。 在降水越多气温越高的地区，为岩溶作用提供了充足的热量与水量条件。一般来说，热带、亚热带地区岩溶地貌较温带地区发育更广泛与完善，如我国的广西、云南、贵州、四川等地区岩溶地貌发育完美。[4]

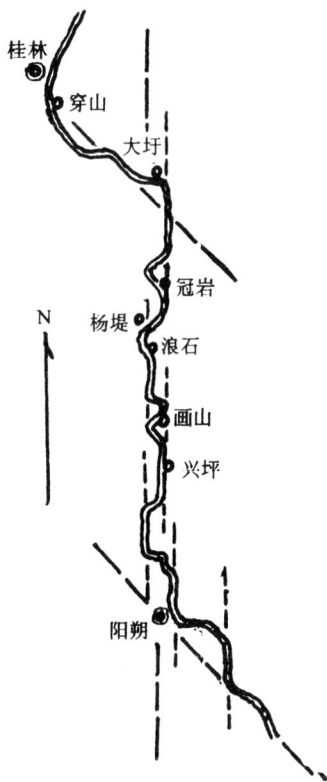

图4-6　广西桂林—阳朔一带地质构造线关系示意

生物作用影响。 植物的根呼吸与有机物分解能促使CO_2富集，同时植物与有机质初生的CO_2溶于水中，会比正常溶液产生更多H_2CO_3，加大碳酸岩的溶解性。

在上述因素作用下所形成的岩溶地貌具有明显的规律：一是沿区域构造方向有规律的排列，二是具有垂直地带性规律，三是受岩性影响产生局部规律。

2.岩溶地貌的发育演化

岩溶地貌按其发育演化，岩溶地貌发育基本上可分出以下三大阶段六大类型：

---

① 卢云亭.现代旅游地理学［M］.南京：江苏人民出版社，1988:315-316.

② 北京西南郊周口店附近的上方山云水洞，深612米，有七个"大厅"被一条窄长的"走廊"相连，洞的尽头是一个硕大的石笋，美名十八罗汉，石笋背后即是深不可及的落水洞，也有一定规模。

③ 陆景冈.旅游地质学［M］.北京：中国环境出版社，2003:88-89.

④ 严钦尚，曾昭璇.地貌学［M］.北京：高等教育出版社，1997:94-98.

（1）早期阶段：地表岩溶作用。石灰岩出露地表，地表水流溶蚀作用为主，形成溶沟、石芽和落水洞等漏陷地貌。

第一阶段（溶沟阶段）： 地表水沿石灰岩内的节理面或裂隙面等发生溶蚀，形成溶沟（或溶槽），[①] 原先成层分布的石灰岩被溶沟分开成石柱或石笋。

第二阶段（峰丛阶段）： 地表水沿石灰岩裂缝或节理面加强溶蚀，沟槽规模不断增大，地表起伏加剧，形成峰丛；水流向下渗流和溶蚀，沿规模较小裂缝渗流首先形成溶蚀洼地，至较大规模时，形成漏斗（如重庆奉节县的小寨天坑、广西乐业"天坑博物馆"），沿规模较大裂缝渗透，深度超过 100 米，往往形成落水洞。

（2）中期阶段：地下岩溶作用。地下岩溶作用加强，地表水除主要河流外，大部分通过落水洞转入地下，形成地下水系与地下洞穴系统。地面非常干旱，广泛发育溶蚀洼地、干谷和盲谷。以后，许多地下河与溶洞顶部崩塌，出露地表，成地表河或峡谷。流水地面切割作用明显，地表十分破碎，产生许多深陷洼地、大型溶蚀谷地、峰丛与峰林地貌。

第三阶段（峰林—溶洞阶段）： 地表水一方面沿峰丛间马鞍地强烈溶蚀，切穿峰丛基座，分割为一个个独立的、高耸的山峰，形成峰林；另一方面沿落水洞下落成地下水到含水层后发生横向流动，形成溶洞（如桂林的七星岩、芦笛岩），与此同时，石钟乳等堆积地貌形态逐渐形成，溶洞中水流较大时，形成地下河（如恩施的腾龙洞，清江横穿而过）。

第四阶段（塌陷阶段）： 随地下洞穴的形成，地表发生塌陷，塌陷的深度大面积小，称坍陷漏斗，深度小面积大则称陷塘，深度大面积大则称为山间盆地；同时一些峰林地区山体被溶空，出现坍塌，留下孤矗山峰在岩溶平原上，称为孤峰，一般高度为数十米到百余米（如桂林的独秀峰、伏波山）。

第五阶段（溶蚀阶段）： 地下水的溶蚀与塌陷作用长期相结合地作用，形成坡立谷和天生桥[②]（图 4-7），如云南下关的石灰岩天桥（图 4-7）。

---

① 云南路南的石林是热带石芽的一种特殊形态，是上述第一阶段（溶沟阶段）发育的产物，主要由古生代的石峰、石柱、石芽与石笋构成，相对高度由几米到三四十米不等，境内群峰壁立，千嶂叠翠，奇峰危石，千姿百态，造型奇特，突兀峥嵘，这里的自然风光更因阿诗玛姑娘的动人传说而变得格外旖旎。

② 世界规模最大与最长天生桥是美国的犹他州虹桥公园，虹桥桥长 88 米，横跨流水上空 30 米，桥面宽度 1.8 米。

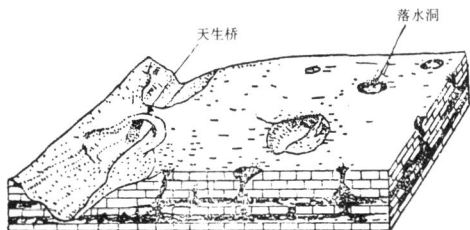

图 4-7　石灰地区天生桥溶蚀地形示意

图 4-8　云南下关的石灰岩天桥

第六阶段（抬升阶段）：地面上升，原溶洞和地下河等被抬出地表成干谷和石林，地下水的溶蚀作用在旧日的溶洞和地下河之下继续进行。如桂林的象鼻山，则是原地下河道出露地表形成的。在广西境内，经常可以看到这种抬升到地表以上的溶洞，形成脚洞或穿洞，俗称"神女镜"或"仙女镜"（如桂林的月亮山、穿山便是溶洞出露地表形成的穿洞，图 4-9）。

（3）晚期阶段：地表水发育。当地下河及溶洞大量崩塌，溶蚀谷地、洼地不断扩大，可溶性岩层不断溶失，大量非溶性岩层出露，地表水系广泛发育，河流作用重新占据上风。主要保存广阔溶蚀平原，堆积作用明显，形成少量石灰岩残积红土及孤峰残丘。

3.桂林山水的形成 [①]

（1）桂林山水的地质变迁。桂林山水素来驰名中外，碧莲玉笋的万点尖山，幽深神奇的洞天世界，清澈碧绿的一江清水，山、洞、水，构成桂林风光三绝，"江作青罗带，山如碧玉簪"，这一切得益于石灰岩的溶蚀风化结果（图 4-10、图 4-11）。

桂林山水广义上是指桂林岩溶景区，位于广西东北部，在地貌上是一巨大的岩溶盆地，漓江南北贯穿盆地中部，盆地边缘自东向西，自高由低分布着 5~6 级阶梯状剥蚀面，每级呈现不同程度的岩溶地貌发育，整个石灰岩山地与盆底，溶洞密布，暗河交错，以桂林—阳朔漓江两岸最为集中，主要以中尺度的造型地貌：峰

---

① 陆景冈.旅游地质学［M］.北京：中国环境科学出版社，2003:44–45.

丛、峰林与孤峰为主，整个地貌上属于峰林溶蚀谷地和孤峰溶蚀平原，是亚热带岩溶地貌的典型代表区域。

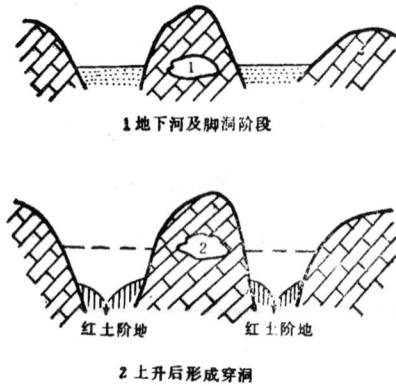

图4-9　穿洞地貌的形成过程

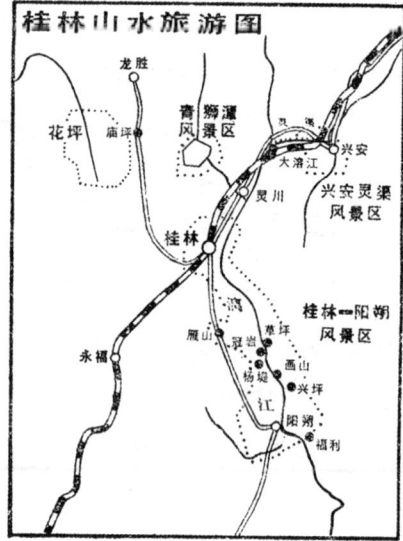

图4-10　桂林山水景区导游图

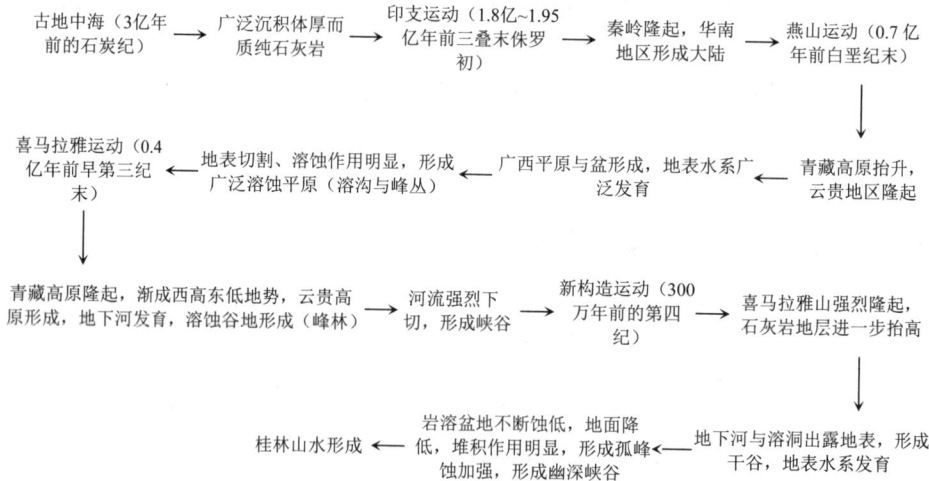

图4-11　桂林山水的形成

　　早在晚古生代（4亿年前），桂林地区还是沉浸于一片汪洋大海之中，从泥盆纪开始，海底处于旺盛的沉积作用，以碳酸类岩为主的碎屑不断沉淀，经亿万年的压实、胶结等成岩作用，形成发育完善、岩性较纯（大部分是石灰岩与白云岩）、岩层较厚（3000~5000 米）的石灰岩层。[①]

到了中生代侏罗纪（1.8 亿万前），印支运动使得华南地区剧烈抬升，桂林地区从海底平升为陆地，强烈的构造运动形成许多褶皱与断裂。成陆后，由于处于中亚热带和南亚热带，受湿热气候条件影响，流水侵蚀与岩溶作用明显，地表被切割成许多溶蚀谷地。

直至第三纪到第四纪，喜马拉雅运动促使青藏高原剧烈隆起，新构造运动使云贵高原出现较大幅度抬升，桂林地区形成次一级平原与盆地，流水侵蚀作用加剧，经过长期风化、剥蚀及雨的淋蚀、水的溶蚀与侵蚀，逐渐形成了现在座座峰林与孤峰相映、河流与溶洞横生的桂林山水。[②]

（2）典型桂林山水景观成因。

象鼻山：沿节理水流侵蚀与溶蚀共同作用。桂林象鼻山又称象山，在桂林市内阳江和漓江的汇流处，风景秀丽。西麓有登山道，顶上北端有明代的普贤塔，山下有水月洞，是由象鼻与象身形成的圆洞，江水贯流，可过小艇。整个山体岩层水平与垂直节理发育（图 4-12）。其中水平节理较发育，天然形成近水平至山顶平展的登山道。水月洞的形成，主要是重力崩塌与流水溶蚀共同作用的结果。在漓江水涨落之间，对此处石灰岩进行溶蚀，形成溶洞，加之在这里垂直与水平节理发育，易透水，岩石在自身重力作用下发生一定程度崩坍，[③]洞不断淘蚀与塌方变大，形成拱形水月洞，整个山体外观变成一大象在河中吸水景象。

桂林象鼻山是典型的下石炭系石灰岩，其形成象鼻状关键是：必须是石灰岩风化后易于流失，不能过于坚硬，但也不能过于松散，而垂直节理是必要条件。因岩质并不均匀，在节理延伸的下方，如遇不易流失的硬块，风化之后使该处仍能连接，则成为垂落的象鼻状。

---

① 现今出露地表石灰岩面积占全区的 50% 左右。

② http://www.to-guilin.com/bbs/read.php？tid=145.html。

③ 洞二侧与山体垂直节理平行，上部大致与水平节理平齐。20世纪七八十年代有学者在此观察时还看到近顶的象身部分有一左右对穿的水平小孔，旁边有题词"象眼"，似说明漓江水位曾高达象背上下，水平节理则有利于该孔的形成，因水可沿节理做水平方向的溶蚀。

图 4-12 桂林象鼻山节理发育示意

七星岩：地壳抬升与构造控制的结果。100 万年前，七星岩还是一条古老的地下河，随着地壳不断抬升，地下河抬升至地下水位之上，形成溶洞；随着水流的不断溶蚀，地表水沿洞顶、洞壁的裂隙渗透浸润，溶蚀岩体，向下滴凝，形成形态各异的洞穴景观。

在溶洞发育的漫长年代，地壳经历了三次不同程度（快慢不同）的上升，地壳迅速上升时，受地壳抬升与地表水下切影响形成峰林，早期形成的溶洞（上层洞）上升至地下水位之上，水流沿裂隙向下冲刷与切割剧烈，形成洞下生洞（中层洞）。地壳缓慢上升时，地下水横向流动明显，不断冲刷与溶蚀中层洞，向东南方向延伸，峰回路转，曲径通幽。[①]至第四纪，桂林地区出现较大规模的上升运动，水流沿裂隙下切，至含水层，形成地下河（下层洞），[②]七星岩的三层溶洞体系形成。

石灰岩溶洞发育也受着地质构造的控制，从桂林七星岩岩洞的实测平面图中可见：①岩洞的延伸方向显然受地质构造线的控制，近正 SN 向的一组最为发育，线的密度大，也较整齐，说明对该区的影响最深；另一组构造线呈 N40° W 左右，密度小，方向有一定的变化。②二组造线交叉的部位溶蚀最深，形成的石钟乳堆积景点也最丰富，以"潭"命名的落水洞也多在交叉点附近。这种情况与一般岩层在地表的侵蚀也是相似的。③地下暗河几乎全依构造线方向发育。④控制岩洞发育的两

---

① 邓祝仁.桂林奇观［M］.南宁：广西教育出版社，1993:217.
② 目前地壳处于相对稳定时期，水流以横向溶蚀作用为主，地下河仍在缓慢发育中。

组构造线和控制漓江走向的构造线完全一致，说明构造线的影响是全地区的。唐代文学家韩愈曾有诗"江作青罗带"来赞颂澄澈翠绿的漓江如罗带轻飘。现在知道罗带还受着构造断裂的约束，并不能随意飘动。

七星岩在桂林岩洞中是开发利用最早的一处，也最具代表性，原整个为一地下河流动区，后地壳上升成洞。洞最高处27米，最宽处43米，游程达800米，洞分三层，中层钟乳石最发育，景点最多（图4-13）。

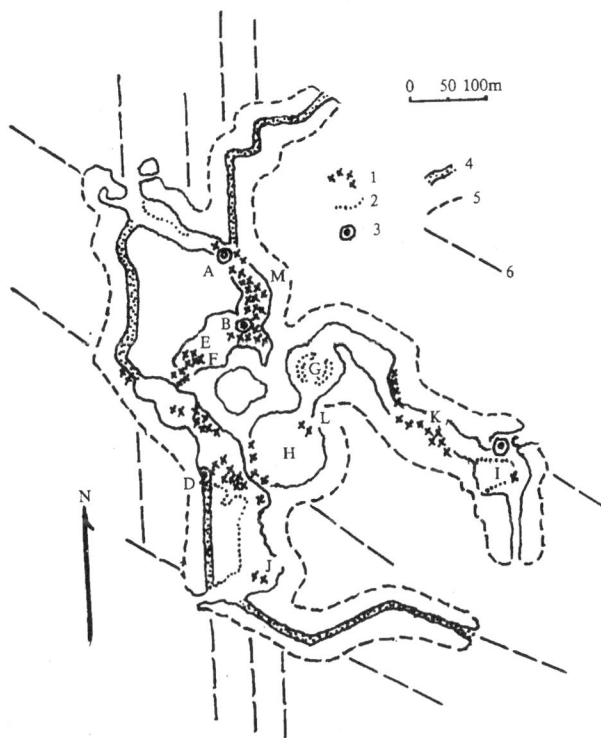

1. 石钟乳堆积物　2. 溶蚀的洞壁　3. 溶蚀竖井　4. 地下暗河　5. 未被溶蚀的石灰岩外侧　6. 构造线方向

A. 狮子潭　B. 飞龙潭　C. 无底潭　D. 无名小潭　E. 米碓　F. 骆驼　G. 金桥

H. 大校场　I. 仙人坟　J. 望天狮　K. 白象　L. 茶房　M. 石鼓

图4-13　桂林七星岩岩洞与地质构造线关系示意

（四）武夷丹山与丹霞地貌

丹霞地貌指中生代侏罗纪至新生代第三纪形成的红砂岩地层，在近期地壳运动间歇抬升作用下，受流水切割与侵蚀形成的独特丘陵地貌。它相对高度常在300米以内，具有顶平、坡陡、麓缓的形态特征。

丹霞地貌是以1928年我国地质学家在粤北考察"丹霞山"红层地貌特征而命名的，成为红砂岩蚀后地貌的专用名词。在我国已发现丹霞地貌区350多处，列入国家级风景名胜区的主要有广东丹霞山、江西龙虎山、四川青城山、安徽齐云山、福建武夷山、甘肃崆峒山等。

1. 丹霞地貌形成机制

丹霞地貌主要以红色沙砾岩为基础，通过新构造抬升、构造垂直节理与倾角平缓岩层等构造运动，受温暖湿润气候条件下流水侵蚀、风化剥蚀等外力作用而形成的。

（1）红层盆地。红层盆地是指以红层分布为主的地面相对沉降地区，红层则一般为红色沙砾岩地层及第四纪红土，常多沙砾，岩性固结、坚硬、易透水，下层含不透水泥质岩系，致层内水的侵蚀作用强烈，易于成景；垂直节理发育明显，多倾角平缓岩层，易风化剥蚀与崩塌，如武夷山红色岩层倾角多在20°；含有一定量$CaCO_3$，为加速风化与形成洞穴创造条件[①]（如武夷山九曲溪沿岸高悬的"悬棺"洞穴）。

（2）构造抬升。形成丹霞地貌的主要内力作用是地壳的上升作用，把红色沙砾岩抬升到离当地侵蚀基准面以上高度，使流水侵蚀、风化崩塌等外力作用获取一定位能，以进行下切。如广东仁化丹霞山位于粤北上升区，安徽齐云山位于黄山西侧皖南上升区，江西龙虎山位于武夷山北麓上升区。

（3）温暖湿润气候。热带或亚热带温暖湿润季风气候，气温高、湿度大，为红色沙砾岩流水侵蚀、风化剥蚀与崩塌提供充分的外力条件，使得我国在秦岭—大别山一线以南丹霞地貌分布很广，发育典型。

2. 武夷丹山的形成

（1）武夷山形成的地质成因。古生代前震旦系，武夷山及其周围地区，原来是一个长期缓慢上升的剥蚀地区，[②]因受澄江运动影响，地壳开始差异性抬升，最早形成北东向水下隆起（浦城—洋源隆起），并产生邵武—建宁拗陷和崇安—石城断裂。

---

① 主要是山体局部（因在一些砾石密集处或沙砾岩当中含有厚层泥质页岩）岩石岩性软弱，受风化侵蚀与水流淘蚀作用形成洞穴，多以"平洞"形式出现，后经地壳抬升，形成高悬的洞穴，成为古人墓葬选处，形成"悬棺"景观。

② 地质学家考察其地表出露岩层主要为前震旦系的片岩与片麻岩。

至震旦纪末，全省地壳形成北高南低的浅水海洋环境。前震旦纪晚期，在寒武纪，地壳继续缓慢上升。武夷山脉北段上升较快，在早、中寒武世时露出海面，形成陆地（武夷陆块）并遭受剥蚀。奥陶纪末到泥盆纪之间，发生加里东运动，地壳发生强烈的褶皱，形成北东向黄岗山—龙湖复式向斜，同时加深崇安—石城断裂。自泥盆纪到中三叠纪之间，地壳构造运动频繁，华力西和印支构造运动使全省海陆变迁较大，古地理环境经历多次的海进和海退（但武夷山脉北段仍保持古陆环境）。

直至中生代三叠纪晚期到侏罗纪早期，这个地区才趋于稳定，发生沉降，堆积形成大量沙砾岩层与砂页岩层。侏罗纪中期、晚期，受太平洋板块消减带作用，本区岩浆运动强烈，形成成熟再生岩浆，加之断裂活动加剧火山通道，使陆相火山喷发达到顶峰，喷发堆积了大量结构致密、抗风化能力强的中酸性及酸偏碱性火山岩，其间岩浆侵入形成大量花岗岩。

侏罗纪晚期到白垩纪初期的造山运动（1.4 亿年前的早燕山运动），武夷山地区坳断下陷成为一个长条形的内陆断陷山间盆地（武夷湖盆），[①]湖盆四周出露的变质岩、砾岩、砂页岩、火山岩、花岗岩为湖盆堆积提供了物质来源，积淀了以红色沙砾岩为主的赤石群地层。当时气候较为干热，氧化作用较强，使湖盆堆积的泥、沙、砾石皆氧化成紫红色（富含丰富的 Fe 氧化物）。而因当时湖盆四周山地不高，河流的比降较小，水流流速不大，只能携带细小的泥沙及一小部分砾石到湖盆中沉积。

在早白垩世晚期至晚白垩世初期，本区又发生一次造山运动，其四周山地作较大幅度的上升，河流比降加大，水流湍急，并携带大量砾石进入湖盆堆积。在湖盆沉积过程中湖水不断减少，伴随不断缓慢下沉与持续堆积，湖盆始终保持浅水状态（氧化环境），形成大量泥质沉积岩。经过晚白垩纪数千万年的不断堆积、压实、胶结（即成岩作用），形成厚达 2000 多米的赤石群紫红色厚层砾岩、沙砾岩及钙质泥质砂岩夹层。

距今 7000 万年前的燕山运动，使得武夷湖盆被抬升，直到第三纪早期至第四纪，喜马拉雅造山运动，早第三纪断陷武夷湖盆才被挤压上升变为丘陵；由于地层受力不均，各种倾斜的角度和倾斜高度常有差异，同时相应产生不同方向的一系列节理、断层，水流沿上述的节理、裂隙进行侵蚀。由于红色的沙砾岩（包括红色砾

---

① 在武夷山市北侧至南向长约 20 千米，东西宽 5~7 千米范围。

岩、沙砾岩、砂岩及粉砂岩等成分）成岩的物质颗粒不等，砾岩内部存在抗风力差异，易于风化崩解，加之湿热气候条件，从而导致风化侵蚀、流水冲刷、剥蚀及崩塌等作用强烈，形成壁立千仞、千峰倒影的"碧水丹山"景观（图4-14）。

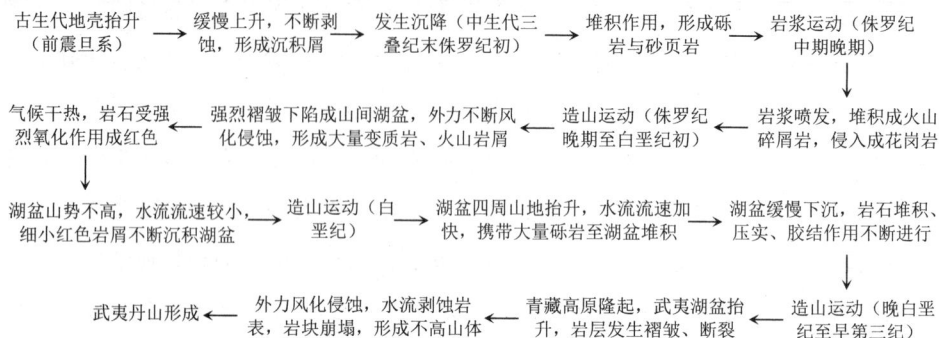

古生代地壳抬升（前震旦系）→ 缓慢上升，不断剥蚀，形成沉积屑 → 发生沉降（中生代三叠纪末侏罗纪初）→ 堆积作用，形成砾岩与砂页岩 → 岩浆运动（侏罗纪中期晚期）

气候干热，岩石受强烈氧化作用成红色 ← 强烈褶皱下陷成山间湖盆，外力不断风化侵蚀，形成大量变质岩、火山岩屑 ← 造山运动（侏罗纪晚期至白垩纪初）← 岩浆喷发，堆积成火山碎屑岩，侵入成花岗岩

湖盆山势不高，水流流速较小，细小红色岩屑不断沉积湖盆 → 造山运动（白垩纪）→ 湖盆四周山地抬升，水流流速加快，携带大量砾岩至湖盆堆积 → 湖盆缓慢下沉，岩石堆积、压实、胶结作用不断进行

武夷丹山形成 ← 外力风化侵蚀，水流剥蚀岩表，岩块崩塌，形成不高山体 ← 青藏高原隆起，武夷湖盆抬升，岩层发生褶皱、断裂 ← 造山运动（晚白垩纪至早第三纪）

图4-14 武夷丹山的形成

总之，武夷山丹霞地貌的形成是内外力作用的结果，岩层的倾斜及岩层发生节理、断裂的作用是地球内力作用的一部分表现形式，形成武夷山丹霞地貌的内力作用主要是指地壳的上升作用，把赤石群紫红色碎屑岩抬升到离当地侵蚀基准面有一定高度，使流水、崩塌、风化等外力作用有一定的位能来进行下切，从而产生丹霞地貌。武夷山中亚热带湿润季风气候，为流水、风化及崩塌等外力过程提供充分条件。[①]

（2）典型碧水丹山景观的地学成因：九曲溪与红层岩层节理断层发育[②]。

河流"九曲"与格子状节理。九曲溪源于闽西的三保山，是武夷山国家级风景名胜区的核心，流线迂回曲折，在流入红砂岩地区后，盘绕丘陵之间达9.5千米之多。两岸千峰倒影，"曲曲山回转，峰峰水抱流"，形成独特的河流"九曲"。

河流九曲的发育，完全依赖于地质构造基础。据研究该区在新生代喜马拉雅运动中发育了二组共轭性的节理（或演化为断层），方向为西北—东南及东北—西南，将整个红层地表刻画成"格子状"。至新构造运动期间，红色盆地地壳回升，使二组断裂被流水明显刻蚀，便成了多弯曲的河谷，多处近直角转弯的轮廓仍清晰可辨，显然是因垂直两组节理作用的结果。在漫长河流的冲刷与淘蚀作用下，河曲的发育进一步完善，形成独有的"九曲溪"（图4-15）。

---

① 王长青.解读武夷山［M］.福州：海风出版社，2002:104-105.

② 陆景冈.旅游地质学［M］.北京：中国环境科学出版社，2003:31，61，77.

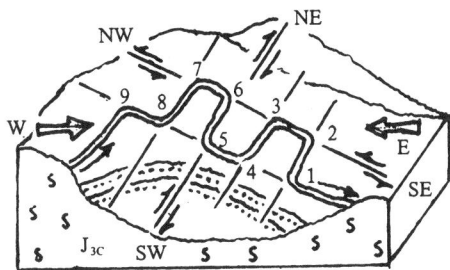

图 4-15　武夷山九曲溪河谷构造模拟（据庄卫民）

岩峰"六六"与节理崩塌。 九曲溪沿岸独特山峰甚多，有"六六"三十六座著名峰岩，最负盛名的是二曲处的玉女峰与大王峰，玉女峰岩壁鲜红，如插花临水，玉立溪畔，明丽动人，犹如仙子，大王峰其腰阔膀粗，气势雄伟，阳刚雄壮，其形成主要是因为红层岩层垂直节理发育，在外力风化侵蚀作用下，岩层垂直节理被流水侵蚀、重力崩塌形成。此处晒布岩与隐屏峰等也都是在岩石节理基础上，受流水与风化侵蚀而成的特殊崖壁景观。

山峰对峙与河谷断层。 九曲溪两岸山峰对峙，峻峭险拔，形成千峰倒影的壮丽景观，其中尤以河流的"四曲"与"六曲"处最为壮观。在九曲溪的四曲，是以东西隔河对峙的两大巨岩为特色。东侧大藏峰耸拔云霄，西侧仙钩台昂然临溪卓立，著名的卧龙潭则夹于二巨岩之间（图 4-16），这里是几个断层组成的地堑式构造（中间断块下陷，二侧断块抬升）形成的结果。这些断层有的可见平整的断层面与断层擦痕，有的可见断层崖基础上形成的"三角面山"（多个三角形平整面排成一列），所以它还反映了断层形成的年代较新，可能是新构造运动产物。

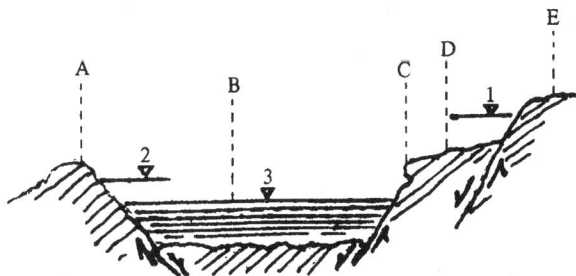

A. 仙钩台　B. 卧龙潭　C. 大藏峰下的洞穴　D. 大藏峰　E. 鸣鹤峰

1、2、3、早期、中期与近期的河水面（箭头示断块运动方向）

图 4-16　武夷山九曲溪"四曲"附近的断层及景点示意

九曲溪的六曲处，在仙掌峰下断层擦痕特别明显，并有微小横阶呈不连续状伴生，称为"阶步"，这也是近期断层的特征，该处成为"壁立万仞"景点，断层为之增加了观赏内容。

二、历史文化知识

（一）中国历史文化演进

地域文化是形成于一定地理单元之内的，以一定地域概念为基础，在语言、宗教、民族、经济、政治、军事、饮食文化方面等存在特质差异的文化区。[①] 中国地域文化的形成与发展经历了一个漫长的历史时期，不同时期，文化主体内容、地域范围都存在较大变化。

1. 旧石器文化的形成

第四纪冰川作用，引起气候变冷，动植物大量灭绝，森林大量减少，变为苔原或草原，从而迫使人类的树栖祖先下地直立行走，选择温暖湿润地区居住，经过漫长演化，直立人过渡成智人，形成远古文明，形成旧石器文化，根据当时的气候等自然条件差异，形成两大不同类型的地域文化：南方文化与北方文化。南方相对暖湿，森林居多，以采集经济较发达；北方草原占优，气候呈干燥趋势，基本以狩猎经济为主。

2. 新石器文化的形成

8000~10000 年前，中国进入新石器时代，磨制石器取代旧石器时代的打制石器，钻孔技术得到普遍使用，器形多样而固定，石料坚硬，做工精细，生产能力有了很大提高，原始农业、畜牧业和制陶纺织等原始手工业不断产生与发展。此时社会形态首先是母系氏族社会（旧石器时代晚期），然后发展到父系氏族社会（开始于 5000 年前）。[②]

此时文化遗址众多，主要分布于大河流域，以黄河流域最多，最为密集，长江流域下游也开始形成广泛的文化遗址，明显形成以黄河为主、长江为辅的新石器文化。初步形成了四大文化区：黄河流域文化区、长江流域文化区、珠江—闽江流域

---

①② 赵济，陈传康. 中国地理［M］. 北京：高等教育出版社，1999.

文化区、阴山南北游牧采猎文化区（表4-7）。其中以"长城接触带""南岭山脉接触带"为界，明显分为三大文化脉络：北方狩猎经济文化区、南方稻作经济文化区、旱作经济文化区。以"秦岭山脉接触地带"即汉水—淮水流域为界分为：黄河流域文化区与长江流域文化区。以"南岭山脉接触地带"为界区分：长江流域文化区与珠江—闽江流域文化区（表4-8）。

表4-7　新石器时代主要文化区

文化区	主要代表及典型特征	地域范围	自然环境		使用工具	主要经济活动
			气候地形	生物条件		
阴山南北游牧采猎文化区	富河文化（蒙古高原一带）：狩猎无定居	阴山山脉南北（蒙古高原、东北、青藏一带）	干旱少雨，荒漠草原	植被不繁茂，耐旱植物，动物多属草原动物，生存条件恶劣	粗糙陶器、打制石器为主	生产力低下，采集、狩猎经济为主，少有原始农业与定居
黄河流域文化区	磁山文化、裴李岗文化（河北、山西一带）：粟作农业、家畜饲养	长城以南，淮河以北（豫、陕、冀、鲁一带）	黄土高原形成，气候较暖，雨量较少	森林大大减少，生物较前减少，生存条件较恶劣	磨制工具精细，精制石器与陶器	驯化野生粟，早期采集食物，后出现农业灌溉等生产性经济
长江流域文化区	河姆渡文化、大溪文化（长江流域）：稻作农业、驯化、定居（干栏式建筑）	淮河以南，南岭以北（鄂、皖、赣、苏、浙一带）	气候湿暖，平原为主	植物繁茂，动物繁多，生存条件较好	磨制工具精细，多大型、精美石器与陶器	驯化野生稻，农业灌溉与耕作等生产性经济
珠江—闽江流域文化区	石峡文化（粤桂一带）：磨制工具、稻作农业	南岭以北（粤、桂、闽、云、贵一带）	高原、山地、平原相间，气候暖湿，雨量充足	水生动植物众多，生存条件好	磨制工具较粗糙，小型为主，石器陶器不够精美	采集经济为主

（1）北方长城沿线狩猎采集经济文化区。主要分为蒙古高原新疆盆地区、东北沿江平原区、青藏高原区三个亚区。整个地域范围自然环境十分恶劣，植被不够繁茂，其中蒙新、青藏区多以草原或灌木为主，动物多以山地型森林动物或草原动物为主，大部分多荒漠草原、极寒高原，不利于原始农业甚至畜牧业的发展，而东北沿江平原

区则以水生动植物居多，生存环境相对较好，但也面临气温较低的恶劣条件。多以原始狩错采集经济活动为主，获取食物主要以摄取式，未能发展到生产性经济水平，现存遗迹中极少有原始农业与定居的痕迹。

表4-8 中国新石器时代文化的谱系

距今年代	文化分期	旱作农业经济文化区				稻作农业经济文化区					狩猎采集经济文化区		
		甘青文化区	中原文化区	山东文化区	燕辽文化区	江浙文化区	长江中游区	闽台区	粤桂区	云贵区	东北区	蒙新区	青藏区
9000	新石器早期						仙人洞遗址		甑皮岩下层			细石器遗存	细石器遗存
8000		老宫台文化	磁山文化	北辛文化	兴隆洼文化	河姆渡文化	城背溪文化	?	甑皮岩上层		新乐下层		
7000													
6000	新石器中期		仰韶文化	大汶口文化	红山文化	马家浜文化	大溪文化		金兰寺下层	?	新开流		
						崧泽文化							
5000	新石器晚期	马家窑文化	中原龙山文化	龙山文化	小河沿文化	良渚文化	屈家岭文化	县石山文化	石峡文化	白羊村遗址	小珠山中层	富河文化	卡若遗址
		齐家文化			?		石家河文化						

（2）黄河流域旱作农业经济文化区。主要集中于黄河流域，包括甘青地区（黄河上游流域）、中原地区（晋、陕、豫黄河中游流域）、山东、燕辽地区（黄河流域下游及沿海地域）。第四纪以来，此区域森林大量减少，黄土高原形成。进入全新世，冰后期造成干旱少雨气候条件，淮河以北年降水量在800毫米以下，黄土高原更是不足400毫米，但气候总体较暖。可采集的植物、果实因较恶劣的气候条件，不断减少，可猎取的动物数量也由于猎手日增和手段提高呈减少趋势，逼使初民逐渐认识与驯化野生植物（如适用于食用、耐干旱、生长期短的野生粟类），同时黄河及其支流为灌溉初步驯化植物提供了充足条件，致使此区域形成原始旱作农业经济形态。石器陶器制作水平大大提高，甚至出现冶铜的萌芽，保留下的文化遗址中的村址、房址、墓葬址等很好提示出定居建筑文化特征。

（3）长江流域稻作农业经济文化区。主要集中于长江中下游地区，包括长江中游的湖北、湖南、江西、安徽，以及下游的江浙地区。当时自然条件较好，但许多地区也遇到北方地区的生计问题，这样也促使在南方广泛形成野生稻的驯化与种植，猪、牛等牲畜大量饲养，出现了干栏式建筑，到了新石器的中后期，开始出现了除粳稻外的蚕豆、芝麻等植物的培育与种植，以及家蚕饲养，丝织与竹编得到较大发展。器具方面，尤其是作为祭祀礼器与权力象征的玉器与陶器大量出现，显示繁荣的文明景象。

（4）珠江—闽江流域采集—稻作经济文化区。主要包括现在的闽台、粤桂、云贵等地区。这里自然条件很好，年降水量达到1700~2000毫米，地面覆盖着茂密的常绿阔叶林，属热带季雨林与亚热带气候。由于植物的丰富与气候的温暖，人们的迁徙很少，只需通过采集便可获得食物，原始文化发展的压力较小（少数地区发展出现了驯化粳稻），因而当时的工具制作相对粗糙，[①]且多为镖、镞、矛、刀、锥、针、鱼钩等小型磨制工具，反映当时使用工具的环境不是十分艰苦，没有冻土，较少岩石，用不着大型器具。

3. 华夏文化的扩散与形成

人类文明进入夏商周时期，中国境内民族形成、文化交流最为频繁与活跃，华夏民族首先诞生于中原地区，此时许多少数民族前身的古老民族也形成，形成"蛮、荆、戎、狄"。至春秋时期，少数民族不断演化与分化形成众多少数民族，北方的戎、狄逐渐演变为东胡与匈奴等各胡族，形成北方狩猎—游牧文化主体，东南沿海的越族也发展成为"百越"，逐渐演化成南方各民族，形成南方稻作—渔猎文化主体。

直到战国时代，民族等文化融合与兼并加剧，许多中原之外的民族不断融合成华夏民族（汉民族的前身），华夏文化（汉民族作为主体，核心为中原文化）文明程度较高，影响日益由中原向四方扩展，地域范围不断扩大，周边少数民族由于较低的游牧文化水平，或不断内附融合于主体民族，文化不断整合碰撞，或日益僻处边陲，在环境隔绝因素突出的地域内，形成"内诸夏而外夷狄"格局，产生独立、独特的地域文化类型，如地处文化边缘的巴蜀、荆楚、吴越等地，形成独特的巴蜀

第四章 夯实金牌导游知识

文化、楚文化、吴越文化。

秦汉至魏晋南北朝时期，北方和西北的匈奴、鲜卑、羯、羌等民族的游牧文化不断与中原汉族的中原文化发生碰撞，随着一部分北方少数民族内迁，与汉族融合，华夏文化不断扩大势力范围。另一部分则停留原地或外迁寻找新居地，如北匈奴西行（成为匈牙利等欧洲人的祖先），羌人滞留成为的藏族的先祖。统治者为了维护一统局面，在政治、经济、思想、文化上采取一系列措施，南北方文化交流日益增多，文化认同过程不断加剧，以汉文化为中心的汉文化圈开始形成。

隋唐以后，通过松散的政治联姻与贸易接触，原来偏居边陲地带的少数民族不断加强与中原文化的交流，通过与汉文化的摩擦、冲突、碰撞与对立，逐渐融合变成汉文化的重要组成部分，走上共同性渐增，差异性渐减的文化一统进程，形成了以汉文化为主体、少数民族文化为亚型的汉文化圈：东部的汉族农耕文化与西部少数民族游牧文化，[①] 这两大部分体系又可分为许多亚文化类型，主要包括[②]：

（1）燕赵文化。本区位于内蒙古高原与华北平原，太行山、燕山与渤海的过渡地带，山地、平原、海岸兼备。3000年前已形成原始聚落，燕国在此建立都城"蓟"，古代称为幽燕、蓟北、燕京。历史上，辽、金、元、明、清等朝代均以北京为都城，开发历史悠久，经济发达、交通便捷。燕赵文化绚丽多彩，京剧国粹、河北梆子、评剧，唱腔高亢、激越、悠扬、委婉。名将辈出，形成悠久的武术文化。民风遵从礼义，崇尚廉耻。农业以粟、豆类为主，畜牧业发达，城市商业繁华。与边外游牧文化密切相连，具有强烈胡族风格。

（2）秦晋文化。本区位于黄土高原，以河西走廊、长城为北界，以秦岭、太白山为南界，既有黄河、渭河等流经的关中平原，又有贫瘠的荒漠丘陵。农耕文化发达，是中华民族文化的发源地及我国古代的政治经济文化的重心、周秦汉唐文化的中心。与西域与北方文化交流便利，宗教、民族、艺术交相辉映，包罗万象，历史名胜、文物古迹种类丰富，分布辽广，为同类之精华，其中古都名城众多，帝王陵墓宏伟、佛教石窟辉煌，秦腔豪放激昂，民风古朴淳厚，勤俭质朴，如民间剪纸、窗花艺术的质朴大方，秦腔的激昂纯厚。

（3）中原文化。又称中州文化，位于河南省及附近地区，本区山地、盆地、平

---

① 赵济，陈传康．中国地理［M］．北京：高等教育出版社，1999:287.

② 王会昌．中国文化地理［M］．武汉：华中师范大学出版社，1992.

原地形兼备，黄河横贯中部。漫漫岁月，孕育了灿烂的古代文明，名山古迹、遍布中原大地，"九朝古都"洛阳，"十朝都会"开封，豫剧优美动听，民风习俗淳厚。

（4）齐鲁文化。齐鲁地区，依泰山而濒大海，古称"海岱之区"，春秋时代为全国政治文化中心，重礼崇义，创造了深刻影响中华文化几千年的儒学体系。人情朴厚，其民好学、山东梆子粗犷刚劲，具有粗犷古朴、豪爽热烈的特点。农业发达，商业城市繁荣，民间手工业（如陶瓷、纺织与冶炼等）比较发达。

（5）楚文化。地处长江中游，包括现在的两湖、安徽、江西西北部与河南南部，其中以两湖与安徽地区为核心区。自然地理环境主要以丘陵与江湖为主，自古以来，两湖地区、江汉平原沃野千里，大小湖泊星罗棋布，气候温暖湿润，"鱼米之乡"美誉由来已久。具有中原华夏文化与南部蛮夷文化相互交融的特征。春秋战国时代是楚文化的鼎盛期，楚地是道家的发祥地，老子宏妙的哲理，屈庄瑰丽神奇的文学，巧夺天工的工艺品（马王堆帛画、随州编钟等），崇巫尚武的民风习俗，构成源远流长的楚文化。

（6）巴蜀文化。巴蜀以四川盆地为中心，包括陕南、鄂西、云贵的部分地区。由川东的巴文化与川西的蜀文化共同组成。以成都平原为中心，古称益州，自秦汉就有"扬（州）一益（州）二"之说，与中原地区自然阻隔，创造了"天府之国"的灿烂文化，无论从自然地理单元，还是以政治、社会、文化角度来看，早在春秋战国时代，就形成了有别于中原地区、自成风格的区域文化。文化风格以热烈、诙谐、高亢为特征，"巴人勇锐，歌舞以凌殷人"，如川剧的高亢激越、热烈活泼，川菜的麻辣烫。旧志中"土地肥美、风俗淳朴""民力农桑""人勤稼穑""山川挺秀、多产英奇"等都是对巴蜀文化的最好概括。

（7）两淮文化。主要包括安徽、江苏北部的淮河流域，是齐鲁文化与吴越文化的过渡地带，从自然地理、人文地理来看本区也是地理上的南北重要分界线。"地邻邹鲁，务稼穑、尚礼义""民生淳厚，力农务本"。

（8）吴越文化。本区位于长江三角洲，以太湖为中心，包括今天的江苏、浙江与上海地区。主要受春秋时期吴越两国影响而传承下来。自古以来，这里（主要指太湖流域和杭州湾沿岸）气候温和，地形平坦，土地肥沃，水网密布，雨量充沛，经济发达，商业繁荣。典雅秀丽的江南园林，吴侬软语的方言特色，婉转悠扬的越剧、评弹，精细富丽的锦乡丝绸，构成了本区的文化特质。民风"人性柔慧、敏于习文、疏于用武"，"山水清佳，风气朴茂，男务耕桑，女勤蚕织"。

（9）江西文化。本区位于鄱阳湖流域，三面环山，四水汇聚、注入长江。江河湖山，风景秀美。地域文化表现出东西南北的过渡色彩，既受中原文化影响，具有朴实奔放之概，又有南国文雅秀丽的风格，既受到荆楚文化熏陶，又兼备吴越文化的精巧细腻之长。瓷器历史悠久，名扬四海，弋阳声腔激越奔放。

（10）闽台文化。位于台湾海峡两岸，地形为多山丘陵，平原盆地面积较小。海岸线长，有鱼盐之利，港口众多，华侨遍布世界各地，经济文化具有共同特征。唐代海上丝绸之路的开辟，成为中外文化的交汇点。因此，闽台文化既具有中国传统文化的基本特征，又受到外来文化的浓重影响，并且兼备少数民族文化习俗，是多元复合型文化。

（11）岭南文化。本区包括南岭以南的粤桂琼港澳，丘陵、山地广布。虽背山面海，北部关隘阻隔，远离中原，但历史上与中原文化一脉相承。自古以来，岭南又位于中外文化交汇处，与其他文化区相比，既有传统文化的古朴典雅特征，也有外来文化开放自由的色彩。岭南园林、民居建筑、造型艺术等外来文化影响明显。广东音乐欢快流畅，粤剧流畅细腻，特征突出，自成一家。

（12）云贵文化。本区位于青藏高原东侧，包括云南、贵州及广西一部分。山地、高原、丘陵、盆地广布，岩溶地貌典型，气候四季宜人，动植物丰富。本区少数民族聚居，民族风情绚丽多彩。在高山高原文化地理的背景中，孕育了独具特色的地域文化。既受中原文化、巴蜀文化、荆楚文化、岭南文化的影响，也受南亚佛教文化的熏陶。形成了纯朴秀丽、精美柔顺的特征。

（13）关东文化。位于我国东北部，黑吉辽三省。"白山黑水"，森林密布，交通方便，森林特产富饶。游牧狩猎的少数民族文化，一度十分活跃。明清之后，随着东北的开发，汉族的农耕文化逐渐加强，民风朴实淳厚，直爽豪放，"二人转"活泼风趣，满族"满语骑射"独具风格。

（14）草原文化。包括内蒙古与宁夏一部分，属高原地貌、草原景观、游牧历史悠久。剽悍的性格和强壮的体魄，舞蹈刚中有柔，活泼欢快，歌声激越嘹亮，热情奔放。体现了深沉粗犷，豪放开朗的民族文化特色。

（15）西域文化。西域是西部疆域的简称。本区包含新疆及甘肃部分地区，地形以山地、盆地、高原为主。古代西域地处中西文化的交汇点，丝绸之路的开辟，沟通东西方经济、文化的交流，沿途文物古迹众多，民族风情绚丽多彩，载歌载舞，热情奔放，形成了以民族特色为核心的，兼备东西方文化气质的地域文化特征。

（16）青藏文化。包括青海省和西藏自治区。青藏高原地域辽阔，高峻，具有浓厚的藏传佛教色彩，寺庙古老而神秘，建筑、雕塑、绘画、技艺受印度、尼泊尔的影响，也受中原文化的熏陶。外来文化的影响同藏族艺术的交融，形成了独具特色的西藏佛教艺术的高原游牧文化。

（二）楚文化的形成与特征

楚文化因楚国楚人而得名，是兴于周而对中华文化产生广泛影响的一种区域文化，绵延800余年，与周朝相始终。楚人建国后，完成了原始社会向奴隶社会的转变，开始在兼采夏文化和三苗文化之长的基础上，创造自己独特的文化。经过春秋、战国两个时期，随着楚国一步步走向繁荣强盛，楚文化进一步发展壮大，并最终形成独树一帜的地方区域文化，[①] 进而与中原文化分庭抗礼，共同成为中华文化的两大主流。秦统一中国后，自成体系的楚文化不复存在，其文化因子与传统的中原文化一起，成为新的汉文化的组成部分。

1. 楚文化的渊源与楚国兴衰史

（1）楚人始祖——祝融。楚人认为自己的祖先是帝颛顼高阳（屈原《离骚》第一句就谈到自己是"帝高阳"的后代），帝高阳是黄帝的孙子，祝融则是帝高阳的重孙，名叫重黎，祝融是其官名。[②] 按《史记·楚世家》和《国语·郑语》的说法，楚人是祝融的后裔。祝融是火神兼雷神，"能显天地之光明"。楚人对凤的图腾崇拜也与祝融有关。《白虎道·五行篇》记载：祝融"其精为鸟，离为鸾"，鸾即凤，鸟也可算作凤。祝融部落在夏朝时已成为一个势力较大的部落集团，号称"祝融八姓"。殷商时期，祝融部落分布于商之南境，因其地生长牡荆，被商人称为"荆"。殷人为开疆拓土，向南推移，奋伐荆楚，荆人多数臣服，少数逃散。

（2）楚国先驱——鬻熊。西周初年，荆人残部已西迁至丹水与淅水之间，鬻熊为首领时，审时度势，率楚民背弃商纣王，投奔周文王，并受到周文王的器重。周

①② 湖北省旅游局人教处.湖北导游基础知识［M］.武汉：华中师范大学出版社，2002:16-18.

武王继位后，有图南之意，楚人觉察后，在鬻熊之子熊丽的率领下，举部南迁至睢山与荆山之间，暂时避栖于荒野之地。

（3）立国之君——熊绎。周成王时（公元前 1010 年），周公避祸于楚，楚人敬之如上宾，周公回朝后诉说此事，感动了周成王，于是周成王封熊丽之孙熊绎为楚君，承认熊绎对"楚蛮之地"的统治权。从此，荆楚开始跻身诸侯之列，楚国（也称荆或荆楚）正式诞生了，成为周朝的诸侯国。熊绎建国都于丹阳（今南漳县境内），《左传·昭公二十年》记其事曰："先王熊绎，辟在荆山。筚路蓝缕，以处草莽。跋涉山林，以事天子。"自受封立国以来，在熊绎的带领下，楚人"筚路蓝缕"、艰苦创业，不断由小变大、由弱变强。

（4）开国之君——熊渠。熊渠是熊绎第四代孙，是一位既有才识又有进取精神的君主，他整军习武，趁着中原动乱之机，开始了开疆拓土的进程。在西征中，攻打了庸国（今竹山境内），在东讨中，攻打了位于湖北中部的扬越，势力推进至江汉平原。接着远征，攻打了鄂国（今鄂州境内）。征战后，楚国逐渐兴盛起来，真正立于诸侯之林。

（5）称王之君——熊通（楚武王）。熊通继续了熊渠的开疆拓土历程。亲率大军征讨随国，大获全胜后，威逼随国去要挟周天子来晋升楚国爵位，不料周天子断然拒绝，熊通大怒，说"王不加位，我自尊耳"，于是自立"楚武王"，与周天子平起平坐，成为天下诸侯中第一个敢于自己称王的国君。随后几年里，熊通先后征服了邓国（今襄阳境内）、郧国（今安陆境内）、权国（今当阳境内）。武王晚年，攻占了东邻卢国、鄢国、罗国，西邻谷国及南阳盆地东南的蓼国。

（6）称霸之君——楚庄王。春秋时期，周天子的"共主地位"已经名存实亡，为了争当霸主，诸侯间开始漫长的兼并战争。楚庄王（公元前 613—前 591 年）以其雄才大略与励精图治，迅速跻身于"春秋五霸"。楚庄王即位时很年轻，正值北方晋国控制了楚国盟国，造成对楚国严重威胁，国内蛮族反叛，朝中子仪挟持庄王，发动政变。此时面对内忧外患，楚庄王"三年不鸣"，[①] 观察群臣，积蓄力量，

---

① 楚庄王即位时年值20岁，只知玩乐，三年不理朝政，还下令：劝谏者，斩。一位大夫求见，说想请庄王猜个谜。此时庄王正左抱郑国来的姬妾，右搂越国来的美女，坐在钟鼓之间，玩兴正浓。大夫问："有只大鸟，停在南方的大山上，三年不飞也不鸣，不知是什么鸟？"庄王说："三年不飞，是在长羽毛，三年不鸣，是在观动静。它飞将冲天，鸣将惊人！"大夫明白了庄王以鸟自喻的用意，便放心地退下了。

趁时机成熟，"一鸣惊人"，采取果断措施，平息内乱，重用忠臣良将，恢复国力，展开军事外交斗争，国力迅速增强。为了显示国力，楚庄王率领楚军，浩浩荡荡开赴伊水与洛水之间，对周天子耀武扬威，"问周鼎之轻重"。[①] 庄王武功之时，选拔孙叔敖实行文治，楚国出现了经济繁荣、文化灿烂的鼎盛局面。

（7）迁都之君——楚昭王。公元前506年冬，吴、蔡、唐三国合兵攻楚，并陷落郢都，昭王仓皇出逃。申包胥入秦求救，秦王发兵。秦楚联军击败吴军后，昭王回到破败不堪的郢都，感伤满怀，与臣僚商议后，迁都长江北岸的今湖北荆州，都名仍为"郢"。

（8）复兴之君——楚悼王。历史进入战国时代，公元前400年，韩、赵、魏合兵数次攻楚，向楚国提出了严峻的挑战。楚悼王谋求富国强兵之道，任用由魏入楚的吴起为令尹，开始变法革新。吴起首先针对楚国制度上的问题开展变革，主要是削弱大臣权力，集中于国君手中；整顿官场，端正风气，罢免、废除、减少"无能、无用、不急用"的官员，严格不准通过私人关系求取官位，减少官员俸禄；凡封君的子孙已传三世的收回俸禄，取消封君称号；强令旧贵族迁徙至地广人稀的地区，一方面提高土地资源的开发利用程度，另一方面削弱贵族的势力。其次针对军事力量问题，加强军事建设，实行"强兵"战略，主要是奖励耕战，禁止百姓脱离农业劳动和军事操练；把削减官员和封君子孙得来的资金补充军费开支；加强防御工事和武器装备建设；奖励定军功，严格赏罚，规定军队作战奖惩措施（"进有重奖，退有重罚"）。吴起变法取得了一定成效，一时间，楚国兵强马壮，横扫中原，初露称雄之势。

（9）强盛之君——楚威王。至楚宣王时，楚国空前鼎盛，政治、经济、文化等方面有了较大发展。至楚威王时期，继续走强国之路，在行政建制上中心地区普设县治，边疆普设郡治，经济上推广铁器与铜器生产，丝织、刺绣与漆器工艺不断发展，城市建设水平不断提高，精神文化方面哲学与文学不断融合，形成屈宋辞赋与老庄哲学，开创"宣威盛世"。在其后期，楚终成"战国七雄"中唯一能与秦国抗衡的大国，疆土西起大巴山、巫山、武陵山，东至大海，南起南岭，北至今安徽

---

① 公元前606年，楚庄王为了昭显国力，在周边境举行隆重的阅兵仪式，周天子被迫派王孙满前来慰问，楚庄王趁机向王孙满打听周鼎的轻重，意为"观兵问鼎"中，表明楚王取天子而代之成为天下"共主"的雄勃野心，引起周朝及各路诸侯的恐慌。

北部，幅员空前广阔。楚国至此进入了最鼎盛的时期。

（10）亡国之君——负刍。至楚怀王时（公元前329—前299年），"战国七雄"争霸最为激烈，秦国采用国相张仪的"连横"战略，企图对东方六国（齐、楚、赵、魏、燕、韩）各个击破，而东方六国以齐国为首则采取"合纵"策略应对。此时楚国朝廷内部出现亲秦与亲齐两派，上官大夫靳尚、令尹子兰、怀王夫人郑袖等亲秦派主张与秦"连横"，而屈原、陈略等亲齐派则主张与齐"合纵"，在张仪的离间下，楚怀王受到秦国三次欺骗，未能把握好合纵连横的机遇，致使楚国在战国争斗中处于不利的地位，最后客死秦国，楚国开始走下坡路。

顷襄王继位后，楚国每况愈下。公元前278年春，秦军对楚国国都发起总攻，并很快占领了郢。顷襄王东逃至今河南淮阳，建立新都陈郢，至考烈王时，迁都寿郢（今安徽寿县）。

公元前246年，秦王嬴政即位，随即开始统一全国的进程。在攻灭韩、赵、魏后，秦军于公元前224年大举伐楚，楚国只有招架之功，而无反击之力。至公元前223年，秦军席卷淮北淮南，攻陷寿郢，俘获负刍，绵延800年的楚国就此灭亡。

2. 楚文化的基本特征

楚文化内容广泛，通过精神、物质与心理等不同层面展示出来。[①]

（1）民族精神层面。

积极进取精神：积极进取就是不满足于既得和既知，勇于向未知领域渗透，向未得领域开拓。楚人立国之初，偏僻狭小，但却通过"筚路蓝缕，以启山林"的艰辛历程而成为泱泱大国。楚人不以处蛮地而自卑，敢于在逐鹿中原中展露自己的锋芒。其所以能成为春秋五霸、战国七雄，根本原因在于开拓进取的精神。

开放融合精神：开放融合是楚文化得以延续800余年进而融入中华文化、永葆生机的基础。楚人有自己的文化传统，但从不拒绝外来文化的合理因子。建国之初，楚人就提出了"扶有蛮夷，以属华夏"的民族政策，在兼采夷夏之长的基础上，使自己的文化不断发展壮大。

革故鼎新精神：在楚文化的整个发展过程中，楚人敢于打破陈规，向自认为不合理的事物挑战。熊渠封儿子为王、熊通自称武王，均属离经叛道、惊世骇俗之

---

① 湖北省旅游局人教处.湖北导游基础知识［M］.武汉：华中师范大学出版社，2002:19-20.

举，别人不敢做，楚人做了；问周鼎之大小轻重，各路诸侯想都不敢想，而楚人做了。"不鸣则已，一鸣惊人"本是楚人的一种性格，最后逐渐上升为一种以蔑视生存、敢于创新为主要内容的民族精神。

楚人走过的历程是一个既不服周也不服秦的历程，是一个生不服、死不屈的历程。楚受周封，理应为周天子服务。楚人起初勉强应付，立足既稳后，就敢于使"昭王南征而不复"，到后来还有了夺周鼎之意。在各路诸侯中，只有楚国敢于与强大的秦国争斗，以至于有"楚虽三户，亡秦必楚"之说。楚国虽被秦国打败了，但身为楚人的陈胜、吴广、刘邦、项羽还是推翻了秦朝的统治。

（2）物质文明层面。主要表现为漆器、木器及青铜器；丝织、刺绣及工艺品；郢都、宫殿及台榭建筑；帛画、壁画及屈骚庄文；编钟、琴弦及轻歌曼舞；祭祀膜拜、占卜神算等民俗等。所有这些，都可以通过实物实景让人们感知到，是开展楚文化之旅的重要方面。

楚国在奠都于荆州的历史阶段内，取得了许多震古烁今的文化成就，其文化内涵博大精深，溢彩流光，先秦时代的任何名都都无以过之。楚国改进了熔模铸造工艺，其铸造工艺的极品是大型的铜尊和铜盘，玲珑剔透，精细如丝瓜瓤，巧丽如绣花球，令人叹为观止，至今无法复制。楚国发明了铸铁柔化工艺，大约始创于春秋晚期，用这种工艺生产出的铁是可锻铸铁，性能比锻铁好，用途比锻铁广。楚国的采金业居东周列国之首，当时流行铜币，唯独楚国有版形和饼形两种金币。楚国的丝织工艺和丝绣工艺妙绝一世，先秦的丝织品和丝绣品，迄今已发现的完整实物，一概出自楚墓。楚国髹漆业处于领先地位，尤甚于丝织业和丝绣业。现已出土的先秦漆器以楚器最多。楚国的漆器，类别最多，工艺最精。先秦哲学的精华荟萃于《老子》一书。老子是楚人，《老子》其学是楚学，后世推老子为道家的鼻祖。屈原的诗歌和庄子的散文都是中国古代语言艺术无可逾越的顶峰，前者是楚国的文学作品，后者是楚系的文学作品。楚国的宫殿园林建筑是先秦建筑的翘楚，讲求建筑与环境的谐和，人工与天工的融通。其中最负盛名的是含有章华台的章华宫，其遗址在龙湾（现在湖北潜江）。楚国美术在先秦艺苑中一枝独秀。迄今已出土的两幅先秦帛画和一幅先秦漆画精品，都是楚国画师的杰作。楚国的木雕作品和铜雕作品，以及丝织、丝绣的图案，或壮美，或奇丽，在先秦时代也是冠冕群伦的珍品。楚国的乐舞也以精妙见称于史。楚国器乐水平之高已无可置疑，其编钟的音乐性能之好尤其令人叹赏。湖北省歌舞剧院演出的《编钟乐舞》，轰动北京和海外。

（3）民族心理层面。楚文化在民族心理层面的特征是崇火尚凤、亲鬼好巫、天人合一、力主浪漫，与中原文化崇土尚龙、敬鬼远神、天人相分、力主现实形成鲜明对照。此外，楚人尚赤、尚东、尚左也与北方文化有所不同。念祖、忠君、爱国是中原文化与楚文化的共有之处，但中原文化偏重于礼法，楚文化偏重于情感，而且楚文化在念祖、忠君、爱国上比中原文化表现得更为深沉强烈（表4-9）。

表4-9　楚文化与中原文化民族心理层面比较

楚 文 化	举例	中原文化	举例
崇火尚凤	虎座飞鸟、双凤纹耳杯	崇土尚龙	九龙壁
亲鬼好巫	占卜神算、驱邪禳疫	敬鬼远神	—
天人合一	老子道家思想	天人相分	—
力主浪漫	屈骚宋赋	力主现实	—
尚左	—	尚右	宴席、对联
尚东	—	面南背北、头北脚南	建筑格局
念祖、忠君、爱国：偏重于情感	屈原精神	念祖、忠君、爱国：偏重于礼法	君臣之礼、周礼

（4）历史地位层面。如果把楚文化与古希腊文化相比较，发现在公元前6世纪下半叶至公元前3世纪上半叶的300年间，各自在东西方达到了灿烂的高峰。伟大的文化必定有伟大的建筑留存世间，这在西方或许已成为尽人皆知的常识了，但对东方的中国却可能是一种偏见。古代西方多石砌的建筑，易于久存；古代中国多木构的建筑，难免速朽。中国古代文化的物质遗存，主要不在地上，而在地下，时代越早，在地上的越少，在地下的越多。所以评估一种古代文化，同样要兼顾地上和地下的两类文化遗存。其一，技术与科学。古希腊文化占科学理论的优势，楚文化占生产技术的优势。前者主要显示在几何学、天文学和生物学上；后者主要显示在熔模铸造工艺、铸铁柔化工艺和丝绸工艺上。其二，艺术与美学。古希腊艺术的主流是模仿性的，倾向于把现实理想化，讲求逼真、崇高、和谐、庄严；楚艺术的主流是创造性的，倾向于把理想乃至幻想现实化，讲求传神，崇尚灵巧、怪异。因此，就完全具象化的雕刻而言，古希腊人占尽风流；就纯粹抽象化的器乐而言，楚

人独占鳌头；就语言艺术而言，古希腊人长于叙事，楚人长于抒情。其三，宗教和哲学。政治上分散的古希腊，宗教上却是集中的；政治上集中的楚国，宗教上却是分散的。古希腊人的神不创造世界，只征服世界；楚人的神只创造世界，不征服世界。古希腊的哲学与几何学、逻辑学相联系而发展，注重论证；楚哲学的发展与数学和思维科学没有明显的瓜葛，注重老子所谓"玄览"。古希腊注重论证者在微观领域易有所得，楚注重"玄览"者在宏观领域时有所悟。显而易见，古希腊文化之所长即楚文化之所短，古希腊文化之所短即楚文化之所长。它们一在西方，一在东方，殊途并进，异辉齐光，宛如太极的两仪。古希腊第一位的名都是雅典，楚国第一位的名都是位于荆州的郢都。不妨说，荆州曾是东方的雅典，雅典曾是西方的荆州（表 4-10）。

表 4-10　楚文化与古希腊文化的历史地位层面比较

文化地位	楚 文 化	举例	古希腊文化	举例
技术与科学	重视生产技术		科学理论占优	科学史上的"希腊奇迹"①
	熔模铸造工艺（失蜡法）	曾侯乙尊盘	几何学	泰勒斯"相似三角形"、欧几里得《几何原本》
技术与科学	铸铁柔化技术	可锻铸铁	哲学	苏格拉底、芝诺
	冶炼技术	鼓风冶炼、铜绿山遗址	数学	毕达哥拉斯定理
	丝绸刺绣工艺	汉绣、土锦	生物学	亚里士多德生物学、阿那克西曼德原始进化论
	漆器工艺	虎座飞鸟	物理学	德谟克利特"原子论"、亚里士多德《物理学》
艺术与美学	艺术追求创造性	漆画丝绣	艺术主流模仿性	改造腓尼基文字创造古希腊文字
	理想现实化	屈骚宋赋	现实理想化	柏拉图理想
	传神、灵巧、怪异	战国编钟	逼真、崇高、和谐、庄严	希腊雕像
	抽象化器乐	编钟乐舞	具象化雕刻	古希腊神庙
	长于抒情	屈骚宋赋	善于叙事	荷马史诗

---

① 林成滔.科学简史［M］.北京：中国友谊出版社，2005:31.

续表

文化地位	楚文化	举例	古希腊文化	举例
宗教与哲学	政治上集中，宗教上分散	吴起变法的皇权集中	政治上分散，宗教上集中	毕达哥拉斯学派宗教文化一体
	神只创造世界，不征服世界	"筚路蓝缕"	神不创造世界，只征服世界	许多哲学观点与神学一体
	哲学与数学、思维科学联系不紧密	老庄哲学	哲学与几何学、逻辑学联系而发展	柏拉图的抽象哲学、亚里士多德的逻辑哲学
	注重老子玄览	老子哲学	注重推理论证	苏格拉底辩论、芝诺的思维悖论[①]

三、美学知识

游客观赏同一旅游景物，有人获得了美感，有人却没有，有人得到了最大的审美享受，有人却认为不过如此，究其原因，除了与游客自身的审美情趣与思想情绪等个性特征差异相关外，还与游客认识美、欣赏美的方式有关。作为导游，只有充分掌握科学的旅游审美原理，传递正确的景观美信息，认识游客审美个性差异，激发游客审美情趣，引导游客采用恰当方式审美，才能让游客产生美的感受，取得导游活动的成功。

（一）旅游活动中的审美信息

从信息论美学角度考虑，作为旅游审美对象的自然景观与人文景观，"都可以被视为一种信息"，一种有关客体之实际观赏效果的审美信息。在旅游审美活动中，

---

① 芝诺是古希腊爱利亚学派的哲学家，巴门尼德的学生，能言善辩，口舌如簧，尤重推理但却荒唐。使其著称于世的便是他用两论方法否认运动的"四个悖论"，其中以阿基留斯追不上乌龟最负盛名。芝诺首先运用严密的推理建立两分法的逻辑辩证思维，所谓两分法是指运动着的物体要达到终点，首先必须经过中途的一半，为此它必须先走完这一半的一半，依此类推，以至无穷，假如承认有运动，这运动着的物体最终连一个点的距离也不能越过。面对神话中的大力神，全希腊跑得最快的阿基留斯，芝诺说只要让乌龟先爬一段，他永远也追不上乌龟。因为他要追上乌龟，首先就必须到达乌龟所爬行的出发点，这时乌龟已经向前爬行了一段，当阿基留斯追到第二个出发点时，乌龟又向前爬行了一小段，这样阿基留斯又得赶上这一段，以至无穷，只能无限接近，永远不能赶上。表面上一看，就知道错了，但要驳倒他，不知所措，一直困扰包括亚里士多德直至以后的许多哲学家与科学家，可见其推理的诡异性与"完美性"。

由于个人差异（阅历、修养的深浅，审美能力的高低等）与文化距离（对文化的陌生和语言的障碍等）诸因素的存在，旅游审美信息往往通过掌握传递艺术和具有创造性的传递者（Transmitter），如导游，采用"视觉、听觉或其他感受系统"，传递给来自不同社会文化团体的游客或接收者（Receiver）（图 4-17）。

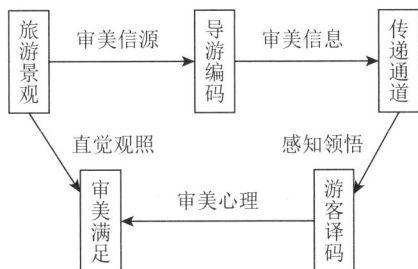

图 4-17　旅游审美信息流程

旅游活动本身就是一项寻觅美、欣赏美、享受美的综合性审美活动，它集自然美、人文美、饮食美、艺术美等于一体，熔山水、建筑、古迹、书画、美食等为一炉，满足各种游客的不同审美需要。①

旅游活动是审美活动，导游在其中扮演着旅游审美信息的传递者与引导者，但什么是美，美在何处，这对导游讲解正确审美信息提出基本要求。

1. 自然美的表现形式

一切美的事物都是通过我们的感官（视觉、听觉、触觉等）来体现。自然美的最大特点就在于它的表现形式多样：形象、色彩、声音、状态（静态与动态）等。

（1）形象美。形象是自然景观在空间上的显现形式。通常人们用"雄、奇、险、幽、奥、旷"来体现其主要特征。

"雄"指雄伟、雄浑、雄壮，是自然景观最为激动人心的表现形态之一。巨大的空间形象，给人以崇高之感，久远的时间形象，给人以永恒之感。巍峨的高山、辽阔的大海，苍莽的森林，奔腾的大江，浩瀚的沙漠，广漠的草原，都显示出雄伟壮观的气势。如泰山之雄，可谓"平畴突起三千米"，拔地而起，重峦叠嶂，"登泰山而小天下"。

"奇"指奇异、奇特、奇怪，意味着景观的高度独特性：稀有罕见、不同寻常。

---

① 徐缉熙，凌珑. 旅游美学［M］. 上海：上海人民出版社，2000.

山水之奇，首推桂林，"桂之千峰，皆旁无延缘，悉自平地崛然特立，玉笋瑶簪，森列无际，其怪皆多如此，诚为天下第一"，真可谓"桂林山水甲天下"。

"险"指险峻、陡峭，撼人心魄之美。每一个游客天生都有探险、冒险的心理需求，孤峰绝壁、急流险滩、万丈深谷都对游客充满独特的魅力。天下之险，尽在华山，"惊心石""擦耳崖""千尺幢""百尺峡"等景观真实载现华山绝顶之险。

"秀"指优美、恬静、柔和、秀丽，是自然景观中最常见的形态特征。"采采流水，蓬蓬远春""碧桃满树，风日水滨""绿树野屋，落日气清""雾余水畔，红杏在林"，司空图的这些诗句形象概括了秀美的境界。天下之秀，首推峨眉。常年温暖湿润，植被葱葱，流泉淙淙，鸟语花香，云雾缭绕，"峨眉山月半轮秋，影入平羌江水流"（李白诗句），生动形象展现峨眉山的天生丽质、天然去雕饰，如同不施粉黛的美女。①

"幽"指幽邃、幽静、清幽之意，是自然景观中的一种特殊审美形态，讲究"曲径通幽"的意境。青城山号称天下之幽，深藏于岷江峡之中，邛崃山之下，形成特有的深幽意境。郁郁葱葱，诸峰环峙，状如城郭，得"青城"之名。山中古木参天，浓荫蔽日，洞壑幽深。

"奥"是指自然景观深不可测、隐秘曲折、离奇奥妙。如果说"幽"的空间形态是半封闭式的，那么"奥"的景观形态则是全封闭式的，往往带有神秘感。人迹罕至的深山峡谷，巨石掩映的溶洞瀑布，都是典型的"奥"境。武陵源风景区号称天下之奥，千峰并列，溪涧萦回，蔽日遮空，溪回峰转，万千奇观扑面而来，恍如梦幻中。

"旷"即阔、远、朗之义，一望无际，一览无余。"天苍苍，野茫茫，风吹草低见牛羊。""孤帆远影碧空尽，唯见长江天际流"，都市可见"旷"之美。洞庭号称天下之旷，地处江汉平原，"八百里"烟波浩渺，"衔远山，吞长江，浩浩汤汤，横无际涯，朝晖夕阴，气象万千"（范仲淹《岳阳楼记》），"上下天光，一碧万顷""长烟一空，皓月千里"，此等美景，以一个"旷"字来概括，虽不能尽显其美，但也点出其主要特征。

自然景观美的形态特征，绝不是孤立存在的，往往是相互交融，许多名山大川是

---

① 正如《嘉定府志》上所书"此山去饕凝翠，鬓黛遥妆，真如螓首蛾眉细而长，美而艳也"。

兼有多种特征的。如泰山之雄，雄中有奇，奇中有险，险中有旷。途经壁立千仞的百丈崖，其险可知，登临绝顶，"一览众山小"，何其雄壮，俯瞰苍穹，如此旷远。

（2）色彩美。大自然的视觉盛宴，除了雄、奇、险、秀、幽、奥、旷的形态美外，还有无限丰富、变幻无穷、相得益彰的色彩冲击。大自然的色彩美主要通过生物、山水、气象等来体现。"两个黄鹂鸣翠柳，一行白鹭上青天。"形象再现大自然生物的丰富色调，万紫千红的百花，变幻无穷的蝴蝶，凸显绚丽繁复的色彩美。"千里冰封，万里雪飘""停车坐爱枫林晚，霜叶红于二月花"，深刻揭示大自然的天象与气候变化带来的色彩变幻美。"日出江花红胜火，春来江水绿如蓝"又生动地描述了江南山水春色之美。以气象风景为例，许多名山大川风景均突出以气象风景作代表作[1]（表4-11）。

表4-11　主要气象风景

风景类型	雨景	云雾景	冰雪景	霞景	旭日景与夕阳景	风景
主要实例	漏天银雨（蓬莱十景）	太白生云（浙江云童山十景）	西山晴雪（燕京八景）	霞屿锁岚（浙江东钱湖十景）	旭日东升（泰山四绝）	石洞秋风（碣石山十景）
	洪椿晓雨（峨眉十景）	白云缭绕（武汉龟山十六景）	少室晴雪（嵩山八景）	观客流霞（江西彭泽八景）	汇波晚照（济南八景）	经台秋风（东天目山八景）
	鹊华烟雨（济南八景）	狮洞烟云（蓬莱十景）	平冈积雪（九华山十景）	东壁朝霞（贵州毕节八景）	寒山落照（东洞庭山十景）	茶磨松风（浙江海盐八景）
	南山雨霁（贵州毕节八景）	平安云海（太白山八景）	断桥残雪（西湖十景）	晚霞夕照（鸡公山十景）	巨峰旭照（崂山十二景）	鲟渡秋风（潮州八景）
	双桥烟雨（羊城八景）	两峰白云（钱塘十景）	玉山积雪（台湾八景）	天子霞日（天子山四绝）	红陵旭日（羊城八景）	白水秋风（峨眉山十景）
	云头观雨（鸡公山十景）	双峰插云（西湖十景）	象山积雪（龙宗寺十六景）	栖霞真境（桂林老八景）	天台晓日（九华山十景）	下关风（大理四绝）

　　① 卢云亭.现代旅游地理［M］.南京：江苏人民出版社，1988:399-107.其中桂林八景内容参考邓祝仁.桂林奇观［M］.南宁：广西教育出版社，1993.

风景类型	雨景	云雾景	冰雪景	霞景	旭日景与夕阳景	风景
主要实例	海坨飞雨（北京延庆八景）	晴晨云海，坳雾疾飞（鸡公山十景）	妫川积雪（北京延庆八景）	壶山赤霞（桂林新八景）	雷峰夕照（西湖十景）	舜洞熏风（桂林老八景）
	訾洲烟雨（桂林老八景）	莲峰云海（九华山十景）	太白积雪（关中八景）		翠屏旭日（贵州毕节八景）	叠彩各风（桂林新八景）
		坐石观云（贵阳黔灵八景）	鳌峰积雪（东洞庭山十景）		平安夕照（台湾八景）	

（3）静态与动态美。静态的大自然表现出宁静、幽静、静谧之美。寂寂的山谷，宁静的港湾，沉睡的山林，"空山不见人，但闻人语响。返景入深林，复照青苔上"。"木末芙蓉花，山中发红萼。涧户寂无人，纷纷开且落。"（唐·王维）让人感受到一种静态美。

实际中，大自然的静态与动态是相对的：动中有静，静中有动。山中的猿猴，林中的飞鸟，湖中的潜鱼，草上的昆虫，飘浮的云烟，涌动的波涛，飞溅的瀑布，"飞流直下三千尺，疑是银河落九天"（唐·李白），"星垂平野阔，月涌大江流"（唐·杜甫），都直观地表现出大自然的动态之美。

（4）声音美。如果说大自然的形态美、色彩美、静态与动态美给人以视觉的享受，那么风声、雨声、泉声、鸟语、虫鸣，则给人以听觉的享受。"留得枯荷听雨声"（唐·李商隐）"初淅沥以潇飒，忽奔腾而澎湃。如波涛夜惊，风雨骤至"（宋·欧阳修《秋声赋》）等诗情生动地描写了自然之声的美。

2.人文美的表现形式

人文景观是人类长期从事劳动实践和创造的结果，是人类历史文化的产物与现代文明的结晶。根据其形成分为历史文化景观、现代人文景观和风情人文景观。

（1）历史文化景观美。历史文化景观以各类古代建筑为主要代表，根据建筑材料、可分为土工、木构、砖石、竹类等不同的亚类（表4-12），根据建筑式样主要有宫殿建筑、古城建筑、陵寝建筑、桥梁建筑、寺庙建筑、古塔建筑与石窟建筑等几个亚类。从建筑设计上，建筑遵循三个基本原则：实用、坚固、美观。[①] 其美的表现不仅在于其特定的使用功能，还体现在它们各部分间的外观匀称、尺度均衡、比例协调上，从建筑外观上，其美的表现集中于雄浑或精丽，并且表现出相应的完美理念与精神升华。[②]

宫殿建筑。宫殿建筑在不同地区与国家，其形式、格局与风格存在明显区别，但宫殿建筑的恢宏壮观、威严雄浑美是共同特点，主要体现在其建筑布局与陈设规模宏大、富丽堂皇、巍峨壮丽、气势恢宏、金碧辉煌，象征帝王受命于天、君临万邦、至高无上的权威与尊严。

中国宫殿建筑布局多讲究"前朝后寝""五门三殿""中轴对称"等方面（如北京故宫），以体现皇权的威严与强大。北京故宫是古代宫殿建筑中的杰出代表，是我国现存最大、最完整的宫殿建筑群。北京故宫按照"前朝后寝""五门三朝三宫""左祖右社"的形制和严格对称的院落式布局。外朝是行政区，主要建筑有布置在中轴线上的前三殿（太和殿、中和殿、保和殿）以及东西两侧对称布置的文华殿、武英殿。太和殿前方有五座门：大清门（明代称大明门）、天安门、端门、午门、太和门（又称奉天门），它们与太和殿、中和殿、保和殿构成了"五门三朝"格局。外朝的后面是内廷，又称后寝，主要包括后三宫（乾清宫、交泰殿、坤宁宫）、东西六宫、乾东西五所。"左祖右社"即在皇宫的左前方设祖庙（太庙），右前方设社稷台，祭祀土地神、粮食神。房间9000多间，占地面积72万多平方米，建筑面积约15万平方米。

表4-12　历史建筑文化景观分类

建筑材质	土工建筑	城垣、宫殿、陵墓、长城、高台、土坯民居、土窑洞等
	木构建筑	大型殿堂、高层楼阁、木塔、亭、廊、榭、桥、戏台等
	砖石建筑	洞窟、墓室、桥梁、石室、砖塔、城垣、海塘、石建筑（华表、石柱、石碑等）
	竹类建筑	竹楼、竹屋、竹桥等

① 陈志华.外国建筑史［M］.北京：中国建筑工业出版社，1997:56.
② 许多思想家认为建筑表达了某种宗教或伦理观念，对于基督教而言，哥特式建筑是最美的，因为与基督教精神"同等卓越"；许多心理学家（移情心理学派）则认为建筑的美体现在能使人的情感以拟人的方式移入其中，得到情感的愉悦与升华，正如看到巨大高耸的建筑，就会移情产生升腾、向上的情绪。

建筑样式	宫殿建筑	故宫
	陵寝建筑	明显陵、西安汉陵
	古城建筑	长城、北京城
	桥梁建筑	赵州桥、安平桥
	古塔建筑	大雁塔
	石窟建筑	龙门石窟、敦煌莫高窟
	寺庙建筑	少林寺、武当山

而西方宫殿因哲学理念的不同,东西方宫殿建筑结构有着显著的不同。许多西方建筑师认为"美产生于度量和比例",很多宫殿多以各类古典柱式做建筑基础,突出轴线,强调对称,注重比例,造型严谨,如巴黎卢浮宫。卢浮宫是世界最壮丽的宫殿之一,原是法国王宫,现在是国立美术博物馆。宫内西面的建筑采用了文艺复兴时期的建筑形式,主体是长柱廊,气势宏伟,简洁严肃,被视为"古代理性美"的典范。法国的凡尔赛宫、英国的白金汉宫、俄罗斯的冬宫、美国的白宫、日本的京都御所等都是世界著名的宫殿建筑。法国巴黎凡尔赛宫,是欧洲大陆最宏大、最庄严、最美丽的宫殿,占地 111 万平方米,建筑面积 8 万平方米,包括宫前大花园、宫殿建筑和放射形大道三部分,形体对称,气势磅礴,大殿小厅 500 多间,内部陈设装潢金碧辉煌,壮观豪华。

古城建筑。古城建筑是由于军事原因而筑建的防御工程。为抵御外来侵犯,往往军事集团在集居地外围筑起城墙,再围以护城河,形成城池。由于城池是战争中双方争斗的重点,故古城十分注重城墙的修筑,多以高大与厚实著称,一般由墙体、雉堞、女墙、吊桥、敌台、瓮城、垛口、射孔、角楼等建筑设施组成,形成完备防御工程。在都城中央或附近往往建有报警与报时的钟楼与鼓楼,重要城池在其交通要道上,通常建有要塞或关城(如西安古城的潼关、函谷关)。

我国现存最大的古城是南京城,明太祖朱元璋定都南京时开始建筑,历时 21 年建成。周长 33.65 千米,城均高 12 米,宽 10~18 米,以条石砌基,巨砖砌身。全城 13 个城门,13600 个垛口,200 多个堡垒,27 个藏兵洞,整个城门面积 15000 多平方米,规模与气势为世界筑城史罕见。

陵寝建筑。陵寝建筑是土葬的一种建筑形式。早期的墓葬十分简单，至阶级社会，社会等级制度建立，墓葬才成为阶级权势与财富的象征，主要体现在地下墓室规模、随葬品数量、墓葬外观。陵寝有帝王陵寝与其他陵寝（如诸侯墓葬、家族墓葬、名人陵寝等）之分，其中帝王陵寝规模浩大，外观雄伟，内藏丰富，环境优美，坚固耐摧，反映墓葬建筑的最高水平，因而具有很高观赏价值。我国古代帝王陵寝大约从战国时代开始建造，直到清末，历时 2000 多年，留下了不同历史时期不同风格的陵寝建筑：在陵寝封土形式上，秦汉时期是挖坑筑石为基，土层层夯实，外形呈上小下大倒斗形，方形平顶，称为"方上"（如陕西秦始皇陵、汉茂陵等）；魏晋隋唐时期主要以山为陵，以雄伟山势体现帝王气象（如唐昭陵）；明清时期，重新采用积土堆坟方法，呈现"宝顶宝城"形式，由过去的方形墓顶变为圆形，称为"宝顶"，四周砌以砖壁，上砌女墙，称为宝城，有圆形与长长圆形，明代多圆形，清代多长圆形。历代帝王陵寝都有规模宏大的祭祀建筑群以及神道和石刻群（包括石柱石牌、石刻人像、石刻动物等）。

除了帝王陵寝，还有一些陵寝也具有较高游览价值。如曲阜孔林，为一家族墓地，林内有孔子及其孔氏族人墓葬。占地 3000 多亩，有 7000 多面砖砌林墙，坟墓十多万座，碑石 3600 多块，明清建筑 40 余座，是一人造园林式墓地。

国外也有许多著名的陵寝建筑景观，"世界七大奇迹"之一的埃及大金字塔，就是一座宏伟的陵寝建筑。建于公元前 27 世纪，最大金字塔高 146.5 米，四边各长 230 米，用重量从 2.5 吨到 50 吨不等巨石共 230 万块砌成，外形朴素壮观，建筑技术令人叹为观止。

桥梁建筑。桥梁是为了克服山川河流天堑的阻隔而架起的跨越水面或其他空间的固定建筑。我国造桥历史悠久，最早可追溯至西周的浮桥，现存最古老的桥为西安城东的灞桥，建于汉代，历经 2000 多年。我国古代桥梁按其建筑形式可分为梁桥、拱桥和悬桥三种。

梁桥是用桥墩上架梁的方式造桥。西安灞桥就是一座梁桥。我国现存古代梁桥中最雄伟的要数福建泉州洛阳江入海口的洛阳桥，始建于 1053 年，桥长 834 米，有 46 个桥墩，花岗岩筑成，桥头武士像屹立，工程十分浩大，享有"天下第一桥"美誉；而最长的古梁桥则是福建晋江的安平桥，跨越安海港湾，建于 1151 年，全长 2700 多米，桥墩 316 座，享有"天下无桥长此桥"声誉。

拱桥是用石或砖的券拱形式建造的桥梁。拱的形状多样，最常见的是圆拱、平拱①、抛物线拱、尖拱等。根据拱的多少可分为单孔石拱桥与多孔石拱桥。我国现存最古、最著名的单孔石拱桥是河北赵县的赵州桥，为隋朝石匠李春所造，全长50.82米，宽9.6米，由28道独立石拱纵向并列砌筑，弧券内端净跨度37.35米，弧形平缓。桥的拱肩敞开，大石拱两头各建两个小石拱，既减小水流阻力与冲刷，也减轻大拱券与地脚的承重。整个桥外观造型美观，构思精巧，在世界桥梁史上是一项伟大的工程，历经1300多年而完好无损。而多跨连续拱桥中最著名的要数北京西南永定河上的卢沟桥，始建于1189年，桥共11孔，全长266.5米，宽7.5米，桥两侧石雕护栏望柱281根，柱头精刻大小石狮485个，形态各异，栩栩如生，是"世界上最好的独一无二的桥"（《马可·波罗游记》）。

悬桥又称吊桥、索桥。在谷深水急的河流中，因无法筑墩建桥，往往以竹、藤、铁等材料作索建桥。悬桥一般用多根缆索固定两岸，上铺木板作桥面，两边用悬索作扶手。我国最著名的悬桥是四川都江堰的珠浦桥和大渡河上的泸定桥。珠浦桥以竹丝编缆，粗如碗口，10根竹缆平列，上铺木板桥面，两旁有6根较细竹缆作栏杆，桥全长320米，宽3米，因竹缆太长，桥下架8座木排架与1座石墩承托。泸定桥是多索铁桥，建于1706年，桥长103.7米，宽3米，由13根铁链固定两岸而成，其中9根为桥面，上铺木板，两侧各两根扶链，每根链长127.45米，重达1600千克。

寺庙建筑。 寺庙是佛教建筑，自佛教传入而出现。汉族地区寺庙的布局基本上采用中国传统的院落形式，具有浓厚的民族风格，从寺院正门开始，南北中轴线隔距筑殿堂，周围廊屋或楼阁环绕。寺庙色彩多以红、黄、黑为主，围墙以红或红黄色居多，门窗墙柱朱红色，屋顶为黑色。

寺庙大门称山门，中间为大门，两侧一小门，象征"三解脱门"，即空门、无相门、无作门，所以也称三门。三门内第一重殿为天王殿，中间为大肚弥勒佛，东西两旁为四大天王像。寺庙主殿为大雄宝殿，居中供佛祖释迦牟尼像，左右两座为佛的弟子像，两侧为十八罗汉像。大殿后为法堂（讲经说法场所）或藏经楼（阁）（经书收藏地）。大的寺庙配有钟楼与鼓楼。

---

① 实为圆拱弧形的一部分。

寺庙是我国现存古建筑中数量最多的一类，遍布各地。我国兴建最早的寺庙是河南洛阳的白马寺，有"中国第一刹"之称。建于公元 68 年，因汉明帝遣使西域求经，用白马驮回，始而得名。现白马寺为明嘉靖年重修，建筑雄伟磅礴，主要有天王殿、大佛殿、大雄殿和楼引殿等。我国著名的寺庙有嵩山少林寺、北京碧云寺、杭州灵隐寺、苏州寒山寺、开封相国寺等。寺庙多依山而建，如我国四大佛教名山普陀山、九华山、峨眉山和五台山，寺庙林立，建筑壮丽，雄伟辉煌，与美丽的山景交相辉映，共同构成一香烟缭绕、超凡脱俗的佛国境界。

此外许多道观也遍及名山都邑，如陕西终南山的草楼观、江西龙虎山的上清宫、湖北武当山的"武当八宫"等。

古塔建筑。古塔多是佛教建筑，也叫佛塔。塔起源于印度，用以埋葬佛舍利。[1]塔由塔刹、塔身、塔基和地宫组成。地宫存放佛骨及其他文物，塔基是塔的底座，塔身是塔的主体部分，塔刹是顶部建筑。汉代，塔随佛教传入中国，逐渐融合中国建筑的传统。塔的建筑形式已经不同于印度佛塔的垒重繁复，并不给人以超脱尘世的神秘之感，而是以独立高耸、静穆安闲的形态给人以崇高之美。

我国的古塔形式主要有楼阁式、密檐式、金刚宝座式和喇嘛塔式；有四角、六角、八角、十二角和圆形；建筑材料有砖、木、铁、石等（表 4-13）。

表 4-13　古塔建筑景观分类

按平面形状	四角塔、六角塔、八角塔、十二角塔、圆形塔等
按建筑材料	木塔、砖塔、石塔、砖石木混合塔、琉璃塔、金银铜铁塔等
按层数来分	单层塔、奇数层塔、偶数层塔
按造型艺术与结构	楼阁式塔、密檐式塔、金刚宝座式塔、覆钵式塔、亭阁式塔、过街式塔、宝箧印经塔、花塔
按功能分类	宗教性舍利塔、和尚墓塔、观景塔、城市标志性塔、军事瞭望塔、指示方位性塔

楼阁式塔是由我国多层楼阁建筑发展而来，一般建在高大的台基上，塔身自下而上，逐层减窄减低，层数为奇数。如西安大雁塔就是一仿木构楼阁式佛塔，为玄奘译经而建，全塔共 7 层，高 64 米，沿内部阶梯可盘旋至塔顶；山西应县木塔是

---

① 现很多塔并不存放佛骨，而是信徒按这样的形式仿造，以表示对佛祖的信仰，实是一纪念性建筑。

我国现存最古、最高、最大的楼阁式木塔，高67米多，历经900多年仍巍然屹立。

密檐式塔与楼阁式塔不同之处在于，第一层高度特别显著，以上各层间距离紧密相邻，不像楼阁式塔层高逐步降低。河南升封的嵩岳寺塔便是密檐式塔的典型代表，也是我国现存最古的一座砖塔，塔高41米，呈十二边形，十五层密楼的楼檐层向上紧缩，形成刚劲有力的抛物线外轮廓，外形秀丽而刚劲。

金刚宝座塔基本形体源于印度，是在一石砌宝座上建5个金刚塔，中间较高为主塔，四角为较小辅塔。我国建筑年代最早、最美观的金刚宝座塔为北京大真觉寺金刚宝座塔，塔和宝座均用汉白玉建造，造型稳重敦实，塔中雕刻精美的各种图案，有很高的艺术性。

覆钵式塔，又称喇嘛塔，是藏传佛教（又称喇嘛教）的一种独特的建筑形式，与印度的窣堵坡很相近。为圆拱形，塔刹瘦长，通体皆白，也称为"白塔"。建于元代的北京妙应寺白塔是我国现存最大的一座喇嘛塔，塔式为当时尼泊尔流行式样，风格别致。

在国外佛教盛行的地方，尤其是东南亚，也有不少风格各异的佛塔，如印度尼西亚的婆罗浮屠佛塔，世界七大奇观之一，屹立于山丘之上，形似山冈，在塔基、回廊壁和石栏上布满美丽的浮雕，塔处于山环水抱之中，林秀泉清，古趣盎然；缅甸的仰光大金塔，是世界上历史悠久、气势最宏伟、价值最高的佛塔，据传已有2500多年历史，塔上尖下圆，像一口巨钟倒覆于地，高百米，整个塔身镶嵌1000多块金箔，重达6吨。

石窟建筑。石窟也是佛教建筑的一种。一般在天然峭壁上开凿，多选择在山势险峻之地。石窟形状大小各异，有的仅能容纳一人禅坐，有的高达几十米，有的外加木构窟檐和楼阁；洞中多雕塑与绘画，多采用石质均匀细腻、硬度适中雕绘。[①] 我国最著名的石窟有云冈石窟、龙门石窟和敦煌石窟。

云冈石窟位于山西大同西郊，东西绵延1千米，现有洞窟53个，大小雕像51000多尊，距今已有1500多年历史，主要代表北魏前期雕塑成就。其中最大雕像高达17米，最小仅几厘米，雕像神态安详，双肩宽厚，面貌丰满，具有很高艺术成就。

---

① 有的石质不利于雕塑，往往采用泥封，再进行雕绘，如敦煌莫高窟。

龙门石窟位于河南洛阳龙门，从北魏到盛唐，前后建造历时 400 年之久，现有洞窟 1352 个，雕像 100 多万尊，历代雕像题记和碑刻达 3600 余品，规模宏大，令人叹为观止。雕像神情各异：阿难憨厚和悦，文静温顺；菩萨华丽端庄，乐天矜持；天王严肃硕壮，威武持重；力士刚强威猛，神态狰狞，是我国石雕艺术的最大宝库。

敦煌莫高窟建于甘肃敦煌东南鸣沙山下，始于 336 年，保留北魏、西魏、北周、隋、唐、五代、宋、西夏、元各代壁画和塑像洞窟 492 个，彩塑像 2415 尊，壁画 45000 多平方米，唐宋木构建筑 5 座。其主要艺术形式是壁画和泥塑，泥塑以佛、菩萨及其弟子造像为主，壁画主要图佛经教义与故事，是我国不可多见的由建筑、绘画和雕塑组成的综合艺术宝库。

（2）现代人文景观美。现代人文景观是人类现代文明的创造表现，是社会化进程中出现的新景观，主要体现在城市风貌方面，由城市建筑、街道、商业、交通、游乐及文化景观组成。

建筑景观。最能代表城市景观的是城市标志性建筑，即建筑成为城市的象征。标志性建筑往往造型美观，功能先进，代表一定时期城市建筑科学和艺术的最高成就，也代表城市的典型风貌。如蓬皮杜中心是巴黎市的标志，黄鹤楼是武汉市的城徽，东方明珠塔是上海市的新标志等。

街道景观。街道是城市的走廊，往往影响着城市的格局，最能体现城市的风貌，主要大街集中了城市的繁华风格，小巷汇聚了城市民间旖旎风情。如巴黎的香榭丽舍大街，尽收巴黎的动感繁华与浪漫风情；纽约的华尔街，奢华高贵、宏伟壮观的高楼鳞次栉比立；上海的外滩，享有"万国建筑博览"美誉，中西文化交相辉映。

广场一般处在街道交汇处，是与街道相联系的城市景观，主要为人们集会与休闲的场所，受周围建筑包围成为相对开阔的包围空间。一般可分为：政治性广场（如北京天安门广场）、集散性广场（如武汉光谷广场）、商业性广场（如上海徐家汇广场）、休闲性广场（如大连斯大林广场）等。

商业景观。现代城市往往是商业中心，城市中著名的商业街往往也成为城市的代名词，其美的表现力通过其热闹繁华与典雅时尚来体现，如上海的南京路、北京的王府井、纽约的曼哈顿、武汉的江汉路等呈现的是商店如林、人流如海的繁华缤纷景象，而上海的淮海路、东京的银座等往往展现出一派高格调、多情调的典雅艺术气息。

交通景观。城市交通展现的是一种流动美。各种类型交通工具和设施构成了重要的现代景观，如北京造型漂亮的立交桥，武汉构架多样的跨江大桥，广州别样壮观的高架公路，东京四通八达的地铁线等给人方便、舒适、迅捷的体验。

游乐景观。游乐景观主要是各种游乐公园与主题公园，往往占地面积巨大，主题特色鲜明，寓知识于娱乐，满足人们的好奇心、求知欲，给人带来欢乐与刺激，让人领略风情与民俗。如广州的长隆欢乐世界，深圳的东部华侨城，上海的迪士尼乐园等成为游客乐此不疲的地方。

（3）风情人文景观美。

民俗风情。我国地域辽阔，民族众多，民俗风情各有千秋。其美感染力主要体现在居住、饮食、服饰、娱乐、节庆等日常活动方面的差异性与独特性。

由于各地气候、建筑材料和日常生活方面的差异，各民族居住习俗存在明显不同，形成各自特色。汉族中，北方住宅以北京四合院为代表，江南则是封闭式院落住宅，福建及两广则是客家土楼（或围屋），而西北多用天然土层依地势建造窑洞。各少数民族住宅样式更是多种多样，北方的蒙古、哈萨克等游牧民族多居住蒙古包或毡房，南方傣族则住精致的竹楼，而藏族多住平顶三层的碉楼等。

饮食更是打上各地各民族饮食习惯和口味等印记，有着浓厚的地方习俗。从饮食材料上看，北方盛产小麦，以面食为主，南方多产大米，以米饭为主，同样面食，兰州以牛肉拉面著称，山西以刀削面闻名。过年北方吃水饺，南方多吃汤圆；四川人爱吃火锅，云南人爱吃米线。少数民族饮食更具特色，蒙古族喜喝奶茶与吃烤羊，维吾尔族爱吃馕和抓饭，朝鲜族爱吃冷面等。

服饰美在于其形式、色彩和装饰等方面的特殊性，以及能直观表明各地各民族的文化与风俗特色，形成一种强烈的视觉反差映像。一定服饰往往沿袭成习，代代相传，成为地方和民族的外在标志。汉族中，陕北农民常头扎白羊肚毛巾，身穿黑色对襟袄，脚穿黑布鞋，成为黄土高原上典型的农民形象；而头戴斗笠，半遮面，上穿小短衣，下穿宽大裤的惠安女形象服饰，也成为福建惠安著名风俗服饰。少数民族服饰则更有特点，蒙古族男子的长袍与马靴，藏族男子腰佩短刀，朝鲜族人多穿多褶束于胸际长裙，斜襟无扣上衣，前胸右侧打结布飘带；南方少数民族男子多穿对襟或大襟上衣和长裤，裹头帕，女子多穿裙。

婚嫁在民族风情中具有很大魅力，在许多少数民族中至今还保留古老的婚嫁习俗。如求爱方式，壮族花街对歌、侗族三月歌会、瑶族对歌会等以民歌来传递青年男女间的爱情；苗族则通过"赶花场"赛芦笙会上寻求爱情，男吹女舞，姑娘相中男方便送一条彩带，并伴舞左右，男方意合，晚上便花伞下情语绵绵，极富浪漫情调。在婚姻形式上，云南纳西族的"走婚"①、土家族的"哭嫁"②、陕北的"压轿"③等婚俗，形式独特，别有风味。

节庆是最能展现民族风情的一种娱乐活动。如年节（如汉族的春节、藏族的藏年、苗族的苗年等），新年开始之际，家家户户放爆竹、贴春联，热闹非凡，又叫过年。④ 很多少数民族也拥有自己的娱乐节日，如傣族的"泼水节"、蒙古族的"那达慕大会"、大理白族的"三月街"、彝族的"火把节"等，各具特色，充分表达一种欢快祈福之意。近年随着旅游业快速发展，许多旅游地组织具有地域特色的旅游节庆，如山东潍坊"风筝节"、湖南"龙舟节"等，充分体现各地民俗风情。

神话传说。神话学传说表达的是另一种美，依附在各种旅游景观中，表达一种智慧的光辉和神秘的色彩，丰富景观的内在美，让人展开联想，去感受自然与人类交融的诗情画意。

许多人文古迹本身就蕴含着丰富的人和事，通过动人的传说，抹上神秘的色彩，产生永恒的魅力。如长城姜女庙的"孟姜女哭长城"。一些自然景观流传的神话传说，不仅丰富了自然景观的美，而且给自然景观注入深刻的人文内容，表现了人类的非凡想象力。长江三峡的神女峰，拥有"神女望夫"的动人传说，一下子鲜活起来。

神话传说般与景观的自然属性与人文特性紧密分不开的。如溶洞、潭瀑等水文地貌景观，常与龙王的神话相联系，如恩施的腾龙洞；山体等山岳景观，则常与

---

① 也称"阿注婚"，"阿注"意为朋友，男女结合像朋友样，好合好分，男子每天为母家劳动，晚上则去女方家居住。

② 一般在婚前3个月开始哭，许多人陪姑娘一起哭，哭的内容繁多，哭父母、哭兄嫂、哭梳头、哭上轿等，只有这样才能使新娘日后人丁兴旺、家业发达。

③ 娶亲时有人要坐在迎亲的花轿中，到新娘家后才下来，让新娘坐进去，接回，花轿不能空着。

④ 相传"年"是一东海猛兽，终日潜伏于深海，每当农历年末三十，它便会出来兴风作浪，祸害人间，魔力无比，只怕剧烈的爆炸声与鲜红的颜色，于是百姓为了驱赶"年"，纷纷燃放鞭炮、贴红对联、穿戴红色衣服，以安全度过岁末，称为"过年"。

封禅登高相联系，如泰山传说多与历代帝王登山封禅相关，庐山传说则多与文人、名士、高僧登高云游有关。

3. 艺术美的表现形式

艺术美即艺术作品的美，理解艺术美关键是厘清艺术品本质。理解艺术品内涵可通过以下特征界定：一是艺术品既不是与人无关的纯粹自然本身，也不是日常生活的复现，而是由艺术家创造出来的，用作审美观照并表达艺术家审美主张的东西；二是艺术品必须有人工制作的物质载体，存于心灵中、非物态化的东西不能称作艺术品；三是艺术品只现实地存在于人们的审美经验、审美能力之中[①]，为审美主体即人所欣赏，符合其自身文化背景[②]。

概括而言，艺术品是艺术家创造的，体现其生活认识差异与审美理想，能被鉴赏者接受的、形象化客观物。它们充分体现了艺术家（包括民间艺人、无名氏艺术爱好者）的审美意识与情感，以及生活观念与感知，具有鲜明的个性与独特的意境，从而产生一种艺术形象美与意境美。艺术美主要通过风格（艺术个性体现）、意境（审美境界与表现意义）、节奏与韵律（强调规则中的变化、变化中的和谐二者协调统一）、结构与布局（作品的内部组织构造与整体有机统一）来体现。[③]

根据艺术的表现手段与方式不同，可将艺术分为五大类：表演艺术（音乐、舞蹈等）、造型艺术（书画、雕塑等）、语言艺术（文学、相声等）、综合艺术（电影、戏剧等）、实用艺术（建筑、工艺等）。[④]

（1）雕塑与绘画。雕塑按时间划分为古代雕塑与近现代雕塑；中国古代雕塑从功用划分为世俗雕塑造像（唐三彩马、晋祠彩塑侍女像等）与宗教雕塑造像（如乐山大佛、大足石刻等）；从材质上可分为石雕、木雕、泥塑等；从功能划分为明器雕塑（陪葬代替实物的模型，如秦兵马俑）、陵墓表饰雕塑（陵墓旁石兽、石人等仪仗卫队性雕塑，如汉霍去病墓石雕）、宗庙雕塑（为祖先或圣贤人物修建的宗庙和祠堂等建筑内设置的造像，如太原晋祠造像）、石窟造像（雕琢和塑绘于石山窟

---

①③④　徐缉熙，凌珑．旅游美学［M］．上海：上海人民出版社，2000．
②　艺术与旅游观赏者的修养、年龄、性别、气质、个性、阅历、心境及文化背景等密切相关。正如许多老年游客不会花时间去欣赏爵士乐或摇滚乐表演，因为他们认为那不是优美的乐音，而许多青少年游客也不会面对一场京剧或大鼓驻足聆听，因为他们同样认为那不是现代生活的艺术表现。

龛中的造像，如大同云冈、洛阳龙门、甘肃敦煌三大石窟造像）、寺庙造像（如武当真武造像）、建筑装饰雕塑、工艺雕塑等。[①]

工艺雕塑一般又分为圆雕和浮雕两大类。圆雕独立的、实在的存在于一定空间环境中，不依附任何背景的完全立体式雕塑，即各个方面经过加工，观众可以从任一视点欣赏的雕塑，以获得对雕塑艺术的整体感受（如秦兵马俑）。根据体裁不同，圆雕可细分为单人像、群像、头像、胸像、半身像等。圆雕艺术美在于构图简练、概括，具有立体多维性和团块性。[②]而浮雕则不是全方位的，它介于圆雕与绘画间，只能从正面去欣赏，是在平面上雕出或深或浅的凸起的图像（如唐太宗墓前"昭陵六骏"、河南巩义市"皇后礼佛图"等）。浮雕按压缩程度、形体凹凸高低程度不同，分为高浮雕与浅浮雕两大类。如江苏昆山保圣寺的半堂唐塑罗汉像，形体较凸出，超过底板厚度1/2，可称为高浮雕，而唐"昭陵六骏"也属于浅浮雕。[③]浮雕的体积厚薄、明暗强弱、透视层次角度等对其艺术美影响明显，关键在于通过不同转折面光线折返造成的明暗对比幻觉，以及透视层次关系来表现艺术品的立体形象与空间氛围。

绘画分类标准也比较多，从作品存在形态与游客观赏角度可分为卷轴画、壁画和工艺绘画。卷轴画一般用纸或绢作画，装裱而成。传统意义上的中国画多指卷轴画。按卷轴挂正厅中间墙的称为"中堂"，按小轴随意竖挂的称为"条幅"，横挂的称为"横幅"，横幅很长需展阅才可览全局的称为"手卷"。未按卷轴，而是装于镜框之中的称为"锦片"，小幅多件成套装裱而不装入镜框的称为"册页"，制作成扇形的称为"扇面"，绢质大幅镶嵌于木框中立于房间起遮蔽作用的称为"屏风（幛）"。壁画是指在墙壁作画，以汉代墓室壁画、两晋南北朝石窟壁画和宋代寺庙壁画为代表。墓室壁画主要反映墓主生前情形以及表达升天愿景等，石窟壁画、寺庙壁画则反映宗教题材，如敦煌壁画，规模之大，保存之久，艺术之极。工艺绘画是一种实用艺术并不是传统意义上的中国画，其美突出体现在其作画材料的别致与构图精巧。如清人汤天池的铁画，用铁丝焊接成画，显示厚重与刚劲之美，现代

---

① 王柯平.旅游美学新编［M］.北京：旅游教育出版社，2000:371-372.

② 多维性强调雕像的多角度几何立体空间载现；团块性强调雕像的整体性、完整性、坚实性，正如米开朗琪罗所说"那种从山上滚到山下不被伤害的雕塑，才是好的雕塑"。深刻指出圆雕的团块性本质。

③ 乔修业.旅游美学（修订版）［M］.天津：南开大学出版社，2001:122.

的漆画、蝴蝶画、竹编画。①

（2）书法艺术。中国的汉字具有"象形"从而具有审美价值。书法往往是用笔或刀融入创造者的审美感受呈现给观赏者的对象物。书法按其体式源流可分为篆书②（大篆、小篆）、隶书、楷书、草书、行书等。

书法艺术美主要体现在线条之美、格局之美、形神之美三个层次。

中国书法之美首先源于线条之美，讲究用笔之规，即书写的点、画等线条要有粗细、方圆、偏正、曲直、枯湿之分，追求稳重流畅、沉着生动、刚柔兼济，注重力量感、韵味感、苍劲感、俊秀感、柔和感、平和感等。线条美的基本特征是给人以刚健、苍劲、俊秀、柔和、清朗、平静的美感。如王羲之书法的线条离而不绝，似断还连，无形处有神，无笔处有势，"烟霏露结，状若断而还连，凤翥龙蟠，势如斜而又直"（唐太宗《王羲之传论》），体现了中国书法线条美的最高境界。

中国书法格局是指字的结体与布局（也叫布白、章法），③是书法艺术造型的重要因素。字的结体也叫间架结构，即笔画的多少、疏密关系和比例。字中有点画的地方叫"黑"，无点画的地方称"白"，黑白安排得当，才能虚实相生，体现自然之趣。一字的结体美或俊秀或豪放，主要通过字的长短、大小、疏密、宽窄等空间搭配合理来体现。楷书和行书结体讲究端正、严谨、峻整、清秀；草书笔墨追求酣畅、潇洒，若行云流水，似龙飞凤舞；篆隶则注重古朴苍劲。字的结体好，但通篇布局不得法，往往也会感觉不和谐。布局的妙处在于变化，字与字之间、行与行之间的"写意"。如王羲之《兰亭序》（号称"天下第一行书"），全篇章法精妙，前后管领，首尾呼应，追求变化，18个"之"字结体各不同，神态各异，却和谐统一。中国书法布局一般采用三种方式：一是即无纵行也无横列，全篇高低错落，大小写参差，浑然一体，古拙天趣，如先秦《石鼓文》等书法作品布局；二是有纵行无横列，全篇一行到多行，形式距离有定，每行字数与字距不定，疏密有间，"疏可走马，密不透风"，随意布白，不齐之齐，变化无穷，如王羲之《兰亭序》；三

---

① 2007年3月中旬，中央电视台2套某栏目播出报道，四川一民间艺人用细如发丝的竹丝编织成画，其《中国百帝图》以5万美元为一日本客人相中，其《清明上河图》横轴编织画人物惟妙惟肖，街景生动形象。

② 一般而言，甲骨文、金文、石鼓文属于大篆，而秦统一天下后所创篆书属于小篆（也称秦篆或李斯篆）。

③ 集点画而成字，研习其集成方法，称为结体；集多字而成篇，研究其集成方法，称为布白。

是纵有行横有列，强调字与字间、行与行间保持一定距离，通篇整齐严谨，汉碑、魏碑、唐书大都采用此种布局，如唐欧阳询《九成宫醴泉铭》。[①]

形与神的美是书法美的最高境界，追求"形神兼备"。"形"美实际上字态的形象美和布局的章法美，通过线条的轻重、粗细，行笔的缓急，以及布白的疏密，给人以结体的美、布局的美。"神"美追求风、骨、情、性、气、韵、灵、趣等，实际是指用点线所表现出来的一种气质、精神、内涵、意趣、情感与品格等，是一种内在美。形神统一，主要体现在格调高雅（通篇书法的精神气质、风格、情调与品位高贵典雅）、气势变通（书法气势贯通而有变化）、文采精华（质朴、高贵、典雅）、情趣生动（情景交融、回味无穷）、肌理和顺（井然有序、层次分明、脉络流畅、气韵通达、神情舒展、自然生动）、个性典型（匠心独运、个性鲜明）几个方面。

（3）工艺美术。工艺美术是指在造型和色彩上美化日常生活用品和环境的艺术。工艺美术按时间划分为古代工艺与近现代工艺。古代工艺主要以实用为基本目的，而近现代工艺更多成为审美对象。古代工艺主要依托石器、陶器、铜器、铁器、瓷器、木竹器、布匹等载体展现，现代工艺通过象牙、玉石、水晶、陶瓷、漆器、布匹、剪纸、泥塑、竹编器件等体现。工艺美术审美与绘画雕塑等比较纯粹的欣赏艺术不同，具有一定实用价值，其特征主要从时代美、形式美、功能美、质地美四个方面来体现。[②]时代美突出体现在不同工艺美术品所折射出的时代特征，如早期青铜器多体现神秘之美，汉代工艺讲究朴拙之美，唐代工艺则具豪华雄浑之美，明清工艺多雅致华丽之美。形式美，主要体现在线条、色彩、纹理等造型方面"出奇制胜"，生动形象。或古朴典雅、凝重刚健，或挺秀相间、天趣盎然，或仪容富丽、饱满端庄，或生动活泼、栩栩如生。功能美突出体现在其实用性，这是艺术品尤其是古代工艺品原初的本质，工艺品的实用性，揭示其与人类生活的相关与密切程度，会让游客产生一种亲切感。质地美是工艺作品美的根本体现。优秀的工艺品往往从物质材料自身特点（构造、色彩、形状等）出发作形式上的审美处理，从而达到一种意蕴美。如玉石往往正是通过自身的硬度、色泽来体现外在美的，古代常见玉石多软玉，硬度介于7.5~8，不易磨蚀，有绿、乳白、黄、红、黑、青等色，呈玻璃光泽，不透明，触之有冷而柔的感觉，叩之有响而脆的声音。

---

① 乔修业.旅游美学（修订版）[M].天津：南开大学出版社，2001:92.
② 徐缉熙，凌珑.旅游美学[M].上海：上海人民出版社，2000:114-116.

4.园林美的表现形式

园林将建筑、山水、植物融为一体，在有限空间内，构筑了一个使人"可望、可行、可游、可居"的环境。园林起源于商"囿"，通过几千年的发展，中国古典园林造园艺术达到很高艺术境界，主要体现在"五要、五避"上：一是在有限的空间内要再现自然山水美，曲折通幽，寓意含蓄，引人入胜；避免全盘托出，一览无余。二是造山挖池，要"宛自天开""巧夺天工"；避免牵强附会，矫揉造作。三是各类建筑设置要与周围环境有机结合，和谐统一；避免画蛇添足。四是园内景物安排要有构图层次，突出重点；避免喧宾夺主。五是景物组织要统一协调，井然有序；避免杂乱无章，断径绝路。①

中国园林主要是由山水、花木、建筑、空间四种基本要素构成。

（1）山水。山水是园林美的第一要素，是我国园林的一大特色，所以古典园林也被誉为"山水园林"。"水随山转，山因水活"，山与水一刚一柔，一静一动，构成了刚柔相济、动静相生的园林美。

叠山。山因其高大，将园林分割成不同隐秘空间，并营造园林立体景观，产生曲折通幽、悬峻高耸的美感。山有真山与假山之分，真山园林以北京香山公园、大连老虎滩公园较著名，但我国大多数园林中的山是假山，假山叠石已经成为中国造园传统艺术。

假山叠石审美功能主要是点缀空间，增添园林野趣的自然美。假山叠石多形貌奇特，体态多姿，匠心独运，它们或层峦叠嶂，或精致玲珑。假山以土为主，石为辅。大型园林，假山以土带石，创造"重岩复岭、深溪洞壑、高林巨木"；小型园林，多点缀小品山石，增加庭院层次与布景深度。

假山叠石无论大小，其艺术美都可以概括为两个方面：一是乱假成真，讲究"做假为真，以假乱真""自然之理，自然之趣"，注重模拟自然中的真山之美，体现山林野趣之感。追求"虽由人作，宛若天开""巧于因借，混假于真"的高超境界。②二是瘦、透、漏、皱、丑，瘦者指山石体态苗条，迎风玉立；透者指山石纹理贯通，"笼络起稳"；漏者指山石涡洞相套，上下贯穿；皱者指山石表面凹凸褶皱，苍老枯劲；丑者指山石丑中见秀，丑至极处。

---

① 刘策.中国古代苑囿［M］.银川：宁夏人民出版社，1983:55.
② 正如清代李渔所说假山要"无补缀穿凿之痕，遥望与真山无异"。

理水。水景同山石一样，也是构成园林不可缺少的基本要素，造园往往要进行理水，即因地制宜，利用或改造原有水体，或者引泉凿池，构筑人工水景。园林水体一般都是模拟自然形态，池岸不砌成笔直的驳岸，而是或凹或凸，或直或曲，呈现斗折蛇行、犬牙交错的池岸线，给人以自然成形，活泼生动的感觉。

造园理水常用的手法有藏源、引流、集聚、分散等。藏源即将源头隐蔽、遮掩，或藏于石隙，或隐于洞穴。引流即引导水体在空间逐步展开，形成曲折有致、忽断忽续的泉流。聚集则指集中用水，使水面成为园林的主要景观，"纳千顷之汪洋，收四时之浪漫"。[①]分散是指让水体向四角延伸，化整为零，从而丰富水面的形态。较为宽广的水面常用岛、桥、堤等来分割水面，以增添水面的空间变化，如颐和园昆明湖上长链般的西堤，长虹般十七孔桥，还有龙王庙等岛屿，使湖面旷而不空，意趣无穷。

（2）建筑。古典园林以山水景观为主，楼台亭阁为辅。中国园林建筑一方面继承与保留传统建筑的共同特点：以柱、梁、枋等木构件为框架承载屋顶，墙体起围护作用；由若干相对独立单体建筑组成具有内部空间的庭院。另一方面为了满足可望、可行、可游、可居功能，发展形成了灵巧、精致、典雅的特殊品格。其一，设计灵活多样，形体可圆可方，可大可小，可高可低，可直可曲；布局可封可启，可围可透，可收可合。其二，造型精致美观，注意造型整体布局美与局部小品装饰美。其三，装饰典雅清新，"贵精不贵丽，贵新奇大雅，不贵纤巧烂漫"。[②③]

园林建筑一般包括以下几种类型：

厅、堂。一般外形四方，体形较大，往往成为园林建筑的主体与布局的中心。厅堂面阔三、五开间，前后或四面开敞，正面一般面对园林中主要景物，视野开阔，景象丰富，如苏州拙政园中的远香堂，向北是隔水相望的雪香云蔚亭，向西透过水面是荷风四面亭，东北面是待霜亭，正东为梧竹幽居，西南是小飞虹水庭空间，东面是绣绮亭与枇杷亭。缓缓扫视景物，犹如在观看一幅山水画长卷。

楼、阁。是园林建筑中的高层建筑，体量一般较大，造型十分丰富，大型园林中，常处于园内较显赫位置，成为园林中的重要景点与视觉的中心。如颐和园的佛

---

① （明）计成.园冶·园说［M］.北京：中国建筑工业出版社，1988:51.
② （清）李渔. 家言居室器玩部［M］.上海：上海科技出版社，1983:1.
③ 正如镇江焦山别峰庵，郑板桥读书处，郑氏题写对联所说"室雅何须大，花香不在多"。

香阁位于园中最高处万寿山上，体态敦实，形体厚重，巍然高耸，气势轩昂，俯瞰全园景观，"山色湖光共一楼"。而在小型园林中，楼阁多处于园林边侧或后部，既腾出园林中部空间，又易于俯视园中景色，更是因借园外远景，如苏州沧浪亭的看山楼处于全园南端，高达 3 层，造型轻巧、生动，登楼可远眺苏州南面灵岩、天平诸峰。

馆、轩、斋。体量中等，是园林中数量最多的建筑，造型与布局具有相当灵活性。馆，原为官人游宴处或客舍，在园林中为休憩、宴饮、赏景的场所，布置方式多种多样，如拙政园内玲珑馆与网师园内的蹈和馆都建于小亭园中，自成一体，环境清幽。轩，一般指园林中地处高旷、环境优雅的建筑。如苏州留园的闻木香轩，位于园内西部山冈最高处，地势高敞，景象开阔，可俯瞰全园景致。斋，一般处于清静、封闭的小院中，多为书屋性建筑，如网师园中的集虚斋、留园中的还我读书处等。皇家园林中的斋，多为小型园林建筑群，里面包含众多建筑，如北京北海内的静心斋，环境宁静幽雅，南面建筑与琼华岛相望，北面为高墙阻隔市扰。

亭。是一种有顶无墙，四面敞开的小型建筑，或立于翠峰之巅，或倚于修竹茂林之中，或筑于碧波绿水之上，既以其小巧空灵的造型点缀景物，又可供游人驻足小憩以赏景物。如苏轼为朋友所筑"涵虚亭"题诗道"惟有此亭无一物，坐观万景得天全"生动道出亭虚能生实境、空能纳万景的妙趣。园林中亭的式样多样，主要有方亭、圆亭、六角亭、八角亭、半亭（多筑于悬崖上）等。

榭。多为临水建筑，一半或全部跨入水中，临水一侧敞开或设有平台，便于观赏全景。廊，在园林中起着划分空间，联结景点，组织人流的作用，"廊宜曲宜长则胜"，[①] 它的建筑往往随形而曲，随势而弯，极富于变化。山坡筑廊为爬山廊，顺山势斜坡，蜿蜒而上；临水建廊为水廊，或位于岸边，或凌于水上；常见的为平地建廊，沿园林界墙或建筑回合环绕，曲折有致。

桥。既可联系景点，组织游线，又可点缀水面，成为景观。园林中的桥有拱桥、平桥、亭桥与廊桥等类型。拱桥跨度大，造型优美，如横卧水上的长虹；平桥小巧简易，一般不设栏杆，也不作任何装饰，显得十分明快朴实，为了减少平桥的平直单调，桥面常变直为曲，增添游赏意趣；亭桥与廊桥将亭、廊与桥组合在一

---

① （明）计成.园冶·园说［M］.北京：中国建筑工业出版社，1988.

起，使桥的形象更为丰富，如扬州瘦西湖中的五亭桥，桥身用青石砌成，下由12个大小不同桥墩组成15孔券桥，桥面上矗立5座琉璃攒尖顶方亭，桥的形象立刻丰富饱满起来。

（3）花木。许多园林景观或以花木为主题，或以花木作点缀，"无木难造景，无花不成园"。花木不仅淡化园林人工造景的痕迹，而且增添园林中的自然风光，拓展园林审美视线，成为园林造景中不可缺少的组成部分。

花木有形可观。老树虬枝横空，苍古刚健，新树柔枝纷披，随风轻拂。花枝上有含、吐、正、倚、平、斜、俯、仰等各种姿态，花间则有疏密、向背、离合、聚散、顾盼、呼应等各种关系。无风时，花蕾如立、如倚、如枕、如卧；有风时，则如醉、如舞、如跃、如行，呈现种种动人的姿态。

花木有色可赏。绿的生机勃勃，红的温暖跳跃，黄的明亮清爽等四季鲜花，五彩缤纷，万紫千红，给人以视觉的美感，"一年好景君须记，正是橙黄橘绿时"[1]。

花木有声可闻。雨打芭蕉，雨滴残荷，落叶瑟瑟，风催林涛，都是大自然的天籁之音，有着无穷的韵味，花间林丛，又有蝶飞蜂舞，莺啼燕啭，呈现出"鸟鸣园更幽"的境界。

花木有香可嗅。中国传统名花多为芳香性花卉。牡丹为国色"天香"，梅花为疏影"暗香"，菊花为霜月"冷香"，荷花为水上"清香"，茉莉为暑天"幽香"，"一卉能熏一室香，炎天犹觉玉肌凉"[2]。花香能让人产生舒适的快感，激发愉悦的情绪，引起梦幻般感觉与无尽的思绪。

5. 饮食美的表现形式

饮食美是一种具有食用性与审美性双重性的艺术与文化。一方面要求作为食品的美食必须具有一定营养搭配，符合一定卫生标准，为人们所食用，满足人们的生存与健康需要，是为饮食美的物质基础；另一方面要求具有色、香、形、味、滋、器、意等多种审美因素，使人们在品尝过程中产生心理上的愉悦，是为饮食美的本质内涵。

（1）色。人们在品尝美食时，首先映入眼帘的是食物的色彩与形状，而最能捕捉人视线激发人美感的是色彩，因此色之美在饮食美诸要素中位居第一。

---

① （宋）苏轼：《初冬寺》。
② （宋）刘克庄：《茉莉》。

美食色彩主要来源于三个方面：一是食物原料固有的色彩，具有天然本色之美。二是人工调加的色彩，有的是无毒化学色剂（柠檬黄、胭脂红等），有的是烹饪原料配制（牛奶白、蛋黄），有的是变色调料（酱、咖喱等）。三是烹饪起色，即一些食物在加热过程中发生化学反应色彩发生变化，如肉片生时鲜红，熟时发白，水虾活时灰白，熟时通红。

美食的色彩美固然在原料的本色或人工调色，更重要的在于食物色彩的搭配与组合，常用组合方法有：

第一，同类色组合，即同类色彩食物的组合，这种组合易形成一致调和的效果，如鸡片、鱼片与笋片三者皆为白色，组合而成"糟溜三白"，外观洁白淡雅，清新自然。

第二，相邻色组合，彼此色彩相邻的食物的组合，如红与橙，橙与黄，黄与绿，绿与蓝等都属于相邻色搭配，这类搭配色相差异不大，彼此协调而有变化，显得比较储蓄柔和，如"海参烧冬笋"，前者显深褐色，后者黄褐色，一褐一黄，彼此相衬；"虾米炝芹菜"，芹菜晶莹翠绿，虾米微黄如珠，黄绿相间，赏心悦目。

第三，对比色组合，即色彩明显对比的食物组合，这种对比特别鲜明、活泼而生动，主要有：①黑白对比，如白色与黑色菜料拼合成的太极图冷盘，既有浓郁的中国道教文化意蕴，又有色彩截然相反的对比效果；②冷暖相衬，色彩中，红、橙、黄色为暖色，青、蓝色为冷色，烹饪中，番茄、红椒之类可构成暖色调，叶类蔬菜多呈冷色调，暖色系列易激发人的食欲，显得欢快热烈，冷色系列则清凉爽口，惬意舒心，二者相间，对比鲜明，使人赏心悦目。

第四，综合色组合，即在同一款菜肴中，诸色具备，五彩缤纷，琳琅满目。如台湾美食家张起钧介绍的一款"五色炒饭"[①]：用菠菜末（绿）、蛋黄（黄）、番茄丁与火腿丁（红）、蛋白与鸡丝（白）、豆豉（褐黑）分别炒饭，然后组合在一起，"青、黄、赤、白、黑"五色俱全，整个一视觉套餐。

总之，色彩搭配总体原则上，色彩既要丰富多样，琳琅满目，又要井然有序，和谐统一。要求菜肴分清主次，主料色彩为主色，确定色彩基调，辅料色彩为辅色，起到点缀作用。

---

① 张起钧.烹调原理［M］.北京：中国商业出版社，1985:88.

（2）香。"坛启荤香飘四邻，佛闻弃禅跳墙来"（形容闽菜"佛跳墙"）表明：食物的香气足以使人垂涎欲滴，激起强烈的食欲与美好的联想。

美食中的香气首先来自食物中的天然香气，如蔬菜香、水果香、茶叶香、牛奶香、酒香、粮食香等。物性有别，一物一香，食物的香气因食物原料差异而各具特色，有的清香绵长，有的浓香馥郁，有的幽香暗溢，有的淡香飘逸。即使同一类食物，也因品种不一，香气各异，如酒类饮料中，酱香型贵州茅台酒郁而不烈，清香型山西汾酒清芬悠长，浓香型四川五粮液醇香浓酽，米香型桂林三花酒蜜香柔和。

美食中的香气更多是在烹调加工过程中产生的，一些食物生冷时香气深藏不露，还有食物原料有特殊气味，[①]因此需要人工加热调味，才能使食物发出醇正的香气。常用的制香方法有：其一是加热法，即在烹饪过程中，通过油炸、水煮、气蒸、火烤等方式，促使食物内部物质成分发生化学反应，挥发出醇、酚、酸、酮等芳香族化合物，增加食物的香气。其二是添香法，即在烹饪过程中投入各种佐料，如茴香、桂皮、葱等挥发性的芳香物质，及酱油、生姜、胡椒等香型调料。其三是混合法，即通过若干种辅助性香型原料混合使用，调制出一种新型香味，如川菜中的"鱼香肉丝"，即是利用泡辣椒丝、蒜泥、姜末、葱丝、料酒、酱油、醋、辣油、豆瓣酱等佐料，产生一种类鱼香的香气，造成不用鱼肉而生鱼香的效果。

（3）味。美食归根结底是味觉的艺术。味之美是美食的核心，而色香形则是其外在表现。中国古代根据阴阳五行理论，将乐音分为"五音"，色彩分为"五彩"，味道分为"五味"，[②]即咸、甜、酸、苦、辣。其实菜肴味道变化无穷，"五味"只是对五种基本味道的概括与命名。

咸味是最主要的味道，居于百味之首，美味的菜肴几乎都得有一定的咸味，咸味可通过卤盐等成分产生。酸味则来自食物与调味品中的醋酸、乳酸、柠檬酸等成分，带酸味的食物爽快可口，便于消化吸收。甜味主要成分是蔗糖、果糖与葡萄糖，可以提鲜调味，收汁起色，缓和苦辛，使菜肴变得柔和醇美。苦味含有生物碱

---

① 正如《吕氏春秋·本味》中记载"水居者腥，肉玃者臊，草食者膻"。如鱼肉多腥，狗肉多臊，羊肉多膻。

② 欧美各国在"五味"基础上增加"金属味"，分为"六味"；印度则分为"八味"，除了"五味"，增加淡、涩、不正常味三类。

和贰类物质，夏日食苦味食物，可刺激食欲，调节生理功能，饮食中以苦味为主的菜肴较罕见。辣味与咸、甜、酸、苦诸味不同，不是作用于舌上味蕾，而是作用于口腔痛觉神经引起烧灼感。除了上述五味外，美食中一般均含有鲜味，鲜味主要来自食物中的氨基酸、核甘酸、琥珀酸等。

在烹饪中调味方法主要有三种：一是加热前将原料浸渍调味；二是在加热中烹饪调味；三是在加热后点缀调味。

调味最重要的是适时、适量，恰到好处。既讲究味道变化，又追求味道统一，既讲求五味于一体，成味型序列，又力求突出主旋律，主味贯穿其中；上菜时，味道由重趋轻、由咸渐淡，以适应品尝者口感的变化。

（4）形。中国美食不仅以色香味取胜，还以美形见长。菜肴具有点、线、面、体等各种空间形态，可以构成各种各样的造型，给人以丰富的视觉美感，主要造型可分为自然造型和人工造型两大类。

自然造型是指保持原料固有形态的菜肴，如整鸡、整鱼、全羊、乳猪等，这类美食较少人为加工痕迹，保留食物本来自然风貌，给人以返璞归真的自然之趣。烹饪时得注意"酥烂脱骨而不失其形"。

人工造型是指经过人为加工而形成的菜肴或面点，根据其加工手法不同可分为三类：一是散碎类，不重整体图案或造型，或堆放或平铺，不过多过少，不过满过疏，以显得大度得体而不矫揉造作，如"宫保鸡丁""滑烩虾仁"等。二是象形类，即采用象形手法，模拟现象生活中的动物、花卉、果实、器物以及山水湖泊、楼台亭阁等景观。如冷菜"二龙戏珠"，以肉片制成龙头、龙身，用酥海带制成龙鳞、龙爪、龙须，用西红柿制成两颗晶莹剔透的宝珠，用油爆虾贴在龙身两侧，形象生动，形神兼备，令人叹为观止，不忍下箸。加工时不宜过分讲究形似，过于写实、精细的形象不仅不会引起人们的食欲，反而会压抑人们的食欲，因此宜采用简化、夸张、象征等造型语言，寓写实于写意中，"妙在似与不似之间"，给人以浑朴、清新、含蓄、谐趣的美感，唤起品尝者美好的想象与联想。三是抽象类，即富有规律的几何图案或形状，整体构图根据美式法则，或运用中心对称、轴对称的手法，或采用左右形状不一而量感均衡的手法，以显示菜肴点、线、面的形式感。如通过直线的刚劲、曲线柔和、圆形的和谐、方形的严谨、球体的饱满、锥体的稳定等，给人以齐整、匀称、谨严、和谐的秩序感。[①]

（5）质。"饮食之道，所尚在质"，所谓质，指质感，包括以口感为对象的松、软、脆、嫩、酥、滑、爽、冷、热、凉、温等，是皮肤受到菜肴机械刺激而引起的美感，大致可分为三类：

一是温觉感。即由食品温度引起的凉、冷、温、热、烫的感觉。冷菜的冷、凉粉的凉给人凉爽畅快的感觉，倘若提高这二者的温度，其效果立即走样。而麻辣豆腐、灌汤包，入口奇烫无比，无法立即下咽，可人们正是追求这种烫得吃不消的感觉。

二是触压感。即由舌的主动触觉和咽喉的被动触觉对刺激的反应。舌的主动触觉对菜点的大小、厚薄、长短、精细所产生的感觉，伴之口腔、咽喉对菜点的被动感觉，产生清爽、厚实、柔韧、细腻、松脆等触压感。如酥点要求酥，是脆无法代替的，脆膳要求脆，是硬无法比拟的，牛肉过硬嚼不动，过烂没嚼头，这都是触压感对菜点提出的丰富变化性需求。

三是动觉感。产生动觉的刺激变化模式非常复杂，其中牙齿的主动咀嚼起决定性作用，主动咀嚼的触觉有单一感，即嫩、脆、松、黏、硬、泡、绵等，更多是复合感，即脆嫩、软嫩、柔嫩、滑嫩、酥脆、爽脆、酥烂、软烂、爽脆滑溜、暄松软泡等。[②]

其实，菜肴的口感（触感）首先取决于原料本身的物质构成。刚进入成熟期的蔬菜与幼小牲畜肉比较嫩，生长期较长蔬菜与禽肉比较老。有的食物生性比较脆嫩，如富有水分的黄瓜与酥梨，有的食物生性比较柔滑，如饱含胶质的鱼翅与鱿鱼。其次是刀工。食物切割的大小、粗细、厚薄、斜正，直接影响进食时的咀嚼，影响对菜肴的质感。肉顺纹切自然易老，横丝切则易嫩，肉片薄易酥嫩，厚则咬起来硬老。再次是烹饪方式。用淀粉、蛋清拌匀上浆食物往往松、软、酥、脆，勾芡菜肴多滑、柔、嫩、润。上浆多少，勾芡稀稠，又会使菜肴口感发生多种变化，或外焦内嫩，或外软里嫩，或干香焦脆，或松软柔嫩。以油传热菜肴多外焦内嫩或外松里嫩（如油炸香酥鸡），以水传热的菜肴多滑嫩酥烂（如沔阳三蒸），以砂传热的菜肴多外硬里嫩（如糖炒板栗），烤炙类辐射导热食物多外酥内嫩（如北京烤鸭）。

---

① 徐继熙，凌珑.旅游美学［M］.上海：上海人民出版社，2000：172-179.
② 丁应林.论菜点的触觉美［J］.中国烹饪研究，1988（1）.

（6）意。意即审美主体（包括创作主体）的思想情感。中国美食作为文化载体，不仅包含着色、形、香、味、质等审美因素，还包孕着丰富的意味与意趣。中国美食追求意趣与意境突出体现在运用文学手段，命名菜点，主要方式有：

● 自然本名，上等原料，风味特别，直呼其名，更有魅力，如"银耳鸽蛋""蜜汁燕窝""天麻鱼头"等。

● 工艺特名，以工艺制作方法归类命名，如"风干鸡""五香熏鱼""醉虾"等。

● 乡土集锦，以地名命名，如"宣威火腿""长沙蒲炸""徽州芝麻圆"等。

● 时令风俗，以地方时令节日命名，如"腊八粥""端午粽""中秋月饼"等。

● 比附联想，取其形色相近者，运用比喻联想，加以沟通，创造新的形象与意境。如"水晶烩"用猪皮胶凝冻而成，外似"水晶"；"雪霞羹"取芙蓉花以汤焯，再煮豆腐，红白交错，恍若雪霁之霞。想象雅致，情趣高妙。

● 夸张比喻，以夸张的比喻手法命名，如"红烧狮子头"以肉圆比狮子头，"过门香""佛跳墙""松鼠鳜鱼"等极尽夸张之能事，融比喻之精妙，引人食欲，发人神思。

● 谐音转借，"霸王别姬"以鳖、鸡谐"别姬"，鳖又称霸王，谐音巧妙，意趣横生，积淀历史，如"吉庆有余（鱼）""好市发财（蚝豉发菜）"等运用谐音，以示吉祥之意。

● 依形取意，如"玲珑牡丹鲊""龙凤呈祥""桃花香扇""掌上明珠""门泊东吴万里船"等，或以形而得意，或立意而构形，形意俱佳，如诗如画。

● 人事典故，如"东坡肉"蕴含了苏轼贬谪黄州自创红烧肉的佳话，"征东饼"则表示了人民对英雄戚继光的纪念之情。

（二）导游审美的基本要求

1. 提高自我的审美素质 [1][2]

在正常的社会交往中，人们彼此之间惯于从各个方面来审视观察对方，或从生理角度（性别），或从伦理角度（善恶），或从心理角度（喜怒），或从审美角度（美丑），对于身处异地的游客来说，他们在紧张感、陌生感和新奇感的驱使下，总

[1] 乔修业.旅游美学［M］.天津：南开大学出版社，2000:184–191.
[2] 徐缉熙，凌珑.旅游美学［M］.上海：上海人民出版社，2000:289–301.

会对初次见面的导游进行全方位的审视，这其中审美的因素表现得颇为突出。

从一般的认识规律来看，游客在审美活动的全过程中，总是由点及面、由个性到共性、由个人到团体、由局部到全局，逐次认识到国家（或地区）的整个社会风物之美。因此，导游作为旅游审美主体直接体察的最初对象（也包括民航机组人员、海关和边防检疫人员等），其自身审美素质将成为游客获取愉悦旅游审美感受的关键，集中地表现在其仪表、风度与心灵三个方面。

（1）关于仪表美。一般来讲，人的仪表美是其形体美、服饰美与发型美的有机综合。

就形体而言，古今中外许多美学家艺术家长期研究的结果，大体上可以把人体美的基本条件归结为：①骨骼发育正常，关节不显得粗大凸出。②肌肉发达匀称，皮下脂肪适当。③五官端正，与头部配合协调。④双肩对称，男性要求宽阔，女性要求圆润。⑤脊柱正视垂直，侧视曲度正常。⑥胸部隆起，男性正面与反面看去略成 V 形，女性胸部丰满而不下垂，侧视应有明显的曲线。⑦腰细而结实，微呈圆柱形，腹部扁平，男性有腹肌垒块隐显。⑧臀部圆满适度，富有弹性。⑨腿部要长，大腿线条柔和，小腿腓部突出，足弓要高。⑩双手视性别而言，男性的手以浑厚有力见称，女性的手以纤细结实为宜。

服饰的美，不仅反映出人的品格与审美趣味，更重要的是它对人体具有"扬美"与"抑丑"的功能。俗话说："三分长相，七分打扮。"就是说，如果对服饰加以科学而巧妙地运用，就会使其与人体构成和谐的美，产生一种相得益彰、锦上添花的效应。事实上，人们在长期的社会生活实践中，往往将自身形体的某些美点，借助服饰的色调和款式加以突出。例如，肤色白净的女士的服装色调不妨明快鲜亮一些，如着桃红，在红白的对比调和中会产生一种"人面桃花相映红"的审美效果。如再淡淡地抹上一点口红，更显得楚楚动人，美而不艳。如若长着两条匀称漂亮的长腿，夏季穿裙子时适当地向上收一些，以便起到扬美的作用；但不宜过短，以免破坏整体的均衡，给人一种"仙鹤腿"的不快感。肩宽体健的男士，如果在服装式样选择上尽量求其合体、大方，便可显示出自然的英武雄强之美，但若垫肩过高，尺寸过瘦，缠身襄腰，就会走向反面，给人一种矫揉造作的印象。因为，对于具有自然形体美的人来说，也并非"淡妆浓抹总相宜"。就抑丑来说，服饰色泽、式样与图案的变化，在光的作用下会使人产生一种错觉，这对弥补或遮隐形体的某些缺陷是值得利用的。不可否认,就服饰美而言,色有深浅浓淡,纹样有圆横曲竖,款式有华朴宽窄。在衣着上什么形体选择什么色彩、纹样与款式,应该遵守一定的美学法则,这样有利于扬长避短,或者说是扬美抑丑。正如鲁迅所说:"人瘦不要穿黑衣裳,人胖不要穿白衣裳……方格子的衣裳胖人不能穿,但比横格子的还好;横格子的,胖子穿上,就把胖子更往两边裂着,更横宽了,胖子要穿竖条子的,竖的把人显得长,横的把人显得宽……"这说明人的形体与服装的色彩和纹样有着密切的关联,同时也揭示出服装的美化与丑化效能。对于导游来讲,在服饰上要尽量求得和谐(色彩、式样与形体、性别以及年龄、季节的和谐)、入时、端庄、雅致和整洁。要力避标新立异或一味模仿(即不顾自身条件而盲目地追求西方游客的服饰风格),既不应搞得过于土气,也不宜装扮得过于妖艳。因为,从职业特点和旅游审美角度考虑,导游借用服饰过多的炫耀自身,会产生一定的消极作用,而且不符合高层次的社会主义精神文明建设。

发型作为一门多彩多姿的造型艺术,是体现人的审美需求和性格情趣的直观形式,是自然美与修饰美的有机结合,同时也反映了人们的物质、文化、生活水平和时代的精神风貌。发型也像服饰一样,具有装扮或美化的积极价值。在现实生活中,人们对发型美的追求呈现出多元性,但"个性化"似乎成为一种总的指导思想。所谓发型的"个性化",就是根据个人的身材、脸型、头型、发质乃至年龄、职业来设计发型,使其能反映出个人的特点和情趣,以便取得整体和谐统一的审美效果。譬如脸型、颈部较长,身材高大的人,配上长发的发型会显得飘逸大方,风度翩翩。如果脸型宽大、身材矮胖、颈部粗短的人,留长发、蓄鬓角,那就会给人一种头重脚轻,臃肿做作的感觉。头发稀少或者秃顶的人,也不宜留长发,因为长发型自由而不规则,在有风之日若梳理不当,会显得凌乱丛杂,不但不潇洒美观,反而会给人以病态之感。对导游来讲,还应该从职业角度来看待发型的个性化。这就是说,要根据职业特点确定一种基调,即活泼开朗,朝气蓬勃,干净利落,端庄持重。要避免那种不修边幅、蓬头垢面、邋邋遢遢的令人生厌的形象。因为导游作为"民间外交大使",不仅代表个人,而且代表一个国家、地区和民族的风貌。

在发型个性化基本原则指导下,还应该考虑到"节奏美"。在美学上,人们常把"物的反复与相似的出现"称为节奏。音调的强弱,色彩的明暗,建筑的间隔,水势的缓急,山峦的高低均可构成不同的节奏(动态与静态)。推而论之,头发的起伏卷曲也会形成节奏。例如，波浪形短发节奏较快，具有动态感，显得热情奔放，朝气蓬勃；满头飘逸的微波长发所构成的节奏较为柔和，显得安静典雅，潇潇自然；直线型发式的节奏平直，显得端庄质朴。总之，发型的节奏美与人的气质、情趣、性格和审美追求有着十分密切的关系。

综上所述，导游作为直观的审美对象，由形体、服饰和发型等因素集合而成的仪表美，如同一幅肖像画或一尊塑像，直接影响着旅游主体的审美视知觉。导游形象仪表的美会给整个旅游审美活动造成一种积极而欢快的前奏。另外，从文化社会学角度考虑，仪表美不仅在一定程度上表现出个体的精神面貌和审美修养，还折映出相关民族的素质与形象，以及相关社会物质与精神文明建设的水平，对于代表个体也同时代表国家和民族的"民间大使"——导游来讲，仪表美的社会意义显得尤为突出和重要。

（2）关于风度美。欣赏风度，讲究风度是人类的共性。风度尽管反映人的内在美，但它总是具有感性或外显的特点，是通过站态、坐态和行态等可视因素展现出来的。人们常说"站要有站相，坐要有坐相"，这对风度美提出了最基本的要求。

导游在与游客交谈或进行风景解说时，应注意站态。既不要两脚并拢，笔直挺硬，也不可双腿叉开，摇头晃脑。手势表情也不宜过于夸张和激烈，更不可用手指点人说话。因为这种站态不是过于紧张生硬，缺乏亲切感，就是过于随便粗俗，令人生厌。正常的站态要求两脚叉开时不超过肩宽，腰板自然挺起，手势柔缓，面带微笑。这样会给人一种稳定感、轻松感和亲近感，有利于思想情感的交融。站态美一般有壮美与优美、阳刚与阴柔之分。壮美和阳刚美要求线条笔直，身体四肢对称紧凑，以期显示出庄严威武、刚强有力的特点。优美和阴柔美则要求线条微曲，身体各部多样统一，其左、右、高、低、前、后要打破对称，富有变化，构成曲线，以便显示出柔和、文雅、轻松、活泼的特点，给人以愉悦之感。根据导游职业的特点及其不同的环境气氛，导游应取不同的站态。

坐态，也有一定的规范。坐的时间几乎占人生的二分之一。坐态失常，不仅难看，而且会导致人体畸形，损害身材的自然美。对于导游来说，坐态也显得同样重要。通常，若在会客厅里坐在沙发上同游客商谈游览活动计划，双腿不可撒开，脑袋不宜后仰，也不能半躺半坐，以免给人一种懒散无力或自命不凡的感觉。入座就餐时也要讲究轻缓得体，不要猛坐猛起，以免碰响桌椅，造成紧张气氛；同时也不要弓背哈腰，双肘平行叉开排在餐桌上，这样做一方面显得粗野无礼，另一方面会影响游客正常进餐。

行态的美主要在于从容稳健，快慢自然，轻巧敏捷。前摆后扭，上颠下簸，头摇脑晃，就破坏了行姿的平衡对称与和谐一致的美感。行姿由于动态性强，比站姿与坐姿更难把握，但具有更高的审美价值。培根就曾说过："相貌美高于色泽美，而秀雅合适的动作美又高于相貌美，这是美的精华。"

可以说，站、坐、行三态是人的自然形体在空间中的形象显现，加上优雅的手势和温和的表情，会构成一种和谐的造型美。从静观或动观角度，这种直观的造型美便是风度美的客观的具体表现，但这并不是说，风度就是这几种"态"简单的形式组合。严格来讲，风度美属于社会美范畴，是人的内在美（性格、品质、修养、情趣等）的自然流露。因此，风度美要求内秀与外美和谐统一。"诚于中而形于外"似乎也是这种道理。

（3）关于心灵美。导游作为游客的直观审美对象，其心灵美也是被关注体察的要点。通常，在从社会美角度来分辨人的美时，总习惯于把仪表美和风度美归于"表层"的美，而把心灵美称为"深层"的美，我们认为这二者的和谐统一才是一种"完整的美"。心灵美是人的其他美的真正依托，是人的思想、情感、意志和行为之美的综合表现。

导游的心灵美主要体现在他所提供的优质服务上。

有位陪同法国"东方之友"旅游团的翻译导游，在整个游览活动中，积极热情，任劳任怨，关心游客，讲解认真，语言生动，为团中的老人多次排忧解难，上搀下扶，无微不至，临别前游客感动不已，送他一个装满外汇券和法郎的大信封，但却被他婉言谢绝了。随后，他收到多封热情洋溢的感谢信，信中对此次在华旅游中通过导游而得到的审美满足给予很大的肯定。

这一现实的例证对导游的心灵美的构成及其意义做了鲜活的说明。目前，中国国旅系统提出了"五要五不要"，就是：要和颜悦色、热情服务，要主动翻译导游、积极介绍情况，要耐心解答客人的问题、保守国家机密，要满足客人的购物和其他合理要求，要关心客人的安全与健康；不要收小费和索要物品，不要倒换外币，不要收取回扣，不要利用工作之便与客人拉关系、谋求私利，不要作任何有损国格、人格的事情。从表面上看，这是对导游服务的规范要求，而实质上是对导游如何塑造心灵美进行了高度而集中的概括。特别是对国格、人格方面的要求，在社会学意义上可以说是导游塑造心灵美的起点。只有讲究国格人格者，才有可能追求自我的（从仪表到心灵的）完美。

2. 掌握传递审美的语言艺术 [①]

当游客面对以自然资源为主要背景的名山胜景，会凭借外在的感性形式直接领略其多姿多彩的审美价值，进而获得不同层次的审美体悟，"此时无声胜有声"，往往忽视导游讲解的存在。而当他们来到以人文资源为主的有文化遗产（如圆明园遗址）面前，若无导游的阐释、指点相关历史文化信息与审美信息，恐怕很难从眼前残垣断壁、石柱土堆中充分体味到古迹凝聚的历史文化内涵。显然，导游如果能以艺术的语言把蕴含在风景名胜与文物古迹中的有历史故事与神话传说等审美信息有效地传递给游客，就会使对方在审美感知、审美想象、审美理解与审美情感等心理因素上获得更高层次的审美享受。

通常旅游审美信息传递的艺术形式主要集中于语言组织艺术与表达技巧两个方面。

（1）语言组织艺术。正如美学家朱光潜所说："话说得好就会如实的达意，使听者感到舒适，发生美感。这样的说话就成了艺术。"语言的艺术境界就是要"达意"与"舒适"。"达意"要求导游发音清楚，用词准确，"修辞立诚"，这是创造有益于领悟旅游审美信息的基本条件。"舒适"要求导游声调柔和悦耳，吐字娓娓动听，节奏抑扬顿挫，风格诙谐幽默，情感真切激越，才能唤起游客听觉与情绪上的快感。二者具体要求体现在：

语言的准确性。说话是否"达意"，常以准确作为衡量尺度。所谓准确，首先要求导游讲解的音质清亮明洁，没有含糊生硬。其次是言之有物，用词恰当。要求导游在讲解过程中，要有具体的针对性，注重与眼前的景物达成默契，遣词造句得当适宜。

语言的音乐感。所谓音乐感，主要是指语调的抑扬、语流的畅达、语句的长短与语速的快慢所构成的语言节奏美。语言的抑扬一方面由于字音的高低所致，另一方面也涉及情绪变化起伏。语流的畅达反映在衔接自然的语句中与连贯而无断续的表述上。语

---

① 王柯平．旅游美学新编［M］．北京：旅游教育出版社，2000:273–280.

句的长短是构成语言节奏美的要素之一。导游讲解中，句式不宜复杂冗长，而要简短明快，变化多样。

语言的生动性。导游在讲解相关景物的背景或传奇故事时，只有通过语言的生动性才能把游客导入诗情画意中，使其产生共鸣。因为，娓娓动听的语言、绘声绘色的讲解，会使游客通过联想或想象等心理活动，观赏景物的内在神韵，感悟其内在的审美价值。因此，在导游讲解过程中，要注意修辞技巧，学会恰当地运用对比、夸张、比拟、借代、明喻、暗喻、映衬等修辞手法，起到引人入胜、情景交融的作用。

导游在镜泊湖吊水楼瀑布处这样讲解道："在遮天蔽日的密林中走不了多远，大家就可以看到一气势磅礴的大瀑布，它像轰雷、骤雨、飞珠、崩玉，雪浪花似的泡沫，跳荡着，哆嗦着，溅起的水珠儿，蘑菇云似的冲向天空，然后化作轻纱般的薄雾，在阳光照射下，如同彩虹般闪耀。"

运用比喻、拟人的手法，生动展现瀑布的美妙情景，激发游客以无穷的畅想与兴致。

语言的情感性。导游在游客进入审美观照状态前后，往往需要对景观的审美意味进行口头的描述与渲染，此时讲解话语不应直陈、抽象或程式化，而应该形象生动、情真意切，一方面要求导游通过有声的感叹语传导情绪信号，另一方面采用无声的眼神、手势、表情等直观表达情感意义。

一个景点的导游对一个刚刚抵达的旅游团致欢迎辞："各位朋友，早上好！欢迎大家来到我们湖北省博物馆，我是大家此行的导游张宝，宝是宝贝的宝，我衷心希望能将这里的数以万计的宝贝与宝物全部介绍给大家！"

导游在游客即将进入省博，到达审美观照前，通过形象有趣的口头描述与渲染，给游客增添无穷审美情趣与期待。

语言的风趣性。导游语言的风趣性主要表现在其幽默或诙谐的言谈风格上，它是语言艺术的一个重要方面。在美学意义上，幽默属审美范畴之一，是喜剧性的一种表现形式。它通过比喻、夸张、象征、寓意、双关、谐音、谐意等手法，运用机智、凝练、风趣的语言，对现实生活中的各种乖戾、矛盾以及不合理现象进行含笑率直的揭示与批评。在导游活动中，语言的风趣性尽管与这种幽默不无联系（譬如在手法上），但主要还是指另一种形式的幽默，也就是轻松地开玩笑或善意的逗乐。

就效果而言，风趣幽默的语言可以活跃气氛，特别是在车上游客一言不发、空气沉闷的时候。

一导游带游客游苏州西园时，发现大家纷纷露出倦容，就站到500罗汉堂里那尊"疯僧"雕像前说："朋友们，这塑像可怪了。他有个雅号叫'十不全'和尚，就是说有十样毛病：瘌痢头、倒眉毛、斗鸡眼、招风耳、塌鼻梁、歪嘴巴、高低眉、鸡胸、反剪手、跷脚。别看相貌怪，但残而不丑，从正面、左面、右面看，他的脸分别给欢喜、滑稽，忧愁三种感觉……里面那500罗汉，尊尊不同。请耐心去找找，里面一定有一尊的脸形是像你的。"风趣的话语，逗得大家哈哈大笑，游兴顿增。

可见，导游对诙谐语言的灵活运用，对活跃团队气氛、充实导游活动具有相当明显的作用。尤其是在长途旅行中，这种做法更能显示出其消除疲劳、振奋精神的效果，使游客在轻松的欢声笑语中，度过快乐的时光。

（2）语言表达技巧。导游讲解技巧手法多种多样，关键是灵活调整旅游观赏节奏。[1] 所谓旅游观赏节奏是指游览活动的张弛，行进速度的缓急，导游讲解的快慢，声音语调的高低，以及导游过程中的停顿等因素构成的多样统一的动态旅游审美过程。其评价基本标准是旅游景观观赏的自然节奏与游客的生理、心理节奏间的对应协调状态。其中景观的自然节奏指的是景观在空间上的高低起伏，长短错落等形态变化，而生理与心理节奏是指游客的呼吸、动作、心跳、思想、情趣等，直接影响游客自身的审美感受。一般而言，不同年龄、职业、学历教育、兴趣偏好等游客，其旅游的心理与生理节奏存在较大差异。[2] 常用协调技巧与原则有[3]：

张弛并济。常言道："文武之道，一张一弛。"旅游审美活动也应该注意这一点。在组织游览活动时，要考虑到游客的生理适应性，解决好日程安排的紧与松、劳与逸的关系问题。不言而喻，人的审美心理与其生理机制是密切相关的。如果运动节奏超过了生理节奏（心跳、呼吸、血液循环等），就会打破人体内在机能的平衡，导致疲劳或其他症状，这对审美活动来讲如同"釜底抽薪"，失去了依托。也就是说，作为审美条件的生理基础一旦失去，审美活动也就难以独自进行了。游览活动

① 王柯平.旅游美学纲要［M］.北京：旅游教育出版社，1997:243-246.
② 郭书兰.导游原理与实务［M］.大连：东北财经大学出版社，1999:102-103.
③ 乔修业.旅游美学［M］.天津：南开大学出版社，2000:201-203.

第四章 夯实金牌导游知识

的张与弛，一般通过全程安排、日程安排以及具体的节日安排反映出来。这就需要根据旅行团队的人员构成（年龄、体力、需求等），设法使观赏内容丰富多样（而非单一、雷同），旅行活动紧松相宜（而非紧张疲劳），以便达到使游客感到轻快自然和不虚此行的最终目的。当然，游览活动的张弛程度，要视对象而定。对热衷于"拼命工作、拼命游玩"（work hard，play band）的现代青年人来讲，较快的观赏节奏也许更适合他们的习惯与追求。

缓急有度。在具体的游览观赏中，行进速度的缓急也形成一定的节奏。这种节奏对旅游审美效果会产生直接的影响。例如游园，有的人习惯于宏观欣赏，即从大处着眼，注重建筑的轮廓形式或假山水榭的布局等，而有的人则喜好微观省察，即从小中见大，玩味一幅彩绘、一个透窗或一处盆景。如果导游忽视了个人的审美习惯差异，或是赶羊似的一个劲儿地催他们快走，或是放任自流地随其所便，或是因为时间宽裕而故意慢慢吞吞……均会对游客的正常审美情趣产生消极的影响。所以，导游应像乐队的指挥一样，要在整体协调和因势利导的基础上，把握好行进速度的节奏变化，对哪儿该快、哪儿该慢、哪儿该停必须心中有数，事前做好统筹安排，以便使游客在快、慢、稍快、稍慢和停憩的节奏变化中从容自如、轻松悠闲地享受游览观赏的极大乐趣。值得一提的是，一年四季的景致循环变幻，旅游审美习惯因人（或因旅游团的人员构成）而异，用程式化的方法来调节同一景区的游览进度，是绝对行不通的。这就要求导游在实践中着意摸索，总结经验，灵活掌握，因时因地因人调节好观赏节奏。

快慢相宜。导游讲解的速度快慢也构成节奏。太快，游客不是反应不及就是听不清楚，时间一久，会导致听者注意力涣散或精神过度疲劳；太慢，会使人听了上句等下句，容易给人一种断续零乱或迟钝不适之感。这两种情况均不利于旅游审美活动的正常进行。我们先前在讨论导游语言艺术时讲过，流利畅达、快慢有度、节奏恰当是传递旅游审美信息的有效手段。如果导游只图自己一时痛快，讲解时指手画脚、滔滔不绝、一气呵成，而游客尚不知所云，茫然若失，那么就没有达到传递审美信息的目的。反之，导游讲解如果吞吞吐吐、慢慢悠悠或断断续续，让听者失去耐心，感到兴味索然，那显然也是一种失败。

在正常情况下，导游讲解的节奏以不紧不慢、流畅生动为准则。快时不妨利用设问作为缓冲，以增加节奏的变化和松弛游客过度集中的听觉神经。自不待言，讲解的速度要视听众对象而定。对听觉灵敏、反应迅速的年轻人，可适当快一点；而对老年人则要适当慢一些，吐字更清楚一些，甚至应有必要的重复。另外，还要根据景观对象的具体情况来调节讲解速度。通常，人文景观的内容复杂，需要传递的信息量较大，可适当快一些。自然景观的直观性强，需要传递的信息量较小。可适当放慢一些，给游客留有观照玩味以及印证的余地，以确保观赏活动的自由性或愉悦性。

音调和谐。无论是否使用扩音设备，导游讲解时音量的大小和声调的强弱，与观赏节奏也有密切联系，对旅游审美行为也有一定影响。实践证明，声音太高会给人以刺耳不适之感，太低又会给人以含混不清之感；语调干瘪会给人以枯燥无味之感，过于激扬则又会给人以矫揉造作之感。因此，导游理应因地制宜，根据听众的多寡与空间的大小，适时地控制和调节自己的音量与声调。一般来讲，音量的大小要以距你最远的本团游客能听清为宜，声调的变化要以自然质朴、抑扬顿挫为好。当然，声调往往具有表感功能（emotive function）或者说感情色彩。当导游亲临其境，全然进入角色之际，眼前的景观之美或相关神话故事的动人情节，必然会唤起其自身的审美情趣，这样，声调会随着情感的起伏而起伏，或激昂，或深沉，或欢乐，或忧伤，或抑或扬，或强或弱，从而构成一种富有节奏变化的真情实感的语流音调美，在不知不觉中，感染和吸引着游客的审美情趣和审美注意。

停顿适时。很难想象，一位"金口难开"的导游会受到游客的欢迎，同样也很难想象，一位喋喋不休的导游会赢得游客的赞赏。我们知道，停顿与讲解均是导游工作的需要，二者处于一种对立统一的关系之中。在旅游审美活动中，适时的停顿不但不会影响，反而会有助于游客的观赏。因为，审美在很大程度上是一种自由的个体性价值判断过程，过多的诱导会蜕变为一种干扰或强迫，使人难以在平心静气的凝神观照中领略眼前的景观之美。游山逛水尤其如此，如果导游在旅行途中已用有关的风物知识或神话传奇激发起了游客的审美遐想，如果游客在宏丽明媚的自然景观（游漓江的九马画山或黄山的奇峰云海）前已进入兴致勃勃的观照状态，若再无休无止地讲解下去就会显得有些唠叨，多余或讨嫌，因为"此处无声胜有声"。游客在寂静永恒的大自然里，会展开审美想象的飞翼，或以情托物，或借物抒情，进入物我两忘、天人合一的审美境界。

3.分析游客的审美感受

（1）游客的审美个性[①]。通常，审美个性既有相对的稳定性，也有偶然的变异性。从前者分析，一般可划为三种类型。第一种偏重审美感知与直观，总是对审美客体的感性形象发生兴趣，比较倾向再现；第二种偏重审美理解和想象，与审美理想直接关联，比较趋于表现；第三种介于前两者之间，审美感性与理性融合适中，比较追求再现与表现的某种均衡、结合、统一。从变异性角度看，审美个性似乎是一个开放的、动态的结构，易受偶然因素的影响，会由于一时的情趣、心境、意愿、景况而发生变异。

例如，一个外国旅行团游览西湖的"花港观鱼"时，其中一位老者乍一看到水中悠然自得的鲜红鲤鱼，突然萌发了一种欣喜而超然的审美体验，向导游风趣地说他自己恨不得也变成一条鱼。这显然是把鲜活生动的鱼儿作为生命与自由的反照，进而因联想和移情而生的结果。但就在此刻，他看到池边不远处躺着几条打捞上来的死鱼，顿时情趣骤变，兴味索然，说了声"可怜的鱼儿"就走开了。这正是因为当时景观与心境发生了偶然变化，审美感受中渗入了强烈的情绪，加之带有自怜与哀伤色彩的联想，冲淡或改换了原先正常的审美反应。

另外，年龄的增长，阅历的加深，文化的提高，生理的变化，也会不同程度地促使审美个性的发展或重构。

（2）游客的审美动机[②]。一般来讲，旅游审美动机具有多重特性，并因人而异。针对出于审美目的的游客的审美动机差异，可以分为：

自然审美型。这种动机是指向自然美欣赏活动的，如游览桂林漓江、云南石林、三山五岳、瑶林仙洞、长江三峡和吉林树挂等风景。由于人们的气质、阅历、情趣、年龄、生理、体质状况和文化修养不尽相同，在自然审美动机的指向性方面必然存在一定的差异。有的可能崇尚阳刚之美（崇高），便生寻访险峰峻岭的意向；有的或许偏爱阴柔之美（婉秀），故怀游览清泉出谷的动机。

值得指出的是，在中国许多风景名胜存在"自然的人化"，人文景观（如寺庙、楼亭、佛塔、石碑等）与自然景观往往相互因借、融为一体，构成了丰富多彩的旅游审美对象。这样，每游历自然风景区时，那些"使风景增添了历史舞台的色彩"

①② 乔修业.旅游美学［M］.天津：南开大学出版社，2000.

而且"具有了时间立体性"的文物古迹，会给人一种强烈的物质文化体验，进而会深化人们对自然美的欣赏。

艺术审美型。在众多的海外游客中，崇尚中国传统艺术者不乏其人。他们千里迢迢，不远万里，就是为了在中国具体的社会与文化氛围中，亲自领略中华民族艺术的美学风采。这是因为中国的传统艺术（如绘画、戏剧、书法、园林等）不仅在世界艺术之林中占有相当重要的地位，而且具有丰富而独特的审美价值。

譬如，"虚实相生""实景清而空景现"，在很大程度上体现了中国艺术最为突出的特征。在绘画里，艺术家往往不讲求自然主义所倡导的那种"逼真"，而是着意创造出虚灵的空间意象，给人留下情感的空白和想象的余地，从而达到因"虚"得"实"、妙趣横生的艺术效果。齐白石在纸上画几只虾，别无他物，但令人感到满幅溢水，虾在清溪中悠然游动，既空灵又实在。书法可谓中国传统艺术中的瑰宝，讲究用笔美（如光洁、圆润、明媚、苍老、刚劲、轻柔……）、结构美（如长短、大小、阔狭、疏密、横直、对称、均衡……），特别是意境美，即一种贯穿全幅的气韵和神采。

另外，中国的民间工艺美术，如陶瓷艺术、象牙雕刻、漆器、铁画、剪纸、蜡染、丝绣、竹编等，不仅造型优美，工艺精巧，风格独特，而且兼容观赏与实用两种价值，这对游客无疑具有颇强的审美吸引力，乃至诱发其购买欲望。

社会审美型。如前所述，审美化既成为个体与社会发展的根本趋势，人们必然总是自为地以美学的眼光审视、观察和体验所在社会的制度、结构、人情、伦理、道德、民风与生活方式等。就当前世界的现状而言，还不能说某个国家已建构出理想而完美的社会，可使其社会成员的人性得以完满的实现。人们总渴望到别的社会中寻求　种补偿，特别是在人情世故方面。因为"高技术条件下的高情感问题"[①]已成为当今社会中的一个越来越突出的文化心理问题。情感上的冷淡，心理上的焦虑，精神上的贫乏，生活上的孤寂，难免会导致人性的严重异化或扭曲现象，这在资本主义发达的国家尤其如此。中国的社会也并非那么完美无缺，但其比较优越的社会制度、中华人民共和国成立以来的建设成就，"尊老爱幼""乐于助人"以及"拾金不昧"等道德情操对外国游客具有相当的魅力，客观上已构成了一种特殊的

---

① 详见约翰·奈斯比特《大趋势》。

以欣赏社会美为导向的旅游审美动机。南方水乡的农舍虽然不及喜来登饭店那样豪华奢侈，但其简雅别致的建筑装饰和主人热心好客的纯朴情感却给海外游客留下美好的印象，使他们在精神和情感上得到一定的慰藉与补偿。另外，在老人社会问题日益突出的当今时代，中国人"尊老爱幼"的美德尤其显得难得和可贵。

记得一个美国旅行团在我国境内游览时，途中因遇河水上涨，团中一位老人不敢涉水，当地一位过路的年轻农民主动上前将他背过河，事后老人给钱他也谢绝。此举使全团美国人大为感动。这位美国老人更是眼含泪光，紧紧握住这位农民的双手感慨地说："这种事情兴许只有在中国才会出现。跟我同行的儿子身强力壮，刚才就在我的身边，但他却自顾自，不像你那样关心老年人……"

这一平凡的善行竟有如此神奇的震撼人心的力量，正说明温暖的人情在社会交往中占有何等重要的地位，具有何等珍贵的价值。所有这些待人接物的行为方式，综合起来就会构成一个相对完整的社会美的意象，折射出其社会成员心灵美的特质，如若细细体察的话，这种对人情与社会风尚的审美反应通常带有伦理的色彩和崇高的意味，对升华人的情感和振奋人的精神具有积极的作用。那些找到贵重遗失物品的失主和得到热心关怀、无私帮助的游人，无不深受感动，就充分印证了这一点。

饮食审美型。在长期的生活实践中，人类追求美食美饮的欲求最终使烹饪升华为一种艺术。这种艺术不仅是特定文明历史的见证，而且是特定审美意识的积淀。

中国烹饪是中国文化"四宝"（绘画、书法、中医、烹饪）之一，在世界烹饪艺术园地中享有极高的声誉。较为著名的鲁、川、苏、浙、粤、闽、湘、徽八大菜系风格各异，使南来北往的国内外游客流连忘返、有口皆碑。据调查，将中国作为旅游目的地的外国人的旅游知觉过程中，"品尝精美可口的食物"一项在被调查者中得到十分积极而广泛的反应，突出反映出饮食审美已经成为游客出游的重要动机因素。

一般来讲，中国烹饪不仅讲究菜点美（色美、味美、形美、技术美、意趣美），而且也关涉饮食器具美（造型美、装饰美、质地美）和饮宴环境美（餐桌摆设、宴席配乐和服务）。所有这些使饮食活动完全演变成一种博杂而综合的审美过程。其间，精美可口的食品，造型典雅的器皿，悠扬柔和的音乐以及周到礼貌的服务，通常使人在得到生理快感的同时，还会引起精神上的愉悦或轻松恬静的情趣。

人们在品尝某些具有特色的佳肴时，往往伴随着相应的心理活动，诸如联想、记忆和想象等。例如，在杭州"楼外楼"吃"叫花童鸡"时不免会回忆起乾隆下江南的有关逸闻；在北京街头吃烤羊肉串时兴许会联想到"天苍苍，野茫茫"的塞外风情；在云南吃"过桥米线"时，可能会想起那个夫妻真诚相爱的动人故事；在饮"杜康"酒时，必然会吟诵曹孟德《短歌行》中的名句"对酒当歌，人生几何？……何以解忧？唯有杜康"。特别是那些富有文学意味的菜肴命名，如"半月沉江""老蚌怀珠""龙凤呈祥""霸王别姬""东坡豆腐"等，很容易给人一种"指引性想象"，强化食者的文化享受。

毋庸讳言，任何层次或类别的划分均有一定的牵强性，上述四种审美动机尽管相互有别，各有侧重，但对旅游审美主体来讲，往往会彼此交融在一起。

（3）游客的审美感受[1]。审美感受可以说是旅游审美过程中导致的审美情感的成果阶段。由于审美个性、审美敏感性、历史文化心理结构等多种因素的交叉影响，游客对景物做出能动反映和评价的旅游审美感受往往呈现出一种多层次的现象或个体差异性："审美有不同层次，最普遍的是悦耳悦目，其上是悦心悦意，最上是悦神悦志。"[2]

悦耳悦目的直觉感受。所谓悦耳悦目是指以自己耳、目为主的全部审美感官所体验的愉快感受。通常以直觉为特征，在旅游主体与审美对象的直接交融中，瞬间感受到对象的美感，唤起感官的满足。

宋代词人张孝祥因遭谗言落职，自桂林北归，途经湖南，曾在月下独游洞庭湖。面对一派湖光山色，词人陶醉其中，不禁挥毫写下一首千古绝唱《念奴娇·过洞庭》的词，其上阕：洞庭青草，近中秋，更无一点风色。玉鉴琼田三万顷，著我扁舟一叶。素月分辉，明河共影，表里俱澄澈。悠然心会，妙处难与君说。

张孝祥面对洞庭月夜的迷人美景，似乎不假思索地便在瞬间以自己耳、目为主的全部审美感官体验到愉快的感受，并"悠然心会"到对象的"妙处"，这就是悦耳悦目的直觉感受。

悦耳悦目是最为普遍的一种审美心理状态。在心理学上，一般把人们对客观世界的认识分成三种方式：直觉、知觉和概念。直觉是只有形象，而且只注意于形象。就像朱光潜在《文艺心理学》里所介绍的那样：假如一个初出世的小孩子第一

---

① 徐缉熙，凌珑.旅游美学［M］.上海：上海人民出版社，2000.
② 王柯平.旅游美学新编［M］.北京：旅游教育出版社，2000:177-183.

第四章 夯实金牌导游知识

195

次睁开眼去看世界，就看到这张桌子，当时桌子对于他只是一种很混沌的形象，不能有什么意义，这种见形象而不见意义的"知"就是直觉。以后待到弄清楚了物与物的关系，发现了物的意义，知道自己面前这一木制的方形东西是父亲写字用的桌子，这种由形象而知道意义的认识就是知觉。再以后，离开了桌子，离开了物的形象，而能在脑子里抽象想到桌子的意义，这就是概念。①

而在旅游审美心理活动中，例如我们来到杭州，往西湖边上一站，极目远眺，湖光山色尽收眼底；侧耳细听，隐隐地闻鸟语水鸣；再加上阵阵花香不时沁入你的心扉，一时之间，我们的呼吸屏住了，思绪断绝了。西湖的美的形象直接抓住了我们，这种当审美主体面对审美对象时最初而又直接地表现出来的一种心理活动形式，就是悦耳悦目的形象直觉感受。

这种悦耳悦目的直觉感受是一种不假思索地从对象的感性形式中直接观照到它特有的本质的内涵，并将此凝聚为某种审美意象，这是一种快速而直接完成的形象思维活动。形象的直觉感受性具有三个特点：第一是感受的直接性。即感受者要直接面对事物的感性形式，不绕弯路，开门见山，在快速的瞬间一见钟情式地获得对对象的审美把握。例如，我们听一支歌曲，也许并没有听清歌词，甚至还来不及分辨其中的音符、音节，但悦耳的旋律却早已令人心醉。我们游览一处胜景，也许起初并不意识到何以如此美，但目不暇接的美景，会令你叹为观止，流连忘返，你会在不知不觉中被唤起美感，获得美的享受。第二是感受的独创性。这种感受又要摆脱种种实用观念、科学观念的束缚，即如朱光潜所说，当你面对一棵树的时候，不能像植物学家那样，考虑到树的品种；像木匠那样，想到树的用途，而要凝神观照，目不旁涉，凝思寂虑地从对象中获得与众不同的独特发现。第三是感受的审美性。感受者在面对事物的感性形式时，要把自己全部的思想感情，整个的心灵灌注到对象中去，与对象相契合、相拥抱，形成一种审美交互，感受者凭借自己自由自觉的本质，奔向迷人的审美对象。在主客体完美的交融中，凝结出审美意象的成果。

悦心悦意的审美领悟。 旅游审美心理活动并不只停留在悦耳悦目的直觉感受中，眼前耳旁的迷人情景还能继续撩动你的思想情感，迅即，人们的情感被触发

---

① 朱光潜.朱光潜美学文集（第一卷）［M］.上海：上海文艺出版社，1982:10—11.

了，记忆被唤起了，开始进行活跃的想象和理解活动。而一旦这种饱和着情感的想象力和理解力的相对自由的活动达到和谐的程度，人们便会体验到全身心的感动，或者舒畅怡悦，或者动魄惊心，有时甚至达到"销魂"的地步，会不期而然地引发出一种精神亢奋的状态，不知不觉地进入对象所指引的某种境界。似乎有所发现，有所领悟，眼前有限的、偶然的、具体的审美对象中似乎蕴含着某种无限的、必然的甚至是"只可意会，不可言传"的审美意味。这就是悦心悦意的审美领悟，是旅游审美心理活动的另一个重要特点。

比如，人们在旅游活动中，面对一池荷花，你不只是感受到它的色彩和香味，在你目不旁骛的凝神观照中，它似乎化成了一群群素服淡妆、踏波而来的洛河神女；面对一丛丛水仙，它们又犹如那玉骨雪肌的凌波仙子，袅袅娜娜，亭亭玉立；甚至连那三枝两枝翠竹，你也会感到它们是根扎深土，头顶蓝天的清高君子；千棵万棵的松树更如挺拔傲立、雷打不动的坚强勇士。在欣赏者主体想象的怀抱里，这些审美对象的感性形式会一跃而变为情景交融的审美意象，它们似乎有体温，有血肉，更有生命，有灵魂，显得是如此的娇艳，纯洁，厚实和凝重。

悦心悦意的审美领悟具有下述三个特点：第一，全身心的审美愉悦性。审美的领悟是主体对客体进行的一种审美的观照，当游客发现对象的美时，便会被它所感染，激发起情感活动，于是审美的愉悦油然而生。以审美为目的的旅游活动不同于以获取知识为目的的科学考察活动，也不同于以辨别善恶为目的的道德认识活动。

例如，科学工作者考察东北的长白山和五大连池，在长白山，他们会专注于长白山头巨大的火山口湖泊，高悬的瀑布，热涌的温泉，并进而发现这是由于长白山处于东西向和北东向两个断裂带的交会处，在300年前发生过极为强烈的火山活动才形成了这神独特的景观。在五大连池，他们面对点点锥体，曲曲熔岩，串珠式的堰塞湖和奇特的药水泉，会探究出这些景观和该地区当年微弱的火山活动以及较少的喷发物有关。同样一位研究人文历史的社会科学家，他寻访云南边寨村落，会专注于研究纳西族特有的婚姻方式，为获得确证母系社会存在的证据而孜孜不倦地工作。

但在旅游审美活动中，游客却不一定非要了解清楚长白山和五大连池奇特景观的成因，也不一定要弄清楚纳西族婚姻中所凝聚的历史文化内涵，而热衷于在获得悦耳悦目的直觉感受时，还能寻求到悦心悦意的审美领悟，追求在全身心的情悦中感受到某种生活的情趣、生命的活力，注重能进入一种对"心思意向获得培育"的欣快喜悦状态，获得悦心悦意的美感效应。

第二，审美领悟具有艺术的再创造性。游客面对审美对象，并不只是消极、被动地接受对象所提供的审美信息；而能积极、主动地调用自己原先的生活经验去丰富、补充、领悟对象所显现的审美情景，在自己的头脑里对对象进行艺术的"再创造"。在这过程中，想象的作用尤为突出。游客在对对象的凝神观照往往能借助想象的飞翼"精骛八极""心游万仞"，超乎具体形象之外，在自由的审美遐想中创造出"象外之象""景外之景"。这种创造出来的"景"和"象"既意味着审美感受的丰富和深化，也意味着欣赏已从中获得了审美的领悟。例如，当人们欣赏一幅黄山的水墨画，画面上除了异峰突兀的黄山峰峦，背景处往往是巨大的空白，这空白处是流动翻滚的白云，还是晴空万里的苍穹，抑或是皑皑苍茫的白雪，也许原本就是大地……总之可以任由人们去遐想。在这自由自在的创造中，游客就从中感受到无穷的乐趣，也获得了审美的领悟。

第三，审美领悟的多义性。所谓多义性是指在审美领悟中所获得的理解并非只是确定无疑的一种。造成这种情况的原因有两个：一是审美对象所包含的内容比概念远为广阔、复杂、丰富、多样，二是欣赏主体又有各自的个性色彩、情感态度和想象内容。所以不同的欣赏者面对同一个审美对象会产生不同的领悟内容，就是同一个欣赏者面对同一个审美对象，在不同的时候，也会有不同的领悟内容。从表面上看，领悟的多义性带来理解的不确定性，似乎是个短处。实际上，正是由于领悟的多义性，才使旅游审美心理活动中的理解因素具有充分发展变化的可能，使得各类旅游审美对象能穿越过长长的历史隧道，常看常新，永久地具有感人的魅力。

总之，悦心悦意的审美领悟表明了游客是运用形象思维方式来对对象进行审美的观照。其中，通过感知、想象、情感等各种心理因素的交互活动，就能把感性和理性交融在一起，达到理解和感受的有机统一，致使人们能够从对象中获得某些妙谛真知。

悦神悦志的精神升华。 在整个旅游审美心理活动中，游客在"耳目"和"心意"的愉悦中会获得某种直觉感受和审美领悟，但这并不意味着旅游审美心理活动的终结，它还会继续向更高的层次发展，进一步达到悦神悦志的精神升华的境界。所谓悦神悦志的精神升华，是指主体在观照审美对象时，经过感知、想象、情感、理解等多种心理功能的交互作用，而获得精神意志上的完善、飞跃和升华。这是一种高级而深刻的心理活动成果的体现。许多游客会有这样的审美心理体验：比如，当你历尽千辛万苦，终于登上泰山绝顶，那种"会当凌绝顶，一览众山小"的浩然气概会在心头油然升起。一时间，什么人间的纷扰烦恼，个人私利统统被抛诸脑后。你会深感自己的精神境界升华了，由"小我"涌入到"大我"的洪流，获得一次超越。

为什么在旅游审美心理活动中能使人获得悦神悦志的精神升华呢？这主要有下述几方面原因：

第一，旅游审美活动能使人从生理的兴奋和快感转移到心理的怡适和愉悦，从而使人的情感获得某种宣泄和补偿，并进而获得陶冶和净化，改善人们的心理气质和精神面貌。人们无论面对自然美、社会美还是艺术美，一开始总是被构成这些对象的声音、颜色、形状等"外观"世界所吸引，这些由形式因素所构成的"外观"世界，虽然也反映了客观世界和客观生活，却并没有任何客观世界和客观生活的实际内容，因而它们满足不了我们生理上的任何需要，它们只是供我们观赏和品味，使人们在耳、目、心、意的愉悦中，在心理上构筑一个恬适而又翰悦的境界，这时"心与物游""物我同一"，物我的界限、人我的界限会涣然冰释，昔日承受的种种压力得到转移和宣泄，在对理想和情趣的追求中，会淡化属于个人的利害得失，心灵也就获得了真正的陶冶和净化，在不知不觉中提高了做人的修养。

第二，在旅游审美心理活动中，人们能通过对个别性对象的感受、体会，观照到其中蕴含的普遍性，进一步扩大思想的容量，求得精神境界的升华。旅游活动的审美对象往往总是一些具体、可感、个别的形象。审美活动的可贵之处往往在于它既离不开对个别形象的感受，又能从中上升到普遍性的高度。例如，乘船游览黄河长江，人们不仅为它们那"九曲十八弯"和"大江东去"的雄浑壮阔的感性形象所感动，更会唤起我们心灵深处的思旧怀古之情，给我们以深沉的历史感，感悟到它们确是中华民族的巨大摇篮，并在其中蕴含久远而且深远的历史文化意味。所以，在旅游审美活动中，它能直观个别，神游九天，从个别飞跃到普遍性的真理，这无疑会使人的精神境界获得提高和升华。

第三，旅游审美活动能帮助人们从功利性的占有和享受转移到超功利性的旷达和赏玩，在功利性和非功利性的矛盾统一中提高人们的精神境界和思想水平。人生在世，一要生存，二要发展。这衣食住行和功名富贵，以及与之相关的能给我们带来实际利益的东西，我们一般称之为功利性。从美学上看，功利性是区分审美活动和非审美活动的重要标志。美感是非功利性的，主要表现在：审美时，我们不作实用考虑便可以产生愉快，我们并不为实用目的而去审美；审美时，我们尽管可能产生强烈的情感体验，却并不立即作实用的现实的行动反应，我们获得了美感，便急欲与他人分享。这些都表明美感无关于个人利害，它不是自私的享乐，而是一种无私的、社会性的愉快。但是，承认美感活动的个人非功利性却并不能否认美感活动还潜藏着社会的功利性。从根本上说，人们的美感活动本身就是社会实践活动的产物，它要随着人类社会实践活动的发展而发展，社会生活实践本身就最富有功利性，只是这种功利性经过长期的积累和演变，显得很隐蔽，常常不为审美的个人所觉察罢了。问题并不在美感活动有无功利性，而在于如何把非功利性和功利性这一对矛盾有机地统一起来。在这一问题上，旅游审美活动就有着特殊的价值：一方面，在旅游审美活动中，人们唯有超出个人狭隘的功利打算，尽可能地摆脱带有实际物质利益的功利目的，他才能获得耳目心意的全身心愉悦，领悟到美的事物所蕴含的妙谛真知；而另一方面，它也能同时提高人的精神境界和思想水平，使人超出庸俗的个人主义圈套，在精神意志的舒畅完善中，进一步把人提高到符合人类社会前进利益的更高层次的功利目的上。

总之，在整个旅游审美心理活动中，悦耳悦目的直觉感受是这一美感活动的外貌和呈现形式；悦心悦意的审美领悟组成这一美感活动的具体内容和过程；悦神悦志的精神升华则是这一活动的终极结果。这三者既展现了旅游审美心理活动不断递进的层次，又凸显为旅游审美心理活动最主要的特点。把握了这三点，就有助于人们了解旅游审美心理活动所蕴含的全部奥秘。

4. 激发游客的想象思维

（1）想象思维的表现方式。广义的想象是一个有着广阔内容的心理范畴，包括初级形式与高级形式两种形式，其中初级形式即为联想，分为接近联想、类似联想、对比联想等多种形态，高级形式即为想象则可分为再造性想象与创造性想象两种基本形式（图4-18）。

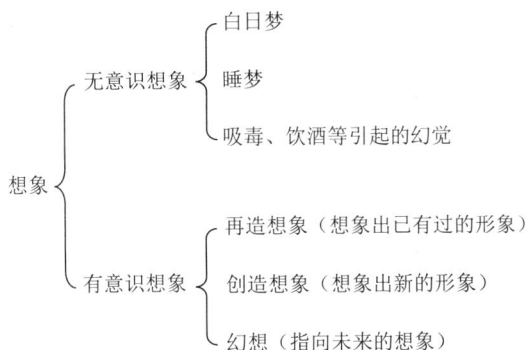

图 4-18　广义想象的分类

审美联想。心理学认为联想是回忆的一种形式，引起联想的根源是客观事物之间的相互联系及其在人脑中的反映。由于客观事物是相互联系的，所以在人脑中的反映也是相互联系的，这就使得当人们面对某些事象时，可以引起对另外事象的再现。如看到不畏严寒的蜡梅，会联想到坚强不屈的战士；看到燕子垒窠，会感受到百花盛开的春意。

因此，在旅游审美活动中，导游要善于借助激发游客的联想，使其审美体验不只是停留在对旅游事象直接、简单的感受上，而能间接地、深入地感受到事象所蕴含的内在意义，从而加强游客的感观体验，提升导游讲解服务质量。

审美联想按照所反映事物间的关系不同，分为接近联想、类似联想、对比联想三种形态。

接近联想是指甲乙两事物由于时间、空间上的接近，人们在相关经验中便把它们经常联系在一起，以致形成稳定的条件反射，一感受到甲，就自然联想到乙，并引起相应情绪反应。

如唐朝李白在宣城见到杜鹃花，写下诗句："蜀国曾闻子规鸟，宣城还见杜鹃花。一叫一回肠一断，三春三月忆三巴。"由于杜鹃花盛开的时节，正是四川子规鸟啼叫的时候，李白因二者时间上的接近而产生联想，引起其对蜀中故地的思念。再如宋朝诗人陆游重游故地沈园时，写下诗句："城上斜阳画角哀，沈园非复旧池台。伤心桥下春波绿，曾是惊鸿照影来。"诗人目睹沈园绿波荡漾的春水，想起昔时与唐琬相伴池边，水中倒映唐琬姿态轻盈的倩影的场景，这便是由空间接近而引致的联想。

类似联想是由甲、乙两事物在外貌或性质上某种类似而引起的联想。在旅游审美活动中，人们对黄山星罗棋布的奇峰怪石，或称为"喜鹊登梅"，或称为"猴子观海"等，便是抓住二者的形态相似而作的类似联想。此外，依据事物间性质相似而作的联想在旅游审美活动中也时有发生。

如陈毅在观赏北京香山红叶时，曾赋诗："西山红叶好，霜重色愈浓。革命亦如此，斗争见英雄。"诗人目睹经霜打、色泽更浓的红叶，联想到唯有经过艰苦奋斗才能显出英雄本色，很敏锐地抓住二者间性质特征上的类似。

对比联想是指建立在甲、乙两事物性质状貌对比关系上的联想。主要强化对二者间对立关系的理解与感受。如杜甫的"朱门酒肉臭，路有冻死骨"、毛泽东的"高天滚滚寒流急，大地微微暖气吹"，都是在诗歌创作中对比联想的佳作。在旅游审美活动中，园林建筑造山叠石技法讲究丑，认为唯有丑才能见石之美、石之秀，正如刘熙载在《艺概》中所说"怪石之丑为美"，[①] 通过对比联想生动载现园林石之秀美。

审美想象。一般意义上的想象是想象的高级形式，是指派借助记忆里所储存的表象，通过分析、综合、创造新的形象的过程。往往是在已有知觉、表象及其相互联系基础上，对事象重新予以组合与安排，赋予新的形式与意义的感知历程。

想象对旅游审美活动的作用是巨大的，一个旅游充分地感受、理解和体验事象的美，形成美的认识，获得强烈美感，没有想象的参与是不可能的。当游客面对人文景观或历史遗迹时，要真正感受、体验到其美感，不仅需要感知，还要以自己生活实践中的相关记忆去想象，这样才能真正进入对象所展现的审美情景中，获取审美体验。

当游客站立于排列成 38 路纵队与阵势的数千具武士与车马陶俑前，导游可以引领其展开想象的翅膀，一起感受当年秦始皇"带甲百万，车千乘，骑万匹"，"扫六合，虎视何雄哉"的威武场面，切实体会"20 世纪最伟大的考古发现"所呈现的"世界第八大奇迹"。

想象按其内容新颖性、独立性和创造性程度不同，可分为再造性想象和创造性想

---

① 刘熙载（1813—1881），清道光年间，江苏兴化人。著述甚富，代表作有《四音定切》《说文双声》《说文叠韵》《持志塾言》《昨非集》《艺概》等多种。《艺概》一书是他晚年的作品，共六卷，是其历年来在文、诗、赋、词曲、书法、经义方面言论的汇抄。

象两大类。再造性想象是指人们能根据形象化的语言描述或其他手段的描绘，在自己头脑中再造出相应的新形象的过程。任凭它，游客不必身临其境去感知，就能凭旁人描述或情景目睹，将某些自己无法亲身感知的客体转化成为自己的主观印象。

当游客身临武汉盘龙城遗址时，导游可凭借再造性想象，引领游客在脑海里再现 3500 年前殷商先民南征长江流域，传播中原文化，创造灿烂城市文明的情景。

而创造性想象则是指想象者直接对自己记忆中所储存表象进行创造性的综合活动，独立地创造出新颖、独特的形象的过程。相较再造性想象，创造性想象更复杂，更依赖于想象者的实践经验与文化知识。因此在旅游审美活动中，导游可适当借助外景特征，结合游客知识背景，启发游客的创造性想象。

如在带领游客参观扬州园林中以假山堆叠而著称的个园时，导游可以有意识地指出园中四种石头的颜色差别，启发游客思考"这不同颜色石头代表了什么含义"以激发其创造性想象思维：灰绿色的石笋代表春天，灰白色的太湖石代表夏天，微黄色的黄石代表秋天，雪白色的石头代表冬天，四种石头交相辉映，展现春夏秋冬四季景色，加深游客对清代画家石涛独具匠心的造园技法绝美的认识程度。

（2）创造意境，激发想象，引起游兴。观景赏美是客观风光环境和主观情感交融结合的过程。一些旅游景观，尤其是缺乏较多直观载现的人文景观（如人类遗址），需要导游创造意境，进行美的再创造，才能激发游客的游兴游趣。

在游览西安半坡人类遗址时，导游面对着那些打磨平奇的石器、造型粗糙的陶器，只是向游客平平淡淡地介绍这是什么，那是什么，游客就会感到枯燥无味，毫无游兴。如果导游讲解遗址出土文物时，首先为游客勾画出一幅半坡先民集体劳动、共同生活的场景，"在 6000 年前的黄河流域，就在我们脚下的这片贫瘠的土地上，妇女们在田野里从事农业生产，男人们在茂密的丛林中狩猎、围捕，在湍急的河流中捕鱼、撒网，老人与孩子在灌丛中采集野果。太阳落山了，村民们聚集在熊熊燃烧的篝火旁童叟无欺、公平和睦地分配着辛勤劳动的成果，欢笑声此起彼伏……半坡先民们就是这样依靠集体的力量向大自然索取衣食，用辛勤劳动创造了光辉灿烂的新石器文化"。游客们立即产生浓厚的兴趣，时而凝神遐想，这时导游再进一步发挥："如果没有 6000 年前的陶甑，或许至今世界上还没有蒸汽机；如果没有半坡先民原始的数字计算，或许也不能出现今天的电脑。"

此时游客的想象思维被充分地激发起来，审美境界也得到了升华。

（3）丰富手段，促进联想，引起游趣。

如"陆水湖的水，涟涟如雾地缠绕在山的肩头；陆水湖的山，隐隐作态地沉湎在水的怀抱。陆水湖的山水像一幅涂抹在宣纸上的风景画，极尽构图之匠心，俱显线条之清丽，那么美妙绝伦地舒展着，那么风情万种地起伏着。她用山的钟灵揽天光云影，她用水的毓秀成鉴湖风月"。

这里将陆水湖比喻为山水风景画，令人产生无穷的遐想。

5. 掌握观景赏美的方法

并不是每一个出去旅游的人，都能充分领略旅游地自然、人文、建筑、饮食之美，这与游客自身的年龄、文化水平、审美情趣、鉴赏力等各种因素有关，而能否掌握与运用恰当的观景方法也是不可忽视的因素之一。

（1）自然美的观赏方法[①]。

灵活运用动态与静态观赏。任何自然风景都不是单一的、孤独的和不变的画面形象，而是活泼的、生动的和连续的整体，随着观赏者的运动，空间形象美才能逐渐展现在人们的面前。游客漫步于景物之中，步移景换，异变影响感受，这种动态观赏，使人获得空间进程的流动美。

但是在某一特定空间，观赏者可作选择性的风景观赏，即为静态观赏。这种观赏形式时间长、感受深，可以让人获得特殊的美感。如在盐官镇观看钱塘江潮时，在泰山顶欣赏云海玉盘时，让人遐想，令人陶醉。

何时"动观"、何时"静观"，则应视具体时间的景观、时间而定，导游要灵活运用，"动""静"结合，努力使游客在动之以情、静之以景，情景交融中得到最大限度的美感。

合理把握观赏距离与角度。观赏角度是指观赏者与景物间构成的视角与方位。角度不同，景观也不同。[②]黄山奇石"松鼠跳天都"又名"犁头""双鞋"，正是因观赏者角度差异而产生的不同感受。所以对导游来说，为游客选择合理的角度，开展相应解说可以增添其讲解效果，让游客产生美的感受。

观赏距离是指观赏者与景物间的审美距离，主要包含四层意义：一是主体与对象间的空间距离，二是两者间的时间距离，三是视觉距离，四是主体心理上的

---

① 徐堃耿.导游概论［M］.北京：旅游教育出版社，2001:118-121.
② 正如苏东坡诗云："横看成岭侧成峰，远近高低各不同。"

距离。

观赏者与对象间需要一定空间上的间隔，空间距离与审美效果直接相关：有些景物适于观看全景、远景，有些则宜于近看与观摩。北京西山红叶，观其全景，确有"满山红遍，层林尽染"之感，但近看一树一叶，就缺乏如此美感了。反之，观赏牡丹，则一枝一叶一花，都呈富贵娇艳之美。

自然景观的形成一般比较的久远，与观赏者之间形成一定时间上的距离。时间距离由对象本身决定，无法选择，导游讲解过程中特别需要通过揭示自然景观的形成年代，以引发游客的思古念今之情与沧海变化之感。

视觉距离即所谓的雾里看花，花与人之间的空间距离没有变化，但由于雾的间隔，视觉的距离似乎处长了，产生别样的朦胧美。如杜甫诗云"烟笼寒水月笼纱"（《泊秦淮》），月亮蒙上淡淡的云彩，秦淮河水笼罩缭绕的雾气，整个意境无比朦胧、含蕴与悠长。

心理的距离是指把审美对象及其对观赏者的影响与观赏者自我分离，将观赏对象置于实践目的与需要的联系之外，获得的距离。[①]

比如，帆船在海上遇到大雾，因为可能造成危险与严重的后果，航海者感到害怕，但如果"暂时抛开海雾带来的危险与不悦"，客观地观赏一下迷蒙的远山、乳状的海水，才能感受与世隔绝的宁静与战胜恐怖的喜悦，这与同情境下的焦虑不安与恐惧紧张形成鲜明的对照。地质学家前往庐山，考察地质构造，显然不是作为审美主体去观赏庐山之秀美，只有撇开地质调查的目的，以一个纯粹的审美欣赏者去感受庐山之美，他才能进入审美状态，得到美的享受。

恰当掌握观赏时机。观赏时间主要是指季节、朝暮、晴雨等。自然景色会随四季、朝暮、晴雨变化而变化，[②] 人的观赏心情也随之而不同。[③]

观赏美景要掌握好季节、时间和气象等变化带来的自然景观变化。光照、时令、气候影响着大自然中的色彩美、线条美、形象美、音响美、静态美与动态美。

---

① 布洛．"心理距离"作为一项艺术因素与审美原则［A］//西方美学史资料选编（下卷）［M］．上海：上海人民出版社，1987:1031.（认为心理距离实际是一项审美感受或艺术因素。）

② 正如欧阳修在《醉翁亭记》中写道："若夫日出而林霏开，云归而岩穴暝，晦明变化者，山水之朝暮也。野花发而幽香，佳木秀而繁阴，风霜高洁，水落而石出者，山间之四时也。朝而往，暮而归，四时之景不同，而乐亦无穷也。"

③ 正如郭熙在《林泉高致》中所说："春山烟云连绵，人欣欣。夏山嘉木繁阴，人坦坦。秋山明净摇落，人肃肃。冬山昏霾翳塞，人寂寂。"

清明踏青，重阳登高，初春赏兰，秋看红叶，雪中闻梅等都是由自然万物的时令变化规律造成的。所以对导游而言，为游客选择恰当的旅游时间是很重要的，既需要根据游客年龄、爱好、职业特点来安排，又要根据自然景观特点来选择（各自然胜景都有其最佳的观赏时间）。

如游杭州西湖，以春天最好，桃花盛开，嫩柳披金，晓风杨柳岸，美不胜收；游上海江滩，以夜色最佳，霓虹闪烁，美轮美奂，动感不夜都，心旷神怡。

（2）人文美的观赏方法[①]。

从社会内涵意蕴中把握人文景观。人文景观是人类社会创造的产物，总是蕴含着一定的社会内容。人文景观的美在很大程度上与它们的社会内容有着密切的联系，所以我们不可能撇开其社会意蕴去孤立地欣赏它们，因为社会意蕴已经成为人文景观美不可分割的一部分。

首先，人文景观显示了人的创造力。人文景观是不同历史时期人类的创造。诚然，大多数的人文景观并不是作为审美对象而创造出来的，而是包含着强烈的物质功能目的。如建筑首先是为了居住，城墙最先是为了防御而建造。即使有些人文景观含有一定的精神功能目的，如佛教的塔、寺庙，西方的教堂等，最注重的也不是审美功能，而是宗教功能。但是它们作为人类的创造，也会表现出美的内容。人和动物不同，动物是按其本能来进行其生存活动的，而人类的活动则是有意识、有目的的创造活动。这种活动的重要特点，就是"按照美的规律来建造"。这就是说，在人类的创造性活动中也体现了审美的要求。因此，从美的本质来说，美就是人的本质力量的感性显现。无论是古老的城墙还是现代的高楼，都是对不同时期人的本质力量的肯定，因而都具有审美的价值。

其次，人文景观表现了社会生活的美。如果说自然景观表现了自然中的美，那么人文景观就展示了社会中的美。人文景观既然为人类社会所创造，它们的美也必然蕴含着一定的社会生活内容。可以这样说，人文景观是社会美的一部分，也就需要用社会美的特征来把握它们。人文景观以自身的形象肯定着人的社会实践，肯定着人的合规律性与合目的性的社会活动。也就是说，人文景观的存在是经过了一个由动态过程到静态成果的转化扩展过程，从静态的景现形象可以追溯人的社会实践

---

① 徐缉熙，凌珑.旅游美学［M］.上海：上海人民出版社，2000:71–81.

的具体动态景象。正如我们登上长城时，会想起劳动人民修建长城的景象，尽管这种劳动充满着压迫和血泪，但从中显示出来的人的实践的艰苦性、不屈性和崇高性，表现了人的社会斗争的美以及人自身主体性的美。形形色色的人文景观正体现了生活美的多样性和丰富性。

最后，人文景观给人以深沉的历史文化体验。人文景观蕴含着丰富的历史文化意蕴。一处人文景观，纵然在形式上并不出众，但是一旦与特定的历史文化相联系，就会发出异样的光彩。那些作为历史见证的古迹，那些留下文人骚客的足迹和诗文的建筑，都会使人更多体验到一种人文美。人文景观的人文美使得它"增添了历史舞台的色彩""具有了时间的立体性"。它让人走进历史，历史仿佛就在眼前，怀古之情油然而生。登临黄鹤楼，总不免发思古怀旧、无限神驰之情，生心胸坦荡、叹为现止之感。站在八达岭，也会沉浸在历史的氛围之中。劳动者的累累白骨，英雄豪杰的独领风骚，激越悲壮的战场厮杀，一切都仿佛会在对历史的感受中重现。于是，那厚实坚固的墙体，那块块砖石，都渗透进深沉的历史内容，让人体验过去，体验历史与文化。通过人文景观去激活历史文化，是对人文景观审美观赏的重要方面和前提。

从对象具体特征中欣赏人文景观。对人文景观的观赏离不开对其具体特征的把握。人文景观的种类很多，各有不同的审美特征，我们便要从这些特征入手，认识各种人文景观的独特的审美个性，从而更好地欣赏它们。

人文景观中较为普遍的就是各种各样的建筑景观，而建筑的内容主要表现在它的功能、技术和艺术上：其一，功能美，表现为其实用性，是一种实用的物质产品。它的功能是让人居住和活动。其二，造型美，表现为建筑空间的外部形态，也就是建筑的实体形象。建筑的造型受到材料、技术、社会、经济、文化、艺术等多种因素的制约，而表现出不同的造型美（如中西方建筑美的区别，中国古代建筑的造型更强调结构美，而西方建筑从古希腊开始注重建筑的立体性的外观造型美）。其三，形式美，表现为建筑整体和部分间组合协调关系的美感。这种组合协调关系规律主要有：比例与尺度（建筑整体与局部以及局部之间的尺寸和大小关系）、对称与均衡（各部分的相等比例与体量关系）、节奏与韵律（有规律的连续运动和变化）。

建筑除了具有以上共同的审美特征外，不同的建筑还有着各自具体的特征，中国古代建筑更是拥有自己的独特之处：a.木构建筑结构。多是木构建筑，用木立柱与木横梁组成构架，然后盖以斜坡式的屋顶。b.群体组合布局。西方建筑大多以单体建筑为特征，而中国古代建筑主要以组合式的建筑群体为特征，即常以多座房屋组成庭院、以多个庭院组成建筑组群。c.多种艺术组合。建筑与绘画、雕刻、书法、色彩、工艺美术、园艺等互相结合，相得益彰，共同创造丰富多彩的建筑形象。

从自然人文关系中领略人文景观。 人文景观不是孤立的，而是存在于一定自然环境中，与之相互协调，相互融合。中国古代建筑、现代人文景观、地域民俗风情等，均离不开既定的自然地理环境。

建筑的造型只有与周围的环境相联系才能获得最佳的审美效果。建筑要依遵周围环境才能构成完整的形象，只有与环境相和谐与协调才能构成美的形象。欧洲的哥特式教堂在中世纪狭窄曲折的街巷中，才显其具有超凡的飞腾向上的气势和某种空灵虚幻之感，如果放在纽约或芝加哥的摩天大楼中间，就会顿失其高大笔直的形象魅力。高大壮观的西安古城楼与它向两边水平延伸的周长万余米的城墙的衬托是分不开的；蓝天白云下壮丽的布达拉宫，与其背倚布玛日山峦所构成的高原雄伟的气势是浑然一体的；而充满诗情画意的苏州园林也由于其内部的亭台楼阁、廊桥水榭、假山曲径、花草林木形成了协统一的环境情态，才显得妙趣横生，意蕴绵绵。[①]

现代人文景观也同样离不开自然的环境。现代城市不再是拥挤的建筑、狭小的街道，而是大面积的绿化，城市与大自然紧紧联系在一起。青岛的美，在于它拥有蔚蓝色的海滨；红瓦黄墙的建筑群错落有致地分布在绿树掩映之中，衬托于蓝天白云之下。瑞士的日内瓦，以葱郁的林木与湖面相衬托而产生优美的湖光景观；而新加坡整个城市都在郁郁葱葱、姹紫嫣红的绿树花草之中，成为名副其实的花园城市。现代城市如此，个别的现代人文景观也是如此。上海外滩的美，不仅是那几十幢西式风格的建筑群带，还有黄浦江和外滩大道敞开式的绿化空间。

民俗风情、神话传说也离不开一定的自然景观。纳西族的"阿注"婚姻与当地神秘泸沽湖的景色联系在一起；蒙古族赛马摔跤和射箭总是与一望无际的大草原分不开；藏族的唱歌跳舞、火把齐明的火把节总是与巍巍雪山交相辉映。自然景观给特有的民俗风情提供了背景，并将之融合一体，成为不可分离的景观现象。神话传

---

① 傅其三.生活美学［M］.北京：知识出版社，1993:58–59.

说也多有自然的载体，桂林山水的美不仅在于那秀丽的山水风光，还在于其中许多奇异的神话传说，有海龙王三公主泪水涟涟，流淌而成漓江的故事，有女娲补天于七星岩留下两块飞石的神话等。旅游中"听传奇，观美景"已成为审美观赏的一种方式。

从体验生活风情中感受人文景观。通过人文景观的观赏去认识和体验某种社会生活，是旅游审美的重要方式。如安徽皖南屯溪有一条保存完好的宋街，从这一景观中，人们不仅可以认识宋代城市布局及其建筑形式，也可以感受宋代的生活景象和社会氛围。而且我们这个世界中，有不同的地域风光，也有不同的生活形态。俗话说，"百里不同风，千里不同俗"。异地的城市布局、乡村风光、生活方式等都对游客有很大的吸引力。人的生活总是有限的，人都有了解和体验多种生活的愿望。上海人想看看北京四合院式的生活方式，北京人则想了解上海石库门的生活风情。农村人想一睹城市繁华的风采，城里人想体验农村田园的生活。在旅游中，坐一坐四川的茶馆，乘一乘黑龙江的雪橇，吃一吃西安的羊肉泡馍、云南的过桥米线，买一把蒙古族人的佩刀，购一顶维吾尔族人的小帽，都是对当地社会生活的体验。地方特色、民俗风情，有着很强的人文美，因为它们是地方文化、民族文化的积淀。要观赏这种景观，就必须体验这种生活，才能深切地感受这种文化的特色，并能得到一种入乡随俗似的快乐和美感。比如，游客到内蒙古草原去旅游，其中最有吸引力的便是能亲自骑马在大草原上奔驰，在蒙古包中品尝蒙古风味的点心、刀切手抓羊肉及奶茶、奶酪等。这样，入乡随俗，将自我融入当地的习俗与民风中，就会更深地体验蒙古族的生活与文化。同样，游客到云南少数民族地区，也就是为了体验那里的民俗和风情，住竹楼，点篝火，唱歌跳舞，尽情联欢以体验一种入乡随俗似的美感，游客通过参与活动来了解和观赏特定的人文景观，会得到更多的人生经验和审美体验。

（3）艺术美的品味方法。在旅游中，我们会接触到许许多多的艺术品，具体来说，我们应该如何来品味它们，如何来辨别它们的等次呢？这里涉及艺术美学中的一些重要概念和范畴。只有理解了这些概念和范畴，我们才会在旅游中面对艺术品时，真正地道地品出艺术美的滋味。

风格。正像每个人都有自己的个性、特点或风度一样，艺术作品也具有自己的独特的表现形态。这种从艺术作品的整体上所呈现出来的代表性特点就是所谓的

"风格"。这种艺术风格是由具体的内容和形式相统一、艺术家的主观方面特点和题材的客观特征相统一所造成的一种可以明显感觉而又说不太清楚的独特面貌。

一部作品如果具有鲜明独特的风格，它就能够产生巨大的艺术感染力。它不仅会给游客留下强烈的印象，而且会使游客从这样的作品中发现任何其他作品所不能替代的美。

在艺术风格的形成过程中，艺术家的创作个性是主要因素。艺术风格可以说是这种创作个性的自然流露。这也就是说，艺术家能够成功地反映到他的作品中去的东西，只能是在他所特有的思想、情感、个人气质、生活经验、审美情趣规定的范围内，能够为他所深刻感受、体验和引起他冲动的东西。艺术家在创作作品时，不论自觉与否，总要表现出自己的精神面貌，表现出他对现实与人生的独到认识、理解与情感，以及他与众不同的艺术素养。有时候，有些艺术作品的风格是如此之鲜明，以至于即使我们不知道艺术家的名字，也可以大致不差地猜出来（如王羲之的书法，如李白的诗歌）。同时，我们也必须看到，风格还有它的时代性和民族性。也就是说，生活在同一个时代或是同一个民族的艺术家，他们创作出来的艺术品往往包含有这个时代或这个民族的一些共同的因子，如以敦煌千佛洞的塑像艺术为例，其中有些塑像的某些部分被损坏以后由后代艺术家来修补、加工。可是这种修补和加工，即便只是巨大佛像中的一只手或一个衣褶，游客也常常能明白无误地分辨出这里时代风格、时尚追求的迥然相异，从而意识到这是两个历史时期的艺术产物。

意境。"意境"理论的形成有一个很长的历史过程。它主要是指抒情表意在诗、画、书法，以至园林艺术中的审美境界。佛教的传入，释家的境界，对意境论的形成有直接的作用。但在佛教的观念中，这里的"境"不是指客观存在的景物，而是指人的感觉所产生的幻象。人有眼、耳、鼻、舌、身、意六种感官（"六根"），相应地也就产生色、声、香、味、触、法这"六境"。"境"是由"心"派生，是一种"心象"。随着意境理论的不断应用与发展，美学中认为所谓的意境，是指心与物、情与景、意与境的交融结合。境是基础，意为主导。意境的创造或偏"意"胜，或偏"境"胜，但均是情意物化，景物人化，具体景物融进了艺术家感情和意图而构成的一种新颖独特的景象。

总的来说，"意境"是一种浑然一体的艺术境界，一个既有丰富的情致和意蕴，又有广阔的艺术空间的境界。如在旅游中有时观赏到了一幅优秀的美术作品，我们不仅看到了可视的"景"和"象"，而且感觉到它"景外有景""象外有象"，蕴含着一种无可言说又韵味无穷的意义。有限的画幅传达出一种浩大、永恒的境界，这样的艺术作品，我们就可以称之为具有"意境"。

节奏与韵律。"节奏"原是一个音乐术语，指音响运动合规律的周期性变化。后来引申为泛指审美对象的构成中有关成分交替出现，作合规律的错综变化，能造成类似音乐所引起的和谐流动的审美效果。艺术中的节奏是建立在人的生理、心理基础之上的，是艺术作品的重要表现力之一，能够在艺术中传达人的心理情感。节奏首先表现于声音的关系因素，各种音高、音调、轻重音，以及复现频率按照一定的组合，可以造成回环复沓、抑扬顿挫的节奏。在文学中，节奏还涉及开合变化、收纵起伏，以及语调、情绪、气势方面的节律变化。张和弛、疏和密的有机转换和复现是节奏的常见形式。在绘画、雕塑和建筑等艺术中，节奏是一种比喻，主要指构图造型方面的错落有致、错综交叉以及造成和谐流动的美感。节奏使用得好，可以强调艺术作品的意图和主题，可以使作品显现变化的美，从而也有利于欣赏者在符合自身心理、生理的快感中更完美地欣赏和理解艺术的美。

"韵律"原指声音和谐的规律。后来被引申为艺术美的标志之一。在语言艺术中，声韵、格律构成的和谐声音有规律回环的美。在其他艺术如建筑、摄影、园林中，韵律之美是形容线条、色调、造型、构图的有规则变化中的统一。

节奏与韵律是互有联系的两个概念。如果说节奏强调的是规律之中的变化，那么韵律则是强调变化中的整体性统一。节奏是一种参差之美，韵律是一种和谐之美。然而这两者又常常彼此不分你我，紧紧地交织在一起。

结构与布局。"结构"是指艺术作品的内部构造兼及总体的组织安排。它可以在两个层面上使用：一是指已完成的艺术作品内部的组织构造，二是指艺术家在创作过程中使用形式技巧去构筑这种内部组织构架。结构是艺术家传达与表现其创作意图的重要手段，它赋予作品明晰的思路或特定的格局，控制和调节作品的节奏和韵律感，体现作品整体的艺术构思。结构原是建筑用语，后被广泛用于各个艺术门类。各种艺术作品都有一定的结构。如绘画中画面的长宽比例，构图的方向、高度、距离的选择，以及画面的安定与不安定、明与暗、静与动等的安排；音乐中结构程式及调式的选择、和弦的配置等；文学作品中的剪裁、人物的安排、情节的发展等，都是常见的结构方式和技巧。艺术作品的结构不是孤立的，它要有利于作品内容的传达和表现。同时，艺术作品的结构又应该体现统一、和谐、多样化的原则。既要主次分明、层次清晰、形式完整，又要能够根据主题和题材的需要加以变通，追求新颖独特的艺术效果，以体现生活的丰富性和多样性，充分显示艺术家的创作个性。艺术作品的结构有的比较简单明了，有的比较隐晦复杂。作何种选择，往往与作品题材与主题有密切关系。不同的艺术样式和不同的作品体裁，对结构有着不同的要求。不同民族的文化心理背景对艺术作品的结构也有重要影响。例如，欧洲国家的建筑格局讲究浑然一体的总体感觉，中国式的园林建筑却以它的纤巧玲珑、幽雅情趣取胜。再如绘画，西洋画中的空间，常常是空白的一大片，这表现了他们内心对无穷空间的追寻、冒险和探索。而中国画中的远空有数峰蕴藉、点缀空际，体现了中国人对无尽空间的态度。

"布局"在某种层次上的意义与"结构"是重叠的。然而"布局"的含义比较单一，它主要是指艺术家对作品的整体性、全局性考虑，这种考虑一般在创作初始的构思阶段就开始了。布局的基本要求是一切围绕作品的立意，使各个部分组成和谐、多样统一的有机整体。通过布局，作品才有可能以完整的形象反映现实和表达一定的思想感情。布局的松散和混乱会严重破坏作品的审美价值。在不同门类和体裁的艺术作品中，布局是不同的。在绘画中主要指构图；在书法中主要指疏密张弛；在篆刻中主要指章法；在叙事作品中主要指情节安排。布局作为一种意图，具体体现在物态化的作品中，并被观赏者所察觉，也就成了"结构"的同义语。

以上所讲的这些艺术美的重要概念和范畴是带有一般的、普遍的意义的。掌握了这些知识，游客就会在欣赏艺术作品的时候有一种高屋建瓴与深刻把握的感觉。

（4）园林美的鉴赏方法。

观赏中国古典园林，可以采用动观与静观的方法，选择不同的视距与视角；还可以利用与园林相关的文学作品，以文导游；或者运用绘画的经验与知识，以画观园，从而把握园林景观丰富的审美因素。

动观与静观。古典园林有山有水，景物多变，要欣赏园内的美景，必须将动观与静观结合起来。既要动观，即漫步园中，移步换景，一一游遍园内的各个景点，又要静观，即面对佳景，暂时驻足，凝神注目，静心观赏。

由于园林的各个景点分布在园内的各个空间，游者不可能身在一处便将园中之景尽收眼底。因此，动观是欣赏园林美必不可少的方式。游园的魅力，不在开端，也不在结尾，而在于游的过程之中。正是在游的过程中，即在不断移动观景位置的动观过程中，游者才能知觉到时而山峰凝翠，时而楼台高耸的景物转换；感受到疏密相间、虚实相生的空间变幻；领略到古典园林"咫尺山林，多方胜境"的奥妙；体验到峰回路转，曲径通幽的乐趣。游者只有行进在园林之中，才能接连不断地收摄到一幅幅独具特色的画面，获得某种意想不到的审美享受。

要取得较好的动观效果，必须选择一条合适的观赏线路。合适的游园线路能将全园景点有机地连接起来，便于游者动观。而要选择较好的观赏线路，又必须了解园林布局的特点。单线串联、多线辐射和自由组合等不同的空间序列有不同的观赏线路。只有依次而游，顺序而观，才能领略造园者在空间布局方面的匠心，感受到园林空间起承转合的种种变化。

要取得较好的动观效果，还必须控制行走的速度与节奏。游园中的动观与日常生活中的行走有所不同。日常行走出于功利的目的，要尽量缩短行走的时间与距离，尽快到达目的地，而无暇顾及途中的景观。游园中的动观则超越了日常的功利目的，以观赏园中景物为主，因此，必须缓缓而行，才能达到游园的目的。径缘池转，廊引人随，园林中的径、廊、桥都起到了组织游览线路的作用。为了延缓游览的时间，增加游览的距离，园林中的径、廊、桥一般都舍直求曲，以控制游览的速度，增强动观的效果。

游园须有行有止，除了动观以外，还要有静观。静观，可以使人面对佳景，神凝气寂，沉潜玩索，不仅感受景物外在的色彩、形状、质地和声响，还能玄思冥想，去领悟景物形象所寄寓的无穷意味。中国古典园林景物含蓄，意境深邃，也只有凝神入静，细心品味，才能感受其中的美，匆匆一瞥，是难以把握其中精髓的。造园者为了便于游者静观，往往在园中设置了许多观赏点，让游者驻足小憩，静观细赏，如北京颐和园谐趣园中的饮绿亭、苏州留园的濠濮亭、拙政园的与谁同坐轩、扬州瘦西湖的吹台，都建于池岸石矶之上或凸入水中，十分适宜闲坐静观。

动观与静观二者不可偏废。小园景点集中，重点突出，宜以静观为主，动观为辅；大园景区分散，景点众多，宜以动观为主，静观为辅。在游园中，有行有止，有动有静，也形成了游园活动自身的节奏。

视距与视角。欣赏园林美，要选择恰当的观赏距离与观赏角度。"横看成岭侧成峰，远近高低各不同"，面对同一个观赏对象，不同的观赏距离与观赏角度会带来不同的观赏效果。

视距是指游客与景物画面之间的视觉距离。在游园的过程中，随着游者不断移动位置，游者与景物之间的视距也不断发生或远或近的变化。一般说来，视距较远，能看到物体的全貌及其背景；视距较近，可以看清物体的局部与细节。要把握景物整体的美，就要与对象保持较远的距离；而要欣赏景物的细微之处，就要走到近处，近观细察。大型园林空间广阔，山水、建筑的体量与面积都较大，要把握景物的整体之美，需要相对较远的视觉距离。如北京颐和园的知春亭是园中的主要观景点，处在这个位置，可以纵观前山前湖景区的主要景色。在180°的视域范围内，可以将北面的万寿山、西堤直至南面的龙王庙、十七孔桥、廓如亭等尽收眼底。位于亭中，平移视线，犹如在观看一幅中国山水画的长卷。从视距上说，知春亭距万寿山前山中部排云殿、佛香阁等建筑群及龙王庙小岛各为500~600米，这一距离是人们正常视力能看清物体轮廓的极限。在这一视距内的景物构成了长卷画面的中景。而1000米以外的西堤、玉带桥则成画面的远景。在私家园林中，假山受空间限制，一般仅有4~6米高。观赏私家园林中的假山，视距不宜过远，否则会使山石显得过于低小。在这类园林中，供静坐观山的厅堂与假山之间的距离一般也只有30~35米，如空间较小的苏州狮子林、沧浪亭只有15米左右。

在游园中，视距的远近是相对的、变化的。随着游者的行进，近景可以逐渐退为远景，远景也可以逐渐成为近景。游者所见到的画面不断发生远近大小的变化，时而是整体的轮廓与背景，时而是细致的局部与细节，同时还有远、中、近不同的景深与层次。槛前观花，池边赏鱼，视距较近，可以使人产生与景物之间的近邻感、亲密感、融合感；登山远眺，隔水远望，可以使人产生深远感、疏远感与朦胧感。随着游者视点的变化，近景与远景彼此交替，感觉也会发生相应的变化。由于园林内各个景点的空间是彼此渗透、互相贯通的，随着游者位置的移动，原先所看到的近景，可以成为中景乃至衬托别的景物的远景或背景。

视角是指游者的视线与景物所形成的角度。一般说来，水平视线上下各13°的视角为平视，用平视的角度观赏景物，有平静、安宁、深远的感觉。仰角大于13°的视角为仰视，仰视所观赏到的景物，有庄严、雄伟的气势。俯角超过13°的视角为俯视，用俯视的视角观赏景物，易有喜悦、自豪的感觉。

视距与视角有相关效应。游者观赏景物的垂直视角在18°左右，即观赏距离为景高的三倍时，可以看到景物的全貌及其背景；在27°左右，即观赏距离为景高的两倍时，可以清晰地看到整个景物；在45°左右，即距离等于景高，可以看清景物的细节。

园林的景物有高低错落的变化。游者在游园中，时而攀上山顶，时而下至深涧，视线也会发生高低俯仰的种种变化。颐和园的佛香阁耸立在重重的高台之上，自下向上仰视，可以更加感受到它的磅礴气势和巍峨壮观。拙政园的雪香云蔚亭，建筑在突兀的岛山之上，自山下仰视，可以看到高高翘起的飞檐，犹如展开的鸟翼。而登上高处的亭台楼阁，可以居高临下，俯视满园风光，产生"一览众山小"的豪迈情感。

以文导游。在古典园林中，有许多匾额、楹联、题咏等文字。这些与园林相关的文学作品，起到了揭示景物特色、开拓景观境界、激发游者情感与想象的作用。在游园中，游者可以充分利用这些文学作品，发挥其导入游园的作用。

古典园林是用土木水石构成的实物景观，它只能显示自身而不能说明自身，其景物的特征与内涵全凭游者自己进行领悟。而游者由于文化水平与艺术修养的差异，有的能够领略景物的特征，有的则未必能够把握景物的奥妙。与园林相关的文学作品点明了景物的特征，交代了造园者的立意，犹如指示牌与说明书，使游者可以借助文字的指点，迅速把握景观的特征，理解造园者的匠心。园林景观的意境是以实物为基础的，有较大的多义性与不确定性。对园林意境的欣赏，需要充分发挥审美主体的能动作用，进行更多的审美体验与审美感悟，有着较大的难度。在游园中，导游可以借助楹联、题咏等文学作品进行讲解，让游客确定兴会与联想的大致方向与范围，从而把握与欣赏园林意境的美，产生造园者所期待的审美效应。

园林景现形象的载体是作为实物的山石、水流、建筑与花木。它们有着较大的直观性，可以直接作用于人的感觉器官。但它们作为实物，又受到空间与时间的高度制约。园林空间即使能小中见大，依然受到一定限制；在同一个瞬间，园林景观也不能同时经历朝夕晨昏或春夏秋冬。而楹联、题咏等园林文学属语言艺术，其载体是语言符号。语言艺术的形象不直接诉诸人的感官，而是通过语言的中介作用于人的想象，具有间接性、意象性的特征，能突破空间、时间的局限，思接千载，视通万里，给欣赏者提供广阔的心理空间。与园林相关的文学作品能促使游者从眼前的此时此地之景，联想或想象到并不在眼前的彼时彼地之景，感受到丰富的象外之象、景外之景。

苏州网师园内有一副楹联写道："风风雨雨，暖暖寒寒，处处寻寻觅觅；莺莺燕燕，花花叶叶，卿卿暮暮朝朝。"这副叠字联语，描绘了网师园晴雨俱佳、寒暖皆宜的江南庭园风光，游者可以由此感受到园中不同季节、不同时间的景象。园内还有一亭，题名为"月到风来"。游者身在亭中，细品亭名，即使眼前艳阳高照，暑气蒸人，也可以想见中秋之夜，凉风送爽，池水映月，波光粼粼的动人情景。

语言是思维的工具，是"思想的直接实现"，语言符号比园林景物的实物形态更能直接传达出人的思想意向与情感态度。楹联、题咏等园林文学有浓郁的感情色彩，游客很容易由欣赏这些文学作品而激起强烈的情感反应，然后再移情入景，更深切地把握园林景观的情感意蕴。游苏州沧浪亭，读亭中的楹联："清风明月本无价，近水远山皆有情。"游者可以由眼前之景，生发出万千感慨，感受到近水远山所包含的无限情意。游滁州琅琊山，读欧阳修的《醉翁亭记》，也可以促使游者由文生情，以情观景，领悟"醉翁之意不在酒，在乎山水之间也"的深意。

楹联、题咏等园林文学还记载了前人游览园林的审美经验与游览方法，足以成为后人游园的借鉴。苏州拙政园的梧竹幽居亭位于园中水池之滨，对山傍水，背依梧竹，环境十分幽雅。亭内楹联为"爽借清风明借月，动观流水静观山"。游者可以由此领悟游园之道，宜虚实相生，动静结合，既可观赏山水实景，也可旁借风月虚景；既可静观静止的青山，也可动观不息的流水。拙政园内水池边还有荷风四面亭，亭内楹联为"四面荷花三面柳，半潭秋水一房山"。这副楹联暗示游者，身在亭中，宜放眼四望，将山水花柳等远近景组织起来，方能领悟此处景物的整体之美。

以画观园。古典园林处处充满诗情画意，除了可以采用以文导游的方法外，还可以运用以画观园的方法，捕捉园林景物的美。

人在观赏景物时，并非单方面地、被动地接受外界信息，而是在与景物进行双向性的交流，一方面要通过感觉器官感知外界的形、色、声、气、质等形象要素，另一方面还要凭借"内心图式"，即以往的经验与知识，对感知到的形象进行构造、组合与阐释。以画观园，就是运用绘画的笔法、造型、色彩、构图等经验与知识，对园林景观进行选择、重构与阐释。

绘画作品一般都有画框。画框起着从整体景物中分离画面、凸显画面和组织画面的作用。古典园林并不是处处皆成佳景，也需要导游引导游客细心寻觅，精心选择，将某一局部从整体背景中分离出来。导游在观赏园林造景时，可采用类似绘画以画框取景的方式，有助于游者选择佳景，组织画面。园林中的门洞窗户以及树枝空隙，都可以构成"框景"的效果。游者可以透过门窗或树枝空隙去观赏景物。将某一局部从整体景色中分离出来，在视觉中组织成一幅幅天然图画。

绘画勾画一般采用焦点透视与散点透视两种方式。焦点透视，即画出从固定的视点所看到的景物，画面形象近大远小，有远景、中景、近景等不同层次。散点透视，即画出在不同视点所看到的景物，将在不同时间、地点所见到的景物并列于同一个画面之中。西洋画一般采用焦点透视，中国山水画一般采用散点透视。"看山如玩册页，游山如展手卷。"[1] 游园中的静观，如焦点透视，从固定视点欣赏景物，可留意画面远山近水的不同层次。动观如散点透视，移步换景，可将不同视点所见到的景物联结成一幅山水画的长卷。

绘画基本的造型手段是线条与色彩。线条有垂直线、水平线、斜线、曲线、折线之分，不同的线条有各自的审美意味，或刚劲，或柔媚，或活泼，或宁静。线条是人眼对客观事物进行视觉概括的结果，用线条的眼光打量园林，可以发现更多的美。峥嵘的山体线条如锯如齿，平静的池岸线条如蛇如弓；厅堂楼阁的线条多为垂直线和水平线，水面上的小桥呈现微微隆起的曲线；老树的枝干是遒劲有力的浓墨粗线，秋后的藤蔓是挥洒自如的枯墨瘦线；爬山的游廊、园中的小径，无一不具高低起伏、曲折有效的线条。园林的色彩以绿色为主，尤其是南方私家园林没有北方皇家宫苑的雕梁画栋与浓墨重彩，更显得素净雅淡，在烟雨迷蒙之际，更犹如一幅以水墨画成的"米家山水"。

四、心理学知识

（一）游客的心理特征

导游服务的对象是游客，带好游客的关键，是向他们提供包括心理服务在内的周到细致的全方位的优质服务。心理服务也称情绪化服务，是导游为调节游客在旅游过程中的心理状态所提供的服务。当游客到达旅游目的地后，不仅会被眼前的景

---

① 陈从周.说园［M］.上海：同济大学出版社，2007:45.

观景物所吸引，个人的想法和要求也会在心里产生，继而在情绪上、行动上有所反映；在旅游过程中，游客还可能遇到一些问题而形成心理障碍。这些情况要求导游除了要提供旅游合同中规定的游客有权享受的服务之外，还有必要向游客提供心理服务，其关键是分析游客的心理特征，开展相应优质的心理服务。

1. 游客的人口统计特征

每个国家、每个民族都有自己的传统文化和民风习俗，人们的性格和思维方式也不相同，即使是同一个国家，不同地区、不同民族的人在性格和思维方式上也有很大差异；与此同时，游客所属的社会阶层、年龄和性别的不同，对其心理特征和生活情趣也会产生较为明显的影响。导游应从游客的人口统计特征方面去了解游客，并有针对性地向他们提供心理服务。

（1）区域和国籍。首先，从区域的角度看，东方人和西方人在性格和思维上有较明显的差异。西方人较开放、感情外露，喜欢直截了当地表明意愿，其思维方式一般由小到大、由近及远、由具体到抽象；东方人较含蓄、内向，往往委婉地表达意愿，其思维方式一般从大到小、从远到近、从抽象到具体。了解了这些差异，导游在接待西方游客时，就应特别注重细节。譬如西方游客认为，只有各种具体的细节做得好，由各种细节组成的整体才会好，他们把导游提供的具体服务抽象为导游的工作能力与整体素质。

其次，从国籍的角度看，同是西方人，在思维方式上也存在着一些差别。如英国人矜持、讲究绅士风度；美国人开放、随意、重实利；法国人浪漫、爱享受生活；德国人踏实、勤奋、守纪律；意大利人热情、热爱生活等。

（2）所属社会阶层。来自上层社会的游客大多严谨持重，发表意见时往往经过深思熟虑，他们期待听到高品位的导游讲解，以获得高雅的精神享受；一般游客则喜欢不拘形式的交谈，话题广泛，比较关心带有普遍性的社会问题及当前的热门话题。在参观游览时，期待听到故事性的导游讲解，希望轻轻松松地旅游度假。

（3）年龄和性别。年老的游客好思古怀旧，对游览名胜古迹、会见亲朋好友有较大的兴趣，他们希望得到尊重，希望导游多与他们交谈；年轻的游客好逐新猎奇，喜欢多动多看，对热门社会问题有浓厚的兴趣；女性游客则喜欢谈论商品及购物，喜欢听带故事情节的导游讲解。

2.游客的出游动机

人们旅游行为的形成有其客观条件和主观条件。客观条件主要是人们有足够的可自由支配收入和闲暇时间；主观条件是指人们必须具备旅游的动机。一般说来，人们参加旅游团的心理动机是：①省心，不用做决定；②节省时间和金钱；③有伴侣、有团友；④有安全感；⑤能正确了解所看到的景物。导游通过周到、细致的服务和精彩、生动的讲解能满足游客的这些心理需求。

从旅游的角度看，游客的旅游动机一般包括：①观赏风景名胜、探求文化差异、寻求文化交融的文化动机；②考察国情民风、体验异域生活、探亲访友寻根的社会动机；③考察投资环境、进行商务洽谈、购买旅游商品的经济动机；④休闲度假、康体健身、消遣娱乐的身心动机。导游了解和把握了游客的旅游动机，就能更恰当地安排旅游活动和提供导游服务。

此外，许多学者从心理学角度，分析游客旅游动机并形成许多重要观点：

（1）今井省吾的旅游动机三因素论。现代人的需要常常与从忽视人的主体性（人的异化）中得到恢复相联系。在组织化、合理化的社会中，有一种压抑其构成人员个性的倾向。而且，伴随着都市化的发展，自然环境遭到了极大的破坏，都市生活环境日益恶化。所以，如果时间允许，从这种状况中逃出的欲望就随处可见。外出旅游正是与人们的这种欲望相联系的。

日本学者今井省吾等人对旅游动机的因子进行了因素分析，指出了存在的三个因子（表4-14）。

表4-14　旅游动机的因子

	动机的例子
Ⅰ.解除紧张的动机	转换心情 逃避麻烦的现实 接触自然
Ⅱ.充实和发展自我的成就动机	对未知事物的憧憬 接触自然
Ⅲ.社会的存在动机	与朋友亲密和睦地相处 从众心理 作为了解常识 为了家庭团圆

（2）前田勇对游客心理和行为的论述。日本学者前田勇总结了游客心理的一般特征，他认为游客心理的一般特征就是紧张感与解放感这两种相反的情绪体验同时高涨的结果。

一方面，离开日常生活，到从未去过的地方旅行，游客心理上的紧张感会高涨。因为旅行的疲劳不仅反映在肉体上，由于紧张感高涨引起的精神疲劳也很大。而且，紧张感的作用使感受性以及情绪性得以增强。结果，作为一般的倾向，愉快·不愉快、喜欢·讨厌等印象强烈地刻在心上，所谓对"不常见的东西"容易产生兴趣就是这个道理。

另一方面，旅游意味着从日常生活中摆脱出来，在某种意义上来说是从日常生活的各种各样的束缚中解放出来，因此，解放感也会高涨。游客虽然会感觉到肉体与精神的疲劳，但同时也能够体验到旅行的快乐。而且，这种解放感的高涨，一方面与"丢丑不在家门口（丢丑丢在陌生地）"的心理相联系，另一方面在购买行为上将增加"冲动购买"的倾向。

由于旅游行为类型的不同，紧张感与解放感的组合程度也会有所不同。

首先，是以一个人为单位去旅游还是作为团体的一员参加旅游这两种旅游形式有所区别。"个人型"的旅游因为全部行动都由自己负责，紧张感容易占优势。因此，"个人型"的旅游给游客的印象很深，会留下许多的回忆。与此相对，"团体型"的旅游解放感容易占优势。某个游客初次来到国外，如果采用"团体型"的旅游，自己周围的人是亲朋好友或者至少是语言相通的人。这样能够给当事人很大的安全感，会减轻他的紧张感。

另外，由于旅游目的的不同，心理状态也有所不同。以了解什么、学习什么为主要目的的"教养型"的旅游，游客一般紧张感很强；以消遣和娱乐为主要目的的"慰安型"的旅游，游客解放感容易占优势。

还有，旅游目的地的组合也对游客的心理状态有所影响。这里所说的目的地不是指特定的地方或国家，而是从游客角度来看的具有社会的、经济的意味的"发达地区、国家"或"不发达地区、国家"。这是由游客主观上做出的判断。前者叫作"上行型"（up-ward 型），后者叫作"下行型"（down-ward 型）。一般前者比较尊重那个地区的价值标准，采取慎重的行动；与此相对，后者则根据自己的意愿行动，"羞耻"的意识淡薄。

3.游客的个性特征

（1）个性特征与旅游行为。个性特征主要表现在个体对他所生存的环境中反复出现的刺激和事件的稳定的反应方式上面。不同人之间的个性差异性，主要是由于其人格结构组合的多样性造成。人格特质主要是个体对他所生存的环境中反复出现的刺激不断做出反应方式的表现，说明了个体在不同时间、不同情况下行为的相对一贯性。[1]对游客人格的研究，可为了解游客行为的差异性，从而预测和调节游客行为提供理论依据。加拿大政府旅游局曾用高度精确统计方法研究了各种人格特质与旅游行为的关系（表4-15）。

表4-15 个性特征与加拿大成人度假旅游行为

度假类型	个 性 特 征
度假游客	好思考、活跃、善交际、开朗、好奇、自信
度假不游者	好思考、被动、克制、认真
不度假者	焦虑
汽车游客	好思考、活跃、善交际、开朗、好奇、自信
乘飞机游客	非常活跃、相当自信、好思考
乘火车游客	好思考、被动、孤僻、不善交际、忧虑、依赖、情绪不稳定
乘公共汽车游客	依赖、忧虑、敏感、抱有敌意、好斗、不能自我克制
在本国游客	开朗、活跃、无忧无虑
去国外游客	自信、信任他人、好思考、易冲动、勇敢
男性游客	好思考、勇敢
女性游客	易冲动、无忧无虑
探亲访友者	被动
游览度假胜地	活跃、善交际、好思考
观光者	好思考、敏感、情绪不稳定、不能自我克制、被动
户外活动者	勇敢、活跃、不合群、忧虑、喜怒无常
冬季游客	活跃
春季游客	好思考
秋季旅客	情绪稳定、被动

（Otiawa，Canada：Canadian Government Travel Bureau，1971）

---

[1] 刘纯.旅游心理学［M］.北京：高等教育出版社，2002:102-109.

游客使用交通工具的类型、去什么地方、旅游活动的内容以及选择什么季节去旅游等，都与个性因素有关。度假旅游的人比较爱思考，他们经常反省自己的行动，同时，也考虑和观察别人的行为。度假游客比不度假的人更加活跃，更有自信心，更好奇，更善于交际，心情也更开朗。因此，这些个性特征可与同一个人对旅游和结交新朋友的兴趣联系起来，他的自信心和相应的健康感使他有冒险的勇气，使他远离家门及他所熟悉的环境。

了解个性特征对游客的旅游行为的影响，可以帮助我们理解为什么同一个旅游环境下人们的行为方式是不同的。

（2）个性特征与游客类型。根据个性特征，可以把人划分为不同的类型。社会学家戴维·莱斯曼（David Riesman）提出了一种通俗的个性类型分类法。莱斯曼在分析欧洲和美国政治社会史的趋势后，根据社会特征提出了个性划分的理论。他认为人的社会特性可分为三类：

传统趋向型（tradition-directed）。中世纪以来，许多行为有其传统趋向性，即以权威的宗教信条为依据的、刻板的准则，规定在什么环境下应该做什么及为什么这样做。

内趋型（inner-directed）。18—19世纪，由于宗教压制的削弱，个人的权利和成就越来越多地受到重视，于是，较多的行为转而具有内部趋向性，即每个人意识到自身利益，为自己适应日益复杂的世界选定一条合适的道路。

外趋型（outer-directed）。当今美国，具有传统趋向型的人几乎不存在了，仅仅在那些仍处于与文化主流隔绝状态的被传统习俗所约束的部分社区还保留了一些。19世纪美国人理想的内部趋向型的人，现在也正为具有外部趋向性的人所代替。这种人的行为以得到他最亲近的同辈人的尊敬和赞同为目标。因此，对当代许多美国人来说，"最流行的东西"就是正确的东西。

莱斯曼还认为，从传统趋向型到外趋型的转变对旅游消费者行为产生了深刻的影响。在传统准则支配行为的社会里，人们的穿着、吃喝应按传统规定，即使有一点偏离也得受惩罚。在内部趋向型支配行为的社会里，产品和服务的消费是由它们对个人的长远利益所做的贡献来决定的。但在外部趋向的社会里，消费是由它们对人们的地位和声望所做的贡献来决定的。

由于美国正处于从内部趋向社会到外部趋向社会的转变过程中，因此存在着两种不相容的生活方式，人们不论追求哪一种都受到遏制，并将继续遏制一段时期。外部趋向型的这部分人所做的消费选择受到内部趋向型的人的动机的限制，后者认为前者的动机是轻率的、肤浅的，也许甚至认为在伦理上是错误的。

研究表明，莱斯曼的理论为研究各种行为提供了有益的见解。例如，人们发现年轻人比年长的人的行为更具有外部趋向性，而具有内部趋向型的人不如具有外部趋向型的人易于说服，前者更加注意对其动机有吸引力的广告宣传。关于这两种类型的人的旅游行为的不同方式，至今尚未进行深入研究。然而，这两种类型的消费者的旅游行为在许多重大的方面是不同的，外部趋向型的人做出的旅游决定很可能更受地位和声望的驱使，而内部趋向型的人也许更受教育、娱乐、文化因素的驱使。那些被认为是传统趋向的游客很有可能会去游览祖先的故土、富有宗教色彩或有历史意义的胜地。

最著名的，也是在心理学界经常运用的归类方法之一，是瑞士精神病学家和心理学家荣格（C. G. Jung）的类型论。他基本沿袭了弗洛伊德的理论和方法，但有所发展和修正。荣格认为"力必多"（Libido）是个体的全部生命力，他根据"力必多理论"，提出人分内倾型和外倾型两种，不同类型的人有着不同的心理特点（表4-16）。

表 4-16　外倾型和内倾型的心理特点

个性类型	心理特点
外倾型（Extrovert）	心理活动倾向于外部，活泼、开朗、容易流露自我的感情。待人接物决断快，但比较轻率，独立性强。缺乏自我分析和自我批评。不拘泥于一般小事，喜欢同他人交际
内倾型（Introvert）	心理活动倾向于内部，感情比较深沉，待人接物比较小心谨慎。经常反复思考。常常过分担心而缺乏决断力，但对事情总是锲而不舍。能够自我分析和自我批评，不爱交际

荣格的类型论在某种程度上更为接近实际，但过分绝对化。人往往既有内倾倾向，又有外倾倾向，不可能完全属于哪一类。荣格后来也补充提出了中庸型（Ambiversion），他提出：每一个人都同时拥有两种机制——外倾和内倾，但由其所占相对优势决定每个人的个性类型。近年来，英国心理学家艾森克（H. Eysench）发现这两种机制乃是一个连续体的两个极端，内倾型和外倾型各占一端。个体行为特征

在此两端间的分布情况接近于正态分布。这种描绘对个性的分析是非常有价值的，它具体地说明了个体的内倾程度或外倾程度，比称一个人是或不是内倾或外倾更准确。这样，我们就可以从最内倾到最外倾依次给每个人打上一个相应的分数（图4-19）。

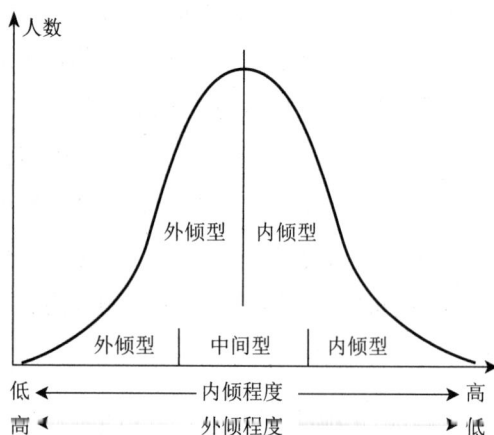

图 4-19　艾森克外倾—内倾分布

美国的斯坦利·帕洛格（Stanley Plog）博士建立了一种连续统一心理图示。该图用"安乐小康型"及"追新猎奇型"来表示美国人的个性类型，并分别位于两个极端。美国人个性类型在这两个极端呈正态分布（图4-20）。

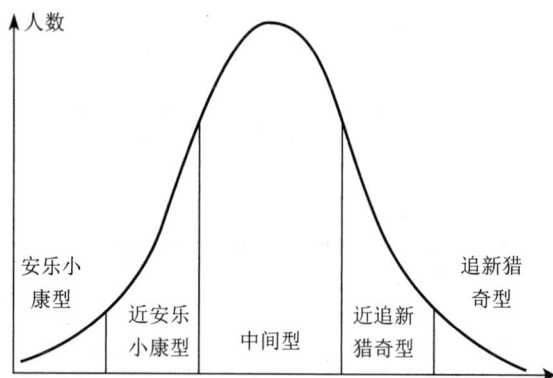

图 4-20　美国人个性类型分布图示

这里提到的安乐小康型（Psychocentrics）一词源于"精神"和"自我关注"两词，意思是将思想（即注意力）集中于生活中细小问题上。追新猎奇型（Allocentrics）为"形式多变"一词的词根"allo"引申而来的，意味追新猎奇型的人是兴趣集中于多变活动之上的人。这种人性格开朗，对于自己的行为充满自信，他们富有冒险精神，乐于远行，乐于"玩命"。旅游永远是追新猎奇型的人表达和满足好奇心的途径之一。这两种个性类型的人，在旅游行为上的明显差异（表4-17）。显然内倾型与安乐小康型之间，以及外倾型与追新猎奇型之间有许多相似之处，而大多数人属于这两种类型之间的中间型。

帕洛格在《旅游地名望升降原因》的论文中，阐述了安乐小康型和追新猎奇型的人的旅游行为有许多明显的差异（表4-17）。

总之，安乐小康型的人强烈要求生活具有预知性，他们的行为倾向是消极、被动的，以休息和松弛为主要旅游动机。他们理想中的度假旅游应该是有条不紊、事先都安排好的，包括旅游的全部活动、旅游设施、餐馆以及提供招待等方面。

对追新猎奇型的人而言，在他们的生活中不需要事先的预料和安排，他们渴望出现不可预见的事物。他们的行为倾向是积极、主动、灵活，他们理想中的度假旅游应该是无法事先估计到，而且是复杂多变的。他们喜欢光临那些鲜为人知的旅游地，喜欢去国外，喜欢乘飞机。他们还喜欢跟不同文化、不同历史背景的人交谈。这一类型的游客以能去一些不被人知道的名胜地、获得新的经历，而避免出现那些意料之中和雷同的事而感到满意。

表 4-17　不同个性类型游客旅游行为特征对比

安乐小康型	追新猎奇型
喜欢熟悉的旅游地	喜欢去一般游客未到之处
喜欢旅游地老一套的活动	喜欢追新猎奇，在新地区捷足先登
活动量小	活动量大
喜欢坐车前往旅游地	喜欢乘飞机去旅游地
喜欢设备齐全的食宿设施，如家庭式餐馆和游客商店	希望提供较好的饭店和饮食服务，但不一定要求现代化的联营饭店，"游客"吸引物要少
喜欢熟悉的气氛、熟悉的娱乐活动，异国情调要少	喜欢跟不同文化背景的人会晤、交谈
喜欢把旅游活动安排得满满的包价旅游	要求有基本的旅游安排（交通工具和饭店），但允许较大的自主性和灵活性

安乐小康型和追新猎奇型的人所喜欢的旅游地也不同。美国人中的不同个性类

型对旅游地选择的分布曲线（图 4-21）。

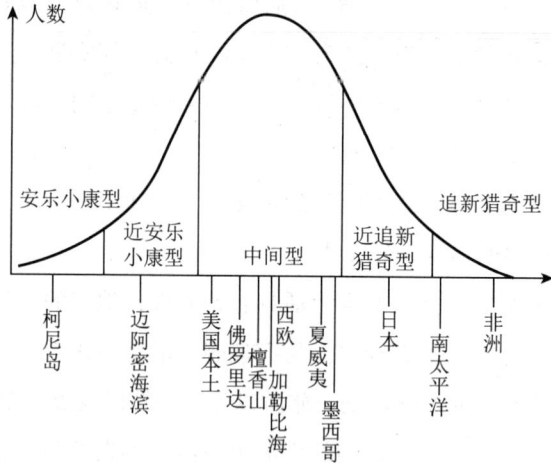

图 4-21　美国人的个性类型与旅游地关系的分布曲线

　　图 4-21 表明典型的安乐小康的人常被众所周知的游览名胜地所吸引。典型的追新猎奇型的人，却被鲜为人知的地方所吸引。典型的追新猎奇型和安乐小康型都是极少的，而大多数是中间型，他们既不愿冒险，也不害怕旅游，他们是整个旅游市场的对象。从分布可以看出，中间型的人数最多。

　　图 4-21 只说明了某一段时间内游客个性类型和旅游地的关系。如中间型和追新猎奇型的人旅游返回后，带回了旅游地的照片和录像，也带回了他们的旅游经历和体验，使安乐小康型的人对这些旅游地有所了解，这也可能会吸引他们步中间型及追新猎奇型的后尘。而且随着时间的推移，人们在变化。有时会变得更加冒险和活跃。旅游也会使安乐小康型的人发生变化，使中间型的人变成"近追新猎奇型"的人。这样，他们将从图 4-21 的左边跨入右边的行列。随着时间的推移，不仅人会变化，而且旅游地也在变化。原来仅为追新猎奇型的人涉足的地方，由于游客人数的增加，使这个旅游地逐渐商业化了，标准化的饭店、家庭式的餐馆和旅游商店相继出现，饮食、娱乐和旅游活动的安排也逐渐减少了异国情调，唯有气候与家乡大相径庭了，最后致使中间型的人甚至安乐小康型的人也愿意光顾了。

　　把游客分类与旅游地分类直接联系起来的做法，并未考虑人们在不同场合会出于不同动机而去旅游这一重要事实。当追新猎奇型游客确实有足够的资金时，可能

226

会去与图 4-21 上相应的旅游地旅游，但在旅游资金不足时也可能选择属于典型安乐小康型的旅游地作周末旅游。同样，对于一个安乐小康型游客来说，计划周详、有全程导游陪同的旅游能够使他感到安全，在这种情况下，他可能去一个遥远的地方旅游。

此外，在家庭收入水平极低的情况下，旅游方式基本上由收入而决定。在这种情况下，无论属于哪一种个性类型的人都可能不得不按照帕洛格所认为的安乐小康型方式度假。大学生就是一个很好的例子，他们大多数属于追新猎奇型，但他们往往因为收入不足无法从事自己理想的度假旅游，只能去附近的地区旅游。

综上所述，帕洛格的游客个性类型和旅游地类型间的直接联系，只能是一种相对的、不稳固的联系。

4. 旅游各阶段行为特征

游客来到异地旅游，摆脱了在家乡紧张的生活、烦琐的事务，希望自由自在地享受愉快的旅游生活。由于生活环境和生活节奏的变化，在旅游的不同阶段，游客的心理活动也会随之发生变化。

（1）旅游初期阶段：求安全心理、求新心理。游客刚到旅游地，兴奋激动，但人生地疏、语言不通、环境不同，往往容易产生孤独感、茫然感和不安全感，唯恐发生不测，有损自尊心，危及财产甚至生命。也就是说，在旅游初期阶段，游客求安全的心态表现得非常突出，因此，消除游客的不安全感成为导游的首要任务。人们来到异国他乡旅游，其注意力和兴趣从日常生活转移到旅游目的地，全新的环境、奇异的景物、独特的民俗风情，使游客逐新猎奇的求新心理空前高涨，这在入境初期阶段表现得尤为突出，往往与不安全感并存。所以在消除游客不安全心理的同时，导游要合理安排活动，满足他们的求新心理。

（2）旅游中期阶段：懒散心态、求全心理、群体心理。随着时间的推移、旅游活动的开展以及相互接触的增多，旅游团成员间、游客与导游之间越来越熟悉，游客开始感到轻松愉快，会产生一种平缓、轻松的心态。

但正是由于这种心态的左右，游客往往忘却了控制自己，思辨能力也不知不觉地减退，常常自行其是，甚至出现一些反常言行及放肆、傲慢、无理的行为。一方面，游客的个性充分暴露，开始出现懒散心态，如时间概念较差，群体观念更弱，游览活动中自由散漫，到处丢三落四，旅游团内部的矛盾逐渐显现等；另一方面，游客把旅游活动理想化，希望在异国他乡能享受到在家中不可能得到的服务，希望旅游活动的一切都是美好的、理想的，从而产生生活上、心理上的过高要求，对旅游服务横加挑剔，求全责备，求全心理非常明显；再者，由于游客的思考力和判断力减弱，这时，如果团内出现思辨能力较强而又大胆直言的"领袖人物"时，其他游客便会不假思索地附和他，唯其马首是瞻，不知不觉地陷入一种人云亦云、随波逐流的群体心理状态。

导游在旅游中期阶段的工作最为艰巨，也最容易出差错。因此，导游的精力必须高度集中，对任何事都不得掉以轻心。与此同时，这个阶段也是对导游组织能力和独立处理问题能力的实战检验，是对其导游技能和心理素质的全面检阅，所以每个导游都应十分重视这个阶段的工作。

（3）旅游后期阶段：忙于个人事务。旅游活动后期，即将返程时，游客的心理波动较大，开始忙乱起来，譬如，与家庭及亲友联系突然增多，想购买称心如意的纪念品但又怕行李超重等。总之，他们希望有更多的时间处理个人事务。在这一阶段，导游应给游客留出充分的时间处理自己的事情，对他们的各种疑虑要尽可能耐心地解答，必要时做一些弥补和补救工作，使前一段时间未得到满足的个别要求得到满足。

（二）游客心理服务要领

1.尊重游客心理需求

尊重人是人际关系中的一项基本准则。不管游客来自境外，还是来自境内，是来自东方国家，还是来自西方国家，也不管游客的肤色、宗教、信仰、消费水平如何，他们都是客人，导游都应一视同仁地尊重他们。

（1）认识游客期望尊重的需要。按照马斯洛需要层次理论，人的需要是由低级向高级呈上升趋势的，当生理需要、安全需要、社交需要得到满足时，受尊重的需要应运而生，受尊重的需要主要表现为游客在导游、其他游客、从业人员及其他相关人员心目中的重视与赏识程度。

导游在短时间内记住团队游客的姓名、职业等。叫出他们的名字，会让游客产生一种被重视的感觉，从而产生亲切感，缩短导游与游客的心理距离。

导游运用"特别关照意味"的语言艺术。为了让游客感到导游服务的不一般性，而是针对自己所提供的特别的服务，需要导游讲究语言艺术，以显示尊重的意味，让游客感受到特别关照的感觉。导游在对游客说话时，注意不要泛泛而谈，而应该有针对性说话，如用"这是我特地为您准备的……""这是我特别为您挑选的……"等说法以表达对游客的尊重与关照。

（2）尊重游客的人格个性。尊重游客，就是要尊重游客的人格和愿望。游客对于能否在旅游目的地受到尊重非常敏感。他们希望在同旅游目的地的人们的交往中，人格得到尊重，意见和建议得到尊重；希望在精神上能得到在本国、本地区所得不到的满足；希望要求得到重视，生活得到关心和帮助。游客希望得到尊重是正常的、合理的，也是起码的要求。导游必须明白，只有当游客生活在热情友好的气氛中，自我尊重的需求得到满足时，为他提供的各种服务才有可能发挥作用。

导游小李带一队日本游客到西湖游览。临出发前，客人们集体到外币兑换处兑换了一些钱。可是，团员刚到西湖，兑换处的女出纳员就找来了。她告诉小李，刚才兑换货币时，由于她自己的差错，多给了某位游客100元，想请小李向客人解释清楚，把多付的钱收回来。这可让小李非常为难，外国游客一般都很好面子，让客人把多的钱掏出来无疑让人难堪。小李一方面安慰那位出纳员，另一方面苦思良计。很快，小李找到恰当的解决方案。休息时，小李心平气和地告诉游客："大家早晨兑换出来的那部分钱还没花完吧？请大家拿出来再清点一下，因为刚才银行出纳员通知我，那部分钱可能有差错。如果哪位钱少了，我立即通知银行给您补齐。"游客们纷纷将原封未动的钱掏出来数了起来，突然一位游客举起手大声叫道："我这儿多了10张10元币！"[①]

整个事件中，导游小李充分尊重游客的人格，采用聪明委婉的方式，让游客主动交出多余钱，既维护游客的面子，又充分展示游客高尚人格与尊严。

（3）尊重游客的风俗习惯与宗教信仰。不同地区、不同民族的游客具有不同的风俗习惯与宗教信仰。

一次来华旅行的外国团队，在前往北京的路上，前排座位两女士看到街上有一只黑猫穿过，同时大声尖叫："你们看见了吗？一只黑猫，真倒霉！"全团游客的情绪也跟着受到影响。此时导游拿起话筒："别担心，下午看见黑猫没关系，上午看到

① 杜炜，张建梅.导游业务［M］.北京：高等教育出版社，2002:202.

才可能不吉利，因此不必害怕，而且在中国猫是一种受大家喜爱的动物，中国不是有句俗语叫'无论白猫还是黑猫，逮住老鼠就是好猫'。大家看到这只黑猫，只要能逮住老鼠，就是好猫啊！"

一方面，通过及时解释，采用诙谐幽默讲解，迅速缓解游客的紧张不祥情绪，引导大家往好处想；另一方面也尊重了对方的迷信想法，尽管不同意。

（4）尊重游客的旅游需求与投诉。不管在什么情况下，当游客提出相应旅游需求与投诉时，都应该虚心接受，表示尊重。往往游客提出无理性的旅游要求或投诉时，导游要做到尊重其需求与投诉是不容易的。

首先要保持尊重游客的需求与投诉的心态。游客外出旅游追求的是满足自身在日常生活中无法满足的需要，其旅游态度好坏取决于其旅游需求满足程度。面对游客合理的旅游需求，导游需要尽力采取积极措施予以满足，以为游客提供最优质的服务；面对游客的非理性需求或无法满足需求时，导游应该保持平和心态，尊重对方要求，并耐心解释其中原因，委婉拒绝。游客投诉是游客旅游过程中需求无法很好满足滋生不快情绪，这种投诉具有明显"放大效应"（即部分游客一旦开始产生埋怨与不快时，很容易引起他人产生相应情绪，迅速传染至整个团队，引起骚动），因此导游此时应该克服紧张情绪，尊重对方无论是否合理的投诉，站在对方角度思考问题，及时调解与解释，以缓和与解决游客不快情绪。

其次要对游客的投诉表示安慰与同情。前来投诉的游客一般总是觉得自己受到伤害，是带着一颗受伤的心来要求主持公道的。如果再去触撞这颗受伤的心，一定会遇到强烈的反应。这就要求导游必须对游客抱以同情与安抚。

再次要对游客的投诉抱以诚恳态度。如果游客所说事情确实是旅游接待与导游服务工作的不足造成的，要虚心向游客认错与道歉，并给出合理的解释与相应弥补解决方案。如果其所提要求是不真实的或是无理的，甚至游客动怒，仍然需要导游表示诚恳，保持镇定与冷静，理解其气愤感情，耐心倾听其投诉，设法平息事态。

最后要采取积极行动以表示对游客的需求与投诉的尊重。当游客提出相应合理需求，要设法努力满足；面对无理需求时，要耐心平和解释，寻求谅解。当游客提出投诉时，要把事实经过与原委耐心解释明白，并给出相应弥补性措施与建设性意见。

有一位导游曾经遇到这样一个领队，为了讨好游客与老板，一再提出新要求，甚至有些是无理的，想显示自己的"知识渊博"与"为客人着想"，在导游与游客间制造矛盾，挑拨离间，企图充当游客的拯救者。第二天，领队翻出陈旧过时的《旅游指南》，责备导游："为什么不带我去北海桥？"导游说明北京版图上的几处景点早已不复存在的情况，可领队还是煽动游客，说自己尽了最大努力，导游还是拒绝了他的要求，客人花了许多钱，旅行社却不满足他们的要求，引起车内阵阵骚动。导游面对领队与游客的指责，并未慌乱，而是心平气和、态度和蔼地向游客耐心解释："我完全理解领队先生想让大家玩好的心情，可是目前的北京已经不存在这些地方，大家有什么愿望还可以向领队或向我提出，我们一定尽最大努力让大家满意。"骚动的人群平静下来，可是领队仍然对此不依不饶，导游仍是不失礼地向领队商量事宜，让他有台阶下，最后才圆满完成任务。

这里提出，面对领队不尊重导游人格，存心找茬，提出无理要求时，导游保持一颗尊重他人的心，耐心平和解释，用真诚感动大家，寻求谅解，圆满解决领队设置的"惩罚者陷阱"。

（5）尊重游客的虚荣心与表现欲。每一个人都具有表现欲与虚荣心。"扬其之长，隐其之短"是尊重游客的一种重要做法，在旅游活动时，导游要妥善安排，让游客进行"参与性"活动，使其获得自我成就感，增强自豪感，从而在心理上获得最大的满足。

一个欧洲的旅游团来中国旅游，北京是最后一站。团队中有一位很"狂"的游客，一路上十分挑剔，经常发脾气，还强行代替地陪导游讲解，各地接社导游无法与其配合，至北京后，全陪一再要求北京地接社导游狠狠整一下这位游客。但北京导游并没去"整"这位游客，而是在接待中十分主动热情地与其攀谈，了解其发怒挑剔的原因。原来，这位游客自恃知识渊博，对各地陪导游的讲解不满意。北京导游一方面努力把故宫景点讲解得非常漂亮，另一方面主动尊重他，了解他的专长，发现他对东方国家历史与佛教史方面有一定研究。于是在前往碧云寺途中，主动邀请这位"狂"游客讲解佛教史，使其很受感动，并诚恳说道："谢谢导游先生给我这个机会，具体情况还是请听导游先生来讲解，他一定比我讲得生动与美妙。大家鼓掌请我们的导游来讲解。"导游接着说："我从这位游客先生讲述中学到不少有关佛学的知识，对此表示衷心的感谢！"在北京期间，整个旅游团玩得非常愉快。

2. 使用柔性语言

"一句话能把人说笑，也能把人说跳"，有时一句话说好了会使游客感到高兴，有时一不当心，甚至是无意中的一句话，就有可能伤害游客的自尊心。在不同的场合，对不同的人要说不同的话，这是交谈的一个准则。但在千变万化的场合中，如何理出一条规律性的头绪呢？日本经营评论家创立了一种"实用会话法"，把说话能力（A）分解成5个因素：语气（S）、用词（W）、内容（I）、感情（E）和技巧（T）。只要对5个因素做适当调整，就能获得良好的交谈效果。如：

对年长者 S＞W=I=E=T　　　　　　商谈 W=I=T＞S＞E

对同辈 I＞S=W=E=T　　　　　　　恳谈 I＞W＞E＞T＞S

对晚辈 S=W=I=T＞E　　　　　　　开玩笑 T＞I＞E＞W＞S

对小孩 W=I=E＞S=T　　　　　　　夸赞 I＞W＞E＞S＞T

对初见面者 S＞I＞W＞T＞E　　　　关注 I＞T＞S=W＞E

上述表面含义是，在各种不同的场合，S、W、I、E、T各自发挥作用的程度也随之变化。如初次见面时，其方程式是：S＞I＞W＞T＞E，其含义：初次与对方交谈，最重要的是选择适当的语气（S），其次是谈话的内容（I），之后依次是用语（W）、技巧（T）、情感（E），它的顺序，可按其在交谈中所起的作用的大小来拟定。因此，导游在初次与游客接触时，与游客交往时必须注意自己的语言表达方式，往往要注重选择柔性的语气，与游客说话要语气亲切、语调柔和、措辞委婉、说理自然，常用商讨的口吻与游客说话。这样的"柔性语言"既使人愉悦，又有较强的征服力，往往能达到以柔克刚的效果。

3. 提供个性化服务[①]

游客在接受旅游服务过程中都有一个共同的心理：既希望导游对自己能不另眼相看，同时，又希望导游对自己能另眼相看。这两种心理要求看似矛盾，实则所指不同。前者是指导游不能歧视、怠慢客人，对所有的客人应一视同仁，提供标准化的服务；后者是指导游应理解客人作为一个人，是有独特个性与需求的，要将每位客人同其他客人区分开来，突出出来，使客人有受到特别优待的感觉。

如果说一视同仁的标准化服务是满足客人共同的需求，使客人感到基本满意的基础，那么，特别关爱的个性服务则是体现对客人尊重、满足个性需求的条件，使客人在功能性和一般心理服务满足的前提下，有一种超值的、亲切的心理感受。

---

① 谢苏，王明强，汪瑞军.旅游心理概论［M］.北京：旅游教育出版社，2001:122–125.

（1）有的放矢的个性化服务。俗话说："十人十样，百人百样。"个性化服务要求对不同类型的游客要有不同的待客方式。比如，对残疾人的接待要细心周到，活动安排要尽量适合他们的身体条件和特殊需求；对儿童要多讲故事，不宜给他们吃零食，更不可单独把他们带走；对宗教人士，则要充分尊重其信仰，对其所信仰的宗教不宜随意评论。又如，一个服务员频频询问客人有什么需要，性格外向的游客会认为导游热情、主动；性格内向的游客则可能认为其琐碎、啰唆。缺乏旅游经验的客人希望得到较多的帮助和指点，而常出门旅游的客人则可能对导游老是不离左右感到不以为然等。为了让每个游客都得到他所满意的服务，服务员必须根据每个客人的需要、兴趣、性格等个性特点，确定合适的服务方式，提供适宜的个性化服务内容。

交际型。这类客人热情、健谈，有时甚至过于热情，他们也许会请导游外出或一起用餐。在为此类客人服务时，应保持冷静与幽默，根据饭店的规章制度，策略地答复客人的要求，必要时可请求领导的帮助。

急躁型。这类客人不管导游多么繁忙，坚持要求立即提供服务。如果客人的要求是偶然的，导游可尽量提前为他服务。由于满足此类客人的要求，对其他客人来说是不公平的，因此，导游要设法走捷径，尽快把他们安顿下来，但还应该注意服务质量，注意亲切、迅速。

闲聊型。对于此类喋喋不休的客人，导游要关心、体谅，注意礼貌。在适当的时候，向他们表示歉意，因为其他客人也需要得到服务。

抱怨型。这类客人即使知道自己做错了事，也总是把责任推给旅游企业。当此类客人抱怨时，导游应注意倾听，表示歉意，然后设法使问题得到解决。注意对此类客人要热情，决不能与之争辩。

易变型。客人在做出选择前，不断地改变主意。接待此类客人时，应注意保持耐心与礼貌，应给客人充足时间做决定。还应根据客人的特点提供带有指导意义的建议。

胆怯型。应注意观察此类客人的要求，否则很难理解他们真正的想法，因为他们不轻易表示自己的不满。导游应尽力向此类客人提供最好的服务，尽量要积极、主动。

要求型。应设法了解此类客人的真正需求，提供他们急需的东西，在接待服务

233

中要能忍耐，有礼貌，决不能发脾气。

吵闹型。这类客人常在公众场所大叫大嚷，希望引起大家的注意，成为中心人物。导游应设法立即制止，以免影响他人。在与此类客人打交道时，应尊重他们，小声地与他们讲话，尽量避免冲突。

敌意型。这类客人似乎对一切都怀有敌意，很难使他们高兴。与此类客人打交道时导游应注意容忍，要热情地为他们提供最好的服务，设法缓和局势，取悦客人。

友善型。从表情上可以发现，这类客人对某些服务不周到的小缺点，能予以谅解。大部分客人均属于此类型。导游应为他们提供最好的服务。

特殊型。此类客人的喜好与大部分客人有明显的区别。他们的全部要求很难满足。接待此类客人时，应耐心、礼貌，尽可能满足他们的一部分要求。如果对此类客人的要求处理比较恰当，下次他们还会光临。

斤斤计较型。客人把旅游产品的价格与其估计的成本相比较，时常抱怨产品价格太贵。导游应以良好的服务态度，有效的销售技巧，向他说明产品的特点，介绍构成成本的因素。对此类客人应保持耐心，但不能随意降价。

儿童。儿童也是客人，服务时既要耐心，又要小心。儿童过分吵闹会影响其他客人。所以，必要时，应礼貌地提醒他们的父母。导游应避免与客人的孩子嬉闹、玩耍，以免影响正常的工作秩序，或引起孩子父母的不满。

上面介绍了几种不同的客人的特性及导游应注意的要点。旅游企业大部分客人是友善的，易于合作的。即使小部分客人比较放肆，这对旅游企业及其员工来说，也是一个迎接挑战的机会。如果通过我们的接待服务工作，使客人都感到舒适、满意，旅游企业不但会获得可观的经济效益，还会赢得良好的声誉。日本导游专家大道寺正子曾从事导游工作20余年，她在其所著的《日本的导游工作》一书中，从客人的个性角度切入，提出了具体的待客方式（表4-18）。

旅游业是以游客为对象，为其旅游活动创造便利条件并提供其所需商品和服务的综合性产业，即导游服务必须切合游客的心理需求，由外部的感知内化于内心的认知，以满足游客的需求，这就要求导游服务质量的"柔性化"。所谓导游服务质量柔性化是指在遵守旅游企业规则的前提下，针对游客不同的心理需求提供不同的服务，使游客在接受服务的过程中增进知识，更重要的是体会旅游所带来的伦理情怀，这突出表现为：服务方式上以人的个性需求为本，在遵守规范的同时注重服务的灵活性及针对性；服务理念上突出以自然和人的和谐为本的可持续发展观念和文化性的经济产业导向。游客所感知和认知到的服务质量可分为硬件和软件，游客首先所感受到的是硬件设施，比如说景区内错落有致的具体景点、宾馆的设施等，通过肢体进行初级的感观；其次是软件上，即通过和游客的交流从游客的言语举止中获得情感上的归属。所以，旅游服务质量的高低没有量化的标准，它取决于游客主观上的感知和内心的认知。

表 4-18　游客类型及其导游接待方式

客人类型	特征	待客方式
老好人型	常用温和语气讲话	要有礼貌地相待
猜疑型	没有根据和证明就不相信	讲话要有根据，不用模棱两可的语言
傲慢型	瞧不起人	让其充分亮相后，以谦虚的态度耐心说服
腼腆型	性格内向，说话声小	亲切相待，忌用粗鲁的语言
难伺候型	爱挑毛病，板着面孔	避免陷入争论
唠叨型	说话啰唆，不得要领	在不伤害客人感情的前提下，耐心说服
急性型	不稳重，稍许不如意就发脾气	要以沉着温和的态度相待
嘲弄型	不认真听讲，爱开玩笑	不要被缠住，不要理睬
沉默寡言型	不健谈	主动打招呼搭话
散漫型	不遵守时间，自由散漫	虽难以伺候，但要有礼貌地耐心说服

（2）微中见真诚的"分外"服务[1]。

提供客人所要求的"分外"服务。根据游客提出的个性化需求，开展细微的个性化服务。

有一次，某旅行团一位外国游客找到导游，要求在她旅游过程中，帮助照看一下她一岁的小孩，导游爽快地答应了，并一直悉心地照料她一岁的小孩，使游客大为感动，非常满意。

---

① 吕勤，郝春东.旅游心理学［M］.广州：广东旅游出版社，2000:159–162.

在遇到特殊情况时，主动为游客提供"分外"服务。特殊情况包括游客遇到特殊的好事时给予的祝福性服务，如适逢游客生日、结婚纪念日等，及时送出真诚的祝福。遇到麻烦事时，给予的相应帮助性服务，如游客丢了钱包、护照，或途中生病、受伤时，给予的特别关怀与照顾。

有一次，送香港某旅行团上车回港时，导游在汽车上发现一位香港游客落下一个黑色旅行包，内有护照与几千元现金，此时客人已经在机场，马上要登机了，导游马上让司机转头去机场，将钱物安全及时地送到客人手里。

针对每个人特点，为不同游客提供"分外"服务。每一位客人都有自己与众不同的特点，善于发现游客的特点，然后对其特点进行服务能深刻体现导游对游客的特别关照与优质个性化服务。

一位年事已高的归国老华侨住进某饭店，导游根据老人年岁大、步态不稳的特点，叮嘱酒店服务员为他在卫生间铺上胶垫，摆上一张木椅，还按照老人的习惯，专门为他配备了冲凉用的塑料桶和脸盆；老人行动不便，每次外出时，导游都为他准备一辆轮椅车。老人离店时，非常激动地写下了"月是故乡明，家乡人情浓"的对联，表达对导游服务人员的衷心感谢。

为游客时刻准备着提供"分外"服务。导游不可能每时每刻都在不停地为游客提供服务，但不管是忙着还是闲着，导游都应该把游客"放在心上，时刻准备着"为游客提供分外服务。

一位导游带一个团去进餐时，一位游客起身举杯敬酒时，不慎将桌上的筷子碰落在地上，正值游客转身落座时，看见导游已经给游客换上了一双干净的筷子。

为游客提供"不言自明、心领神会"的"分外"服务。所谓"不言自明、心领神会"要求导游具有敏锐的观察力，能够体察游客细微的情绪变化，深入了解游客不便说的要求，并给予恰当的反应。

一位导游在带团参观省博物馆，进行导游讲解过程中，许多游客驻足聆听，突然导游用余光看到一位老年人目光在一件战国宝剑面前停留了几秒，这位导游在讲解完导游词后，中间留出自由观看时间给大家，并主动走到这位老年游客面前，饶有兴致地给他讲解这把青铜古剑的由来。

第五章　强化金牌导游修炼

第一节　导游修炼的相关研究

我国旅游业迎来新的发展，加强导游队伍建设不容忽视。从 2017 年以来，原国家旅游局、文化和旅游部每年均组织实施"金牌导游"人才培养项目，从国家层面注重开展导游学的研究，重视创新并落实导游队伍的在职培训体系，加强对导游群体专业性、敬业性的正面舆论引导，增进社会各界对导游从业现状和职业特点的认识，旨在让更多的优秀人才加入到导游队伍中来。[①]

导游所提供的服务贯穿于旅游活动的始终，是整个旅游服务中最重要的一部分，在现代旅游业中具有极其重要的地位。优良的导游服务对当前蓬勃发展的旅游业起着推波助澜的作用，反之，则会严重阻碍旅游业的发展。鉴于此，学术界对导游如何修炼内功，如何提升自身的工作能力和服务水平进行了大量的研究。

徐辉[②]从心理学的角度出发，认为导游工作需要有强烈的服务意识，从而让作为服务对象的游客有更舒适的旅游体验。导游在具体处理方法与技巧上，需要讲究合理的方法，需要具备一定的共情能力，从而更好地感受游客的诉求与感受，提供更好的导游服务。导游共情能力的培养包括：

（1）注重游客心理学的学习。在共情能力培养上，需要让导游充分了解不同游客的心理。

---

① 王晓彤. 旅游业迈入新常态，导游人才何去何从［J］. 文化月刊，2019（7）:32-35.
② 徐辉. 导游服务能力中共情能力培养分析［J］. 旅游管理研究，2018（9）:75.

（2）注重情境模拟。培养工作中，要多设身处地地投入情感在某个具体的情境中，及时依据情境反馈的问题做模拟性的反馈训练。

（3）注重培训多样化。培训可以将线上与线下培训共同进行。尤其是线上培训，可以与同行或者有关指导人员一同沟通分享。线下培训可以集中同行一起讨论分析，直面的沟通直接有效。

（4）注重沟通中的倾听。只有倾听到位才能更好地了解对方的心理诉求与特点，由此才能更好地理解对方，从而衍生出共情感。

（5）注重表达的分寸。在表达上，需要合理运用表情与语气，避免激怒游客。要保持良好的亲和力，需要保持微笑，有效减少沟通对象内心层面的不适感。

伍百军[1]认为在文化旅游时期，与普通导游相比，旅游市场呼吁专家型导游的出现，并对此提出了一定的要求。在专家型导游的塑造中，五项修炼理论为它提供了一个很好的平台和路径。它从自我超越、心智模式、共同愿望、团体学习和系统思考五个方面渗透于专家型导游形成的全过程，突出自主发展模式、修炼发展模式和在协作基础上学习。五项修炼让越来越多的专家型导游文化层次变得更高，知识结构更为丰富，更加热爱导游事业，最终必将推动文化旅游的更好更快发展。

余杰[2]认为提升导游服务技能，导游可从九个方面努力修炼：熟悉导游服务程序和内容，注重导游词创作技能，强化导游语言技能，多场景锻炼导游讲解技能，加强典型类别旅游资源（典型类别旅游资源主要指乡村旅游资源、红色旅游资源、蓝色旅游资源、工业旅游资源、中国古建筑旅游资源、宗教旅游资源、地质旅游资源、水体旅游资源、博物馆类旅游资源等）导游技能训练，善于总结导游带团技能，不断提升导游人际交往技能，合理使用导游才艺技能和拓展导游促销技能。

鲍艳利[3]基于"一带一路"视角，进行了导游人才胜任力模型构建实证研究。认为在目前"一带一路"的大前提下，在旅游服务和交流过程中，导游人才将面临复杂的旅游环境和多样化的旅游产品等多方面的挑战。在"一带一路"背景下，导游应从四个方面修炼自身能力，在此基础上我国导游人才的胜任力模型包括职业形

---

[1] 伍百军.联系与启示：五项修炼对专家型导游的解读［J］.中南林业科技大学学报（社会科学版），2013（2）：18–21.

[2] 余杰.导游服务技能提升路径探究［J］.当代旅游，2018（10）：13–14.

[3] 鲍艳利.导游人才胜任力模型构建实证研究——基于"一带一路"视角［J］.技术经济与管理研究，2018（2）:10–14.

象、文化知识、职业技能和个人特质四个维度的 12 个特征。其中导游人才的"职业形象"不局限于外在面貌，更重要的是展现出的内在品质，尤其是作为卓越的导游人才必须具备的热情周到、诚信可靠等品质素养以及其自身的健康形象。"文化知识"包括旅游专业理论知识、"一带一路"沿线地区旅游法规知识，了解和尊重主要客源国家的特殊文化，熟悉沿线国家和地区的悠久历史、文化禁忌、宗教信仰、生活习惯，以及沿线丰富的世界历史文化遗产和绚丽多姿的自然景观知识。"职业技能"包括"英语＋小语种"的跨文化交流能力、现代信息技术和旅游活动组织管理技能。"个人特质"包括旅游市场国际化视野、反思学习和开拓创新意识三方面（图 5-1）。

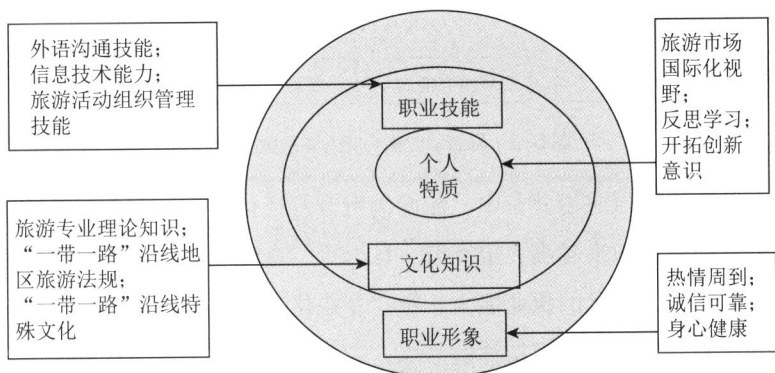

图 5-1 "一带一路"背景下导游人才胜任力模型

高永丰[①]构建导游职业核心能力体系，并提出提升核心能力的相关对策。认为导游职业核心能力体系包括六大核心能力且缺一不可。沟通能力贯穿于导游整个带团过程，语言表达能力是导游基本的业务素质体现，人际协调能力能高效率高质量完成旅游团队服务，应变能力能够提高游客的旅游期望，心理承受能力能让导游持续并保持高度的热情和职业道德，学习能力则是导游突破职业生涯瓶颈的关键。而如果导游没有良好的心理承受能力，在常见事故面前必将不能妥当处理，进而会影响人际协调能力的发挥，并带来沟通的困难（图 5-2）。导游职业核心能力培养是一个系统工程，导游自身、旅行社及相关管理部门只有不断探寻和完善导游职业核心能力的培养方法，从六大核心能力的内涵分析和要求出发，采取相关的培养对

---

① 高永丰. 导游职业核心能力体系构建与培养对策［J］. 江西电力职业技术学院学报，2013（4）：77-80.

策，才能满足市场对具有创新和实践能力的高素质导游人才的培养需求，从而实现导游职业能力的整体提高。

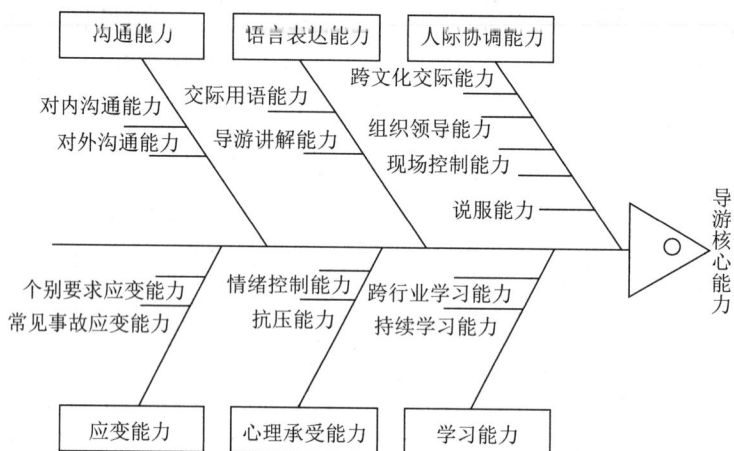

图 5-2　导游职业核心能力体系鱼刺图

　　侯娜[①]认为在全域旅游背景下，旅游消费升级换代，游客对单项导游服务、个性化旅游服务的需求越来越高，定制游、自由行、自助游的出游方式越来越受游客青睐。导游必须提升自己的执业能力，做"专业化、特色化、个性化"的工匠型导游。在全域旅游时代导游工匠精神的修炼，主要包括：更新全域旅游理念，拓展新技能；不断学习积累，完善知识体系；学有所专，形成个人特色。导游在不断修炼的基础上可升级成为品牌政务导游、高级旅游咨询师、自助旅行管家。

第二节　金牌导游的五项修炼

一、诚

　　"诚者不伪，信者不欺。"诚信是旅游业经营之本。导游应在导游工作中严格按照与游客签订的合同中的内容及标准提供服务，不应以任何方式收取额外费用或克

---

　　①　侯娜.全域旅游背景下导游职业工匠精神修炼探析［J］.山西经济管理干部学院学报，2019（2）:15-18.

扣游客。同时，重承诺、守信誉，做到一诺千金，以诚服人。

美国四方旅行社曾在其宣传广告中承诺："四方旅行社保证每次旅游都有合格的专业旅游领队陪同，我们的领队是经过精心挑选并训练有素的。您的四方旅行社喷气飞机旅游是一次有陪同的旅游，从您起程到您旅游结束一直都有四方旅行社精选的陪同人员照料。"一位女士购买了四方旅行社的南美洲游的旅游产品，结果在巴西旅游期间，这位游客乘船时不慎失足掉进亚马孙河，陪同的导游尽力提供了救助服务。

虽然这是一起意外事故，并且此船不归四方旅行社所有，导游也不是四方旅行社的雇员，这位女士回国后还是控告了四方旅行社。法庭裁定：广告宣传使这位女士相信了四方旅行社会负责整个旅程，但四方旅行社并没有兑现自己的承诺。最后，由四方旅行社向她赔偿了数万美元的损失。

这一事件告诉我们：诚信乃导游服务之根本，任何不切合实际甚至虚假的承诺终究会受到惩罚的。

（一）诚心：真诚待客

1.导游真诚服务的必要性

导游服务工作是旅游接待中直接面对游客的工作之一，导游服务工作的经济属性、文化属性以及导游服务工作自身的服务属性都要求导游在提供导游服务时做到真诚服务。

（1）导游服务工作的经济属性要求导游提供真诚服务。导游服务是导游通过向导游服务消费者提供劳务而创造特殊使用价值的劳动。在商品经济条件下，这种劳动通过交换而具有交换价值，在市场上表现为价格。导游直接为导游服务消费者服务，为他们提供语言翻译服务、导游讲解服务、旅行生活服务以及各种代办服务，收取服务费和手续费。[①]

从市场供需关系角度而言，导游是导游服务的提供者，是市场的供给方；而导游服务消费者，是导游服务的需求方。供需双方通过市场机制构成经济关系。因此，导游服务消费者是导游乃至旅行社业甚至整个旅游业生存和发展的基础。导游

---

① 熊剑平，董继武.导游业务［M］.武汉：华中师范大学出版社，2006:29.

服务消费者有权自主选择提供导游服务的对象，而作为一名理性消费者总是期望其实际的购买对象是最优的。因此，导游服务消费者往往会尽可能选择那些能够提供更为优秀导游服务的旅行社和导游，为自己的旅游活动提供服务。

随着我国旅游业的发展，旅游市场逐渐规范，市场供需关系更多时候是供需双方通过完全竞争达到的均衡。消费者的购买期望往往大于其实际购买力，因此供给方提供产品的质量将直接影响到消费者购买行为的决策。导游服务作为一项特殊的劳动，其产品质量就是导游服务的质量。影响导游服务质量的因素有很多，譬如导游的知识储备、综合能力以及自身修养素质，但这其中最为重要的是导游的工作态度，它可以直接传递出导游对于工作的态度，导游真诚良好的工作态度往往可以一定程度上弥补其自身很多其他方面的不足。因此，导游只有通过真诚地对待游客，为游客提供最为真诚的服务才可以在激烈的市场竞争中占得先机。

所以，从市场供需角度而言，导游服务作为一项具有经济属性的服务工作，为了更大程度上满足市场需求，使导游及其所在旅行社赢得更丰富的旅游客源市场，要求导游必须真诚地对待游客。

（2）导游服务工作的文化属性要求导游提供真诚服务。作为导游服务的实际承担者，导游是工作的主体。行话说："看景不如听景。"锦绣山川、艺术宝库、文化古迹，只有加上导游的解说、指点，再穿插动人的故事，才能活起来，才能引起游客更大的兴趣，使人增长知识、领略到异乡风情，享受到审美的乐趣。限于语言和生存环境等方面的不同，游客同旅游目的地之间往往存在很大的文化差异，导致交流和欣赏的障碍。为了提高旅游的美感和愉悦程度，游客们迫切地需要导游的引导和服务，需要导游跨越不同的文化范畴，弥合文化差异。[①]

同时，在旅游活动中，游客不仅是导游的服务对象，也是合作伙伴，只有游客的通力合作，旅游活动才能顺利进行，导游服务才能取得良好的效果。要想获得游客的合作，导游应设法与游客建立"伙伴关系"。通过诚恳的态度、热情周到的服务与游客建立合乎道德的、正常理性的情感关系。[②]

游客离开自己的常驻地，来到异国他乡进行参观游览，巨大的文化差异会造成游客的心理落差，如果没有导游提供导游服务工作，游客会因不了解而对旅游目的

---

① 熊剑平，董继武.导游业务［M］.武汉：华中师范大学出版社，2006:28.

② 熊剑平，石洁.导游学［M］.北京：北京大学出版社，2014:247.

地产生一种本能的恐惧心理。这个时候，导游真挚热忱的服务往往会打消游客因心理落差而产生的恐惧，迅速对导游建立起信任，这对于导游日后的工作会起到巨大的帮助。所以，从导游服务工作的文化属性而言，导游真诚服务的意义重大。

（3）导游工作的服务属性要求导游真诚服务。导游服务，顾名思义是一种服务工作。导游服务与第三产业的其他服务一样，属于非生产劳动，是一种通过提供一定的劳务活动，提供一定的服务产品，创造特定的使用价值的劳动。与一般服务工作不同的是，导游服务不是一般的简单服务，它围绕游客展开，通过翻译、讲解、安排生活、组织活动等形式，工作内容涉及旅途中的交通、住宿、饮食、娱乐、购物、票证、货币和其他各方面的生活需求等，给游客提供全方位、全过程的服务。导游除具有丰富的专业知识外，还应具备一定的社会活动能力、应变能力以及独立处理问题的工作能力。导游有时像幼儿园的阿姨，有时像学生，有时又是指挥员、服务员、保安员、联络员等。因此，导游服务是一种复杂的、高智能的服务。[①]

服务工作不同于其他生产性工作，其最大特点就在于直接面对服务对象。因此，导游服务工作中很大一部分内容是导游与游客直接进行交流和沟通。从传播学角度而言，如果信息传播者没有一种真诚的态度，很容易影响到受众接纳信息的效果。因此，如果没有一种真挚热忱的接待游客的态度作保证，导游在服务过程中传播的内容和质量是会大打折扣的，这将直接影响到导游服务工作的质量。所以，从导游服务工作本身的服务属性来说，也要求导游具有一种真诚面对游客的态度。

2. 导游应如何提供真诚服务

如上所述，导游在工作过程中应当真诚面对游客。但是导游如何做到在工作过程中能够真诚面对游客，则不是一个轻易能够解决的问题。作者认为应当从三个层面着手采取措施：

（1）宏观层面。宏观层面即从导游业角度，研究导游如何能具备真诚面对游客的态度，重点在于考察行业背景和整个国家旅游业发展的水平，作者认为可以从两个方面研究这个问题。

从旅游业发展水平考察。导游是旅游业众多从业人员中最重要的一个群体。导

---

① 湖北省旅游局人事教育处，熊剑平. 导游实务与案例［M］. 武汉：湖北教育出版社，2014:11.

游提供导游服务工作的能力和水平除受到导游自身能力素质的影响之外，作为一个群体，导游工作的总体水平会受到全行业发展的影响。

随着我国旅游业的快速发展，市场竞争机制已逐渐取代传统的指令性计划成为旅游市场资源配置的主要手段。市场机制的建立与完善程度将直接影响到旅游业的发展水平，也会进一步影响和制约从业人员的工作水平。市场机制越规范和完善，市场竞争越公正合理，市场资源将越优化配置，导游将会越来越深刻地认识和体会到提供优秀的导游服务对于自身在行业中立足和发展所具有的重要意义。也只有当导游从根本上认识到这种意义，才会自发地用最积极的态度，为游客提供最为真诚的导游服务。纵观世界上旅游业较为发达的国家和地区，如德国、英国、澳大利亚等国，对于导游管理均是采用一种"宽松型"的导游管理体制，没有专门的法规对导游进行管理，导游只需遵守一般性法规即可。但是这些国家的导游却能为游客提供最为真诚周到的导游服务，原因就在于规范的旅游市场对导游实施了隐性管理。

因此，导游真诚面对游客，从宏观上说首先需要依靠我国的旅游市场的规范和完善，我国导游真诚面对游客的态度会随着我国旅游业的快速发展而逐渐成为一项行业准则。

从行业的职业道德考察。任何行业都需要有与之相应的职业道德对从业人员的行为进行约束和管理，导游行业也不例外，导游应该有适合于行业的职业道德。导游职业道德中包含内容广泛，但其中最为重要的内容可归纳为导游应明理诚信、服务周到和真诚公道、一视同仁。

一是明理诚信、服务周到。是导游正确对待游客的一条行为准则，也是我国旅游业长期的接待方针。这条职业道德要求导游发扬我国礼仪之邦热情好客的优良传统，做到微笑服务、周到服务，替游客着想，为游客安排。反对一些导游在工作中表现出的冷淡、粗暴、生硬等不良行为。导游特别要加强"真诚待客"的观念，对待游客要诚恳相待，以礼相待，讲信义，给人以真心服务。这里的"服务周到"就是给予游客"全方位的服务"，有感情服务、规范服务，要有令游客喜出望外的服务。[①]

二是真诚公道、一视同仁。是正确处理导游所代表的企业与游客之间实际利益

---

①② 王连义. 如何做好导游工作［M］. 北京：中国旅游出版社，2005:47-48.

关系的一项职业道德。真诚公道就是要求导游既要对本企业利益负责，更要对游客利益负责，维护游客利益；要尊重合同、讲信义，不弄虚作假，严格按照合同办事，不欺骗和刁难游客，不擅自降低服务标准，严格把握服务质量。一视同仁就是指公平地对待来自各个不同国度的、不同肤色、不同社会背景和宗教信仰的游客。在提供导游服务的过程中不分亲疏，不分远近，平等对待。[②]

（2）中观层面。中观层面是指导游所在旅游企业应加强对导游工作态度的引导，通过培训和适当的激励机制让导游具备真诚对待游客的工作态度。

我国目前导游的培训内容更多集中在业务内容的培训，旅行社希望通过培训能够让旗下导游具备为游客提供更好服务的能力。这本无可厚非，但在加强业务培训内容的同时不应忽视对导游职业道德的培训。旅行社应当通过培训，不仅使导游具备提供更优秀的导游服务的能力，更重要的是使其具备希望提供更优秀导游服务的动力。

同时现有的旅行社的导游薪酬制度不利于激励导游提供真诚服务的积极性，导游的薪酬管理体制有待改变，建立合理公正的导游薪酬管理体制，重新构建导游服务标准的评价方法，将导游的服务态度作为重点考察的对象，直接与其收入水平挂钩，方可从源头上激发导游真诚提供导游服务的主观能动性。否则，单一的说教不一定能起到预期的效果。

（3）微观层面。微观层面是指导游自身应该加强职业道德的修炼，通过不断的学习认识到真诚提供导游服务对自己职业生涯构建的重大意义。

按照哲学观点，内因是决定事物发展的主要动力。宏观层面的旅游业发展、旅游市场的规范完善以及中观层面旅游企业对导游的培训和激励，对导游提供真诚的导游服务都只能起到推动作用，真正起到决定作用的还是导游自身，其渴望拥有较高素质并且能深刻认识到为游客提供真诚导游服务的重要性，才能使导游真正加强职业道德素质的修炼。

如前所述，随着旅游市场的不断规范和完善，导游只有通过为游客提供真诚优质的导游服务才可能在激烈的市场竞争中赢得认可，同时导游服务工作的本身也需要导游为游客提供真挚诚恳的导游服务，此外，通过真诚的导游服务与游客建立起友谊有助于接下来的导游服务工作的顺利进行。当导游充分认识到这些的时候，他们自然会向游客提供真诚的导游服务了。

（二）诚信：诚信服务

1. 导游诚信服务的必要性

旅行社在现代旅游业的三大要素中处于核心地位，而在旅行社接待工作中处于第一线的关键角色则是导游，他（她）是导游服务工作的主体。因而，世界各国的旅游专家把导游服务视为现代旅游业的代表工种，并给予高度的评价。日本旅游专家土井厚认为："任何行业都有代表性的业务，在旅游业中，就是导游服务。"有些国际旅游界人士说："没有导游的旅行，是不完美的旅行，甚至是没有灵魂的旅行。"并将导游服务冠以"旅游业的灵魂""旅行社的支柱""旅行游览活动的导演""旅游接待服务的四大要素之一"等美称。虽然赞词各异，但都说明导游服务在旅游接待工作中的主导地位和不可或缺的作用。[①]

导游作为旅游行业的一线接待人员，其工作就是按照接待计划为导游服务消费者提供导游讲解和旅途过程中的生活服务，[②] 导游是旅游行业中与导游服务消费者面对面直接接触的工作人员，其行为将直接关系到导游业乃至整个旅游业的行业形象。同时导游作为"民间大使"，在各国人民之间的民间交流活动中起到纽带的作用，因此，导游不仅仅是行业的代表，在涉及国际旅游活动中甚至是一个国家形象的代表。从上述导游的工作属性来看，导游在工作过程中的诚信服务，既关乎旅游业的良性发展，也关乎一个国家的对外形象。

导游工作除了是工作活动中一项基本的服务工作之外，也是一项经济活动。在我国市场经济体制逐步建立和完善起来，党中央提倡全面构建和谐社会的大背景下，导游的诚信工作被赋予了新的历史意义。这是因为，诚信正是市场经济的宝贵土壤，是它的不可或缺的人文基础，或者说它正是现代市场经济运行的前提条件。市场经济首先是一种契约经济，而契约的根基正是诚信。其次，市场经济又是追求效益最大化的利润经济，而信用正是经济主体获取利润的基本保证。最后，市场经济是法制经济，而外在的法治离开了内在的诚信自律是难以真正发挥作用的。[③] 因此，在我国的市场机制和全面构建和谐社会的背景下，同样要求导游诚信服务。

---

① 湖北省旅游局人事教育处，熊剑平.导游实务与案例［M］.武汉：湖北教育出版社，2014:15.

② 熊剑平，董继武.导游业务［M］.武汉：华中师范大学出版社，2006:24.

③ 秦太明.诚信与和谐社会［J］.前进，2005（6）:11-12.

同时，诚信也是我国现阶段全面构建和谐社会的基础。要建设和谐社会，我们说诚信道德是基础：在和谐社会的六个构成要素中，民主必须在取信于民的基础上才能得到充分发扬，法治的过程也应该是一个诚信的过程；只有尊重和遵守诚信规则，人们的创造活动才能得到保护和发挥，社会才能充满活力；没有诚信与法治的保障，社会秩序就会出现混乱，人的权益就无法得到保障，公平公正就难以实现，安定有序就会成为空话；唯有在诚信的基础上，人与人之间才能坦然相处，也才能建立起良好和谐的人际关系。

综上所述，诚信服务对于我国目前旅游市场的规范，导游业健康良性的发展乃至和谐社会的构建都具有重大意义。

2. 导游应如何提供诚信服务

导游向游客提供诚信服务需要多方共同努力。首先，需要建立相应的规范的市场秩序，并需要有相关法规作保障。目前造成我国导游工作中存在违规行为、不诚信服务的根源在于现有的相关法规对其约束力不够。导游经历的道德风险中最常见的是薪酬待遇较低和工作过程中面临的诱惑双重作用下进行的"宰客"行为，现有的导游管理体制对于导游违规行为的监督不够。《中华人民共和国旅游法》对于导游的道德风险行为虽有明确界定，但仍缺乏真正有效的管理，导致导游道德风险行为屡禁不止。鉴于此，作者认为由原国家旅游局开发建设的，具有导游执业管理、导游执业信息全记录、导游服务评价和投诉、旅游部门监管执法和其他公共服务功能的全国导游公共服务监管平台，能有助于整个旅游市场建立起规范的市场秩序，并真正依照《旅游法》等相关法规对导游的道德风险行为给予有效监督，一旦发现有导游没有按照接待计划提供诚信服务，对其进行严惩，通过规范的市场环境对导游的不诚信行为进行约束。

其次，旅行社应当建立起合理的导游薪酬管理体制。根据研究，目前导游大多数的不诚信的道德风险行为多数源于目前我国旅行社业对导游的薪酬管理制度。面对激烈的市场竞争，很多旅行社并未在提升产品质量方面进行研究，反倒是期望通过缩减成本的手段在市场竞争中抢占先机，而其首先缩减的就是导游的基本工资。因此，很多导游如果不采用某些违规手段，其劳动无法收到相应的回报。因此，要求导游做到诚信服务，首先需要旅行社调整目前的导游薪酬管理体制，改变导游薪酬低，兼职导游无底薪甚至向旅行社缴纳"人头费"的现状，通过建立合理的导游薪酬管理体制实现导游的诚信服务。

最后，导游应加强自身的素质修养，本着"诚实守信"的心态为游客提供优质的导游服务。尽管导游的很多不诚信的行为源于我国目前旅游市场的不规范以及现行的导游薪酬管理体制，但导游自身素质修养不高也是一个主要因素。一些导游在工作过程中无法抵御诱惑，希望通过违规行为为自己谋取利益的心态是造成这些导游无法提供诚信服务的内在原因。导游在工作中应本着为游客提供真挚周到服务的心态，将精力用于如何更好地提高导游服务质量上，从长远发展来看，只有提供诚信服务的导游才会在未来获得更好的职业生涯发展。所以，导游应当着眼于自身长远发展，摒弃眼前的诱惑和蝇头小利，以诚信的服务赢得自己在行业内的声誉，为将来获得更为丰厚的回报奠定坚实的基础。

二、勤

导游工作是一项脑力劳动和体力劳动相结合的复杂的系统性工作，工作过程中涉及旅游活动中食、住、行、游、购、娱六大要素。导游在工作过程中为了更好地提高服务质量，需要始终保持一种积极勤奋的从业态度。"天道酬勤""勤能补拙""书山有路勤为径"，这些古训告诉我们，勤奋对一个人的成功有多么重要。导游要走向成功，必须从以下五个方面下功夫：

（一）勤动嘴

语言是导游的基本功，在实践中须多加练习以提高口语表达技巧；工作中不懂的问题要多问，将其作为学习积累的途径。对于导游"勤动嘴"的要求可以从以下两个方面进行理解：

1."勤动嘴"是提升导游语言技能的重要手段

语言，是人类沟通信息、交流思想感情、促进相互了解的重要手段，是人们进行交际活动的重要工具。导游语言，是导游交际的工具，在旅游活动中占有举足轻重的地位，可以说没有导游语言这一工具，导游交际就无法正常进行。[1] 对导游而言，语言是必不可少的基本功，导游服务效果的好坏在很大程度上取决于导游

---

[1] 韩荔华.导游语言概论［M］.北京：旅游教育出版社，2000:4.

掌握和运用语言的能力。通过导游语言表达，可使祖国的大好河山更加生动形象，使祖国各地的民俗风情更加绚丽多姿，使沉睡了千百年的文物古迹"死而复活"，使"令人费解"的自然奇观有了科学答案，使造型奇巧的传统工艺品栩栩如生，使风味独特的名点佳肴内涵丰富，从而使游客感到旅游生活妙趣横生，留下经久难忘的深刻印象。所以，导游应该练好导游语言这一基本功，并使其语言水平不断提高。

尽管随着时代的发展、科学技术的进步，导游服务方式将越来越多样化、高科技化。图文声像导游方式形象生动、便于携带和保存的优势将会进一步发挥，在导游服务中的作用会进一步加强。然而，同实地口语导游方式相比，其仍然处于从属地位，只能起着减轻导游负担、辅助实地口语导游方式的作用。实地口语导游不仅不会被图文声像导游方式所替代，而且将永远在导游服务中处于主导地位。这是因为：

（1）导游服务的对象是有思想和目的的游客。由于社会背景和旅游动机的不同，不同的游客出游的想法和目的也不尽相同，有的人会直接表达出来，有的人比较含蓄，还有的人可能缄默不语。单纯依靠图文声像类千篇一律的固定模式介绍旅游景点，是不可能满足不同社会背景和出游目的的游客的需求的。导游可以通过实地口语导游方式掌握游客对旅游景点的喜好程度，在与游客接触和交谈中，了解不同游客的想法和出游目的，然后根据游客的不同需求，在对参观游览的景物进行必要的介绍的同时，有针对性、有重点地进行讲解。导游讲解贵在灵活，妙在变化，绝不是一部机器，即使是一个高智能的机器人也无法应付。

（2）现场导游情况复杂多变。现场导游情况纷繁复杂，在导游对参观游览的景物进行介绍和讲解时，有的游客会专心致志地听，有的则满不在乎，有的还会借题发挥，提出各种稀奇古怪的问题。这些情况都需要导游在讲解过程中沉着应付、妥善处理。在不降低导游服务质量标准的前提下，一方面满足那些确实想了解参观游览地景物知识的游客的需求，另一方面要想方设法调动那些对参观游览地不感兴趣的游客的游兴，还要对提出古怪问题的游客做必要的解释，以活跃整个旅游气氛。此类复杂情况也并非现代科技导游手段可以做到，只有人，而且是高水平的导游才能得心应手地应付这种复杂多变的情况。

（3）旅游是一种人际交往和情感交流关系。旅游是客源地的人们到旅游目的地的一种社会文化活动，通过对目的地社会文化的了解来接触目的地的人民，实现不同国度、地域、民族之间的人际交往，建立友谊。导游是游客首先接触而且接触时间最长的目的地的居民，导游的仪容仪表、言谈举止和导游讲解方式都会给游客留下难以泯灭的印象。通过导游的介绍和讲解，游客不仅可以了解目的地的文化，增长知识，陶冶情操，而且通过接触目的地的居民，特别是与其相处时间较长的导游，会自然而然地产生一种情感交流，即不同国度、地域、民族之间的相互了解和友谊。这种游客与导游之间建立起的正常的人与人之间的情感关系是提高导游服务质量的重要保证。这同样是高科技导游方式难以做到的。[①]

基于以上表述，不难发现导游的口语讲解能力对于整个导游服务的质量起着至关重要的作用，导游应通过"勤动嘴"，多说多练，不断提升自己的实地口语讲解能力。

2."勤动嘴"有助于导游知识体系的完善

旅游的本质就是一种追求文化的体验性活动。现代游客所追求的不仅仅是视觉上的满足，他们更希望通过旅行活动丰富自己的阅历，将美景内化为美感和知识藏在心中，获得某种体验。随着互联网的飞速发展，游客通过网络信息和互联网＋景区＋VR全景新模式均能够获取大量的知识，现在的游客无论是从消费方式还是从知识结构上都越来越成熟，这些都要求导游只有努力使自己不断充实，有一定的知识储备，才能胜任导游工作。

导游服务就是一种知识性的服务。在游客的心中理想的导游是上知天文、下晓地理的"杂家"。事实上任何一种职业的知识面都是越宽越好，但是作为个人是无法精通世间所有门类知识的，所以导游又必须成为某一方面的"专家"。未来的旅游市场将会不断地细分，针对不同类别的接待活动，导游服务也应该在知识体系上有所侧重，这种"专家"的发展模式可能更有利于未来导游职业的发展。[②]

导游的工作重点是导游讲解服务，而导游讲解服务的内容则涉及众多不同类型的旅游景观。因此，一名导游出色地完成导游讲解工作必须具备足够的知识储备。导游带团参观不同的旅游景点时，针对不同的景观特点需要向游客详细解释景观的成因、发展历程、特征等相关内容，让游客做到"知其然"还"知其所以然"。这

① 湖北省旅游局人事教育处，熊剑平.导游实务与案例［M］.武汉：湖北教育出版社，2014:4.
② 熊剑平，董继武.导游业务［M］.武汉：华中师范大学出版社，2006:24.

就要求导游首先自己需要对景观景点的相关知识了如指掌。譬如，长江三峡与河谷地貌的形成、天涯海角与石蛋地貌的形成、庐山与断裂地貌的形成、五大连池与火山地貌的形成、武夷山与丹霞地貌的形成、桂林山水与岩溶地貌的形成等，这些知识的储备除了来源于参考资料以外，很多是来源于向相关方面的专家请教。因此，要想成为一名合格的导游，尤其想成为一名金牌导游需要具备足够的知识储备，而知识体系的完善很大一部分内容是通过提问获得的。

所以，对于一名导游而言，"勤动嘴"是其提高自身导游服务质量，不断完善自身综合素质的一条重要途径。

（二）勤动眼

"勤动眼"意即善于观察。指导游应随时观察游客的言行举止以判断其心理，以便提供针对性服务；随时观察团队人数，防止游客走失；随时观察周围环境，提高警惕，避免治安事故的发生等。对导游"勤动眼"的要求集中体现在以下方面：

1. 通过观察了解游客需求，有针对性地提供服务

导游的工作除了导游讲解以外还有很重要的一个部分就是为游客提供旅途过程中的生活服务。由于一个旅行团往往由众多来自不同社会背景、意识形态、宗教信仰甚至不同国度、不同文化背景的游客组成，因此在旅途过程中导游应随时针对不同的游客群体采取不同的导游服务方法。即便是来自同一国家、同一社会意识形态的拥有相同宗教信仰的游客，由于游客的个体差异，也会造成游客有许多个性化的需求。面对众多有着不同个性化需求的游客，如何协调好他们之间的不同需求，在满足其个性化需求的同时不影响到整个团队的标准化服务，这就要求导游"勤动眼"，通过游客简单的言行举止迅速判断其心理活动，做到有的放矢，有针对性地为其提供所需要的服务。

未来的旅行社业竞争将越来越激烈，单纯向游客提供标准化服务已无法满足未来旅游客源市场的需要，金牌导游需在规范化服务的基础上提供个性化服务，而个性化服务应该是注意到游客有个别需要而主动提供的服务，这样的服务才能服务到游客心里去，想他之所想，"投其所好"。这种主动提供优质化服务的要求就需要导游具有很好的观察能力，能在游客提出需求之前提供相应的服务。

　　导游小陈在带团用晚餐时发现有一年轻姑娘随便动了几下筷子便悄然离席，经交谈后得知那天恰好是她生日，她打算出去找个地方独自过一个寂寞的生日，导游小陈热情劝说，终于将她请回餐桌，并代表旅行社给她送上一个生日蛋糕，还带领全桌游客拍手齐唱"祝你生日快乐"，烛光闪烁中，姑娘激动得热泪盈眶。①

　　案例中导游王某便具备较为敏锐的观察能力，及时发现了游客的反常举动，并通过及时的沟通了解具体情况，并立刻采取了相应的措施。

　　2.通过观察确保团队安全

　　导游的主要工作既包括导游讲解服务，也包括沿途的生活服务。导游在一次旅行过程中不仅仅是充当一名讲解员，在更多的时候是以一种旅游团组织者的身份出现的。因此，对导游的要求就不仅仅是能够提供导游讲解服务，还需要导游成为一名出色的团队核心。

　　游客外出旅游，由于对旅游目的地的不了解，需要导游对其旅游活动进行安排和引导，同时也需要导游为其提供旅游期间的安全保障，这一系列的需求就要求导游具备十分敏锐的观察能力，能将可能出现的事故"防患于未然"，而做到这一点，就要求导游在平时的工作过程中加强"勤动眼"的训练。

● 案例 1

　　4月21日，位于皖西境内的天堂寨风景区发生游客走失并坠崖事故，一名来自南京某银行的脱团游客在被找到后，抢救无效死亡。

　　4月21日上午8时多，一个来自江苏南京的旅游团赶赴天堂寨风景区游览。这批游客到天堂寨后，分两组上山，一组坐索道，另一组直接爬山。

① 佚名.优秀导游与个性化服务.中华旅行网（www.66china.com.cn），2007-03-12.

游客一路欣赏美景，没有人在意团员人数变化。10分钟左右，导游发现成员少了一人，但有游客说，一位50多岁姓徐的游客因体力好，爱登山，每到一处旅游，都是先行，可能上前面去了，不要找他。中午11时许，一行人到达山顶时，仍没有发现徐姓游客的踪影。这时，地陪导游意识到事情的严重性，要求同行人打电话，但电话处于无人接听状态。他们随即向景区、相关旅游公司以及警方汇报，请求帮助寻找。

得知一名南京游客在天堂寨风景区游玩时失散，天堂寨旅游区立即动员30多名派出所民警、景区职工上山寻找，并开启索道两侧所有高音喇叭喊话。经过约4小时的艰苦搜寻，终于在该旅游团经过的路线——天堂寨龙脊背附近找到该游客，并紧急将该坠崖游客抬往山下附近医院，但经抢救无效死亡。

● 案例 2

2019年6月23日早上11时许，鸣沙山景区派出所接到导游姚女士报警称：我们一个旅行团来到鸣沙山景区游玩，在10时20分左右，一位香港籍游客在月牙泉边不慎与团队走失，现来报警，请求协助查找。

接报后，值班民警迅速赶往现场，考虑到游客为香港籍，身上未带任何通信设备，为了提高寻人效率，避免游客发生其他意外，民警仔细询问了游客的衣着体貌，迅速前往景区内、景区出口和停车场区域进行查找，同时利用景区监控全覆盖式智慧警务系统，查看当时的监控画面，经过一个多小时的查找，多方查找无果，此时，值班民警接到了"110"指令，在停车场一餐厅处一位走失游客报警求助，经确认，该游客确系香港籍走失游客，民警立即将其送到家人身边，与家人、团队团聚，没有耽误团队接下来的行程。

通过上述两个案例不难发现，如果导游能够认真细致地观察整个团队成员的游玩状况，及时发现那些有离开团队私自游玩倾向的游客，并对其进行必要的劝导，上述游客走失事件就不会发生。所以，导游在陪同游客的整个旅行过程之中，要始终保持着一种精力集中的状态，通过"勤动眼"及时发现反常的情况，并采取相应的措施，只有这样才不会使游客生命财产安全受到威胁。

导游要通过敏锐细致的观察确保团队安全的另一个重要方面就是确保游客的财产安全。游客在外出旅游尤其是来到景区景点参观游览时，往往将全部精力集中在观景和听导游讲解上，这时候游客往往是处于一种不设防的状态，很多不法之徒就是利用这样的时间实施犯罪行为，盗窃游客财产，使游客蒙受巨大的损失。譬如，近几年来，意大利在旅游旺季时有较多的偷盗团伙，专爱盯游客，极少去偷本地人，游客之所以如此受到小偷们的欢迎，原因在于其往往在不设防的旅游状态中，又随身携带大量现金。这个时候就要求陪同游客游览的导游做到"眼观六路"，通过敏锐的观察及时发现周边人群中可能的犯罪分子，及时提醒游客注意自己的财产安全。做到这一切，全部基于导游在平时的工作中"勤动眼"，并因此具备敏锐的观察力。

（三）勤动手

导游工作是一项脑力劳动和体力劳动高度结合的劳动。导游服务工作不仅是需要导游具备嘴上功夫，导游在旅途中也应主动帮助高龄、体弱的游客完成搬运行李等一些体力较重的活；对于各种设施设备的保养维修要有一定了解，以应对带团途中的突发事故。同时要养成撰写日志、陪同小结等良好习惯。对金牌导游"勤动手"的要求主要集中在以下方面：

1. 主动帮助游客完成一些体力较重的劳动

导游接待的游客群体中，有时候会有一些较为特殊的游客，譬如说年纪较大的高龄游客、身体有残疾的游客等。这时就要求导游比平时付出更多的劳动，提供更为全面周到的导游服务。尤其是面对高龄游客和身体有残疾的游客，他们往往携带更多的随身行李，导游应该及时地帮助这部分游客完成行李搬运等体力要求较大的劳动，使这部分特殊游客感受到导游服务的真挚诚恳。要做到这一点，就需要导游在平时的工作学习过程中养成"勤动手"的好习惯。

2. 了解一定的设备保养和使用常识

导游在工作过程中随时会面对各种各样的突发状况，为了确保旅行能够顺利进行，要求导游具备一定的设备使用和维修的基本常识，以便在面对突发状况时可以做到胸有成竹。而要做到这一点，除了需要导游在平时工作学习的过程中加强各种相关知识的学习以外，很多实际操作的技能则更需要通过"勤动手"来习得。

譬如，游客在旅行过程中可能发生一些意外，在面对这种情况时，导游如何运用自己所学到的急救知识，利用相关的器材对游客及时施救，就需要导游在平时加强这些方面的训练，能够做到对器材的使用和对知识的运用都熟练准确。当游客出现晕船、晕机等情况时如何使用相关药物进行处理，游客中暑时应如何正确使用相关药物，游客出现外伤是如何利用手边的器材进行伤口的处理，如何使用交通工具上的器材，以及导游在自己工作中可能面对的器材使用的问题，如图文声像导游工具的使用和保养、话筒或喇叭的使用和一般性故障的处理等一系列问题，如果导游想做到处理起来驾轻就熟，就需要在平时除了学习相关知识以外，通过大量的动手劳动来熟练掌握相关技术的使用方法，形成动力定型。只有这样，当一名导游面对纷繁复杂的实际工作状况时，才可以做到沉着稳健，恰当处理。

3. 养成撰写工作小记和总结的习惯

导游的很多工作能力是随着其工作经历的丰富而逐渐累积起来的。因此，对于工作经验的及时总结对于一名导游的成长会起到至关重要的作用。俗话说"好记性不如烂笔头"，人的记忆力始终是有限的，当相隔的时间长了以后，很多原本记忆深刻的东西会慢慢淡忘。因此，导游工作中经验的总结应该不仅仅是脑海中的总结，更重要的应该是一种文字材料的记载。

金牌导游应该克服工作结束后的辛苦，在自己记忆仍然深刻的时候记录下自己对于本次工作的心得体会，为今后工作水平的提高提供参考。与此同时，导游还应该在工作过程中养成随时记录的习惯，对于在工作过程中一瞬间划过的思想及时记录，通过这种文字材料的记载和整理，有助于总结自己在工作过程中存在的不足，大大缩短一名导游成长和成熟的周期。

（四）勤动腿

导游在工作之前应当对于旅游目的地要有一定了解，针对不熟悉的景点应提前进行实地考察；导游带团过程中应自始至终跟游客在一起，不要怕多走路，更不能脱离团队。

1. 坚持锻炼身体

导游工作繁重，量大面广，流动性强，体力消耗大，尤其是作为全陪、地陪及景区导游，工作要求他们能走路，会爬山，还要提供周到细致的生活服务和生动形象的语言服务，还得连续不断地工作，这必然要求导游有一个健康的身体才能胜任。不仅如此，导游在陪同旅游团周游各地，变化着的天气和各地的水土、饮食对他们提出严峻的考验，如在冬天，带团从天寒地冻的北方到温暖如春的南方；而出门在外，饮食上各地口味差异很大，南甜北咸，东辣西酸，导游都需要良好的身体适应能力。再加上，出团期间不能正常休息，没有强健的身体，是很难出色地完成导游服务的。

● 案例

甘肃兰州市一位导游，常年带团进行沙漠之旅，练就了一副能适应西北高原沙漠气候的强健身体，以致后来的一些科学考察队也都聘请他做向导。这个事例说明，旅游活动的多元化发展趋势要求导游必须有与自己工作相适应的良好身体素质。

2. 广泛了解目的地

游客离开常住地来到异地参观游览，因对旅游目的地的不了解而需要有导游为其提供导游服务。所以，导游一定是要求对旅游目的地有着充分的了解，有足够的知识和相关信息储备的人员。[①]

（五）勤动脑

"勤动脑"是金牌导游关于"勤"的修炼中最重要的方面。除了要勤于思考外，还应经常换位思考，站在游客立场替游客着想，设法满足游客的要求，理解他们的"过错"或苛求。

① 彭淑清.景点导游［M］.北京：旅游教育出版社，2006:17.

1.勤于思考，善于总结

导游每次完成接待服务后，不妨思考本次接待服务质量情况，针对工作中的不足或存在的问题，如导游不清楚的知识、回答不完整或不正确的地方，进行针对性总结，吸取教训，积累经验，以逐步提高自身的导游水平和服务质量。

2.换位思考，理解游客

当游客身处异乡，自然希望有人对当地情况非常了解，可以对其精神上进行抚慰、生活上尽心照顾，同时，不熟悉旅游地语言和风俗，也会给游客带来很多困难。生活中常因不了解当地风俗习惯、语言不通引致发生诸多误会的情况有，游客常常会产生明显的挫折感和沮丧感，滋生诸多不满与抱怨，迫切地向导游投诉与发泄，这都需要导游以平和的心态，充分尊重对方，换位思考，理解游客的心情，适时给出满意的答案。

3.敢于否定，善于肯定

敢于否定是非常可敬的品德和优点。每个人都会有认知的局限性，工作中可能出现失误，导游也不例外。但作为导游通过虚心听取游客的意见并思考总结，能认清自己的缺点与不足，敢于否定自己，敢于承认自己工作的不足和失误，则意味着正式与缺点决裂，并力求通过自己的不懈努力改进不足，最终扬长避短，取得较大的成就。

而导游善于肯定自己首先在于肯定自己的既定目标，其次在于肯定自己的学习能力，在工作中提炼可行性高的工作经验，坚持到底，不断学习，对自己有信心，做自己认为正确的事，将激发导游更大的潜能。

三、能

这里的"能"指技能。金牌导游在工作实践中要特别注意以下三方面技能的训练和培养。[1]

（一）带团技能

带团技能贯穿于旅游活动的全过程之中，其高低直接影响到导游服务的效果。

① 熊剑平，董继武.导游业务［M］.武汉：华中师范大学出版社，2006.

这是金牌导游最复杂但很重要的一项技能。

1. 主导地位确立与形象塑造

（1）确立在旅游团的主导地位。旅游团队是由素不相识的、各种各样的游客构成的临时性和松散性的团体。导游在带团过程中应该尽快确立自己在旅游团中的主导地位，这是带好一个旅游团的关键。金牌导游只有确立了主导地位并取得了游客的信任，才能具有凝聚力、影响力和调控力，才能真正带好一个旅游团。

以诚待人，热情服务。导游服务具有周期性短的特点，导游每接一个团，与游客接触的时间都不长，难以"日久见人心"，因此，金牌导游要尽快与游客建立良好的人际关系，这样才能顺利开展工作。真诚对待游客是建立良好人际关系的感情基础，心诚则灵，有诚意才可靠。当导游的真诚和热情被游客认可，就能赢得游客的好感与信赖。

譬如，某旅游团因故需要提前离开杭州，游客心中不快。而在游览西湖时又下起了大雨，这时，该团全陪请地陪放慢前进速度，让游客边听讲解边避雨，在协助地陪先安排好游客避雨后，自己冒雨跑到停车场，在旅游车中找到游客的雨具，并冒雨将雨具送到每位游客手中。他的真诚感动了游客，需要提前离开的不快很快消失，全团游客十分合作，全陪的工作也因此进行得非常顺利。

换位思考，宽以待客。换位思考是指金牌导游站在游客的角度，以"假如我是游客"的思维方式来理解游客的所想、所愿、所求和所为，从而做到"宽以待客"，想方设法满足游客的要求，理解他们的"过错"或苛求。由于客观存在的物质条件、生活水平的差距，往往游客在客源地很容易办到的事情到目的地却很难办到，甚至成了"苛求"。如果导游能站在游客的角度，对游客提出的种种要求平心静气地对待，努力寻找其中的合理成分，尽力使游客的要求得到满足，即使是苛求也一定能妥善地加以处理。

树立威信，善于"驾驭"。由于导游服务是一种引导、组织游客进行各种旅游活动的积极行为，因此导游必须是旅游团的主导者，对旅游团具有"驾驭"能力。金牌导游要确立自己在旅游团中的威信，主导游客的情绪和意向，努力使游客的行为趋于一致，使一个临时组成的松散的游客群体成为井然有序的旅游团队。

（2）树立良好的导游形象。树立良好形象是指导游要在游客心目中确定可信赖、可以帮助他们和有能力带领他们安全、顺利地在旅游目的地进行旅游活动的形象。金牌导游要想在游客心目中树立良好的导游形象，必须从以下三个方面着手。

重视"第一印象"。在人际知觉中，给人留下的第一印象是至关重要的。如果一个人在初次见面时给人留下了良好的印象，就会影响人们对他以后一系列行为的评判和解释，反之也是一样。因此，金牌导游良好形象的塑造首先在于给游客留下良好的第一印象，使游客形成心理定式，在不知不觉中成为日后判断导游的重要依据。

迎接旅游团是导游与游客接触的开始，导游在接团时留给游客的第一印象，对游客心理有重大影响，它往往会左右游客在以后的旅游活动中的判断和认识。游客每到一地，总是怀着一种新奇的、忐忑不安的心情，用审视甚至近于挑剔的目光打量前来接团的导游。因此，导游从第一次接触游客起就必须注意树立良好的形象。既要注意外在形象，又要注意态度对游客心理的影响，还要通过周密的安排、细致的服务和高效率的工作给游客留下良好的第一印象。导游在接团前如能记住游客的姓名和特征，迎客时能叫出他们的名字，游客会迅速消除初到异地的孤独感和茫然感，增强安全感和信任感，这也为以后导游与游客和睦相处奠定了一定的感情基础。

导游真正的第一次"亮相"是在致欢迎词的时候，只有在这时，游客才会静下心来，"掂一掂导游的分量"。他们会用审视的目光观察导游的衣着装束和举止风度；聆听导游的讲话声音、语调、用词是否得体、态度是否真诚……然后通过分析思考对导游做出初步的结论。

譬如，对导游的衣着装扮，游客就有自己的想法：如果导游太注重修饰自己，游客可能会想："一个光顾修饰自己的人怎么会想着别人、照顾别人？"但是，如果导游衣冠不整，游客又可能会想："一个连自己都照顾不好的人又怎能照顾好客人？"

因此，金牌导游应特别注意致欢迎词这一环节的言行举止，力求在游客心目中留下良好的第一印象。

维护良好的形象。良好的第一印象只是体现在导游接团这一环节，而维护形象则贯穿于导游服务的全过程，因此，维护形象比树立形象往往更艰巨、更重要。有些导游只注意接团时的形象，而忽视在服务工作中保持和维护良好的形象，与游客接触的时间稍长一些就放松了对自己的要求，譬如不修边幅、说话不注意、承诺不兑现、经常迟到等，于是在游客中的威信逐渐降低，工作自然不好开展。导游必须明白良好的第一印象不能"一劳永逸",需要在以后的服务工作中注意维护和保持,因为形象塑造是一个长期的、动态的过程,贯穿于导游服务的全过程。金牌导游在游客面前要始终表现出豁达自信、坦诚乐观、沉着果断、办事利落、知识渊博、技能娴熟等特质,用使游客满意的行为来加深、巩固良好的形象。

留下美好的最终印象。心理学中有一种"近因效应",它是指在人际知觉中,最后给人留下的印象因时间距离最近而对人有着强烈的影响。国外一些旅游专家有这样的共识:旅游业最关心的是其最终的产品——游客的美好回忆。导游留给游客的最终印象也是非常重要的。若导游留给游客的最终印象不好,就可能导致前功尽弃。一个游程下来,尽管导游已感到很疲惫,但从外表上依然要保持精神饱满而且热情不减,这一点常令游客对整个游程抱肯定和欣赏的态度。同时,导游要针对游客此时开始想家的心理特点,提供周到的服务,不厌其烦地帮助他们,如选购商品、捆扎行李等。致欢送词时,要对服务中的不尽如人意之外诚恳道歉,广泛征求意见和改进建议,代表旅行社祝他们一路平安,真诚地请他们代为问候亲人。送别时要行注目礼或挥手示意,一定要等飞机起飞、火车启动、轮船驶离后方可离开。美好的最终印象能使游客对即将离开的旅游目的地和导游产生较强烈的、恋恋不舍的心情,从而激起再游的动机。游客回到家乡后,通过现身说法还可起到良好的宣传作用。

2.心理服务技巧与审美引导

金牌导游在带团旅游时,除了要提供旅游合同中规定的游客有权享受的服务之外,还有必要向游客提供心理服务,同时应重视旅游的美育作用,正确引导游客观景赏美(详见第四章第二节金牌导游的核心知识中的心理学知识和美学知识)。

3.旅游组织协调与协作技巧

(1)导游组织协调技能。旅游团是一个群体,这个群体有下列一般特点:首先,它完全是临时性的。其次,他们参加同一旅游团虽然动机不尽相同,但都是购买同一旅游线路,都是为了追求享受,都希望旅行平安、愉快,获得美好的经历。最后,他们之间习惯、爱好和观点等各不相同,有产生矛盾的可能性,所以导游应该具备良好的组织协调能力。金牌导游应该把握好全局,所谓把握全局是指导游有计划、有步骤、妥善而又完整地把握旅游的全过程,并运用灵活机动和确实有效的做法，去完成旅游接待任务。① 其中导游能组织协调好食、住、行、游、购、娱六个方面，可以使游客的满意度达到最大化。

灵活搭配活动内容。灵活机动地搭配和安排游览活动是导游组织协调能力的反映因素之一。

其一，游览活动中的一般规律。导游界有句行话："有张有弛，先张后弛。"这句话生动地反映了导游在带团过程中掌握游览活动节奏的三部曲。导游应该遵循"旅速游缓""先远后近""先高后低"的原则。②

其二，内容搭配的艺术处理。导游是组织游览活动的核心人物。导游活动在内容上是不是搭配得当以及活动节奏的搭配是不是合理，都会影响游客的情绪和心理。内容搭配时首先是当天的游览景点安排要避免雷同，同时，游客在旅游活动中需求内容是不断变化的。其次，游览要与购物、娱乐相结合，要把游览、购物和娱乐结合好才可以满足游客的需要和多样的需求。

科学安排游客饮食。旅途中的饮食非常重要。只有吃得饱，才有精力去旅游；只有吃得好，才能游得好；只有吃得干净，吃得卫生，才能游得愉快，游得顺利。但是，在旅途中，不同于在家里，导游在安排饮食时，要提醒游客特别注意以下事项：

● 不要过多地在旅途中改变平日饮食习惯，坚持饮食荤素搭配，注意多吃水果，以利消化。

● 注意饮食卫生，一定要吃得干净，防止"病从口入"。

● 注意饮食平衡，吃饭不可饥一顿、饱一顿，多饮茶水，保持体内水分。

● 防止偏食，特别注意少吃大鱼大肉等肥腻食物，防止消化不良。

● 各地名吃一定要"品"，但一定要注意量不可大，注意自己的消化能力。

● 不要勉强吃自己不喜欢吃的东西。虽然有人主张"舍命吃名品"，但有些从样子上，从原料上就有自己一向忌口的物品，不可勉强，记住英国谚语，"你的佳肴，他人的毒药"（one man's meat is another man's poison）。

● 各地都有风味小吃，特别是特产瓜果、生猛海鲜等，这些当地人吃得津津有味

---

① 蒋炳辉.导游带团艺术［M］.北京：中国旅游出版社，2001:195.
② 全国导游资格考试统编教材专家编写组.导游业务［M］.北京：中国旅游出版社，2019:185.

的东西，我们并不一定能享受，确实可能有水土不服的问题，应提醒大家特别注意。①

尽快安排游客入住。游客抵达下榻饭店后，导游尽快安排游客入住。主要技巧和做法是：首先要安排好游客，在大厅找椅子让游客坐下休息，顺手拿些饭店介绍、景点介绍让游客看看。游客有了可看之物，引起兴趣，就不会因干等而着急。其次拿到房卡后，立即走到大家休息的地方，将房卡一一发给大家，同时请地陪帮忙将房号登记在游客名单上。然后将安顿好的名单交给前台，复印三份，一份留前台，一份给地陪，一份留给自己。技巧的关键是想得周到，准备工作做得好，到时才不会忙乱。最后，游客陆续进入房间，领队要与地陪认真做好以下服务工作：一是教会游客使用房卡；二是帮助游客安排好行李，使行李迅速入房；三是帮助游客看看房间是否已打扫干净，有些饭店服务欠佳，尤其旅游旺季时，常常出现差错。

注意旅行服务技巧。"行"能完成从居住地到目的地，以及目的地之间和旅游景点之间的空间位移，达到外出旅行游览之目的。"行"是旅游之关键，没有"行"也可以说就没有旅游。所以，我们可以讲，"行"是旅游活动的先决条件，是旅游活动的大动脉，没有这个"动脉"，旅游就不能形成。"行"得不好，"行"得不愉快，特别是"行"得不安全，那旅游肯定是不成功的，甚至是失败的。

导游在乘坐任何交通工具时，按国际惯例，都要第一个下，最后一个上，这样便于照顾好游客，至于坐什么位置，也有不少讲究。乘坐交通工具安全第一，还要注意礼让，了解规则，导游应艺术地予以介绍和提醒。

a.带团乘机的技巧。坐飞机时，导游一般应当最后上机，这样可以确保全团都顺利登上飞机；导游应选择坐在团员中间靠走道的位置，以便在飞行时照料自己的团员；下飞机时，应当先下，因为只有导游才认识前来迎接的地陪。

在整个乘机过程中，导游应特别注意以下几点：购得机票后，要检查一下机票信息，并了解乘机注意事项，一定要按时抵达机场等候。到机场购机场费，办理登机手续，导游请游客带好机票、身份证、登机卡等，过安全检查，等候上机。上机后，如有乘机晕机经历者，可提醒游客吃晕机药。在飞机上如有游客出现晕机反应，导游可提醒游客闭目养神，避免走动。若严重，可与空乘人员联系。上机后，

---

① 王连义.导游技巧与艺术［M］.北京：旅游教育出版社，2002：21-22.

听从空乘人员安排，请游客仔细听空乘人员介绍安全知识。一般来讲，空乘人员都能热情服务，所以，在机上有什么问题，有什么要求，可以随时向空乘人员提出。到达时，听从空乘人员安排，按顺序下机，提醒大家千万别忘取自己的行李，如果行李出现损坏现象，要及时报告，可从机场得到赔偿。

b. 带团乘火车的技巧。火车是我国旅游，特别是国内旅游的主要交通工具。乘火车旅游，可以欣赏途中景色，特别是田园风光，所以很受游客欢迎。

乘火车时，导游要尽力把自己安排在位于游客中间的铺位或座位，要经常走动一下，体现关照每一位游客。在分配位置时，注意游客之间的关系，尽量把一家人、夫妻、情侣分配在相邻的铺位或座位。整个乘车过程中，导游要注意下面技巧：购得火车票后，要检查票面，千万不要乘错车次。到车站后，听广播和服务员召唤，千万不要误了车次，如遇排队，导游领头靠前，请团长负责其后，以便前后照料。上车后，找好铺位或座位，找不到时可请乘务员协助。上车后，要安排好车上生活，要经常活动一下身体，防止不适。注意车上广播，关照大家提前做好下车准备。一般下一站的导游，会在出站口迎接大家。请大家安心服从安排。购得火车票后，要检查票面，千万别乘错车次。[①]

引导游客理性购物。

a. 帮助游客制订"购物计划"。中国人有个习惯，叫"穷家富路"，就是说在家里，日子可以过得俭朴些，一旦出外，就要多带些钱，花着方便些，尤其是现在我国移动支付非常方便快捷，更容易使游客在旅游途中，见什么买什么，结果归来一看，买了很多无意义的东西，日后又丢掉，也会造成浪费。

一些外国或外地游客到商店后，会拿出个小本，上写应购些什么，甚至还分门别类，在这种情况下，导游可以帮助游客制订一个"购物计划"，并让游客对旅游商品有所了解。一般而言，旅游购物品主要包括：旅游工艺品如饰物、手编、民间工艺品等；旅游纪念品如带有当地景观的小型纪念品，如泰山手杖、长城纪念章等；土特产品如贵州茅台、云南白药、东北人参、苏杭丝绸等；旅游食品以及旅游日用品。

b. 教会游客理性购物。导游应善于教会游客理性购物，避免上当受骗。首先，

---

① 全国导游资格考试统编教材专家编写组.导游业务［M］.北京：中国旅游出版社，2019:186.

导游要告诉游客，购物的首要原则是"少买吃的，多买用的"。一些游客旅行回来，满载而归。但几个月后就发现，所购吃食，不是变质就是坏掉，不得不扔掉。另有一些游客，刚刚到家就发现食品不能食用了，后悔不迭。但一些用的东西，大部分能派上用场。纪念性的物品，时间过得越长，其价值越大，每每拿出，展示给友人，总能带来些欢娱。

其次，导游要提醒游客，购物时应坚持"三要"。许多游客购物时都有"从众心理"，别人买样东西，也不管自己需不需要、喜不喜欢，一哄而起，就跟着买。在这种情况下，小商贩最易搞骗术，而游客也最易上当。所以，应建议游客做到"三要"：要买自己喜欢的物品，买东西一定要商家开"发票"，贵重物品一定要"保单"。

（2）导游的协作技能。导游工作是联系各项旅游服务的纽带和桥梁。导游在带团时离不开其他相关旅游服务部门和工作人员的协作，同时也能够帮助其他相关旅游服务部门和人员的工作。导游工作与其他旅游服务工作的相辅相成关系决定了导游必须掌握一定的协作技能（详见第三章）。

● 导游与领队的协作；

● 导游与司机的协作；

● 导游与旅游接待单位的协作；

● 导游与游客的协作；

● 导游之间建立良好的协作关系的方法。

4. 重点游客接待与服务技巧

游客来自不同的国家和地区，他们在年龄、职业、宗教信仰、社会地位等方面存在较大的差异，有些游客甚至非同一般、特点尤为突出，导游必须给予特别重视和关照，因此称之为特殊游客或重点游客。虽然他们都是以普通游客的身份而来，但接待方法有别于一般的游客。[1]

（1）儿童的接待。出于增长见识、健身益智的目的，越来越多的游客喜欢携带自己的子女一同到目的地旅游，其中不乏一些少年儿童。导游应在做好旅游团中成年游客旅游工作的同时，根据儿童的生理和心理特点，做好专门的接待工作。

注意儿童的安全。 儿童游客，尤其是 2~6 岁的儿童，天生活泼好动，因此要

---

① 全国导游资格考试统编教材专家编写组.导游业务［M］.北京：中国旅游出版社，2019:191.

特别注意他们的安全。地陪可酌情讲些有趣的童话和小故事吸引他们，既活跃了气氛，又使他们不到处乱跑，保证了安全。

掌握"四不宜"原则。对有儿童的旅游团，导游应掌握"四不宜"的原则：不宜为讨好儿童而给其买食物、玩具；不宜在旅游活动中突出儿童，而冷落其他游客；即使家长同意也不宜单独把儿童带出活动；儿童生病，应及时建议家长请医生诊治，而不宜建议其给孩子服药，更不能提供药品给儿童服用。

对儿童多给予关照。导游对儿童的饮食起居要特别关心，多给一些关照。如天气变化时，要及时提醒家长给孩子增减衣服，如果天气干燥，还要提醒家长多给孩子喝水等；用餐前，考虑到儿童的个子小，地陪应先给餐厅打电话，请餐厅准备好儿童用椅和刀、叉、勺等一些儿童必备用具，以减少用餐时的不便。

注意儿童的接待价格标准。对儿童的收费是根据不同的年龄，有不同的收费标准和规定，如机票，车、船票，住房，用餐等，导游应特别注意。①

（2）高龄游客的接待。在我国入境旅游和国内旅游市场，老年游客均占有较大的比例。而在这些老年游客中还有年龄在80岁以上的高龄游客。尊敬老人是我们中华民族的传统美德，因此，导游应通过谦恭尊敬的态度、体贴入微的关怀以及不辞辛苦的服务做好高龄游客的接待工作。

妥善安排日程。导游应根据高龄游客的生理特点和身体情况，妥善安排好日程。首先，日程安排不要太紧，活动量不宜过大、项目不宜过多，在不减少项目的情况下，尽量选择便捷路线和有代表性的景观，少而精，以细看、慢讲为宜。其次，应适当增加休息时间。参观游览时可在上、下午各安排一次中间休息，在晚餐和看节目之前，应安排回饭店休息一会儿，晚间活动不要回饭店太晚。最后，带高龄游客团不能用激将法和诱导法，以免消耗体力人，发生危险。

做好提醒工作。首先，高龄游客由于年龄大，记忆力减退，导游应每天重复讲解第二天的活动日程并提醒注意事项。如预报天气情况，提醒增减衣服，带好雨具，穿上旅游鞋等。进入游人多的景点时，要反复提醒他们提高警惕，带好自己的随身物品。其次，如接待外国高龄游客，由于其对人民币不熟悉，加上年纪大、视力差，使用起来较困难。为了让其使用方便或不被人蒙骗，地陪应提醒其准备适量的小面值人

---

① 全国导游资格考试统编教材专家编写组.导游业务［M］.北京：中国旅游出版社，2019:192.

民币。最后，由于饮食习惯和生理上的原因，带高龄游客团队，地陪还应适当增加去厕所的次数。

注意放慢速度。高龄游客大多数腿脚不太灵活，有时甚至力不从心。地陪在带团游览时，一定要注意放慢行走速度，照顾走得慢或落在后面的高龄游客，选台阶少、较平坦的地方走，以防摔倒碰伤；在向高龄游客讲解时，导游也应适当放慢速度、加大音量，吐字要清楚，必要时还要多重复。[①]

耐心解答问题。老年游客在旅游过程中喜欢提问题，好刨根问底，再加上年纪大，记忆力不好，一个问题经常重复问几遍，遇到这种情况，导游不应表示反感，要耐心、不厌其烦地给予解答。

预防游客走失。每到一个景点，地陪要不怕麻烦、反复多次地告诉高龄游客旅游路线及旅游车停车的地点，尤其是上下车地点不同的景点，一定要提醒高龄游客记住停车地点；另外，还要提前嘱咐高龄游客，一旦发现找不到团队，千万不要着急，不要到处乱走，要在原地等待导游的到来。

尊重西方传统。许多西方高龄游客，在旅游活动中不愿过多地受到导游的特别照顾，认为那是对他们的怜悯，显示出他们是无用之人。因此，对此类游客应尊重西方传统，注意照顾方式。

（3）对残疾游客的接待。在旅游团队中，有时会有聋哑、截瘫、视力障碍（盲人）等残障游客，他们克服了许多常人难以想象的困难来旅游。残障游客的自尊心和独立性特别强，虽然他们需要关照，但又不愿给别人增添麻烦。因此，在接待残障游客时，导游要特别注意方式方法，既要热情周到，尽可能地为他们提供方便，又要不给他们带来压力或伤害他们的自尊心，真正做到让其乘兴而来、满意而归。[②]

适时、恰当的关心照顾。接到残障游客后，导游首先应适时地询问他们需要什么帮助，但不宜问候过多，如果过多当众关心照顾，反而会使他们反感。如果残障游客不主动介绍，导游不要打听其残障的原因，以免引起不快。导游在工作中要时刻关注残障游客，注意他们的行踪，并给予恰当的照顾。尤其是在安排活动时，要多考虑残障游客的生理条件和特殊需要，譬如选择线路时尽量不走或少走台阶、提

---

①② 全国导游资格考试统编教材专家编写组.导游业务［M］.北京：中国旅游出版社，2019.

前告诉他们洗手间的位置、通知餐厅安排在一层餐厅就餐等。

具体、周到的导游服务。对不同类型的残障游客，导游服务应具有针对性。

a.接待聋哑游客要安排他们在车上前排就座，因为他们需要通过导游讲解时的口形来了解讲解的内容。为了让他们获得更多的信息，导游还应有意面向他们放慢讲解的速度。

b.对截瘫游客，导游应根据接待计划分析游客是否需要轮椅，如需要应提前做好准备。接团时，要与计调或有关部门联系，最好派有行李箱的车，以便放轮椅或其他物品。

c.对有视力障碍的游客，导游应安排他们在前排就座，能用手触的地方、物品可以尽量让他们触摸。在导游讲解时可主动站在他们身边，讲解内容要力求细致生动，口语表达更加准确、清晰，讲解速度也应适当放慢。

（4）对宗教界人士的接待。游客中常常会有一些宗教界人士，他们以游客的身份旅游，同时进行宗教交流活动，导游要掌握他们身份特殊、要求较多的特点，做好接待工作。[①]

注意掌握宗教政策。导游平时应加强对宗教知识和我国宗教政策的学习，接待宗教旅游团时，既要注意把握政策界线，又要注意宗教游客的特点。譬如，在向游客宣传我国的宗教政策时，不要向他们宣传"无神论"，尽量避免有关宗教问题的争论，更不要把宗教、政治、国家之间的问题混为一谈，随意评论。

提前做好准备工作。导游在接到接待宗教团的计划后，要认真分析接待计划，了解接待对象的宗教信仰及其职位，对接待对象的宗教教义、教规等情况要有所了解和准备，以免在接待中发生差错；如果该团在本地旅游期间包括有星期日，要征求领队或游客的意见，是否需要安排去教堂，如需要，要了解所去教堂的位置及开放时间。

尊重游客信仰习惯。在接待过程中，要特别注意宗教游客的宗教习惯和戒律，尊重他们的宗教信仰和习惯。譬如，由天主教人士组成的旅游团，每天早晨开车前，他们会在车上讲经、做祈祷。这时，导游和司机应主动下车，等他们祈祷完毕后再上车。

---

① 熊剑平，石洁.导游学［M］.北京：北京大学出版社，2014:259-260.

满足游客特殊要求。宗教界人士在生活上一般都有些特殊的要求和禁忌，导游应按旅游协议书中的规定，不折不扣地兑现，尽量予以满足。譬如，对宗教游客在饮食方面的禁忌和特殊要求，导游一定要提前通知餐厅做好准备；又如，有些伊斯兰教人士用餐时，一定要去有穆斯林标志牌的餐厅用餐，导游要认真落实，以免引起误会。

● 案例

　　导游小李在带团讲解中，总是爱讲当地居民的饮食习惯和饮食结构，每次都能收到很好的效果。有一次，他在带领佛教旅游团时，又讲到了这个内容。他说这里老百姓比较喜欢吃甲鱼、蟹、乳鸽等。讲到这里，所有客人脸上都已露出不满，有位客人还发话："李导，不要讲这些了，我们不爱听。"当时小李正讲得津津有味，面对游客的怒火摸不着头脑。

　　案例中小李带的是佛教团，佛教团的饮食是全素，所以，他讲肉食则是犯了大忌。

宗教旅游团的禁忌表现在很多方面，能够对旅游团的宗教习惯给予充分的尊重，既能考察出导游是否有工作的责任心，也能看出导游综合素质的高低。

（5）对有特殊身份和地位游客的接待。所谓"有特殊身份和地位的游客"是指外国在职或曾经任职的政府高级官员、皇室成员；对华友好的官方或民间组织团体的负责人；社会名流或在国际国内有一定影响的各界知名人士；国际或某国著名的政治家、社会活动家、大企业家等。这些游客是世界各国人民的使者，他们来到中国除了参观游览外，往往还有其他任务或使命，因此，做好他们的接待工作意义重大。首先，导游要有自信心，不要因为这些游客地位较高、身份特殊而胆怯、畏惧。往往越是身份高的人，越懂得尊重别人。他们待人接物非常友好、客气，十分尊重他人的人格和劳动。如果导游因为心理压力过大，工作起来缩手缩脚，反倒会影响导游效果。其次，由于这些游客文化素质高、知识渊博，导游要提前做好相关的知识准备，如专用术语、行业知识等，以便能选择交流的话题，并能流利地回答他们提出的问题。此外，在接待这些游客时，由于有领导人或有关负责人要临时接见、会谈，所以游览日程、时间变化较大，导游要注意灵活掌握，随时向有关领导请示、汇报，尽最大努力安排好他们的行程。[①]

（二）语言技能

语言是人类沟通信息、交流思想感情、促进相互了解的重要手段，是人们进行交际活动的重要工具。准确清楚、生动通俗的导游语言能使游客感到妙趣横生，留下经久难忘的深刻印象。语言技能是金牌导游最基本但很关键的一项技能。

1. 导游语言的基本要求

导游是一种社会职业，与其他社会职业一样，在长期的导游实践中逐渐形成了具有职业特点的语言——导游语言。从狭义的角度说，导游语言是导游与游客交流思想感情、指导游览、进行讲解、传播文化时使用的一种具有丰富表达力、生动形象的口头语言。

从广义的角度说，导游语言是导游在导游服务过程中必须熟练掌握和运用的所有含有一定意义并能引起互动的一种符号。所谓"所有"，是指导游语言不仅包括口头语言，还包括态势语言、书面语言和副语言，其中副语言是一种有声而无固定语义的语言，如重音、笑声、叹息、掌声等。所谓"含有一定意义"，是指能传递某种信息或表达某种思想感情，如介绍旅游景观如何美、美在何处等。所谓"引起互动"，是指游客通过感受导游语言行为所产生的反应，譬如，导游微笑着搀扶老年游客上车，其态势语言（微笑语和动作语）就会引起游客的互动：老年游客说声"谢谢"，周围游客投来"赞许的目光"。所谓"一种符号"，是指导游过程中的一种有意义的媒介物。[②]

语言是以语音为物质外壳，以词汇为建筑材料，以语法为结构规律而构成的体系。导游语言也是思想性、科学性、知识性、趣味性的结合体。导游无论是进行导游讲解，还是回答游客的问题，或同游客交谈，在发音之前都要对所讲、所谈的内容进行组织，即将有关词汇按照语法规律组合成具有一定语义的句子，然后用语言表示出来，同时语言在运用中又存在着方法和技巧。对于导游来说，由于服务的对

①②　熊剑平，石洁. 导游学［M］. 北京：北京大学出版社，2014.

象是不同的游客，他们的性格、兴趣和爱好各异，导游的语言除了要符合语言规范之外，还要满足以下基本要求：

（1）导游语言的准确性。导游语言的准确性是指导游的语言必须以客观实际为依据，即在遣词造句、叙事上要以事实为基础，准确地反映客观实际。无论是说古论今，是议人还是叙事，是讲故事还是说笑话，都要做到以实论虚、入情入理，切忌空洞无物或言过其实。

（2）导游语言的逻辑性。导游的言语表达有层次，导游在进行内容丰富或内容复杂的讲解时，层次分明、脉络清晰也是重要的。要明白先讲什么，后讲什么，中间穿插什么。[①]导游的语言要具有逻辑性，必须学习一些基本的逻辑方法。主要的逻辑方法有比较法、分析法与综合法、抽象法、演绎法与归纳法。

比较法。比较法，就是两种或两种以上同类的事物辨别其异同或高下的方法。人们常说"有比较才有鉴别"，只有通过比较，才能对事物有所区分。在导游语言中，应用比较法的场合很多。

分析法与综合法。分析法，是把一件事物、一种现象或一个概念分成较简单的组成部分，然后找出这些部分的本质属性和彼此之间的关系。综合法，则是把分析的对象或现象的各个部分、各种属性联合成一个统一的整体。

抽象法。抽象法又称概括法，是从许多事物中舍弃个别的、非本质的属性，抽出共同的、本质的属性的方法。

演绎法与归纳法。演绎法与归纳法都是推理的方法，前者是由一般原理推出关于特殊情况下的结论，其中三段论就是演绎的一种形式。后者是由一系列具体的事实概括出一般原理。这两个方法是相互对应的。

（3）导游语言的生动性。导游向游客提供面对面的服务时，游客大多数情况下是在听导游说话，所以导游的语言除了语音、语调、语速及要有准确性和逻辑性之外，生动性也至关重要。导游的语言表达要力求与神态表情、手势动作及声调和谐一致，使之形象生动、言之有情。

要使口语表达生动形象，导游除了要把握好语音、语调之外，还要善于运用比喻、比拟、夸张、映衬、引用等修辞手法。

---

① 陈永发.导游语言的要素及其处理方式［J］.旅游科学，1998（4）.

比喻。比喻就是用类似的事物来打比方的一种修辞手法，它包括下面几种形式：①

使抽象事物形象化的比喻。如"土家族姑娘山歌唱得特别好，她们的歌声就像百灵鸟的声音一样优美动听"。这里土家族姑娘的歌声是抽象的，将其比喻为百灵鸟的声音就形象化了。

使自然景物形象化的比喻。"玉龙雪山在碧蓝天幕的映衬下，像一条银色的玉龙在永恒地飞舞，故名玉龙山。"这里将玉龙雪山比喻为一条银色的玉龙，显得既贴切又形象。

使人物形象更加鲜明的比喻。如"屈原的爱国主义精神和《离骚》《九歌》《天问》等伟大的诗篇与日月同辉，千古永垂！"这里将屈原比喻为"日月"，使其形象更加突出。

使语言简洁明快的比喻。如"鄂南龙潭是九宫山森林公园的一条三级瀑布，其形态特征各异，一叠仿佛白练悬空，二叠恰似银缎铺地，三叠如同玉龙走潭。"这里将瀑布比喻为白练、银缎和玉龙，言词十分简洁明快。

激发丰富想象的比喻。如：从桂林到阳朔，83公里水程的漓江，不仅山水如画，而且水声淙淙，悦耳动听，仿佛是天宫中的仙乐，听了叫人飘飘欲仙。其实这哪里是仙乐，这是漓江的音乐。大家请看，左岸边有两块大石头，一个像圆鼓，一个像金锣，当地的村民们都叫它们锣鼓石。右岸边两座挺拔秀丽的小山柱，仿佛是一对锣锤和鼓棍，大家仔细听，仿佛还有一对鸳鸯在唱歌呢。这里将桂林漓江的流水声比喻为天宫中的仙乐，令人产生无穷的遐想。

比拟。比拟是通过想象把物拟作人或把甲物拟作乙物的修辞手法。在导游语言中，最常用的是拟人。如："迎客松的主干高大挺直，修长的翠枝向一侧倾斜，如同一位面带微笑的美丽少女向上山的游客热情招手。"迎客松是植物，赋予人的思想感情后，会"面带微笑"，能"热情招手"，显得既贴切又生动形象。

运用比拟手法时，导游要注意表达恰当、贴切，要符合事物的特征，不能牵强附会；另外，还要注意使用场合。比拟的手法在描述景物或讲解故事传说时常用，而在介绍景点和回答问题时一般不用。②

---

① 全国导游资格考试统编教材专家编写组.导游业务［M］.北京：中国旅游出版社，2019:142.

② 熊剑平，袁俊.导游业务［M］.武汉：武汉大学出版社，2004:220.

双关。①双关是利用词语同音或者多义条件，使一个语言片段同时兼有表、里两层意思，并且里层意思为表意重点。双关有谐音、谐义两种，在导游词中运用得比较多的是谐音双关技巧。中国民俗文化内容异常丰富，各种用谐音双关手段表现的生活内容必然要反映在语言表达中。如：贵州省的旅游宣传语"走遍大地神州，醉美多彩贵州！"中的"醉"字即暗合了贵州省深厚的酒文化，拥有著名的"国酒茅台"，更谐音"最"字，让人一听之下认为多彩贵州最美，一举两得。在中国文化里，这类谐音现象十分普遍，如果在导游词中巧妙地加以利用，不仅能够为表达增色，还能够将一些民俗知识巧妙地传达给游客，从而十分生动形象地反映当地的民俗风貌，给游客留下深刻的印象。③

映衬。映衬是把两个相关或相对的事物，或同一事物的两个方面并列在一起，以形成鲜明对比的修辞手法。在导游讲解中运用映衬的手法可以增强口语表达效果，激发游客的情趣。如："溶洞厅堂宽敞，长廊曲折，石笋耸立，钟乳倒悬，特别是洞中多暗流，时隐时现、时急时缓，水声时如蛟龙咆哮，令人惊心动魄；时如深夜鸣琴，令人心旷神怡。"这里"宽敞"和"曲折"，"耸立"与"倒悬"，"隐"和"现"，"急"与"缓"，"蛟龙咆哮"和"深夜鸣琴"形成强烈的对比，更加深了游客对洞穴景观的印象。

引用。引用是指用一些现成的语句或材料（如名人名言、成语典故、诗词寓言等）作根据来说明问题的一种修辞手法。在导游讲解中经常运用这种方法来增强语言的表达效果。

夸张。夸张是在客观真实的基础上，用夸大的词句来描述事物，以唤起人们丰富的想象的一种修辞手法。在导游语言中，夸张可以强调景物的特征，表现导游的情感，激起游客的共鸣。如：相传四川、湖北两地客人会于江上舟中，攀谈间竞相夸耀家乡风物。四川客人说"四川有座峨眉山，离天只有三尺三"，湖北客人笑道"峨眉山高则高矣，但不及黄鹤楼的烟云缥缈。湖北有座黄鹤楼，半截插在云里头"。惊得四川客人无言以对。这里用夸张的手法形容黄鹤楼的雄伟壮观，使游客对黄鹤楼"云横九派""气吞云梦"的磅礴气势有了更深的认识。

导游运用夸张手法应注意两点：一是要以客观实际为基础，使夸张具有真实感；

---

①③ 韩荔华.实用导游语言技巧［M］.北京：旅游教育出版社，2002.

二是要鲜明生动，能激起游客的共鸣。

2.导游口头语言表达技巧

在导游服务中，口头语言是使用频率最高的一种语言形式，是导游做好导游服务工作最重要的手段和工具。

（1）口头语言的基本形式。口头语言是以说和听为形式的语言。它的形式有独白式和对话式两种。

独白式。独白式是导游讲述而游客倾听的语言传递方式。如导游致欢迎词、欢送词或进行独白式的导游讲解等。

譬如：

a. 西湖位于杭州市西部，旧称武林水、钱塘湖、西子湖，唐代始称西湖。唐代西湖面积10.8平方公里，到了宋代，面积缩为9.3平方公里，清代是7.5平方公里。现在西湖湖面南北长3.3公里，东西宽2.8公里，水面面积5.64平方公里，包括湖中岛屿为6.3平方公里，湖岸周长15公里。平均深度2.27米，最浅处不到1米，最深处6.52米。如今伴随着"西湖西进"，杭州西湖的面积已扩大为6.5平方公里了。

b. "来自新加坡的游客朋友们，大家好！欢迎你们来到美丽的春城昆明旅游，我叫李明，是昆明国际旅行社的导游，这位是司机王师傅，他有丰富的驾驶经验，大家坐他的车尽可放心。衷心地希望在旅游过程中大家能和我共同配合，顺利完成在昆明的行程，如果我的服务有不尽如人意的地方，也请大家批评指正。最后，祝大家在昆明旅游期间能度过一段难忘的时光。"

从上面两个例子可以看出独白式口头语言的特点有以下几点：

第一，目的性强。导游讲一席话，或是为了介绍情况，或是为了联络感情，或是为了说明问题。如例a就是为了介绍西湖的概况，例b是为了欢迎游客、表达意愿。目的性都很强。

第二，对象明确。如例a和例b始终面对旅游团的全体游客说话，因而能够产生良好的语言效果。

第三，表述充分。如例a首先介绍西湖的地理区位，接着讲述西湖的历史和现状，使游客对西湖有了比较完整的印象；例b话语不多，但充分表明了自己的身份和热情的服务态度。

对话式。对话式是导游与一个或一个以上游客之间所进行的交谈，如问答、商讨等。在散客导游中，导游常采用这种形式进行讲解。

譬如：

导游：你们知道北京最有名的菜式是什么吗？

游客：知道，肯定是北京烤鸭。

导游：那你们知道哪里的北京烤鸭最好吃呢？

游客：听说是全聚德的北京烤鸭最地道正宗。

导游：那你们知道全聚德的来历吗？

游客：不太清楚，你能给我们讲讲吗？

导游：全聚德创始人是杨全仁。他初到北京时在前门外肉市街做生鸡鸭买卖。杨全仁对贩鸭之道揣摩得精细明白，生意越做越红火……

由上例可看出对话式口头语言的特点：第一，依赖性强。即对语言环境有较强的依赖性。对话双方共处同一语境，有些话不展开来说，只言片语也能表达一个完整的或双方都能理解的意思。第二，反馈及时。对话式属于双向语言传递形式，其信息反馈既及时又明确。[1]

（2）口头语言表达的要领。

音量大小适度。讲话时音量的大小有两点要求：一要恰当、适度。声音当大则大，当小则小，当平则平。二要顺畅、自然。

语调高低有序。语调是指一个人讲话的腔调，即讲话时语音的高低起伏和升降变化。语调一般分为升调、降调和直调三种，高低不同的语调往往伴随着人们不同的感情状态。

语速快慢相宜。语速是指一个人讲话速度的快慢程度。导游在导游讲解或同游客谈话时，要力求做到徐疾有致、快慢相宜。

停顿长短合理。停顿是一个人讲话时语音的间歇或语流的暂时中断。这里所说的停顿不是讲话时的自然换气，而是语句之间、层次之间、段落之间的有意间歇。其目的是集中游客的注意力，增强导游语言的节奏感。

语气丰富多变。丰富语气是指通过调遣语气助词、语气副词、感叹词以及语调

---

[1] 全国导游资格考试统编教材专家编写组.导游业务［M］.北京：中国旅游出版社，2019:146.

、轻重音甚至停顿等因素来使讲解预期丰富多变。这里指的调动语气不单指导游根据讲解内容调整的语气，也包括导游调动游客，使用与游客心气一致的回应语气。讲解时，语气要千变万化，从而传达出种种情态。讲解中，如能够根据需要巧妙地表达出各种恰当的语气，就会感染游客，调动游客的情绪，使游客与导游之间形成一种和谐的感情共振①。

3. 导游态势语言运用技巧

态势语言也称体态语言、人体语言或动作语言，它是通过人的表情、动作、姿态等来表达语义和传递信息的一种无声语言。同口头语言一样，它也是导游服务中重要的语言艺术形式之一，常常在导游讲解时对口头语言起着辅助作用，有时甚至还能起到口头语言难以企及的作用。态势语言种类很多，不同类型的态势语言具有不同的语义，其运用技巧也不相同，下面介绍一些导游服务中常用的态势语言。

（1）首语。首语是通过人的头部活动来表达语义和传递信息的一种态势语言，它包括点头和摇头。一般来说，世界上大多数国家和地区以点头表示肯定、以摇头表示否定。而实际上，首语有更多的具体含义，如点头可以表示肯定、同意、承认、认可、满意、理解、顺从、感谢、应允、赞同、致意等。另外，因民族习惯的差异，首语在有些国家和地区还有不同的含义，如印度、泰国等地某些少数民族奉行的是"点头不算摇头算"的原则，即同意对方意见用摇头来表示，不同意则用点头表示。

（2）表情语。表情语是指通过人的眉、眼、耳、鼻、口及面部肌肉运动来表达情感和传递信息的一种态势语言。导游的面部表情要给游客一种平滑、松弛、自然的感觉，要尽量使自己的目光显得自然、诚挚，额头平滑不起皱纹，面部两侧笑肌略有收缩，下唇方肌和口轮廓肌处于自然放松的状态，嘴唇微闭。这样，才能使游客产生亲切感。②

导游的脸部整体表情在导游讲解中对游客有极大的影响。因为导游在讲解过程中大多与游客面对面，其面部表情必须要随着具体讲解内容的需要或随着游客的反应而变化，与表达同步，要有真情实感。比如："悬空寺是恒山的骄傲，也是我们

① 韩荔华. 实用导游语言技巧［M］. 北京：旅游教育出版社，2002:224.
② 熊剑平，石洁. 导游学［M］. 北京：北京大学出版社，2014:225.

每个中国人的骄傲。它建于北魏后期，大约公元 6 世纪。牛顿力学尚需孕育上千年才能问世，而恒山人却半插飞梁，巧借岩石，在峭壁上创造了这一惊世之作，其智慧的火花是何等绚丽，胸中的气魄又是何等伟大！"（刘慧芬《恒山悬空寺》）随着这段导游词的讲解，导游的脸上就应该流露出喜悦、自豪、兴奋的神色，并且面部的这种表情也应该随讲解内容同时产生并结束，这样，才会打动游客，才会激起游客的激情。讲解中，脸上的表情木然，或没有真情实感，甚至矫揉造作，或过于夸张，都会引起游客的反感，也必然会影响讲解的效果。[①]

微笑是一种富有特殊魅力的面部表情，人们也称之为"交际世界语"[②]。导游的微笑要给游客一种明朗、甜美的感觉，微笑时要使自己的眼轮肌放松，面部两侧笑肌收缩，口轮廓肌放松，嘴角含笑，嘴唇似闭非闭，以露出半牙为宜。这样才能使游客感到和蔼亲切。微笑可以美化人的形象，是导游良好修养和文雅气质的体现，是塑造良好形象必不可少的手段。[③]

导游的微笑能够给游客留下良好的第一印象，也可以传达出对游客的尊重之意，从而与游客沟通感情，创造融洽的交际气氛，有时候，还是打破某种僵局的有效手段。另外，导游的微笑应该尽可能真诚，真诚的微笑是一个人心理健康的标志，是一个人性格成熟的表征，能发出真诚微笑的人总是会给人以乐意帮助别人、愿意分担他人忧伤、减轻他人痛苦，也愿意与人分享快乐的感觉。善于微笑的人也总是会给人以安全感。总之，一个笑容可掬的导游总是会给人以亲切、友好、礼貌、周到、可以信赖的良好印象，并且，微笑也永远会给导游交际过程带来融洽平和的气氛，有助于与游客建立起一种亲切自然、轻松愉快的关系，从而有效缩短双方之间的心理距离，有效地促进导游工作的顺利进行。[④]

（3）目光语。目光语是通过人与人之间的视线接触来传递信息的一种态势语言。艺术大师达·芬奇说"眼睛是心灵的窗户"，意思是透过人的眼睛，可以看到他的心理情感。目光主要由瞳孔变化、目光接触的长度及向度三个方面组成。瞳孔变化，是指目光接触瞳孔的放大或缩小，一般来说，当一个人处在愉悦状态时，瞳孔就自然放大，目光有神；反之，当一个人处在沮丧状态时，则瞳孔自然缩小，目

①③ 韩荔华.实用导游语言技巧［M］.北京：旅游教育出版社，2002.
②④ 北京市旅游局.导游业务［M］.北京：北京燕山出版社，2001.

光暗淡。目光接触的长度，是指目光接触时间的长短。导游一般连续注视游客的时间应在 1 ~ 2 秒钟以内，以免引起游客的厌恶和误解。目光接触的向度是指视线接触的方向。一般来说，人的视线向上接触（即仰视）表示"期待""盼望"或"傲慢"等含义；视线向下接触（即俯视）则表示"爱护""宽容"或"轻视"等含义；而视线平行接触（即正视）表示"理性""平等"等含义。导游常用的目光语应是"正视"，让游客从中感到自信、坦诚、亲切和友好。

导游在讲解传说故事和逸闻趣事时，讲解内容中常常会出现甲、乙两人对话的场景，需要加以区别，导游应在说甲的话时，把视线略微移向一方，在说乙的话时，把视线略微移向另一方，这样可使游客产生一种逼真的临场感，犹如身临其境一般。

（4）服饰语。服饰语是通过服装和饰品来传递信息的一种态势语言。一个人的服饰既是所在国家、地区和民族风俗与生活习惯的反映，也是个人气质、兴趣爱好、文化修养和精神面貌的外在表现。服饰语的构成要素很多，如颜色、款式、质地等，其中颜色是最重要的要素，不同的颜色给人的印象和感觉也不一样，深色给人深沉、庄重之感，浅色让人感觉清爽、舒展，蓝色使人感到恬静，白色让人感到纯洁。王连义认为从社会道德讲，人们习惯穿着质朴、庄重，倾向于暗色调的服装，从科学角度上来说，导游则应该穿着鲜艳醒目、亮色调的服装。[①] 其原理和信号灯是一样的，红、绿、黄等颜色的波长比其他色要长，更适合引起游客的注意，起到"寻索"和"向导"的作用。[③] 导游的服饰要注意和谐得体。加拿大导游专家帕特里克·克伦认为，衣着装扮得体比浓妆艳抹更能表现一个人趣味的高雅和风度的含蓄。[②] 导游的衣着装饰要与自己的身材、气质、身份和职业相吻合，要与所在的社会文化环境相协调，这样才能给人以美感。譬如，着装不能过分华丽，饰物也不宜过多，以免给游客以炫耀、轻浮之感。在带团旅游时，男导游不应穿无领汗衫、短裤和赤脚穿凉鞋；女导游不宜戴耳环、手镯等。

（5）姿态语。姿态语是通过端坐、站立、行走的姿态来传递信息的一种态势语言。可分为坐姿、立姿和走姿三种。

坐姿。导游的坐姿要给游客一种温文尔雅的感觉。其基本要领是：上体自然挺

①③ 王连义.怎样做好导游工作［M］.北京：中国旅游出版社，2005:234.

② ［加］帕特里克·克伦.导游的成功秘诀［M］.李中泽，译.北京：旅游教育出版社，1989:26.

直，两腿自然弯曲，双脚平落地上，臀部坐在椅子中央，男导游一般可张开双腿，以显其自信、豁达；女导游一般两膝并拢，以显示其庄重、矜持。坐态切忌前俯后仰、摇腿跷脚或跷起二郎腿。①

立姿。导游的立姿要给游客一种谦恭有礼的感觉。其基本要领是：头正目平，面带微笑，肩平挺胸，立腰收腹，两臂自然下垂，两膝并拢或分开与肩平。不要两手叉腰或把手插在裤兜里，更不要有怪异的动作，如抽肩、缩胸、乱摇头、擤鼻子、掐胡子、舔嘴唇、拧领带、不停地摆手等。

走姿。导游的走姿要给游客一种轻盈稳健的感觉。其基本要领是：行走时，上身自然挺直，立腰收腹，肩部放松，两臂自然前后摆动，身体的重心随着步伐前移，脚步要从容轻快、干净利落，目光要平稳，可用眼睛的余光（必要时可转身扭头）观察游客是否跟上。行走时，不要把手插在裤袋里。

导游在讲解时多采用站立的姿态。若在旅游车内讲解，应注意面对游客，可适当倚靠司机身后的护栏杆，也可用一只手扶着椅背或护栏杆；若在景点站立讲解，应双脚稍微分开（两脚距离不超过肩宽），将身体重心放在双脚上，上身挺直双臂自然下垂，双手相握置于身前以示"谦恭"或双手置于身侧以示"轻松"。如果站立时躬背、缩胸，就会给游客留下猥琐和病态的印象。

（6）手势语。手势语是通过手的挥动及手指动作来传递信息的一种态势语言，它包括握手、招手、手指动作等。

握手语。握手是交际双方互伸右手彼此相握以传递信息的手势语，它包含在初次见面时表示欢迎，告别时表示欢送，对成功者表示祝贺，对失败者表示理解，对信心不足者表示鼓励，对支持者表示感谢等多种语义。

a. 握手要领。与人握手时，上身应稍微前倾，立正，面带微笑，目视对方。

b. 握手顺序。男女之间，男方要等女方先伸手，如女方不伸手且无握手之意，男士可点头或鞠躬致意；宾主之间主人应先向客人伸手，以表示欢迎；长辈与晚辈之间，晚辈要等长辈先伸手；上下级之间，下级要等上级先伸手以示尊重。

c. 握手时间。握手时间的长短可根据握手双方的关系亲密程度灵活掌握。初次见面一般不应超过3秒钟，老朋友或关系亲近的人则可以边握手边问候。

---

① 熊剑平，袁俊. 导游业务［M］. 武汉：武汉大学出版社，2004:227.

d. 握手力度。握手力度以不握疼对方的手为最大限度。在一般情况下，握手不必用力，握一下即可。男士与女士握手不能握得太紧，西方人往往只握一下女士的手指部分，但老朋友可例外。导游在与游客初次见面时，可以握手表示欢迎，但只握一下即可，不必用力。对年龄或身份较高的游客应身体稍微前倾或向前跨出一小步双手握住对方的手以示尊重和欢迎。在机场或车站送行，与游客告别时，导游和游客之间已建立起较深厚的友谊，握手时可适当紧握对方的手并微笑着说些祝愿的话语。对于给予过导游大力支持和充分理解的海外游客及友好人士等更可加大些力度，延长握手时间，或双手紧握并说些祝福感谢的话语以表示相互之间的深厚情谊。

e. 握手禁忌。忌多人同时握手，忌交叉同时与两个人握手；忌精力不集中，握手时看着第三者或者环视四周；男士握手忌戴手套；忌将左手放在裤袋里；忌紧握对方的手，摇来摇去，长时间不放。此外，边握手边拍对方肩头，握手时低头哈腰或与他人打招呼，也是社交场合较为忌讳的。

手指语。手指语是一种较为复杂的伴随语言，是通过手指的各种动作来传递不同信息的手势语。由于文化传统和生活习俗的差异，在不同的国家、不同的民族中手指动作的语义也有较大区别，导游在接待工作中要根据游客所在国和民族的特点选用恰当的手指语，以免引起误会和尴尬。譬如，竖起大拇指，在世界上许多国家包括中国都表示"好"，用来称赞对方高明、了不起、干得好，但在有些国家还有另外的意思，如在韩国表示"首领""部长""队长"或"自己的父亲"，在日本表示"最高""男人"或"您的父亲"，在美国、墨西哥、澳大利亚等国则表示"祈祷幸运"，在希腊表示叫对方"滚开"，在法国、英国、新西兰等国人们做此手势是请求"搭车"；伸出食指，在新加坡表示"最重要"，在缅甸表示"拜托""请求"，在美国表示"让对方稍等"，而在澳大利亚则是"请再来一杯啤酒"的意思；伸出中指，在墨西哥表示"不满"，在法国表示"下流的行为"，在澳大利亚表示"侮辱"，在美国和新加坡则是"被激怒和极度的不愉快"的意思；伸出小指，在韩国表示"女朋友""妻子"，在菲律宾表示"小个子"，在日本表示"恋人""女人"，在印度和缅甸表示"要去厕所"，在美国和尼日利亚则是"打赌"的意思；伸出食指往下弯曲，在中国表示数字"九"，在墨西哥表示"钱"，在日本表示"偷窃"，在东南亚一带则是"死亡"的意思；用拇指与食指尖形成一个圆圈并手心向前，这是美国人爱用的"OK"手势，在中国表示数字"零"，在日本则表示"金钱"，而希腊人、巴西人和阿拉伯人用这个手势表示"诅咒"；伸出食指和中指构成英语"Victory"（胜利）的第一个字母"V"，西方人常用此手势来预祝或庆贺胜利，但应注意把手心对着观众，如把手背对着观众做这一手势，则被视为下流的动作。

在导游服务中，导游要特别注意不能用手指指点游客，这在西方国家是很不礼貌的动作，譬如导游在清点人数时用食指来点数，就会引起游客的反感。

讲解时的手势。在导游讲解中，手势不仅能强调或解释讲解的内容，还能生动地表达口头语言所无法表达的内容，使导游讲解生动形象。导游讲解中的手势有以下三种：

a.情意手势：是用来表达导游讲解情感的一种手势。譬如，在讲到"我们中华民族伟大复兴的梦想一定能实现"时，导游用握拳的手有力地挥动一下，既可渲染气氛，也有助于情感的表达。

b.指示手势：是用来指示具体对象的一种手势。譬如，导游讲到孔府大门联"与国咸休，安富尊荣公府第；同天并老，文章道德圣人家"时，可用指示手势来一字一字地加以说明。[①]

c.象形手势：是用来模拟物体或景物形状的一种手势。譬如，当讲到"有这么大的鱼"时，可用两手食指比一比；当讲到"五公斤重的西瓜"时，可用手比成一个球形状；当讲到"四川有座峨眉山，离天只有三尺三；湖北有座黄鹤楼，半截插在云里头"时，也可用手的模拟动作来形容。

导游讲解时，在什么情况下用何手势，都应视讲解的内容而定。在手势的运用上必须注意：一要简洁易懂，二要协调合拍，三要富有变化，四要节制使用，五要避免使用游客忌讳的手势。

服务时的手势。导游为游客服务时要注意运用体态表情。比如说，当游客向导游提出询问时，导游脸上马上露出笑容，并且用手表示出一种关怀的姿态。即使游客没有能达到预期的目的，但是心里也是愉快的，因为他得到了导游的尊重和关注。还有，游客问讯导游洗手间在何处？一般导游都可能会用手指指明方向。如果

---

① 熊剑平，石洁.导游学［M］.北京：北京大学出版社，2014:228.

能改用手掌（手心朝上）指明方向，岂不是更好更文明^①？此外，在导游服务中用带尖的锐器指别人也是不礼貌的。譬如，把刀子递给别人时，不能用刀尖直指对方，而应把刀子横着递过去；在餐桌上，用刀、叉或筷子指着别人让菜也是不友善的。

（三）讲解技能

导游服务是一门艺术，它集表演艺术、语言艺术和综合艺术于一身，集中体现在导游讲解之中。讲解技能是金牌导游最有难度但又最能体现水平的一项技能。

1. 导游讲解应遵循的原则

（1）客观性。所谓客观性是指导游讲解要以客观现实为依据，在客观现实的基础上进行意境的再创造。客观现实是指独立于人的意识之外，又能为人的意识所反映的客观存在，它包括自然界的万事万物和人类社会的各种事物，这些客观存在的事物既有有形的，如自然景观和名胜古迹，也有无形的，如社会制度和旅游目的地居民对游客的态度等。在导游讲解中，导游无论采用什么方法或运用何种技巧，都必须以客观存在为依托，必须建立在自然界或人类社会某种客观现实的基础上。

（2）针对性。所谓针对性是指导游从游客的实际情况出发，因人而异、有的放矢地进行导游讲解。游客来自四面八方，审美情趣各不相同，因此，导游要根据不同游客的具体情况，在讲解内容、语言运用、讲解方法上有所区别。通俗地说，就是要看人说话、投其所好，导游讲的正是游客希望知道的并感兴趣的内容。

（3）计划性。所谓计划性就是要求导游在特定的工作对象和时空条件下发挥主观能动性，科学地安排游客的活动日程，有计划地进行导游讲解。

旅游团在目的地的活动日程和时间安排是计划性原则的中心。导游按计划带团进行每一天的旅游活动时，要特别注意科学地分配时间。如饭店至各参观游览点的距离及行车所需时间、出发时间、各条参观游览线所需时间、途中购物时间、午间就餐时间等。如果在时间安排上缺乏计划性，就会出现"前松后紧"或"前紧后松"的被动局面，甚至有的活动被挤掉，影响计划的实施而导致游客的不满甚至投诉。

---

① 蒋炳辉.导游带团艺术［M］.北京：中国旅游出版社，2001:139.

计划性的另一个具体体现是每个参观游览点的导游方案。导游应根据游客的具体情况合理安排在景点内的活动时间，选择最佳游览线路，导游讲解内容也要做适当取舍。什么时间讲什么内容、什么地点讲什么内容以及重点介绍什么内容都应该有所计划，这样才能达到最佳的导游效果。

如武汉黄鹤楼的讲解一般以一、三、五楼为重点，导游通过一楼大厅《白云黄鹤图》的壁画可向游客介绍黄鹤楼"因仙得名"的传说故事；通过三楼的陶版瓷画《文人荟萃》向游客介绍历代文人墨客来黄鹤楼吟诗作赋的情景。通过五楼的大型壁画《江天浩瀚》的组画向游客介绍长江的古老文化和自然风光，也可引导游客登高望远，欣赏武汉三镇的秀丽景色。当然，如果游客对历史和古建筑有兴趣，导游也可以二楼为重点，为游客讲解《黄鹤楼记》，介绍黄鹤楼的建筑特色。

（4）灵活性。所谓灵活性是指导游讲解要因人而异、因时制宜、因地制宜。旅游活动往往受到天气、季节、交通以及游客情绪等因素的影响，我们所讲的最佳时间、最佳线路、最佳景点都是相对而言的，客观上的最佳条件缺乏，主观上完美导游艺术的运用就不可能有很好的导游效果。因此，导游在讲解时要根据游客的具体情况以及天气、季节的变化和时间的不同，灵活地运用导游知识，采用切合实际的导游内容和导游方法。

导游讲解以客观现实为依托，针对性、计划性和灵活性体现了导游活动的本质，也反映了导游方法的规律。导游应灵活运用这四个基本原则，自然而巧妙地将其融入导游讲解之中，这样才能不断提高自己的讲解水平。

2. 导游讲解常用方法技巧

（1）实地导游讲解方法。实地导游讲解常用的方法较多。如概述法、问答法、分段讲解法、突出重点法、虚实结合法、触景生情法、制造悬念法、类比法、妙用数字法、画龙点睛法、创新立异法、引人入胜法、启示联想法、谜语竞猜法、知识渗透法等，它们都是导游在工作实践中提炼、总结出来的。在具体工作中，各种导游方法和技巧都不是孤立的，而是相互渗透、相互依存、互相联系的。导游在学习众家之长的同时，必须结合自己的特点融会贯通，在实践中形成自己的导游风格和导游方法，并视具体的时空条件和对象，灵活、熟练地运用，这样才能获得良好的导游效果。[①] 几种常见的导游讲解方法如下：

概述法。概述法是导游就旅游城市或景区的地理、历史、社会、经济等情况向游客进行概括性的介绍，使其对即将参观游览的城市或景区有一个大致的了解和轮廓性认识的一种导游方法。

分段讲解法。分段讲解法就是对那些规模较大、内容较丰富的景点，导游将其分为前后衔接的若干部分来逐段进行讲解的导游方法。

突出重点法。突出重点法就是在导游讲解中不面面俱到，而是突出某一方面的导游方法。一处景点，要讲解的内容很多，导游必须根据不同的时空条件和对象区别对待，有的放矢地做到轻重搭配、重点突出、详略得当、疏密有致。导游讲解时一般要突出以下四个方面：突出景点的独特之处；突出具有代表性的景观；突出游客感兴趣的内容；突出"……之最"。

问答法。问答法就是在导游讲解时，导游向游客提问题或启发他们提问题的导游方法。使用问答的目的是活跃游览气氛，激发游客的想象思维，促使游客和导游之间产生思想交流，使游客获得参与感或自我成就感的愉悦。问答法包括自问自答法、我问客答法、客问我答法和客问客答法四种形式。

虚实结合法。虚实结合法就是在导游讲解中将典故、传说与景物介绍有机结合，即编织故事情节的导游方法。所谓"实"是指景观的实体、实物、史实、艺术价值等，而"虚"则指与景观有关的民间传说、神话故事、趣闻逸事等。

触景生情法。触景生情法就是在导游讲解中见物生情、借题发挥的一种导游方法。在导游讲解时，导游不能就事论事地介绍景物，而是要借题发挥，利用所见景物制造意境，引人入胜，使游客产生联想，从而领略其中之妙趣。

制造悬念法。制造悬念法就是导游在讲解时提出令人感兴趣的话题，但故意引而不发，激起游客急于知道答案的欲望，使其产生悬念的导游方法，俗称"吊胃口""卖关子"。这种"先藏后露、欲扬先抑、引而不发"的手法，一旦"发（讲）"出来，会给游客留下特别深刻的印象。

类比法。类比法就是在导游讲解中风物对比，以熟喻生，以达到类比旁通的一种导游方法。导游用游客熟悉的事物与眼前景物进行比较，既便于游客理解，又使

---

① 熊剑平，刘成良，章晴．成功导游素质与修炼［M］．北京：科学出版社，2008:284.

他们感到亲切，从而达到事半功倍的导游效果。类比法可分为以下两种：同类相似类比，即将相似的两个事物进行比较，便于游客理解并使其产生亲切感。同类相异类比，即将两种同类但有明显差异的风物进行比较，比出规模、质量、风格、水平、价值等方面的不同，以加深游客的印象。

妙用数字法。妙用数字法就是在导游讲解中巧妙地运用数字来说明景观内容，以促使游客更好地理解的一种导游方法。导游讲解中离不开数字，因为数字是帮助导游精确地说明景物的历史、年代、形状、大小、角度、功能、特性等方面内容的重要手段之一，但是使用数字必须恰当、得法，如果运用得当，就会使平淡的数字发出光彩；否则会令人产生索然寡味的感觉。运用数字忌讳平铺直叙，大量的枯燥数字会使游客厌烦。所以使用数字要讲究"妙用"。

在实地导游中，导游常用数字换算来帮助游客了解景观内容。导游运用数字分析可以更准确地说明景观内容。导游还可以通过数字来暗喻中国传统文化。

画龙点睛法。画龙点睛法就是导游用凝练的词句概括所游览景点的独特之处，给游客留下突出印象的导游方法。游客听了导游讲解，观赏了景观，既看到了"林"，又欣赏了"树"，一般都会有一番议论。导游可趁机给予适当的总结，以简练的语言，甚至几个字，点出景物精华之所在，帮助游客进一步领略其奥妙，获得更多更高的精神享受。譬如，旅游团游览云南后，导游可用"美丽、富饶、古老、神奇"来赞美云南风光。

（2）实地导游讲解技巧。

知识上旁征博引。导游讲解必须有丰富的知识内容，融入各类知识旁征博引、融会贯通、引人入胜。如介绍故宫保和殿时导游讲解道："清朝时常在这里举行宴会，每年除夕、正月初一和十五，皇帝赐宴外藩、王公及一、二品大臣，场面十分壮观。公主下嫁时皇帝也在这里宴请驸马。自乾隆后期，这里便成为举行'殿试'的场所。"然后就旁征博引，讲解封建科举制度，从汉代开创说到 1905 年废止……

另外导游讲解不能只满足于一般性介绍，还要注入深层次的知识内容，如同类事物的鉴赏、相关诗词的点缀、名家的评论乃至自己的感受等。这样，会提高导游讲解的水准和价值。

史料上借古论今。导游讲解中应合理利用真实的古人古事喻现实中的今人今事。如导游在陕西历史博物馆讲解道："各位在陕西历史博物馆内数千件文物中徜祥，好似踏入了历史之河，回到了早已逝去的时代，领略了陕西历史文化及文物有年代早、品种全、规模大、水平高的特征。它对弘扬民族文化，促进改革开放和旅游事业的发展，起到积极的推动作用！我相信各位会为先辈们勤劳智慧创造的辉煌业绩所激动，重振汉唐雄风，再创辉煌！”这种潇洒自如的借古论今，既不装腔作势，又不牵强附会，还对加深主题思想很有用处。

方法上合理运用。导游讲解时要随机应变，临场发挥，根据现场讲解需要灵活运用多种导游讲解方法，如上述问答法、引人入胜法、触景生情法、制造悬念法等，导游讲解才会生动自然、趣味浓郁。

在运用各种具体的讲解方法时，也需合理。如运用虚实结合法时，需注意"虚"与"实"必须有机结合，但以"实"为主，以"虚"为辅，"虚"为"实"服务，以"虚"烘托情节，以"虚"加深"实"的存在，努力将无情的景物变成有情的讲解内容。运用问答法中的我问客答法时，导游要善于提问题，从实际出发，适当运用。所提问题需恰当，预估游客不会毫无所知，也要考虑到可能会有不同答案。导游要诱导游客回答，但不要强迫游客回答，以免使游客感到尴尬。游客的回答之后，无论对错，导游都不应打断，更不能笑话，而要给予鼓励。最后由导游进行讲解，并引出更多、更广的话题。

品位上雅俗共赏。导游讲解应富有品位，一要强调思想品位。导游讲解是向国内外游客介绍壮丽的中国大地、勤劳的中国人民及其伟大创造；宣传古老的中华文明和各地民族风情；还要宣传社会主义革命和建设的伟大成就，以帮助外国游客更多地了解中国，帮助国内游客更好地认识祖国和人民。二要讲究文学品位。导游讲解应语言规范、言辞准确、结构严谨、层次合理，如果再适当引经据典，合理运用诗词名句和名人警句，就会使其文学品位更高，如讲解长江三峡时，引用"三峡天下壮，请君乘船游""曾经沧海难为水，除却巫山不是云"等。三要注意雅俗共赏。即导游讲解中也不宜过多地引经据典，满篇的诗词名句，其结果也会适得其反。

表达上通俗易懂。导游讲解多采用口头传播的方式，所以在语音、词汇、语法、修饰等方面，必须服从口语表达的一系列特殊要求，以形成通俗易懂、亲切自然的口语风格。

首先，导游讲解在表达上，应使用柔性语言。其次，导游讲解在句式上，应多采用清爽、简洁的短句、散句，使它们节奏轻快、朗朗上口。最后，导游讲解在词语上，要尽量避免书面语，多使用人们喜闻乐见的俗语、俚语、俏皮语等口语。

创意上新颖巧妙。导游讲解内容首先要有一定的新意，切忌千篇一律。如讲解寺庙都是讲布袋和尚的传说、四大金刚所持的法器及含义、释迦牟尼如何成佛等，而新意看似"面"上，妙在"点"中。如在介绍景点内容的基础上，有创意地穿插一点笑话、小插曲，或唱山歌民歌等。如襄阳古隆中讲解穿插的"诸葛亮与张飞的哑语"。

一次，诸葛亮与张飞打哑语。诸葛亮指指天，张飞指指地；诸葛亮伸出一个指头，张飞伸出三个指头；诸葛亮摸摸头，张飞拍拍肚子。随即两人哈哈大笑，看得刘备一头雾水。

诸葛亮解释：他指指天，表示"上知天文"，张飞指指地，表示"下晓地理"；他伸出一个指头，表示"一统天下"，张飞伸出三个指头，表示"三足鼎立"；诸葛亮摸摸头，是"头顶乾坤"，张飞拍拍肚子，表示"满腹经纶"。

张飞则解释：诸葛亮指指天，表示"天气不错"，他指指地，表示"正好杀猪"；诸葛亮伸出一个指头，表示"杀一头猪"，他伸出三个指头，表示"杀三头猪"；诸葛亮摸摸头，是"把猪头给我"，张飞拍拍肚子，表示"没问题，连猪下水都给你"。

其次，导游讲解方法也要有创新。如在导游讲解湖北神农溪纤夫文化旅游区时将景区概括为"三神"：神秘的悬棺、神奇的纤夫文化、令人神往的峡谷风光。讲解利川腾龙洞时，凝练腾龙洞的五字特点为卧龙吞江之"雄"、洞中有山之"奇"、清江暗河之"险"、夷水丽川之"秀"、天然洞穴之"幽"。这些均是导游在讲解中通过思考，创新性地归纳总结。

四、灵

金牌导游除了可以按照接待计划和规定的接待流程为游客提供导游服务以外，还需要具有一定的灵气，能够灵敏地发现旅游团队中的各种意外状况，及时处理，同时，金牌导游应该具备灵活应变的能力，可以根据不同情况采用不同的接待方式提供导游服务。因此，金牌导游"灵"的修炼可以从灵气、灵敏和灵活三个方面着手进行。

（一）灵气

灵气是指悟性高，反应快。导游服务工作量大，涉及面广，客观情况复杂多变。只有具备一定灵气，才能顺利、及时、优质地完成各项任务。

导游服务工作是一项复杂的劳动，涉及旅游六大要素的很多方面。从一名导游接团开始直到送团后旅行活动结束，导游始终处于旅游团的核心地位。只有在导游优质高效的服务之下，游客的旅游活动才可能圆满顺利地进行。导游服务工作独当一面。在游客整个旅游活动过程中，往往只有导游与游客朝夕相处，时刻照顾他们食、住、行、游、购、娱等方面的需求，独立地提供各项服务，特别在回答游客政策性很强的问题或处理突发性事故时，常常要当机立断、独立决策，事后才能向领导和有关方面汇报。导游的讲解也是比较独特的，因为在同一景点，导游要根据不同游客的不同特性、不同时机进行针对性的导游讲解，以满足他们的精神享受。这是每位导游都必须努力完成的任务，其他人无法替代。[①] 因此，能出色地独立完成这种复杂的工作，需要导游具备一定的灵气，能够在短时间内掌握导游服务工作相关领域的基本知识，并做到灵活运用，如果没有一定的灵气，是无法达到上述要求的。

导游服务工作同时又是一项容易受到外界环境干扰的工作，其工作环境复杂多变，没有任何两次导游服务工作面临的环境是相同的。因此，面对复杂多变的外界环境，需要导游具备一定灵气，可以做到灵活应对，有针对性地处理各种突发事件。

（二）灵敏

金牌导游应训练自己"耳听四面，眼观八方"的能力，对团队内部和客观情况的变化保持高度的敏感性，以便及时采取措施应对。

导游服务工作是一项实时服务，导游伴随游客参观游览，并在此过程中为游客提供相关的各项服务。因此，在游客参观游览的过程中随时可能出现各种突发事件，导游应该敏锐洞察各种细微的变化，以便及时做出相应的处理，这就要求导游

---

① 熊剑平，董继武 . 导游业务［M］. 武汉：华中师范大学出版社，2006:32.

具备"灵敏"的素质。如当导游通过天气预报得知旅游目的地天气的变化，应该马上联想到团队行程、车船交通等方面是否需要做出相应的调整。

● 案例

  8月6日小杜作为比利时 XJ-0807 团的全陪，陪同着13位游客开始了"丝绸之路"的旅程。该团的行程安排是北京—西安—兰州—敦煌—柳园—吐鲁番—乌鲁木齐—喀什—出境。到达敦煌之后，小杜得到当地接待社通知，由于新疆遇到百年不遇的大洪水，到乌鲁木齐的铁路被洪水冲断，组团社要求该团在结束敦煌的日程后返回兰州，然后经北京出境。小杜得到消息后考虑到该团的行程刚进行了一半，如果这样把游客送走，自己是没有什么，可是对客人来说，那就太遗憾了。因为在平时的交谈中得知，该团游客为此次旅行准备了好几个月，为此自己应该想想办法，使该团可以游完此次丝路之旅。于是他立即将此消息告诉领队，并谈了自己的想法，且叮嘱领队，在最终决定没有做出之前，先不要将此消息告诉游客。领队非常支持小杜的意见，并表示，由于是天灾，游客们可以理解，如有困难他们一定会帮助一起克服。

  小杜立即与乌鲁木齐接待社联系，得知铁路在距该市87千米处被冲断，断口处有200米左右。有列车运行至断口处返回，但是该团乘坐的列车停运了。获此消息后，他立即与领队商量，提出自己的计划：乘汽车经哈密至吐鲁番，然后乘没有停运的列车到断口处（列车运行几个小时），乌鲁木齐派车在此等候。领队完全同意该方案，于是他们分头向国外和北京的组团社汇报。国内外的组团社都同意了该方案，要求全陪和领队密切配合，保证游客安全。当小杜将此情况向全体游客介绍时，游客们报以热烈的掌声，并表示他们一切听从安排，一起克服困难。当该团到达车站时，那里已经是人山人海，在站长的帮助下，虽然该团是无座号票，他们还是提前进站。在列车长的帮助下，从餐车上车，并安排了座位。到达断口处，抢险的武警官兵帮助搬运行李，接送游客……

  经过全团的通力合作和共同努力，当该团风尘仆仆到达乌鲁木齐的饭店，得知他们是唯一在洪水后抵达的团队时，全团激动的互相拥抱，在饭店大堂跳起舞来。事后，国外旅行社向全陪发来了致敬电，感谢他出色的工作。

当案例中的导游接到旅行社关于旅行无法顺利进行的消息以后，马上联想到了平时与游客交谈的相关内容，敏感地意识到如果按照旅行社安排终止旅游活动，会使游客感到十分遗憾，于是决定尽力促使旅游活动能够继续进行下去；同时第一时间与接待社取得联系，了解到事故的具体情况，迅速制订解决方案。这一系列迅速的反应可以说都是导游灵敏的具体体现。

上述案例中，导游成功处理了由于天灾带来的突发事件。该导游的处理过程和方法固然有许多值得学习和借鉴的地方，如能够冷静地面对突变，从为游客着想的角度考虑问题，有较强的应变能力和分析、处理问题的能力，妥善协调各方面的关系从而获得各方支持等，但是首先该导游具备高度的敏感性，其对于外界环境的灵敏反应是其可以从容妥善解决上述突发事件的根本。

（三）灵活

导游除了要做到有灵气和灵敏、反应迅速以外，更为重要的是要做到灵活面对各种不断变化的客观工作环境。导游服务要因人而异、因时制宜、因地制宜。例如，带团去千岛湖游览，导游拟通过袁枚的"江到兴安水最清，青山簇簇水中生。分明看见青山顶，船在青山顶上行"的诗句介绍千岛湖水清山秀的景色，但游览中不巧下起了小雨，如按计划讲解显然不合时宜，这时，导游灵活应变，改用苏轼"水光潋滟晴方好，山色空蒙雨亦奇"的诗句讲解，就会产生较好的导游讲解效果。

导游要做到灵活应对复杂的客观工作环境，是由导游服务工作的灵活多变的性质所决定的。导游服务工作具有一定的规程，如接站、送站、旅途服务和各方面关系的接洽、协调等，按照一定的程序进行工作，具有相对的规范性和便利性。但导游服务中面对更多的是不确定性和未知性，客观要求复杂多变。即使是预订的日程和行程范围内，具体的情况可能千差万别，意外的情况也可能随时出现，游览中各种矛盾可能集中显现。因此，导游必须具备应对各种可能和偶然情况的能力。归纳起来，导游服务的复杂性主要体现在以下四个方面：

1.服务对象复杂

导游服务的对象是游客，他们来自五湖四海，不同国籍、民族、肤色的人都有，职业、性别、年龄、宗教信仰和受教育的情况各异，性格、习惯、爱好等各不相同。导游面对的就是这样一个复杂的群体，而且每一次接待的游客都不相同，这就更增加了服务对象的复杂性。[①] 首先，不同宗教背景的游客就要按照不同的接待原则进行接待。譬如，穆斯林游客对于饮食、接待方式等方面就和其他游客不同。穆斯林游客对于饮食方面的禁忌就要求导游在具体安排其饮食服务时充分照顾到其特殊需求，而不能按照常规的服务模式提供服务。其次，不同的文化背景的游客对于导游服务的需求是不同的，这就要求导游能够做到有针对性地提供导游服务。譬如，以导游讲解服务为例，现有的导游考核中众多导游词的范本来源于前人的创造，很多导游也热衷于使用所谓的"万能导游词"，一部分导游甚至是利用同样一篇导游词为不同的游客提供导游讲解服务。事实上，不同文化背景的游客对导游讲解服务的需求是不同的，对教师、高级知识分子或是文化素养较高的游客，在讲解时需要侧重于知识的传递，尽可能做到深入详尽的讲解，而对于一些文化素养相对较低的游客，在讲解时需尽可能地运用一些简单平实的语言，适当增加神话传说，通过增添讲解趣味性的方法来加深游客对景观景点的印象。最后，面对不同性格的游客，也需要采用不同的导游服务方法。要从游客不同的个性特征了解游客，游客的个性各不相同，导游从游客的言行举止可以判断其个性，并相应的灵活提供有针对性的导游服务。①活泼型游客：爱交际，喜讲话，好出点子，乐于助人，喜欢多变的游览项目。对这类游客，导游要扬长避短，既要乐于与他们交朋友，又要避免与他们过多交往，以免引起其他团员的不满；要多征求他们的意见和建议，但注意不让其左右旅游活动，打乱正常的活动日程；可适当地请他们帮助活跃气氛，协助照顾年老体弱者等。活泼型游客往往能影响旅游团的其他人，导游应与之搞好关系，在适当的场合表扬他们的工作并表示感谢。②急躁型游客：性急，好动，争强好胜，易冲动，好遗忘，情绪不稳定，比较喜欢离群活动。对这类比较难对付的游客，导游要避其锋芒，不与他们争论，不激怒他们；在他们冲动时不要与之计较，待他们冷静后再与其好好商量，往往能取得良好的效果；对他们要多微笑，服务要

---

① 湖北省旅游局人事教育处，熊剑平.导游实务与案例［M］.武汉：湖北教育出版社，2014:14.

热情周到，而且要多关心他们，随时注意他们的安全。③稳重型游客：稳重，不轻易发表见解，一旦发表，希望得到他人的尊重；这类游客容易交往，但他们不主动与人交往，不愿麻烦他人；游览时他们喜欢细细欣赏，购物时爱挑选比较。导游要尊重这类游客，不要怠慢，更不能故意冷淡他们；要采取主动多接近他们，尽量满足他们的合理而可能的要求；与他们交流要客气、诚恳，速度要慢，声调要低；讨论问题时要平心静气，认真对待他们的意见和建议。④忧郁型游客：身体弱，易失眠，忧郁孤独，少言语但重感情。面对这类游客，导游要格外小心，别多问，尊重他们的隐私；要多亲近他们、多关心体贴他们，但不能过分表示亲热；多主动与他们交谈些愉快的话题，但不要与之高声说笑，更不要与他们开玩笑。总体说来，这四种个性的游客中以活泼型和稳重型居多，急躁型和忧郁型只是少数。不过，典型个性只能反映在少数游客身上，多数游客往往兼有其他类型个性的特征。而且，在特定的环境中，人的个性往往会发生变化。因此导游在向游客提供服务时要因人而异，要随时观察游客的情绪变化，及时调整，力争使导游服务更具针对性，获得令游客满意的效果。[①]

总的说来，导游服务工作中面对的是拥有不同宗教信仰、文化背景和个性特点的游客，因此在提供导游服务时，要求导游做到灵活应变，在标准化服务的基础之上做到有针对性地提供能够满足其需求的服务，灵活采取不同的工作方式以圆满完成导游接待服务工作。

2. 游客需求多种多样

导游除按接待计划安排和落实旅游过程中和食、住、行、游、购、娱等基本活动外，还有责任满足或帮助游客随时随地提出的各种个别要求，以及解决或处理旅游中随时出现的问题和情况，如会见亲友、转递物品、游客患病、游客走失、游客财物被窃与证件丢失等。而且由于对象不同、时间场合不同、客观条件不同，同样的要求或问题也会出现在不同的情况下，需要导游审时度势、判断准确并妥善处理。[②]

由于游客具有不同的背景，因此不同游客往往具有其特定的个性化需求，导游需要根据游客的多种多样的需求灵活的采取应对措施，尽自己能力满足游客的个性化需求，做到这一点同样需要导游具备灵活的基本素质。譬如，在游客个别要求

————————
①② 湖北省旅游局人事教育处，熊剑平. 导游实务与案例［M］. 武汉：湖北教育出版社，2014.

中，餐饮和住房的问题是比较多的。在餐饮方面，由于游客来自不同的国家或地区，其口味不一和要求不同，加上我国幅员辽阔，地大物博，饮食文化源远流长，各地菜系无论从取材上还是烹饪方法上都有所不同，所以游客在这方面有所要求也就不足为奇了。在住房方面，虽然表现方式不同，其要求也是因为个人的起居习惯而不同。在处理这类问题时，一定要理解客人的要求，按照有关规范做好工作。

● **案例**

导游小孟是美国 JL-0908 团的地陪，他在 4 月 23 日 17:20 在机场接到团队后，根据该团的日程安排，回饭店办理了入住手续并稍事休息后，就带客人去定点餐厅用晚餐。他引导客人就座后就和司机一起到陪同餐厅用餐去了。过了一会儿，餐厅经理来找地陪，告诉他有几位客人没有入座就餐。他连忙赶过去了解情况：原来团里有三位素食游客，他们告诉小孟说在其他城市，地陪都为他们安排了素食，为什么小孟不为他们安排。小孟向他们解释说自己不知道此事，希望他们谅解，虽然他们吃素食，但毕竟不是宗教信仰问题，请他们将就一下，下一餐一定安排。这三位游客非常不高兴，请领队来协商。最后还是餐厅经理帮忙安排了这三位客人用餐。①

上述案例中，游客对于餐饮和住宿条件都有着自己的个性化需求，导游在了解了相关情况的基础之上灵活处理，应尽量满足游客的个性化需求，通过灵活多变的工作方式，有针对性地对不同游客提供不同的导游服务。

3. 接触的人员多，人际关系复杂

导游的工作是与人打交道的工作，其服务的进行触及方方面面的关系和利益。抛开导游是旅游目的地国家（或地区）的代表不谈，如前所述，导游还是旅行社的代表，他们既要维护旅行社利益，又代表着游客的利益，除天天接触游客之外，在安排和组织游客活动时还要同饭店、餐馆、旅游景点、商店、娱乐、交通等部门和

---

① 熊剑平，董继武．导游业务［M］．武汉：华中师范大学出版社，2006:219-220.

单位的人员接洽、交涉，以维护游客的正当权益，这自然是一项复杂的工作。单就游客而言，他们由于来自不同的国家，有着不同的旅游心愿和文化背景，他们的旅游需求基本一致却又各具特色，导游能够面对游客提供让相对多数满意的服务已是相当不易。而且导游还要处理和协调导游中全陪、地陪与外方领队的关系，争取各方面的支持和配合。虽然导游面对的这方方面面的关系是建立在共同目标基础之上的合作关系，然而每一种关系的背后都有各自的利益，落实到具体人员身上，情况就更为复杂。因此，导游需要具备"十八般武艺"来面对纷繁复杂的人际关系。[1]

综上所述，由于导游服务工作的复杂性，导游在工作过程中所面对的客观工作环境是不断发生变化的，导游应该在规范化操作的原则下，针对不同的情况，灵活的采用不同的处理方法，从而出色地完成导游接待任务。

五、赢

"赢"即成功。"赢"的修炼就是金牌导游走向成功之道，可以从"赢"字结构包含的五个层面去解读。

（一）"亡"：危机感

在旅游市场竞争日益激烈、游客需求更加个性化的今天，导游应有居安思危的意识，要有时刻可能被人超越、取代的危机感和压力，并善于将其转化为促进自己不断学习提高的动力。

我国目前导游专业人才行业需求的背景表现出以下特征：

1. 从总量上看，导游人才有一定的缺口

目前全国取得导游资格证的人数为 100 万左右，其中约有 64 万导游在旅游公共服务平台登记了电子导游证。与旅行社签订劳动合同的不到 30%，社会导游数量占全国导游总数的 70% 左右，社会导游已经成为各地旅游接待的主体力量。种种原因导致一些持证导游并没有与旅行社签约，处于随时可以带团的状态，或者也有属于"自由执业"的。[2] 也正为此，导游职业自由度高，但流失率也较高。许多省市

---

① 湖北省旅游局人事教育处，熊剑平.导游实务与案例［M］.武汉：湖北教育出版社，2014:9.
② 王晓彤.旅游业迈入新常态，导游人才何去何从［J］.文化月刊，2019（7）:32–35.

在旅游旺季时，导游人才缺口巨大。

2. 导游队伍学历层次偏低，等级结构、语种结构不合理

在导游队伍中，高中（中专）学历占 41.7%，大专学历只占 39.4%，而本科以上学历只占 18.9%，学历层次普遍偏低。另有报道指出，目前在国内的持证导游中，初级导游占导游队伍的绝大多数，为 96.2%；中级导游占比不足 3.4%，高级导游占比不足 0.4%，特级导游仅为 0.0029%，[①]中、高端导游人才数量缺口巨大，而特级导游全国仅有 23 人。外语类导游整体数量不足，且外语导游以英语、日语导游为主，而我国客源市场需求量较大的韩语、泰语、意大利语、西班牙语等则明显奇缺。

3. 导游的地区分布不平衡

总体上，东部省（市）导游数量较多，中部和西部省（区、市）导游的数量较少，西部个别省（区、市）导游严重不足，如西藏自治区目前经考试合格的导游只有 2000 余人，导游数量的相对不足，已成为制约当地旅游业发展的一个重要因素。

因此，不难发现我国目前的导游尽管在总量上存在一定缺口，但由于导游的地区分布不均，等级分布呈现出明显的金字塔形，因此对于大部分在岗的导游而言，行业内的竞争十分激烈。只有做到"居安思危"，具有忧患意识，才可以不断发现自身的不足，及时改正，不断提高和完善自身素质，以适应激烈的市场竞争。

（二）"口"：口碑

导游应以诚信、热情、周到、高效的服务赢得游客的满意，建立良好的声誉和形象，从而在业界树立良好的口碑。这是一个金牌导游不可或缺的。

目前世界上主要存在两种导游管理体制，某些发达的资本主义国家的导游管理体制以"开放式·宽松型"为主，这种导游管理体制的主要特征即通过市场机制优化配置导游人力资源，使其实现最优化配置，这就要求导游通过自身努力赢得好的口碑以获得游客的认可，在激烈的市场竞争中占得先机。英国、德国和瑞士导游管理同属于"开放式·宽松型"管理体制，其核心思想是通过发达完善的市场机制对导游人力资源进行整合和管理。通过市场供需关系对导游的劳动报酬进行影响，进

---

① 闫美汝，熊昭，杨显宽，等.基于 O2O 模式下的未来导游职业的探索［J］.旅游管理研究，2019（1）：71-75.

而达到规范和约束导游行为、对导游实施管理的目的。通过前面的论述，可以总结出英国、德国和瑞士的导游管理的主要特征。

1. 对于导游的从业资格没有硬性规定

英国的导游管理制度中有相应的导游资格认证制度，但其考核的目的并不在于限制和约束导游的从业资格，因为没有相关法规规定没有通过导游资格认证的人员不能从事导游服务工作。其考核制度只是对从业水平的认证，通过考核仅仅说明该导游提供导游服务的水平较高，有助于其在市场竞争中占得先机。

而德国更没有导游资格考核，有志于从事导游服务行业的人员均可从事导游服务工作。因此德国的导游人力资源储备十分充足，但相应的竞争也更为激烈，因为有更多的人员可以投身到导游服务工作之中，激烈的市场竞争必然使最优秀的适合市场需要的人才留在旅游服务市场，这一部分导游无论从职业道德还是自身素质来看都是经得起考验的，因此并不需要相关的严格管理，可以说德国的市场机制对其导游人力资源形成了最优化配置。

2. 旅游行政部门不对导游直接管理

英国、德国和瑞士三国的旅游行政部门均不对导游进行直接管理。对导游的管理主要集中在雇主和游客。而在同样是"宽松型"导游管理的澳大利亚，导游没有专门的机构去进行监督和管理，主要靠其雇主根据游客的反映，增减付给导游的薪金或做出是否留用的决定，以此来实施监督管理。德国直到目前还不存在监督管理导游服务质量的机构，顾客的评价是对导游最好的监督，旅行社据此决定是否续聘该导游，此外导游只受各种一般性法规的监督约束。

英国、德国和瑞士的导游管理主要是通过旅行社（或旅游公司）以及游客进行。导游在上岗之前首先会接受其雇主的考察，一旦认定该导游的能力、素质不适合该企业的需要，便不会聘用他，因此导游只有通过不断加强和完善自身工作能力和素养方可获得从业机会。同时一旦导游在工作过程中出现违规行为，游客可以通过相应渠道将其在提供导游服务过程中的表现反映给其雇主，该导游以后的从业概率将大为降低。通过导游服务供需双方的共同约束来规范和管理导游的行为，促使其不断提升自身的能力素质是英国、德国和瑞士导游管理的又一主要特征。

在上述管理思想的指导下，如果导游没有好的口碑，是无法赢得游客和雇主双方面的认可的，这种不适宜市场需求的导游将逐渐被市场所淘汰。导游服务是旅游消费者和旅游企业的中介，导游服务的顺利进行需要有发育良好的旅游市场环境作保证。伴随我国旅游业的不断发展壮大，2019年我国国内游客60.1亿人次，同比增长8.4%；国内旅游收入57251亿元，同比增长11.7%。市场机制作为资源配置的重要手段将越来越重要地影响到我国导游业的资源整合与配置，基于此，我国应不断规范和完善旅游市场，让市场机制在导游管理中起到越来越重要的作用。我国作为最大的发展中国家和经济增长最快的国家之一，旅游业伴随国民经济的增长而快速成长，市场机制在我国已经逐步建立并完善起来。随着旅游业的发展，为适应旅游市场的需求，我国的导游管理体制经历了由"封闭式·严格型"向"开放式·严格型"的转变，呈现出以下特点：①导游资格终身制。导游资格证在全国通用，而且终身有效。②导游多渠道执业。导游除了可以由旅行社委派外，还可以由游客通过线上平台或线下自主联系预约导游获得工作，实现交易完全开放。③导游管理信息化。取消导游年审制度，通过导游公共服务监管平台，用信息化手段实现对导游的常态管理。不断完善的旅游市场机制将越来越深刻地影响到我国的导游业，将在未来对导游管理起到更为重要的作用。

因此，伴随市场机制在我国导游行业资源配置中起到越来越重要的作用，导游的良好口碑对于一名导游成功在行业内立足，将起到至关重要的作用。

（三）"月"：计划性

金牌导游能做到未雨绸缪，具有事前计划、事后总结的良好习惯，其工作往往有条不紊、井然有序，导游服务效率和质量也就能保持较高的水准。凡事预则立，不预则废，任何事情的成功顺利实施都需要有翔实的计划作保证，尽管导游工作的环境复杂多变，要求导游灵活应对，但是金牌导游仍然应当具备一定的计划性，通过对既往工作的不断总结，为未来可能出现的情况做充足的计划储备。

（四）"贝"：效益

成功的工作总是富有成效的。导游服务在保证服务质量的基础上，应为旅行社和社会创造更多的经济效益、社会效益和生态效益。这也是金牌导游的意义之所在。

1. 导游服务要创造经济价值

导游服务是导游通过向游客提供劳务而创造特殊使用价值的劳动。在商品经济条件下，这种劳动通过交换而具有交换价值，在市场上表现为价格。

旅游业是国民经济的重要组成部分，是具有独立特色的经济部门，是无烟的朝阳产业。导游服务的对象是游客，通过协调、组织、迎送、翻译、讲解、代理等形式为游客服务。目的在于引导游客、方便游客、满足游客的相应旅游需求，实现旅游企业的经济目标，获取相应的个人经济收入，体现个人的人生和社会价值。因此，导游服务具有较为明显的经济性，且主要表现在以下四个方面。

（1）优质服务、直接创收。旅行社是现代旅游业的龙头行业。旅行社的产品开发能力、促销能力、接待能力对整个旅游业的发展意义重大。旅行社组合的旅游产品在形式上是通过签订旅游合同销售出去的，但实际上，旅游产品不同于一般的有形商品，它的销售是多次性的，贯穿于旅游全过程，通过提供综合性服务来实现，而导游服务在其中起着举足轻重的作用。产品的设计是为了接待，宣传和销售的效果需要通过接待来实现。会计业务的顺利进行依赖于接待工作的顺利完成，依赖于导游的协调和回款。导游直接为游客服务，为他们提供语言翻译服务、导游讲解服务、旅行生活服务以及各种代办服务，收取服务费和手续费。旅行社的产品最终是通过导游工作生产和提供的。因此，导游服务是旅行社产品的最终生产者和提供者，它直接为国家建设创收外汇、回笼货币、积累资金。

（2）扩大客源，间接创收。游客是旅游业生存和发展的先决条件。没有游客，发展旅游业就无从谈起，导游也就没有了服务对象。世界许多国家和地区的政府为支持旅游业的发展，不惜投入大量资金和人力在国内外进行大规模的广告宣传和举办促销活动以招徕游客。然而，与广告宣传相比，另一种更为有效的宣传方式则是游客的"口头宣传"，如游客在旅游目的地参观访问之后，回家向亲朋好友讲述其在旅游目的地所感受到的接待、旅游经历和体验，或者通过微信、微博、美篇、QQ空间和论坛发表游记，记录其在旅游目的地的美好感受。这种"口头宣传"不仅向游客周围的人传播了旅游目的地的旅游信息，提高了旅游目的地和旅游公司的知名度，而且在一定程度上会对其他游客今后的旅游流向产生影响。因为，游客的亲身体验比任何广告宣传更可靠，更令人信服。所以，导游向游客提供优质的导游服务，在招徕回头客、扩大客源等方面起着不可忽视的间接创收的作用。

（3）因势利导，促销商品。旅游商品和纪念品的开发、生产和促销是发展旅游业的重要组成部分。各国、各地对此都非常重视，并将其视作争夺客源和增加旅游收入的重要手段。据统计，在国际旅游总消费中，用于购物的部分约占 50%，在新加坡、中国香港等国家和地区的旅游总收入中，销售商品和纪念品的收入远远超过了上述比例，在促销商品过程中，导游的作用举足轻重。

（4）增进了解，促进经济交流。来我国旅游的海外人士及国内游客中，不乏有人希望借旅游之机与各地的同行接触，相互交流信息；或想通过参观访问，了解经济合作的可能性以及投资的环境。因此，导游在与游客交往过程中要做一个有心人，设法了解他们的愿望，并不失时机地向旅行社报告，在有关领导的指示下积极牵线搭桥，促进中外及地区间的科技、经济交流与合作，为国家和地区的经济建设做出应有的贡献。

由此可见，导游服务工作首先是一项经济活动，因此导游的工作首要任务是实现经济效益，只有通过工作充分实现了经济效益，导游才可以被称为金牌导游。

2.导游服务要创造社会价值

旅游活动是一种社会现象，在促进社会物质文明和精神文明建设中起着十分重要的作用。在旅游活动中，导游处于旅游接待工作的中心位置，接待着四海宾朋、八方游客，推动世界上这一规模最大的社会活动。所以导游所从事的工作本身就具有社会性。并且，导游工作又是一种社会职业，对大多数导游来说，它是一种谋生的手段。[①]一方面，导游服务工作是一项文化属性极强的工作，作为导游服务的实际承担者，导游是主体，锦绣山川、艺术宝库、文化古迹，只有加上导游的解说、指点，再穿插动人的故事，才能活起来，才能引起游客更大的兴趣，使人增长知识、领略到异乡风情，享受到审美的乐趣；限于语言和生存环境等方面的不同，游客同旅游目的地之间往往存在很大的文化差异，导致交流和欣赏的障碍。为了加强旅游的美感和愉悦程度，游客们迫切地需要导游的引导和服务，需要导游跨越不同的文化范畴，弥合文化差异，这就需要导游在提供服务的过程中实现其文化效益。另一方面，导游服务工作也是一项涉外性工作。旅游活动是当今世界最大规模的民间外交活动。从这个意义上讲，旅游促进了国家之间、地区之间的

---

① 熊剑平，董继武.导游业务［M］.武汉：华中师范大学出版社，2006:29.

项目策划：谯　洁
责任编辑：谯　洁　刘志龙
责任印制：冯冬青
封面设计：中文天地

图书在版编目（ＣＩＰ）数据

金牌导游的成功之道 / 熊剑平，卢丽蓉，蒋永业编
著. -- 北京：中国旅游出版社，2021.6
（"金牌导游"培养项目丛书）
ISBN 978-7-5032-6730-7

Ⅰ. ①金… Ⅱ. ①熊… ②卢… ③蒋… Ⅲ. ①导游－
岗位培训－教材 Ⅳ. ①F590.633

中国版本图书馆CIP数据核字(2021)第109063号

书　　名：金牌导游的成功之道

作　　者：熊剑平　卢丽蓉　蒋永业编著
出版发行：中国旅游出版社
　　　　　（北京静安东里6号　邮编：100028）
　　　　　http://www.cttp.net.cn　E-mail:cttp@mct.gov.cn
　　　　　营销中心电话：010-57377108，010-57377109
　　　　　读者服务部电话：010-57377151
排　　版：北京旅教文化传播有限公司
经　　销：全国各地新华书店
印　　刷：北京工商事务印刷有限公司
版　　次：2021年6月第1版　2021年6月第1次印刷
开　　本：787毫米×1092毫米　1/16
印　　张：19.25
字　　数：318千
定　　价：48.00元
ＩＳＢＮ　978-7-5032-6730-7

不好高骛远，甘于平凡，乐于奉献，在平凡的导游工作中做出非凡的业绩。

导游服务是一项脑力劳动与体力劳动高度结合的服务性工作。[①] 导游长时间从事导游服务工作，高强度的复合劳动容易使导游感到倦怠，多数业内人士认为，导游工作是一项体力劳动和脑力劳动相结合的高强度工作，容易给导游造成过重的心理负担，如果导游没有合理的职业生涯构建计划，没有一定的心理自我调整能力，容易产生工作倦怠情绪，严重的有可能导致心理疾病的出现。导游的心理压力反应主要表现为：工作中失去信心、人际关系紧张、个人情绪不稳定、出现不良的个人品质。造成导游压力的来源为：导游自身工作的压力，主要为长时间高强度的复合劳动造成；人际关系压力，主要包括与客人之间、与同事之间以及与合作者之间的人际关系压力；职业定位的压力，主要表现在对工作长期期望以及角色定位模糊带来的压力；导游管理机制带来的压力；导游自身主观上带来的压力等。因此，导游应当主动舒缓自身压力，可以通过主动宣泄、调节转移压力、重新认识自身等方式解决问题。[②]

如上所述，导游工作是一项工作压力大，容易造成导游疲劳和心理倦怠的高强度劳动，导游应当本着一颗平常心，学会适当调节和舒缓自身情绪波动，以一颗平凡心面对日复一日的工作，在一种淡定中追求职业生涯的更高目标。

① 熊剑平，董继武.导游业务［M］.武汉：华中师范大学出版社，2006:36.
② 王春梅，向前.导游的心理压力与心理调适［J］.甘肃农业，2006（1）:103.

人际交往，增进了各国、各地区、各民族人民之间的相互了解和友谊，消除因相互隔绝而造成的误解、猜忌，对加强世界各国人民的团结，维护国家安定和世界和平具有重要意义。在这一方面，导游起着极为重要的作用。在游客心目中，导游是一个国家或地区的代表，是人民的友好使者，是"民间大使"。事实上，绝大多数中国导游以其高尚的思想品德、渊博的知识、精湛的导游技艺、热情的服务态度，为来自五湖四海的游客提供了不同凡响的导游讲解服务和富有人情味的旅行生活服务，帮助游客认识和了解中国，增进中国与各国（地区）人民的相互了解，在为中国赢得友谊和朋友方面做出了重要贡献，切实履行着"民间大使"的重任。

所以，金牌导游应该通过自己的服务，尽可能地实现导游服务工作的社会价值，通过导游服务工作，不断向游客提供更多的知识文化，同时切实肩负起"民间大使"的职责，向海外游客介绍中国，实现导游服务工作的社会效益。

3. 导游服务要创造生态环境价值

导游工作的目的是要实现经济、社会和生态环境的三重价值，因此导游应该在工作中具备一定的保护生态环境的意识和理念。

导游作为旅游行业的代表，在可持续发展作为主要发展战略的新时代背景下，应当具备环境保护意识，这是导游应具备的基本素质之一。导游的生态素质可从法、德、识、能、技、体等方面进行表征（详见第三章第一节）。

导游生态素质的效益，其正面效益主要表现在四个方面：有利于规范导游人才市场和维护导游形象；能促进旅游企业利益的持续长期增长；有利于旅游景区社区和生态环境的改善；对游客的生态环境教育，可有效提升国民素质。[1]

因此，金牌导游应该具备生态素质，并通过自己的工作实现生态环境价值。

综上所述，金牌导游应当是高效的导游，通过其工作可以实现经济、社会和生态环境的三重价值。

（五）"凡"：平常心

导游要想取得成功，应具备良好的心理素质。待人、处事要有一颗"平常心"；

---

① 许树辉. 生态素质：导游环保责任的基石［J］. 经济论坛，2006（10）:54-56.